L'exultation de Marie

L'Éternel m'a créée la première de Ses œuvres,
Avant Ses œuvres les plus anciennes.
J'ai été établie depuis l'éternité,
Dès le commencement, avant l'origine de la terre.
Je fus enfantée quand il n'y avait point d'abîmes,
Point de sources chargées d'eaux ;
Avant que les montagnes soient affermies,
Avant que les collines existent, je fus enfantée ;
Il n'avait encore fait ni la terre, ni les campagnes,
Ni le premier atome de la poussière du monde.
Lorsqu'Il disposa les cieux, j'étais là ;
Lorsqu'Il traça un cercle à la surface de l'abîme,
Lorsqu'Il fixa les nuages en haut,
Et que les sources de l'abîme jaillirent avec force,
Lorsqu'Il donna une limite à la mer,
Pour que les eaux n'en franchissent pas les bords,
Lorsqu'Il posa les fondements de la terre,
J'étais à l'œuvre auprès de Lui,
Et je faisais tous les jours Ses délices,
Jouant sans cesse en Sa présence,
Jouant sur le globe de Sa terre,
Et trouvant mon bonheur parmi les fils de l'homme.
Et maintenant, mes fils écoutez-moi,
Et heureux ceux qui observent mes voies !
Écoutez l'instruction pour devenir sages,
Ne la rejetez pas.
Heureux l'homme qui m'écoute,
Qui veille chaque jour à mes portes,
Et qui en garde les poteaux !
Car celui qui me trouve a trouvé la vie,
Et il obtient la faveur de l'Éternel

Ce texte des Proverbes (8, 22-35) a été distribué et médité durant la veillée de Prière de la Fête de l'Immaculée Conception (8 déc 2001) à la Basilique de Ste Anne d'Auray. JNSR a voulu que ce texte biblique figure en première page de ce livre, en regard de l'Image de Notre-Dame de Lourdes : « Je suis l'Immaculée Conception. *»*

Notez que, lors du Concile Vatican II, le Cardinal BÉA avait exposé, devant les Pères conciliaires, sa conviction que ce texte concernait la Vierge MARIE, et donc qu'Elle préexistait, avant la Création, dans la Pensée Divine. Ce qu'avait déjà confirmé JÉSUS dictant à Maria Valtorta (Vol. 1, p. 35-36 de «l'Évangile, tel qu'il m'a été révélé»). AF

***Et voici** que le voile se déchire*
par le Souffle puissant
de l'Esprit Saint
et qu'apparaît,
comme un soleil flamboyant,
le Secret de MARIE

IMPRIMATUR

«Moi, soussigné Constantin GUIRMA, Evêque Emérite de Kaya, je déclare que si j'avais été l'Ordinaire du lieu de résidence de la Messagère «auteur» du Livret 4, *3ème partie,*

Et voici que le voile se déchire par
le Souffle puissant de l'Esprit Saint
et qu'apparaît, comme un soleil flamboyant,
le Secret de MARIE

je donnerais sans hésiter mon Imprimatur Episcopal à ce livret, comme je l'ai donné aux précédents de «**Témoins de la Croix - Actes des apôtres**», n'y ayant rien relevé qui soit contraire à l'Evangile, aux saintes Ecritures, à la foi catholique, ni au Magistère de l'Eglise, et me rangeant par avance au jugement souverain de l'Eglise si elle se prononce un jour sur l'origine surnaturelle de ces textes.»

† Constantin GUIRMA
Evêque Emérite de Kaya
OUAGADOUGOU - BURKINA
Le 1er Novembre 2003,
en la Fête de tous les Saints

ISBN 2-85268-378-4

J.N.S.R.

Et voici que le voile se déchire par le Souffle puissant de l'Esprit Saint et qu'apparaît, comme un soleil flamboyant, le Secret de MARIE

TÉMOINS DE LA CROIX

Actes des apôtres, 4,

3ème partie

2e ÉDITION - 9e MILLE

Editions Résiac

EX TOTO CORDE
MEO PRO VERITATE

B.P. 6 F 53150 MONTSURS

Sommaire

Préface du Père Spirituel

Ma Croix, vous la verrez ...

Je la ferai apparaître dans le ciel, vous la verrez (message du 13 déc. 2002). C'est par ces mots que Notre Seigneur veut annoncer à tous les hommes la plénitude de son amour et son désir de les sauver.

Les occasions ne manquent pas, aux uns et aux autres, d'entendre les propos les plus divers sur la situation mondiale. Les images sont flagrantes et le masque des hommes est à lui seul assez révélateur de l'immense tristesse et de l'inquiétude de ce temps. Tout cela vient dans le prolongement des guerres, des injustices, du fossé croissant entre les nantis et les pauvres, de l'insécurité universelle et de l'étouffement des consciences. Un nouvel ordre mondial s'annonce, mais il est perçu comme une grande détresse à venir.

Le Seigneur, Lui, parle d'un Enfer. « *Vous vivez le temps où l'enfer se déchaîne sur la terre* » (8 déc. 2002). Et c'est au jour de la fête mariale de l'Immaculée Conception, qu'Il apporte ce message, non sans donner les armes nécessaires pour que le monde se mette à prendre les voies de la paix. « *Par la seule force du Saint Rosaire de Marie, la Paix de Dieu reviendra sur la terre, baignant de grâce divine vos mers, vos champs, vos montagnes et vos plaines* » (8 déc. 2002).

Non, ce n'est pas un monde marqué par l'affrontement entre les anciens et les nouveaux. Entre la tradition et le progrès. Entre les regrets et les espoirs. Ce n'est pas une guerre qui oppose les partisans d'un ordre mondial nouveau et les adeptes du passé. Pas non plus une guerre de religion.

Les mots ne pourraient exprimer l'exactitude des épreuves subies par les hommes au cours de ces temps : s'il fallait les décrire, il me semble que la somme des souffrances, visibles et invisibles, serait encore impossible à traduire. Cataclysmes et terreurs, catastrophes, canicule et inondations, atteintes multiples contre la vie, partout la présence du mal et de la mort jette devant nos yeux la dure réalité d'un monde où le bonheur, la paix, la justice, la foi, ont laissé toute place à la folie humaine et à la puissance de Satan. Quand le Seigneur veut définir ces temps que nous vivons, Il s'exprime ainsi, je le répète : « *Vous vivez le temps où l'Enfer se déchaîne sur la terre* » (8 déc. 2002).

Certains ne manqueront pas de nous dire qu'il en a toujours été ainsi sur la pauvre terre des hommes et, qu'aujourd'hui, les révélations sont amplifiées par les images et la communication télévisuelle. Pourtant, dit le Seigneur : « *Il n'y eut jamais une époque aussi sale et aussi dégradante que le vôtre* » (p. 160)

Le constat du Ciel est accablant dans sa réalité. Ce n'est pas une querelle des pessimistes face aux optimistes. Même les plus avertis sont incapables de comprendre les signes de notre temps : la pesanteur, qui couvre la terre, est épaisse ! Il est naturel que certains s'interrogent et fassent appel à leur logique bien rationnelle : pourquoi Dieu viendrait-Il inaugurer son Règne maintenant, et pourquoi le faire si tard ? Les prophètes de l'Ancien Testament ont affronté aussi de tels doutes qui sont le masque évident du manque de foi et d'humilité. Car Dieu vient faire toutes choses nouvelles, en dépit de ce que nous pouvons imaginer.

Justement, à propos de nouveauté et de modernité, il ne se passe pas de discussions qui ne fassent état de la nécessité d'être «à la page» et de suivre les courants et l'évolution du temps. L'Évangile lui-même semble devoir se mettre à la page parce que, dit-on : « les temps changent». Pourtant, la Parole de Dieu étant éternelle et Dieu Lui-même étant au-delà de toutes les vicissitudes du temps et de l'histoire, il n'y a pas lieu de parler de moderniser sa Parole et son Message. Le Seigneur est bien au-delà de tous les aléas et de toutes les modes qui structurent ou défigurent l'histoire. *« Ma Parole est encore bafouée, déformée et donnée en pâture à ceux qui veulent moderniser Mon Évangile. On proclame que les temps changent, alors il faut servir l'homme avant Dieu »* (30 nov. 2001, Livret 4, 2ème partie). Aujourd'hui, nous nous attendons au pire, conscients que tous les dérangements naturels ou humains paraissent impossible à circonscrire. Le fatalisme est devenu une évidence. Et le Seigneur ne cesse de le redire à chacun : *« N'est-ce pas vous qui M'avez abandonné ? Ayez confiance en votre Dieu de Miséricorde »* (24 janv. 2002)

Quand le Seigneur parle de l'Église, Il exprime tout ce qu'elle représente dans le plan divin. Certes, Il dit bien que *« le Perfide est entré dans Mon Église, poursuivant jusque dans Ma Maison les enfants près de succomber, leur faisant croire que le Diable n'existe pas et que la drogue, l'alcool, le jeu, la violence, sont les fleurs de vie qui poussent dans ce tunnel sans lumière que vous avez créé vous-mêmes en Me reniant »* (16 juillet 2002). Mais le Seigneur avertit bien quiconque se mettrait en travers de son Église, même si, légitimement, des questions peuvent être posées. *« Mon Église est traversée de part en part par une balle meurtrière qui s'appelle Hérésie »* (16 juillet 2002). *« Mais jamais l'homme ne pourra triompher sans Dieu, et jamais l'Église ne pourra tomber car le Christ* ***est là****. »*

La folie de ce monde, c'est l'aveuglement qui conduit les hommes à **déifier** l'Argent et à creuser de plus en plus le fossé entre les peuples, instaurant une richesse qui conduira vers une famine épouvantable.

D'aucuns diront alors : «Que pouvons-nous faire et comment aller contre le courant de ce temps et les forces en puissance qui font sentir leur domination sur les petits et les faibles ?» Le Seigneur **est là** et Il ne peut nous abandonner. N'ayons donc aucune crainte. Si les avertissements du Seigneur sont clairs et peuvent faire frémir, c'est essentiellement pour que nous puissions comprendre, **avec notre cœur et notre foi, ce que nous avons à faire.** Et dans cette ère nouvelle, puisque Dieu vient faire toute chose nouvelle, c'est **la Croix et le Rosaire** qui apparaissent comme les fondements de ce temps nouveau.

La Sainte Croix

La question relative à l'élévation des Croix d'Amour a suscité depuis quelques années toute sorte de polémique, de contestation, et d'interprétation. Cela n'a pas empêché leur réalisation en bien des pays, avec le soutien d'Évêques et de clergés, conscients de l'importance de ce signe en plein cœur d'un monde qui s'est passé de toute référence divine ou religieuse. On a invoqué le respect des personnes et l'atteinte au voisinage, le souci de la tolérance et l'interdit de toute forme de prosélytisme. Au nom de la neutralité et de la laïcité, l'élévation de ces Croix semblait susciter une gêne considérable.

J'avoue ne pas comprendre ces réactions qui ne se justifient pas sur le plan spirituel, mais qui trouvent leur justification **sordide** sur le plan de la raison et de l'orgueil, parce qu'il s'agit d'un combat des forces maléfiques contre l'instauration du Règne divin sur notre terre. Cela dit, chaque fois que l'Église justifiait ce signe par sa présence et sa caution, l'argument sectaire ou prosélyte n'était plus invoqué. Si des gouvernements ou des personnes se soucient tant du respect de la neutralité, je pourrais alors leur recommander d'orienter leur combat sur toutes les formes de publicité qui portent atteinte à la morale et au respect des individus. Refuser les Croix au nom d'un principe de tolérance et accepter des affichages publics irrespectueux, cela traduit bien l'incohérence d'une civilisation qui a perdu ses valeurs et ses repères.

La Sainte Croix est la Révélation de toute la somme des fautes de l'humanité contre son Dieu. Elle est, en même temps, Révélation de la plénitude d'amour du Père par son Fils Jésus. C'est en elle que l'homme trouve son salut selon l'expression de St Jean : *« Il est mort pour que nous ayons la vie ».*

La présence de la Croix de Notre Sauveur, dans sa sobriété, contient donc tous les éléments salvifiques nécessaires à l'instauration de ce monde nouveau annoncé par le Seigneur.

Signe de mort, elle appelle tous les hommes à renoncer à la poursuite d'une existence marquée par le rationalisme, les injustices, les guerres, les peurs, les destructions de la vie et les atteintes contre la dignité humaine. *Signe de Résurrection,* elle signifie notre volonté d'orienter nos regards vers Celui que nous avons offensé et qui vient pour nous délivrer.

C'est Lui qui vient inaugurer un Règne nouveau qui deviendra promesse de joie et d'espérance, de paix et de justice pour tous les peuples. Par ce signe se trouve exprimée l'attente des hommes de bonne volonté, conscients de la puissance de Dieu contre le pouvoir de l'argent et de ses adeptes : « Seigneur, nous attendons ta venue !»

L'opposition à la Croix du Christ ne signifie rien d'autre qu'une allégeance au Prince des Ténèbres.

« Si vous désirez que le Perfide gagne la bataille contre mon Église qui est, en Vérité, le Peuple de Dieu, la Bénie, les Membres sacrés régénérés par le Sang de Ma Sainte Croix, la Bannière de Yahvé, oui, alors continuez à détruire Mes Croix d'Amour, arrêtez-les dans leur élan de s'élever vers Mon Ciel de Gloire, devenez votre propre bourreau et celui qui exécutera Ma Création entière. Mes Croix d'Amour sont le premier support où se construit Ma Nouvelle Terre » (5 mars 2002).

Avec l'élévation de ces Croix, le Seigneur invite aussi les fidèles à porter sur eux le signe du pardon et du salut, à le placer au cœur des maisons pour révéler la place éminente de Celui qui reste Notre seul Sauveur, Jésus-Christ. *« Les cataclysmes s'amplifient sur toute la Terre et vous en êtes témoins. C'est pour cela que les milliers de Croix, qui s'élèvent de partout, font obstacle au Mal grâce à l'Amour qu'elles vous inspirent pour Dieu ; vos Louanges et vos Prières touchent Mon Saint Cœur. N'ayez pas peur, Je connais Mes brebis »* (30 nov. 2002).

Tout au long de ce livre, chacun pourra mesurer l'importance que le Seigneur accorde à ce signe. En plus de l'évocation de la Souffrance, donc de l'Amour de Notre Seigneur Jésus-Christ, la Sainte Croix contient les germes d'un monde nouveau pour l'Église. « *Ma Sainte Croix veut réveiller Mon Église qui s'endort* » (30 nov. 2002), et pour tous les fidèles qui deviennent *des Croix vivantes* au cœur d'un monde qui attend les signes d'espérance que les homme sont incapables de produire.

Tous les messages sont donc une invitation ferme à retrouver **une élévation spirituelle**, à l'image de l'élévation de la Croix, dans le souci urgent de venir en aide aux plus pauvres afin que soit réalisée l'unité de la foi sincère et de l'action caritative. C'est ainsi que nous devenons les Témoins vivants de la Croix.

Le Rosaire

Toute l'histoire sainte est marquée par la merveilleuse mission que le Ciel a confiée à la Vierge Marie. Sa naissance avait été préparée de manière éminente dans le sein de sa Mère, Sainte Anne. Pour l'humanité, Dieu avait voulu que la naissance de son propre Fils fût réalisée dans le sein Immaculé de la Vierge. Ainsi Marie devenait, dans l'histoire du salut, Celle qui apportait son OUI total à la Volonté du Père. « *Je suis la servante du Seigneur, qu'il me soit fait selon ta Parole.* » Elle est à l'origine de l'histoire du Christianisme et c'est aussi à Elle que Jésus confie l'humanité, au pied de la Croix du Calvaire, à travers son apôtre Saint Jean : « *Fils, voilà ta Mère* ». Elle devient aussi pour nous la Nouvelle Ève, au seuil d'une nouvelle terre, lorsque le Seigneur veut accomplir toute chose nouvelle.

Il n'était pas imaginable que Marie puisse être dissociée du mystère de la Croix Glorieuse et du projet de SALUT pour l'humanité d'aujourd'hui. En Elle doit s'accomplir ce que le Seigneur Dieu avait déjà réalisé depuis les origines. Elle devient la Mère de Dieu, Celle qui enfanta le Sauveur ; et la Mère des hommes, Celle qui enfante une humanité nouvelle pour la présenter au Père par son Fils.

C'est Marie qui invite les hommes à La suivre sur le Chemin du Salut. « *Je te parle comme une mère à son enfant qui pleure. Je suis votre Maman et Je viens vous consoler en apportant dans Mon Cœur maternel un Amour qui guérit toute plaie de l'âme et du corps. Soyez fidèles à Dieu. Pensez que vous ne pouvez Le rencontrer que dans la Paix. ... Vous ne voulez même plus appeler le Dieu de votre enfance, ce Papa du Ciel qui vous a toujours comblés de Son Amour. Et les petits enfants d'aujourd'hui ne savent pas qu'Il existe et qu'il faut Le prier les mains jointes et à genoux le soir, au pied de son lit, avant de se coucher* » (22 Sept. 2001, Livret 4, 2ème partie, Humanité déchirée, p. 191).

Cette évocation de la prière en famille fait suite à toutes les demandes du Ciel — et elles sont nombreuses — à revenir à la prière, celle que l'on fait avec tout son cœur, et avec l'innocence de l'enfant qui prie avec la certitude que tout ce qu'il demande à Dieu est **déjà là**. Que de fois le Seigneur **supplie** tous ses enfants à mettre toute leur confiance dans la prière. **Dieu peut tout**. Il ne faut donc pas regarder en arrière, dans les pleurs de nos erreurs et de nos péchés, mais regarder maintenant ce que nous n'avons pas encore réalisé.

La Source de toutes les joies se trouve dans les Cœurs de Jésus et de Marie, auxquels nous sommes conviés de nous unir le plus vite possible, pour que soit anéanti le règne du Mal sur la terre, dans nos familles et dans nos vies.

C'est encore Marie qui invite chacun à reprendre la récitation du Rosaire, arme redoutable pour mettre une barrière contre les assauts du Mal. Unis à la Vierge Marie, les hommes sont entraînés vers ce Chemin nouveau dans lequel se découvrent les parfums suaves d'une vie marquée de la Tendresse du Père pour chacun de nous. « *La Rose que J'offre à Ma Sainte Mère,* dit Jésus, *a le parfum de Ma Sainte Croix. Chaque pétale est un Mystère, un enseignement pour ces temps où l'homme a oublié d'honorer Sa Mère qui continue à veiller sur chacun de vous depuis qu'Elle vous a reçus, un par un, au pied de Ma Sainte Croix* » (23 janv. 2002).

Conclusion

Que toute Bénédiction soit rendue à Dieu pour tant de merveilles et pour la patience qu'Il a su manifester envers tous les hommes. Dans sa Miséricorde, Il a daigné nous enseigner et nous redire avec amour devant quelles urgences nous nous trouvons à cause de nos faiblesses et de nos péchés. Mais Dieu ne veut pas la mort du pécheur. Il veut son salut. Voilà pourquoi, au delà des avertissements et des signes qui peuvent nous faire trembler de peur, **Dieu veut nous dire surtout qu'Il va venir, et que Sa Venue s'accomplira par la multitude de Croix Vivantes que nous formerons avec Marie.**

Ce n'est pas un livre de catastrophes. C'est un ouvrage qui exprime le Bonté de Dieu, par son Fils et par la tendresse maternelle de Marie. C'est une invitation à prendre le chemin de la guérison, la nôtre et celle du monde. Tout est dit en terme d'Amour, de cet Amour qui fait reculer le Mal et donne toutes les victoires, de cet Amour qui empêchera l'horreur de venir sur notre terre, parce qu'il rendra les hommes plus proches les uns des autres et plus proches du Créateur. Jamais aucun homme, fût-il le plus puissant et le plus riche, ne pourrait apporter une telle Espérance ! Seul Dieu, parce qu'Il est Amour, peut accomplir cette œuvre de renaissance et ouvrir des cieux nouveaux et une terre nouvelle à notre humanité déchirée. Mais Dieu **a besoin de notre amour, de notre RIEN pour qu'il soit TOUT en nous**. Il a besoin de notre humilité et de notre abandon pour la réalisation de son Règne.

Toute autre forme de discours, de discussion, d'analyse, ne ferait que retarder son Règne divin. L'heure n'est pas à la parole et à la science des hommes et à leurs calculs. L'heure n'est pas non plus à l'attente passive d'un monde meilleur. C'est le moment de devenir des êtres d'une grande spiritualité pour que s'effacent toute tiédeur et toute peur.

C'est l'Heure de l'Immaculée Conception, celle du 8ème Jour par lequel l'Église entrera dans l'Histoire avec la puissance de la Sainte Croix *qui sauve le monde,* et près d'Elle se trouvera la multitude des Croix Vivantes que sont les Témoins d'un Monde Nouveau porteur de la Paix et d'une Espérance infinie.

C'est par Marie que le Seigneur veut accomplir la Transfiguration de ce monde. Par Son OUI, Elle a participé à la Divinité de Son Fils. Elle est l'Œuvre de Dieu. Elle a fait entrer Dieu dans l'Histoire des hommes. Dieu la choisit pour faire entrer les hommes dans cette Terre Nouvelle avec les Cieux Nouveaux. C'est pourquoi le Seigneur demande, de toute urgence, que soit proclamée par l'Église la Divinité de Sa Sainte Mère. : «*Il est **urgent** de faire connaître à Mon Église **la Divinité** de Ma Sainte Mère, pour que s'accomplisse la dernière phase du Plan de Dieu. C'est le **Salut du Monde** qui va se trouver dans les mains de Mon Église. Elle doit reconnaître, en Ma Sainte Mère Sa Naissance **divine*** » (1er Septembre 2003).

C'est dans la même ligne de la Pensée divine que le Seigneur avait déjà dit, à propos de Marie : « *Elle a été choisie depuis toute éternité pour écraser la tête de celui par qui vient tout le mal.*» (10 Oct. 2003). Elle porte en Elle le Divin dans la splendeur de son humilité. C'est pourquoi Elle est l'Œuvre de Dieu et l'affirmation de sa Divinité dans son Immaculée Conception, entre dans le projet du Seigneur pour restaurer et transfigurer notre terre.

> « *C'est par une Mère Divine, et seulement par MARIE que l'homme de la Terre pourra rejoindre son Père du Ciel, tout comme le Fils de Dieu a pu rejoindre l'homme de la Terre en passant par MARIE Divine* " (10 oct. 2003).

Que le Seigneur soit de plus en plus aimé et adoré dans tous les cœurs, dans les familles et dans le monde. Qu'il accorde le Pardon à tous ses enfants et que vienne son Règne, par la Sainte et Divine Conception de Marie. Alors le Règne de Dieu se fera tout proche.

Viens, Seigneur !
Nous T'attendons, nous te désirons ardemment.
Que Ton Règne vienne !
Nous nous tenons près de Ta Mère :
donne-nous encore le courage d'annoncer Ta venue toute proche,
et la force de nous aimer les uns les autres comme Tu nous aimes.

Le Père spirituel

Hymne à la VIERGE MARIE

Vierge Sainte, Marie,
Vous êtes la Mère de Dieu
et Vous êtes aussi ma Mère.
Près de Vous, je reçois la majesté du Ciel
et près de Vous, je me sens comme un enfant.
Vous avez donné votre OUI au Seigneur,
Donnez-moi la force de dire OUI chaque jour
à la Volonté du Père.
Soyez toujours près de moi dans la mission
qui m'a été confiée.
Dirigez mes pas, mes pensées, mes actes
pour que chaque instant, chaque moment de ma vie,
servent à la Gloire du Père.
Eloignez de mon cœur toute inclination malsaine,
et soutenez-moi dans le dur combat contre les forces du Mal.
Marie, je Vous aime de tout mon cœur,
parce que Vous êtes la Mère de Dieu et ma Mère.
Près de Vous, je reçois la force de l'Esprit-Saint.
Près de Vous, je peux avancer sur le bon chemin
et mieux servir Votre Fils Jésus, Notre Sauveur.
Marie, Ma Mère, Vous avez tant souffert jusqu'au pied de la Croix.
Vous savez ma souffrance, et parfois mon désespoir.
Vous connaissez aussi ma faiblesse et ma fragilité.
Vous savez les secrets de mon âme.
Par dessus tout, Vous savez comme je voudrais mieux servir
le Seigneur.
Soyez avec moi dans ce nouveau chemin,
pour une terre nouvelle, pour l'avènement du Règne de Jésus.
Mère du Ciel, donnez-moi la force
de n'être Rien pour que le Seigneur soit Tout en moi.
Enseignez-moi à dire OUI tous les jours.
OUI, pour la Gloire du Père.
OUI, pour le Règne de son Fils.
OUI, pour que le salut de tous les hommes s'accomplisse
dans l'Église et dans les cœurs.
Je Vous salue Marie, Mère de Dieu et ma Mère
Accueillez simplement ma prière
et portez-la au Père avec toute ma tendresse.
Vous êtes si proche du Ciel et si proche de la terre.
Ô Mère, je Vous aime.

Le Père spirituel

L'Église de MARIE

****

Mardi 18 Décembre 2001

JÉSUS : Les tièdes, Je les vomis. Ceux-là sont à peine égratignés par la Foi ; ils s'enroulent une grande bande autour de la partie la plus voyante, *la main droite,* sans même mettre du baume dessous : ils veulent qu'on les voie, ils veulent montrer au monde qu'ils souffrent. Mais Je viens enlever tous ces paravents, ces pansements inutiles.

****

Car ceux qui souffrent en vérité à cause de Mon Nom, à cause de l'entière offrande de leur cœur et de leur esprit à Dieu, sont Martyrs de Satan : il ne leur laisse aucun répit et eux le savent. Car le Malin n'a pas besoin de vêtement, encore moins de bandage, pour découvrir que vous avez revêtu Mes Saintes Plaies d'Amour en votre être, en votre âme, car vous M'appartenez.

A quoi se reconnaît un vrai enfant de Dieu ? A sa souffrance journalière car le *Fardeau de la Foi* est accroché en son corps, en son âme, en son esprit, comme le fut en Moi Ma très Sainte Croix d'Amour que J'ai portée jusqu'au Golgotha et que Je porte encore aujourd'hui *avec chacun de vous*. Car, sans Mon secours, vous seriez déjà écrasés par Satan. Oui, vous êtes tous en Moi, et Moi en vous, dans cette montée vers ce lieu où tout va s'accomplir pour toute l'Humanité.

Dans votre liberté, vous avez choisi Ma Voie et, dans Ma Voie, Ma Souffrance Rédemptrice. Je suis votre Compagnon, vous êtes Mes aimés, ceux avec qui Je bâtirai ce Nouveau Monde, ce Monde qui, à Ma Parole, sortira tout entier, complet, comme une flambée nouvelle qui réchauffera tout et tous sans vous brûler. *C'est Mon Buisson Ardent* et Je vous dirai, à travers ce Feu de Joie : *" Venez, les Bénis de Mon Père, le Festin est prêt. Les Noces de l'Agneau avec Son Église Nouvelle ; elle descend de Ma Jérusalem Céleste, elle est là devant vous. "*

Vous regarderez vers les hauteurs et vous verrez descendre du Ciel
la Cité de Dieu parmi vous, avec tous Ses Élus.
La Mère de l'Église est devant.
JÉSUS est au milieu de vous.
Car l'Église, c'est tous ceux qui ont souffert pour qu'elle renaisse,
tous ceux qui ont accompagné la Mère Pleine de Grâce marchant à
côté des infirmes et des humiliés de ce monde sans Amour ni Pitié.
C'est l'Église Nouvelle, Unique. C'est l'Église des pauvres,
éblouissante de Charité, d'Amour et de Piété,
c'est l'Église de MARIE. Amen †

Le Baptême

****

Jeudi 20 Décembre 2001
St Abraham

JÉSUS :
****

Sur les rives du Jourdain, Jean baptisait ceux qui venaient à lui. C'est pour cela qu'on lui donna le nom de Baptiste. En signe de pénitence, il versait de l'eau sur la tête de qui recevait son baptême.

Lorsque Je reçus le Baptême, aussitôt le Ciel s'ouvrit et sur Moi descendit l'Esprit de Dieu sous la forme d'une colombe tandis qu'une Voix venant du Ciel disait : *" Voici Mon Fils Bien Aimé, écoutez-Le !".* Mon Incarnation fut révélée par le Père à ce moment-là.

Pour Dieu, le péché et le Salut sont concomitants. Par la Sainte Grâce de Dieu, l'Innocence absout le péché.

Il n'y a pas de mort. Ne soyez pas ennemis de l'Esprit. L'enfant a déjà Dieu en lui dès sa conception. Je vous le redis : *le Baptême existe aussi au Ciel.*

JÉSUS vous le confirme : Je le donne directement dans l'âme consentante. L'enfant mort-né a vécu dans le sein de sa mère, d'où Je l'ai cueilli avant même que son corps mort aboutisse sur cette Terre. *Toutes les âmes de Dieu connaissent le Christ qui S'est immergé dans les Eaux Virginales de MARIE.*

Par Mon Baptême, l'enfant a reçu l'Eau et l'Esprit. Et Mon Esprit Saint y suffit.

Je suis JÉSUS Christ, *la soudure* avec Dieu, comme Mes âmes bénies sont soudées entre elles avec la Très Sainte Trinité.

Je suis l'Auteur du Baptême.

JÉSUS-Christ.

Amen

†

† †

Pourquoi venir à la fin du monde ?
Pour qui ?

****

14 Janvier 2002

"<u>JNSR</u>" : " Mon Dieu, à la Messe de ce jour j'ai entendu Ton Prêtre dire que Tu ne viendras qu'à la fin du Monde. Alors, si Tu reviens dans plusieurs centaines d'années pour voir tout détruit, où est Ta Parole ? Dans St Matthieu (24) "l'Avènement du Fils de l'Homme sera manifeste" :

26Si donc on vous dit : le voici au désert, n'y allez pas ; le voici dans les retraites, n'en croyez rien. 27Comme l'éclair en effet, part du levant et brille jusqu'au couchant, ainsi en sera-t-il de l'avènement du Fils de l'Homme. 28Où que soit le cadavre, là se rassemblent les vautours."

JÉSUS :
****

Mon enfant, pourquoi vous donne-t-on encore cette nourriture dans Mon Église ? Le Fils de l'Homme a dit à Dozulé qu'Il revient en Gloire. Je l'ai dit à Madeleine, dans Mon église, devant son Confesseur

Seriez-vous tous décidés à juger votre Seigneur comme Il le fut déjà à son premier Avènement ? Aujourd'hui Ma Parole est encore bafouée, déformée. Je suis triste à cause du manque de Foi.

Les cadavres sont ceux qui renient Ma Parole en la déformant. Il y a tellement de confusion qu'il est évident que *les vautours* sont déjà repus et satisfaits par la mauvaise parole qui sort de la bouche de tous ces cadavres. Leur discours, leur information, sont une mauvaise nourriture qui ne donne joie et satisfaction qu'aux rapaces qui l'attendent pour la déchirer et la projeter en l'air pour contaminer Mes pauvres enfants.

Il n'y a pas plus mort que celui qui déforme Ma Parole de Vie.

Respectez Ma Parole de Vie.

Lisez les Évangiles.

Et voici que Je viens.

Amen, viens, Seigneur JÉSUS.

†

† †

Plus petit que l'enfant

****

Mardi 15 Janvier 2002 - St Rémi

"JNSR" : " Seigneur mon Dieu, veux-Tu me parler aujourd'hui. Il y a du silence autour de moi. Peut-être rien ne presse pour écrire ce dernier livre qui est la troisième partie des Actes des apôtres, 4."

JÉSUS :
****

Aujourd'hui Je te donne le moyen de pénétrer dans Mon Royaume qui est au Ciel. Avance avec Moi et fais silence. *Tout bruit distrait l'âme.* Ne t'occupe que de Moi.

Le divin est caché au regard des hommes qui ne lui accordent aucun intérêt, alors qu'ils devraient être attentifs devant tout ce qui vient de Dieu, tout ce qui est Dieu. Le Monde est encore trop matériel pour approfondir la Vérité Sainte. Et quand ils le font, c'est par curiosité et non par Amour. Penses-tu que cela puisse les éveiller et les faire revenir à Moi ? Je ne désire pas pêcher en eaux troubles.

Mon enfant, seul Mon Amour doit y contribuer. Tant de choses sont au service de l'homme pour sa conversion ! C'est comme si Je marquais le chemin avec des cailloux blancs pour qu'ils le suivent afin de les aider à Me retrouver. Mais cela n'est pas leur but, alors ils ne voient pas les cailloux blancs.

" Seigneur, en Jean (3), Tu as dit à Nicodème :

3 "En vérité, en vérité Je te le dis : à moins de naître d'En-Haut,
nul ne peut voir le Royaume de Dieu.
4Nicodème Lui dit : " Comment un homme peut-il naître, étant vieux ?
Peut-il une seconde fois entrer dans le sein de sa mère et naître ?
5Jésus répondit : " En vérité, en vérité Je te le dis : à moins de naître
d'eau et d'Esprit, nul ne peut entrer dans le Royaume de Dieu.
6Ce qui est né de la chair est chair et ce qui est né de l'Esprit est
esprit. 7Ne t'étonne pas si Je t'ai dit : il vous faut naître d'En-Haut.
8Le vent souffle où il veut et tu entends sa voix, mais tu ne sais pas
d'où il vient ni où il va. 9Ainsi en est-il de quiconque est né de l'Esprit.

" Le Royaume est au sommet de la Sainte Montagne où habite Dieu. Une âme a un long chemin à parcourir pour y parvenir. Là est aussi sa Demeure près du Père qui l'a créée, car là se trouve la Gloire de Dieu.

Vous dites de Moi : JÉSUS est l'Amour, et Je SUIS l'Amour.

Vous dites : la Gloire de Dieu, et en effet, Dieu EST Gloire.

Dans Ma Sainte Résurrection se trouve la Gloire du Christ, Nouvelle Existence pleine de vigueur qui vous appelle et vous entraîne à Me suivre. Ma Sainte Croix est le Signal, et le Sang qui coule tout le long de la Croix jusqu'à terre, vous montre Mon Chemin, votre Chemin.

Je suis le Chemin, la Vérité et la Vie.

C'est votre résurrection dans la Glorification de Ma Sainte Croix.

Enfant, comprends-tu le premier pas que ton Dieu fit ? Je suis sorti de Ma Gloire pour vous rejoindre sur votre Terre et vous montrer le Chemin *qui commence par l'Humilité*.

Ensuite, Je Me suis fait plus petit que Je ne fus en venant dans votre monde. L'Enfant Divin, l'Enfant de MARIE est devenu *l'inaccessible* pour la compréhension humaine : un enfant se prend dans les bras pour l'embrasser, le contempler... *mais il se couche dans une mangeoire pour être adoré*. J'ai désiré être ce peu de farine qui se multiplie à l'infini, ce Pain de Vie, *pour toucher chaque âme*.

Quel est celui qui a tué tous les innocents pour pouvoir M'atteindre ? Quel est celui qui peut Me tuer dans l'Eucharistie ? Vos mains, vos pieds ? NON ! Mais plutôt vos esprits qui continuent à Me déchirer comme jamais, jusqu'à douter de Mon Existence sous la forme du Pain et du Vin qui deviennent *Mon Corps, Mon Sang, Mon Âme et Ma Divinité* à la Sainte Messe.

OUI ! Croyez que JE SUIS est immortel et omniprésent. De ce grain de farine, vous verrez *sortir un jour* la Gloire de Dieu. Croyez-vous en Ma Sainte Puissance ? Alors vous verrez couler les Eaux glorieuses de la Béatitude Céleste, sortant du Trône de Dieu, du sommet de Sa Sainte Montagne. Vous verrez des inondations qui ne mouillent pas et des feux qui ne brûlent pas, vous recouvrir entièrement.

Lisez en Isaïe (40, 5) : "Alors la Gloire de Yahvé se révèlera et toute chair, d'un coup la verra, car la Bouche de Yahvé a parlé."

La Parole de Notre Dieu subsiste à jamais.

La résurrection totale viendra et c'est de *votre* résurrection qu'il s'agit, dans la Glorification. Souvenez-vous que votre Terre est solidaire de votre vie. Elle est votre miroir. Vous ne pouvez pas vous sauver seuls en rejetant vos frères, les hommes et votre Terre qui est votre nourrice. L'Harmonie est générale.

Votre préoccupation ne doit pas être seulement basée sur les conséquences matérielles, même la pollution et la méchanceté abjecte des hommes mettant le feu aux forêts. Ce sont des actes malveillants qui naissent de l'homme-animal n'ayant aucun sentiment. Il fera de même avec l'enfant à naître *"tuer un fœtus n'est rien, qu'un peu de chair sans vie"...* Vous tuez tout ce qui est en gestation, vous avortez tout ce qui est en cours.

La Création tout entière gémit, maintenant encore, dans les douleurs de l'enfantement continuel. Vous êtes en train de tuer l'Amour. Chacun doit comprendre combien Je vous aime pour assister continuellement à votre enfantement général. Tous vous devez être dans ce travail.

Mais sachez que tout vient de Moi, votre Dieu et que tout revient à Dieu.

Je suis l'Espérance de l'homme déchu.

Priez, devenez doux, humbles et charitables.

JÉSUS Christ

†

† †

Qu'ils soient un

****

Dimanche 20 Janvier 2002 - St Sébastien

"JNSR" : " Seigneur, je Te prie de bien vouloir continuer avec moi ce merveilleux entretien entre le Ciel et la Terre ; entre Toi, mon Dieu d'Amour et Son "Je Ne Suis Rien" qui T'aime. Conduis-moi, Seigneur, dans ce livre qui sera la fin de cette belle édition, Témoins de la Croix."

JÉSUS :
****

Je viens à toi et Je t'attendrai pour terminer ce dernier livre qui concerne *le Don de l'Esprit Saint.* Dieu Se manifeste par Ses Trois Personnes, Père, Fils et Esprit Saint. Mais le Verbe continuera à venir t'informer et parlera en t'expliquant ce qu'Il attend de vous, de chacun de vous. L'Esprit travaille ardemment en chaque âme qui est en Communion avec la Très Sainte Trinité et avec MARIE, Immaculée, Vierge et Mère de Dieu, Fille du Père, Mère du Fils, Épouse de l'Esprit Saint.

A toi ces lignes, qui fermeront la porte qui s'est ouverte pour informer les enfants de la Terre du danger qui les guette et du bien-être que Dieu prépare à ceux qui Le suivront. Sa Bonté ira jusqu'à sauver Sa dernière Brebis, prisonnière du Mal, et qui L'appellera avec Amour et Vérité.

Sur Ma Terre, J'ai institué *Mon Église Sainte* : c'est le trait d'union avec le Ciel où se trouve Mon Église Parfaite, celle qui vous envoie ses rayons d'Espérance, de Foi et de Charité. Ce sont les Saints, tous ceux qui sont parvenus à une haute Sainteté à la Ressemblance du Fils de Dieu. Parmi eux se trouvent ceux qui y aspirent et sont en chemin de le devenir. Ils se sont sanctifiés les uns par les autres pour monter plus haut. Comme vous, *vous serez sauvés les uns par les autres* en vous aimant et en vous aidant dans cette marche, ce pèlerinage que vous effectuez sur la Terre.

J'ai mis dans chaque cœur une volonté qui fonctionne selon le degré de votre persévérance et celui qui comprend Mon Message d'Amour se mettra vite en route vers ce que Je lui commande de faire. Oui, aimez Dieu par-dessus tout et vos frères comme vous-mêmes ou comme Je vous aime. Vous marcherez vers Ma Lumière de Vie. Au cours de cette marche s'effectuera votre métamorphose, votre transformation.

Croyez-vous que vous êtes venus pour rester là, pour établir votre vie le mieux possible dans un confort moderne et sans souci du lendemain parce que vous possédez pouvoir, argent et respect des gens ? Des gens qui vous ressemblent autour de vous. Parce que vous êtes classés parmi les gens qu'on respecte à cause de leurs bonnes mœurs, de leur vie remplie d'exemples que l'on voit.

Ils adhèrent aux bonnes institutions, ils sont au premier rang des assemblées, ils font l'aumône selon la grandeur du "tronc" et, devant la foule des croyants, ils ont la première place.

Malheureux qui pensez à ce Temps (qui vient) comme on pense à une institution en place où l'on cherche à conquérir le rang le plus élevé pour que l'on vous voie !... Oui votre "trône" actuel est éphémère et sa base corrompue va s'effondrer d'ici peu.

Car voici que Je viens faire toute chose nouvelle, que vous n'avez encore jamais vue, ni même ressentie. Car vous ne pensez pas que Dieu a parlé et vous croyez que Sa Parole Écrite dans la Bible ne se réalisera jamais !..

Le Ciel et la Terre se verront comme deux sœurs jumelles ayant même apparence et mêmes sentiments, animés du même Amour : la Terre ressemblera à Mon Ciel de Gloire. Je ne mettrai pas Mes Armées célestes ni Mes Saints glorieux pour confirmer Ma Terre dans sa sainteté : vous serez *vous-mêmes ces saints* et ces Armées de Gloire qui garderont jalousement Ma Parole. *Jour et nuit,* elle sera proclamée dans Ma Sainte Église. *Jour et nuit,* vous continuerez à louer Dieu au Saint Sacrement de l'Autel. Armée de Prêtres qui porteront la Croix d'Amour de leur Seigneur comme armure, et le Saint-Rosaire de Ma Mère Bien-Aimée comme seule arme.

Oui, vous verrez de grandes choses se décider, *même en une seule nuit.* Ne pensez pas voir apparaître d'autres personnages. Vous serez ces mêmes habitants, mais votre âme sera si belle qu'elle transmettra sa clarté, sa lumière à votre visage. *Votre corps aura une force nouvelle, car Dieu EST la Vie Nouvelle.* Votre Résurrection touchera vos membres et tout votre corps.

JÉSUS-Christ est le Don du Père, et le Père demande à Son Divin Fils : *"Mon Fils, c'est maintenant qu'ils soient Un comme Je suis en Toi et Toi en Moi."*

Vous, créatures du Père d'Amour, vous serez à la ressemblance du Créateur. Tout cela doit arriver et beaucoup d'autres belles choses. Pour le moment, vivez déjà votre sanctification en commençant par rejeter le mal qui est en vous, en essayant de devenir parfaits et généreux.

Je vous bénis †

dans la Très Sainte Trinité d'Amour

JÉSUS-Christ.

†

† †

L'Esprit parle en toi

****

21 Janvier 2002 - Ste Agnès

"JNSR" : "Dans Ta Sainte Gloire, Tu nous conduis comme le jeune enfant qui ne lâche pas la main de son père. Ce n'est pas la peur qui le relie à son père par ce geste, c'est la confiance. Avec Toi, Seigneur, point d'obscurité, tout est Lumière et Vie, Tu nous fais renaître à la Vie, cette Vie pour laquelle nous nous sommes engagés à y parvenir, coûte que coûte, à travers monts et marais, et terres inconnues, pour arriver à cette Terre Promise que nous connaissons par Ton Amour en nous.

C'est la plus belle car elle est la Gloire du Seigneur, la Ville de l'Amour, la Cité de Dieu. Nous monterons ensemble jusqu'au sommet de Ta Montagne Sainte, nous entraînant les uns les autres comme pour rassembler nos propres os entre eux, car nous ne formerons plus qu'Un, arrivés à la hauteur que Tu as fixée Toi-même pour chacun de nous afin que ceux qui y parviennent puissent dire :

"J'ai vaincu ma propre chair, j'ai réalisé cet exploit en pliant mon esprit pour parvenir à Ta Gloire. Seigneur, mon âme s'est soumise à Ta Sainte Volonté pour enfin Te voir, T'approcher."

Dans la Sainte Eucharistie, Tu commences à Te dévoiler. En habitant en nous, nous vivons en Toi, mais tu cherches à Te faire désirer davantage. Parce que l'homme est un chercheur qui oublie souvent l'orientation, Tu le maintiens dans le Don de Toi-même. Mais s'il désire Te voir, s'il aspire à découvrir enfin Ta Sainte Face, ne Te cache plus, viens à nous, montre-nous Ta Face Adorable.

Nous ne sommes pas dignes de Te voir. Nous sommes encore trop remplis de ténèbres. Ta Lumière Sainte risque de nous aveugler. Seigneur, que vas-Tu faire pour l'homme qui T'attend, et pour les autres qui ont oublié que Toi, Tu les attends ?

JÉSUS :
****

Je désire ardemment que ce jour vienne. Pourrez-vous renaître d'Eau et d'Esprit ? Lorsque vous arriverez au sommet de Ma Montagne Sainte, c'est le symbole de votre propre Résurrection, alors vous recevrez les Eaux Glorieuses de la Béatitude Céleste qui, telle une pluie providentielle, ruissellera incessante, sanctifiant vos âmes qui baigneront dans Mon Esprit Saint.

Votre Résurrection sera alors accomplie.

JÉSUS-Christ.

†

† †

Mon Précieux Sang

****

23 Janvier 2002 - St Bernard

"JNSR" : "Seigneur, parle-moi, je suis à Ton écoute. Puis-je partir d'ici, me rapprocher de mes enfants ? Blesserais-je alors Ta Sainte Volonté ?"

JÉSUS :

****

"Par ton Baptême et ton saint jeûne, de tout mal délivre-nous, Seigneur !"

Qu'obtiendrais-tu ailleurs ? Écoute Ma voix. Je baptise *avec Mon Sang* celui qui fait Ma Sainte Volonté. Dieu sanctifie Ses enfants et Ses œuvres par Son Précieux Sang. Ma Croix est en toi, plus vivante que jamais. Elle appelle tous ceux qui la voient à former *des Rosaires de Croix dans le monde.*

Vois-tu, la Rose que J'offre à Ma Sainte Mère a le parfum de Ma Sainte Croix. Chaque pétale est un Mystère, un enseignement pour ces temps où l'homme a oublié d'honorer Sa Mère qui continue à veiller sur chacun de vous depuis qu'Elle vous a reçus, un par un, au pied de Ma Sainte Croix.

Génération actuelle, tu as oublié les Paroles de ton Sauveur qui t'ont fait enfant de Son Père et de Sa Mère Bien-Aimée. Lorsque vous récitez le Saint-Rosaire, vous offrez une Rose à votre Sainte Maman. Les Rosaires récités au pied de chaque Croix d'Amour deviennent une grande Rose. Laissez les Croix d'Amour se multiplier. Les Roses pour MARIE, ce sont les Prières de tous Ses enfants réunis au pied de chaque Croix.

Ô MARIE conçue sans péché,
Rose d'Amour, de Grâce et de Sainteté,
Priez pour nous, pauvres pécheurs.
Faites tomber sur vos enfants égarés
cette pluie sanctifiante qui pénètre tous les cœurs
et les ouvre à la Charité.
Ô oui, donnez-leur l'Espérance et qu'ils réclament à Dieu
le Don Précieux de la Foi.

Mon enfant, il est urgent pour chacun de vous mettre en Prière devant Ma Sainte Croix. Tenez la Croix de St Benoît bien serrée sur votre cœur et la Médaille Miraculeuse de Ma Sainte Mère à votre cou. Je suis Dieu, votre Sauveur. Mon Précieux Sang, qui s'est répandu sur la terre, a coulé pour vous le long de Ma Très Sainte Croix. Mon sang vous a sauvé car il vous a ouvert la Porte du Ciel et Notre Père des Cieux vous appelle désormais, comme Moi-même, "Mon enfant, Mon fils". Méritez bien ce titre d'enfant du Père en faisant Sa Sainte Volonté.

Souvenez-vous que Mon Précieux Sang est l'antidote du péché. Priez chaque jour les litanies du Précieux Sang et lisez cette invocation :

"Précieux Sang de JÉSUS-Christ
mon doux Sauveur Bien-Aimé,
Toi qui fis de nous des fils pardonnés,
rends à l'homme sa mémoire égarée,
grave en son cœur qui T'a oublié,
la Prière qui devient pour chacun le Pardon et l'appel de Dieu :
*" Doux JÉSUS Crucifié, pardon pour toutes nos fautes
présentes, passées et à venir.
Pardon pour tout notre égoïsme.
Pardon pour tous nos frères. Amen."*

Aie confiance. *Lève-toi et marche.* Prends Ma Croix, embrasse-la. L'Amour te submergera et te fera avancer afin qu'indissociablement nous soyons tous rassemblés. Et Dieu aura alors réalisé l'Unité de tous les frères réunis dans la Très Sainte Trinité à cause de la Sainte Croix Glorieuse du Divin Crucifié.

De la Croix descendra l'Amour qui, comme une grenade mûre, éclatera et le Précieux Sang Purificateur sanctifiera la Terre jusqu'à ses extrémités. Plus rien ne sera souillé. Car Dieu vient de passer*. Il a marqué de Son Sang toutes les demeures* de Ses bien-aimés et Ses pieds ont foulé toute Sa Terre afin de la sanctifier.

JÉSUS Sanctificateur

†

† †

(*) : Noter que c'est le renouvellement de ce qui s'est passé au temps de Moïse en Égypte.

En attente du meilleur

****

Jeudi 24 Janvier 2002 - St François de Sales

JÉSUS :
****

Je viens te dire de t'armer de courage et de voir les choses avec Mes yeux. Ton Dieu, qui vous aime, ne fera rien sans Son Amour. Ne voyez pas une punition de Dieu dans ce qui vous arrive ou vous arrivera. Même si vous avez manqué à vos devoirs, c'est vous seuls qui allez le constater, vous en faire violence afin de ne plus recommencer, *et vous accuser de cette faute afin de recevoir Mon Pardon.*

Bien sûr que vous passerez par Mon Église ! Je vous l'ai déjà dit : elle reste, même avec ses imperfections actuelles, *Mon Église.* Ses imperfections, Je les changerai avec Ma Miséricorde. En votre monde, rien n'est parfait, mais cela n'enlève pas la valeur de chaque chose à Mes yeux : l'homme, si imparfait soit-il, est Mon enfant ; et Mon institution est sortie de Mon Saint Cœur.

Le Temps de la Terre est devenu tel que le spectateur inconscient voit et ne peut juger, car tout cela le dépasse et il y a en lui ce désir de laisser sa place comme l'homme d'État fatigué, impuissant et qui ne peut plus rien faire. Car rien ne s'est déroulé comme il le prévoyait lors de sa nomination. Alors il attend qu'un autre homme d'État lui succède et il va lui souhaiter bonne chance sans avoir aucune idée de ce qu'il pourra faire mieux que lui. Car tout va mal sur cette Terre qui se recouvre de ténèbres...

Et Moi, Je vous dis : *Voilà que Je viens faire toute chose nouvelle,* et Mon temps n'est plus celui dans lequel vous vivez comme des robots attendant le pire et non le meilleur. Car toutes les promesses des hommes sont comme le vent qui se déchaîne, arrache et détruit tout sur son passage. Il s'appelle *ouragan,* il s'appelle *cyclone,* il s'appelle *typhon,* et devant lui l'homme impuissant n'a qu'une chose à faire : essayer de se protéger jusqu'à-ce qu'il passe en laissant derrière lui les dégâts de sa violence. Ensuite, il reconstruira sur ces ruines... en attendant le prochain déchaînement de ce vent fou.

Voyez-vous, vous êtes en attente du pire et non en attente du meilleur. Vous êtes certains que le désastre existe pour le vivre et l'avoir déjà vécu. Mais vous n'êtes jamais *certains* que JE VIENS car depuis longtemps J'ai laissé Ma Terre sans Ma Présence visible et manifeste et vous croyez que Je vous ai abandonnés. *N'est-ce pas vous qui M'avez abandonné ?* Ayez Confiance en votre Dieu de Miséricorde.

Et voici que Je viens. *Amen, viens Seigneur JÉSUS !*

Brûlée comme au fer rouge

****

Vendredi 25 Janvier 2002 - Conversion de St Paul

"JNSR" : "Seigneur JÉSUS, je T'aime, pardonne-moi : j'ai continué à tourner mon regard sur mon passé et ne voir mes enfants que dans mon souvenir déjà lointain. Pourquoi m'ont-ils oubliée ? J'ai pleuré de longs jours, sans arrêt."

JÉSUS :
****

"Le vent peut emporter les paroles de l'homme et non la Mienne. Ma Parole demeure et elle est gravée en ton cœur et tu souffres de plus en plus, comme la bête qu'on a marquée au fer rouge et qui oublie à qui elle appartient, faisant des efforts désespérés pour retourner dans sa plaine sauvage d'où elle vient. Oui Je te pardonne, mais ta souffrance te disperse et *nous devons encore travailler ensemble,* même avec tes douleurs physiques et morales. *Tu ne dois penser qu'à Moi qui t'ai choisie et ton Dieu Fidèle ne t'abandonne pas.*

Si tu t'écartes, tu infliges à Mon Saint Cœur la même douleur que tu ressens en ton cœur. *Ne M'oublie pas.* Ton cœur peut souffrir davantage et *brûler par le fer rouge du remords et de la terreur de Me perdre* si tu persistes à vouloir retourner d'où tu viens : *J'en userai, car tu M'appartiens.* Écris, à présent :

Si Je t'ai choisie pour réaliser Mon Oeuvre, tu portes *Ma responsabilité, celle de Mon choix.* Je sais que ta petitesse ne peut s'imaginer combien *tu mets Mon Oeuvre en péril* car tu es destinée pour l'écrire et nous devons finir ensemble ce dernier livre. Non, Je ne t'ai pas dit que tu ne M'entendras plus... Mais tout le nécessaire sera contenu dans Mon Oeuvre, ces dix livres, pour instruire Mes enfants et pour les mettre, comme toi-même, devant la nécessité absolue de M'écouter et de Me faire Confiance pour leur bien et le bien de votre Terre.

Tout d'abord, juste après toi, Je vais M'adresser à tous les Ouvriers de la Croix que J'appellerai, selon leur mérite, *Mes apôtres des derniers Temps et de Ma Nouvelle Terre.* Toi, garde-toi de ne plus succomber à tes douleurs humaines : *Mon Messager est un prophète qui doit honorer son Dieu dans une parfaite soumission.*

La Croix doit s'élever de partout. Vous ne pouvez pas encore les voir fleurir une à une, mais elles se multiplient.

Elles sont le fruit de Mon Message d'Amour, et, qui les réalise, doit être obéissant, comme Ma Messagère ; car celui qui fera dévier Mon Message peut se trouver rejeté par Ma Sainte Volonté.

Tout s'accomplit dans l'Humilité qui est Ma première vertu que Je mets dans votre cœur. L'orgueilleux crée son ouvrage personnel *et tombera !*

Ce que Je demande pour ce Temps, ce sont des enfants *Purs et Charitables.* Obéissants à Ma demande, ils comprendront que Mes Croix ne peuvent s'élever que dans Mon Amour pour Ma Sainte Gloire.

Vous verrez tous l'arbre à ses fruits.

Tel qu'il vous a été donné, ce Message d'Amour du 16 Juillet 1996 renferme en lui toutes Mes directives : ne changez pas son cours, il est l'Arbre et l'Esprit Saint est l'Eau qui l'abreuve.

Vous pouvez le faire dévier, mais *je vous chasserai* de Mon Plan d'Amour *avant* que Mon Oeuvre soit menacée.

Aidez votre Rédempteur qui vous demande de réaliser Son Oeuvre, telle qu'il vous a été donné de la faire. Des milliers de frères espèrent en Mes Milliers de Croix d'Amour de par le monde entier. *Je vous bénis*

A Moi, ma Gloire. A vous, Ma Joie.

Je demande à chacun une obéissance parfaite.

Je ne vous avertirai plus.

Lorsque Dieu parle, Sa Parole vous marque au fer rouge

Et l'Esprit Saint est ce Feu d'Amour qui vous conduit sur le Chemin du Maître qui vous commande :

" Vous êtes Mes amis si vous faites ce que Je vous commande."

JÉSUS-CHRIST, Roi d'Amour.

†

† †

Mon Église est malade

****

Dimanche 27 Janvier 2002 - Ste Angèle

JÉSUS :
****

Écris ceci : Je viens à toi ce soir pour te dire que l'enfant qui souffre est à Moi, il est dans Ma Sainte Croix. Heureux celui qui est porté dans la souffrance comme un nouveau-né, car il repose dans Mes bras. Souffrance, Tendresse, Amour, voilà ce voile qui recouvre aujourd'hui les joyaux de Ma Couronne Royale.

Lorsque le Roi descendra de Sa Demeure, Il viendra devant ceux qui portent en leur cœur *une perle* de Sa Couronne Royale, et pour les rassembler, Je prendrai les plus belles.

Mon Amour est *exigeant.* Il faut dépasser l'amour humain restreint et devenir une anticipation de l'Amour Éternel. Tout ce qui est *susurrant* n'est pas *rassurant.* Mon Amour est Vivant et brûlant.

Mon enfant, ne recule pas devant Ma Souffrance, Je Me suis avancé vers les lépreux pour les guérir. Non ! Ne Me dis pas que tu as peur de toucher le malade que Je te présente : *le seul moyen de guérir sa maladie est de souffrir avec lui,* de te rapprocher de lui.

Les membres de Mon Église sont malades.

Je suis triste !

Tout Mon Corps s'est recouvert de la lèpre. Crois-tu que tu ne peux avancer jusqu'à toucher ceux qui sont devenus contagieux, si tu t'aperçois qu'en touchant un de mes membres tu vas le guérir avec le baume que J'ai mis en ton cœur ? Reculeras-tu devant ton Maître qui t'appelle dans Sa grande Souffrance ? Je t'ai *immunisée* contre cette maladie, *la tiédeur.*

Oui, ne sois plus incrédule. Tu es appelée à guérir Mes âmes. A cause de l'Amour que J'ai mis en vous, Je vous attends !

N'aie plus peur, avance. N'ayez pas peur, Je suis là !

Les membres de Mon Église sont malades.

Enfants, venez à Moi avec votre Foi.

Je vomis les tièdes !

JÉSUS Christ,

Médecin des âmes.

†

† †

Pouvez-vous voir cette dure réalité ?

Gloire au Père, au Fils et à l'Esprit Saint !

****

Jeudi 31 Janvier 2002

JÉSUS :
****

Enfants de la Terre, depuis des années et des années Je M'adresse à vous. Mes Messages vous répètent inlassablement Ma Parole de Vérité : " *Aimez-vous les uns les autres comme Je vous aime !*".

Si J'habille la fleur des champs, si Je donne à manger à la gent animale, dans les pâturages comme dans les terres les plus arides, comment pourrais-Je vous abandonner ?

Cependant, Je vous mets à l'épreuve.

Avez-vous vu le résultat de votre négligence ? A côté de vous, l'enfant "d'ailleurs" est oublié ; il meurt de faim et de maladie et les adultes qui les accompagnent, se soumettent à ce sort malheureux comme si cette fatalité leur était spécialement attribuée de tout temps.

Pouvez-vous voir cette dure réalité et rester insensibles ?

J'entends : *" Dieu ne fait rien "*... Dieu peut-Il permettre cette situation comme une punition méritée ? Vous qui regardez cela en simples spectateurs, vous ne vous sentez ni concernés, ni fautifs et encore moins coupables.

Pour vous, il est juste de vous retrouver dans votre confort moderne et en sécurité. Les inondations, les incendies, qui ont ravagé votre Pays, ne sont rien pour beaucoup: votre terre est sèche et rien ne brûle près de chez vous. Comme la lune qui se voile avant d'aborder un nouveau cycle, vous vous êtes cachés ces horreurs en vous fermant les yeux.

Mais voici que, pays par pays, ville après ville, vous serez plongés dans des catastrophes plus grandes les unes que les autres. Comme l'enfant qui plonge la main dans son sac de billes, vous attirerez à vous une bille de couleur différente à chaque fois que le temps sortira capricieusement *du sac* les catastrophes en une suite continue de cataclysmes qui transformeront en certains lieux la surface de la Terre, et même les profondeurs. Ces bouleversements toucheront également les fonds marins et n'auront de cesse.

Pour certains des enfants de ce siècle, leur cerveau est ravagé comme la roche qui se désagrège au contact répété des vagues de la mer. Que pouvons-nous contre leur folie destructrice et parfois meurtrière ? Alors, vous renforcez les patrouilles de garde qui ne peuvent plus rien.

Ces jeunes sont comme des machines pilotées par ordinateur pour détruire tout le matériel dont ils sont privés, et surtout l'Humanité.

Ne vous méprenez pas !

Satan occupe déjà presque toute la face de votre Terre.

Ne devenez pas son jouet. Hommes, femmes, enfants, vieillards, réveillez-vous. Vous êtes *une harmonie de discorde* qui tue tout : les plantes, les animaux, les minéraux. J'ai créé les règnes animal, végétal et minéral.

Protégez la Nature. Or vous continuez à creuser vos routes à travers la nature, vous déplacez l'ordre des structures de Ma Terre et vous n'avez encore rien vu : cela commence par déranger l'ajustement de l'écorce terrestre *qui se plaint...*

Dieu n'a rien laissé au hasard, et vous êtes en train de casser les bases, les fondements. Et vous vous étonnerez lorsque l'eau disparaîtra ? Les réservoirs de votre Terre gémissent déjà d'épouvante contre la désinvolture de l'homme inconscient qui ne cherche qu'à s'enrichir au détriment de tous Mes enfants.

Creusez, *creusez, creusez,* à quoi servira votre pétrole, richesse qui s'évapore comme la rosée au soleil, à quoi serviront vos ponts, vos routes, vos constructions monumentales ?

Vos *tours tomberont les unes après les autres,* comme ces monts que vous ravagez à leur base. Vos souterrains s'enfonceront de plus en plus sous terre, les voies de communications ne seront bientôt plus que de funestes taupinières qui seront des pièges pour les enfants confiants en l'ingéniosité de l'homme supérieur.

Allez-vous laisser ces populations mourir hors de leurs pays ? Je M'adresse aux gouvernants, qu'ils soient Rois ou Présidents : leur nation doit s'ouvrir aux populations déshéritées, pauvres et malades, et accueillir les enfants qui errent à travers l'immensité nue qui les sépare de tout abri, de toute nourriture. Et lorsqu'ils demandent asile, ne fermez pas vos portes.

Allez-vous laisser ces populations mourir hors de leurs pays ?

Vous savez construire en un temps record ce qui fait la gloire de votre Pays, les monuments historiques pour rappeler le passé, parfois d'un seul homme. Vos souvenirs vous tiennent à cœur et vous, Pays riches, ne sentez-vous pas au cœur ce poignant présent qui interroge chacun de vous : " *Qu'as-tu fait de ton frère ?* ".

Aujourd'hui, Mes enfants ont besoin de vos mains : construisez-leur un village d'accueil, mais pas en *chiffon.*

Ne prétendez pas ensuite que vous les avez bien accueillis sous des toiles de tente et au froid. Combien de fois doivent se répéter les holocaustes organisés par l'insouciance et le mépris que les gens *bien* acceptent et introduisent, *avec leur bienveillance,* jusqu'aux portes de la mort. *Le Bon Dieu est à partager entre tous !*

Le produit de Ma Terre appartient *à chaque enfant vivant sur cette Terre.* C'est Mon patrimoine, c'est l'Héritage de chacun. Dois-Je vous poser la question autrement ?

A qui appartient cette Terre ? Répondez-Moi : *à Dieu qui l'a créée.* Avez-vous laissé une place à Dieu pour Ses pauvres ? Car Je SUIS dans le Pauvre. Répondez-Moi : *Non, Seigneur, nous avons tout occupé.* Alors il est temps à présent que vos cœurs changent, *car vous n'emporterez rien d'ici-bas lorsque Je vous appellerai* et le changement universel *est près d'intervenir.* Pourrez-vous alors vous présenter sans frémir devant Moi ? Vous croyez que Dieu ne fera pas intervenir Sa Justice ?

Vos fautes crèvent déjà la voûte des Cieux.

Je ne peux accepter vos Prières sans vos actes d'Amour. Il en est encore temps : que celui qui a du bien commence à le partager avec les pauvres. Que celui qui prie, prie aussi pour son frère. Et que l'homme qui a en ses mains le pouvoir de gouverner son Pays comprenne que de plus en plus, de l'Est à l'Ouest comme du Nord au Sud, il devra affronter la misère des peuples opprimés.

La solution se trouve dans chacun des Pays riches qui doivent conjuguer leurs forces et leur intelligence comme en un grand puzzle.

J'appelle tous les Chefs d'États !

Ensemble, construisez ces villes d'accueil, en attendant de reconstituer chaque pays dévasté par la guerre. *Aidez les pauvres et vous n'aurez plus chez vous ces violences qui s'enchaînent en cascades dans tous les pays,* brûlant tout, incendiant vos magasins, vos voitures. *Car Satan est déchaîné,* et ses suppôts sont plus forts que vos forces de l'ordre.

Tout se déchaînera encore plus, les viols, la violence des enfants de la rue, en un rythme fou. Les éléments : le vent, l'eau, le feu, les secousses de la terre, se sont déréglés. *Attendez-vous que les astres tombent ?*

J'arrêterai tout avec Ma main, comme J'ai arrêté la tempête devant Mes Apôtres qui ne bougeaient plus, si grand était leur étonnement.

Aimez vos frères, secourez-les. Respectez votre Terre.

Faites et Je ferai,
aussi vrai que Moi,
JÉSUS de Nazareth,
Je suis mort sur Ma Croix d'Amour
pour vous sauver de la mort éternelle,
Je viendrai arrêter la folie des hommes qui sont sous la domination de Satan.

A Ma Voix, J'arrêterai tous les **éléments** déchaînés. Satan n'aura plus de pouvoir sur Ma Terre que Je viens délivrer de tous les maux.

JÉSUS de Nazareth a triomphé de la Mort.

Son Règne est Éternel.

Je viens vaincre le Monde et le Temps.

Et voici que Je viens.

Amen, viens Seigneur JÉSUS !

Jésus de **N**azareth **S**eigneur et **R**oi.

Amen

†

† †

La Messe perpétuelle

****

Lundi 4 Mars 2002 - Ste Olive

"JNSR " : " Mon Seigneur Bien-Aimé, le mal triomphe presque en toute chose ici-bas. Ne fallait-il pas plus de bras qui s'élèvent vers Toi pour implorer Ta Miséricorde ? Seigneur, nous aurais-Tu abandonnés à ce triste sort ? "

JÉSUS : Mon enfant, lorsqu'un endroit saint est profané, il doit subir la Purification par l'Esprit Saint Purificateur :

****

Il est Eau et Il est Feu.

Toutes Mes Oeuvres sont saintes. Ma Miséricorde est le Don de Dieu. Elle vit précieusement dans le cœur qui la reçoit pour la partager avec tous ses frères. Ma Miséricorde vit en Moi. Lorsque vous la recevez, vous êtes à l'abri de Mon Saint Cœur.

"Heureux les Miséricordieux car ils obtiendront Miséricorde" (Matt. 5, 7)

"JNSR" : Seigneur, permets que je Te parle des Croix d'Amour.Que dois-je faire, que dois-je dire à ceux qui plantent encore des Croix d'Amour ? Vas-Tu nous donner un temps pour les arrêter ensuite ?

"Mon enfant, promets-Moi de finir avec Moi ce travail commencé et qui ne cesse de fructifier. Ma Terre a une grande superficie. Je t'engage dans ce travail pour être Ma Voix : "Va dire à tes frères que votre Dieu de Miséricorde et de Paix vous désire aussi fervents que Lui-même dans la Prière qu'Il adresse à Son Père et votre Père des Cieux :

" Je leur ai donné la Gloire que Tu M'as donnée, pour qu'ils soient un comme Nous sommes Un : Moi en eux et Toi en Moi, afin qu'ils soient parfaits dans l'Unité et que le monde reconnaisse que Tu M'as envoyé et que Tu les as aimés comme Tu M'as aimé.

Père, ceux que Tu M'as donnés, Je veux que là où Je suis, eux aussi soient avec Moi, afin qu'ils contemplent Ma Gloire que Tu M'as donnée parce que Tu M'as aimé avant la fondation du monde." (Jean 17, 22-24)

Mon enfant, Je suis devant le Père, les bras ouverts pour implorer de Sa grande Miséricorde, que Sa Sainte Justice soit encore retardée et que la Terre ne soit pas ébranlée de toutes parts. Je te demande de leur dire :

" JÉSUS, notre Dieu d'Amour, ouvre en grand Ses bras comme une étole de lumière, et vous, ouvrez les bras de Mes Croix d'Amour jusqu'à-ce qu'elles recouvrent Ma Terre. Tenez bon, allez de partout avant que la Trompette ne sonne la fin de ce Temps de Grâce où tout s'arrêtera."

Ce que Je te dis là, ce n'est pas une nouvelle comme on peut en entendre n'importe où : elle vient du Ciel, Mon enfant écoute-la bien :

"Le jour où, par lassitude, l'homme cessera de M'obéir, Je demanderai alors, comme à celui à qui on arrache les bras : souvenez-vous du combat de Josué contre Amalek.

Lorsque Moïse tenait ses bras levés, Israël était victorieux et quand il les laissait retomber, Amalek l'emportait.

Si Josué défit Amalek et son peuple au fil de l'épée, c'est que Aaron et Hur lui soutenaient les mains, l'un d'un côté et l'autre de l'autre côté. (Ex 17, 8-16).

Ainsi, la Bannière de Yahvé resta dans les mains de Moïse.

Si vous désirez que le Perfide gagne la bataille contre Mon Église, qui est en Vérité le Peuple de Dieu, la Bénie, les Membres sacrés régénérés par le Sang de Ma Sainte Croix, l'Épouse du Christ en Gloire, la Bannière de Yahvé, oui, alors continuez à détruire Mes Croix d'Amour, arrêtez-les dans leur élan de s'élever vers Mon Ciel de Gloire, devenez votre propre bourreau et celui qui exécutera Ma Création entière.

Mes Croix d'Amour sont le premier support
où se construit Ma Nouvelle Terre.

Elles en sont la base. Leur Force écarte le Mal qui est le plus fort sur l'épiderme de votre pauvre Terre déjà meurtrie par vos progrès répétés qui l'agressent, invitant sans cesse le Mal. Mes Croix d'Amour réparent les déformations et donnent vie. Elles sont les nouvelles artères de votre Terre où doit couler un Sang Nouveau. Mes Croix sont vivantes par la Sainte Bénédiction qu'elles reçoivent de Mes saints Prêtres.

N'arrêtez pas, continuez à les construire de partout.

Elles sont aussi le ciment de Ma Nouvelle Évangélisation. Notre Père marque déjà les limites de Sa Terre Nouvelle qui se confond avec les Nouveaux Cieux puisqu'il n'y a plus d'horizon.

Lorsque le Temps sera transposé par le Souffle-même de l'Esprit Saint, apparaîtra alors une Grande Lumière : ce sera le Jour Nouveau, Signe redoutable pour le Mal, et il fera disparaître toute l'obscurité qui s'épaissit encore aux quatre points cardinaux et qui affecte encore la Terre entière, dans les guerres meurtrières, le dérèglement de la Nature et l'injustice de ceux qui tuent les innocents. *Attention aux rapts d'enfants !*

Tu veux encore connaître quelque chose de ce qui se prépare déjà, alors écoute-Moi et écoutez-Moi tous :

Le Plan de Dieu ne fait que commencer.

J'ai besoin de ce temps que J'accorde encore à l'édification de Mes Croix d'Amour qui annoncent Mon Retour en Gloire. Ce que Je vais vous expliquer est comme un Miracle où tout s'accorde et se trouve en concordance, même en des points différents. Toute la Terre est en marche.

Si J'ai commencé par les Croix d'Amour, voyez vous-mêmes à quelle cadence, aujourd'hui, elles remplissent certains lieux, soit dans les villes, les campagnes et surtout les monastères et les couvents. Elles ont toutes reçu la Bénédiction de Mes enfants Prêtres, elles ont été imprégnées par les Saintes Messes qui ont été célébrées devant elles, ou à côté dans les églises avoisinantes.

Beaucoup de Mes enfants ont offert des Saintes Messes pour leur édification. Je vous dirai que, pour certains, leurs maigres économies, et même leur nécessaire, a été offert avec tout leur Amour.

Dieu, qui voit tout, a béni pour cela le pauvre comme le riche. Au Ciel, il y a beaucoup de Saints qui ont eu, sur Terre, une vie aisée et qui l'ont abandonnée dès que Je les ai appelés. C'est pour cela que Je vous bénis en même temps, riches et pauvres, avec la même tendresse de Père.

Mon enfant, décris ce que Je t'ai donné de voir :

"Je vois, au-dessus des Croix d'Amour, des milliers de Saintes Messes qui entourent la Terre entière. Jour et nuit, la Sainte Eucharistie se donne dans toutes les églises de la Terre.
C'est la Messe Perpétuelle.
Elles sont comme des veilleurs dans la nuit.
Elles ont toutes la Sainte Lumière de Dieu.
Elles sont compactes, serrées les unes contre les autres pour n'en faire qu'une,
comme un immense Cœur rempli de Saintes Messes. J'entends :
"Ce sont les Saintes Messes Perpétuelles sur toute la Terre qui accepte avec Amour la Sainte Eucharistie."
J'entends des milliers de Prières s'élever en ces saints lieux.
Je dis à JÉSUS :
" il n'y a pas assez de Prêtres, les églises sont vides un peu partout."
JÉSUS me répond :

"J'attends leurs demandes. J'ai formé assez de saints Prêtres de par le monde. Demandez à vos Évêques de les appeler. La majorité se trouve dans les pays pauvres, comme l'Afrique.

Si le maçon, qui veut construire sa maison, ne la voit pas déjà achevée dans son esprit, c'est qu'il ne la désire pas.

Et il ne prendra jamais la truelle en main pour la commencer. Oui, demandez et vous recevrez. Priez avec le cœur : ***Donnez-nous, Seigneur, de saints Prêtres.***

Mon enfant, regarde l'encens monter de toutes ces Saintes Messes, regarde ces volutes d'encens qui cherchent à plaire au Très-Haut. Elles ont commencé à entourer Ma Sainte Croix : oui, c'est Moi, les bras ouverts. Maintenant, elles s'élèvent tout en haut vers le Père pour Le glorifier. L'Esprit est là.

A ce moment Mon Cœur éclate et commence à verser l'Eau et le Sang qui purifient la Terre entière. Du milieu de Ma Sainte Croix, où Mon Saint Cœur s'est ouvert, vous verrez les deux Chemins[1] de votre sanctification qui vont se rejoindre, sur toutes les Croix, pour ne faire qu'un seul Chemin : Mon Chemin de VIe Éternelle.

Je SUIS le Chemin et la Vie Éternelle.

Amen.

†

† †

1.- "JNSR" : L'Eau Vive -> le Baptême et le sang Purificateur -> l'Eucharistie, les deux plus grands Miracles sortis du Saint Cœur de notre Divin JÉSUS d'Amour.

Attends et espère

****

Mardi 5 Mars 2002

"JNSR" : " Seigneur, qu'attends-Tu de moi, je T'en prie, peux-Tu me le dire ? Dois-je partir d'ici ? Explique-moi, comment Seigneur, de quelle façon ? Je t'en supplie, ne me cache pas cela."

JÉSUS :
****

Le Dieu, de chacun et de tous, vous prépare à Le recevoir, à entrer en Lui et Lui en vous. Ceci est une décision du Très-Haut. Chaque homme est appelé à Le suivre. Dieu n'apporte que la Paix, Lui est le tout, recevez-Moi et vous aurez tout.

Vous qui M'écoutez, apprenez que Dieu prépare déjà Son Festin Royal. Je vous appelle à vous unir afin de parcourir ensemble cette dernière partie du Chemin, celle qui est prévue de tous temps pour finir ce Temps et le clore à jamais. Où que vous soyiez, vous serez appelés au même moment, sans que personne n'ait à vous en informer : ceci est la Voix de Dieu en vos cœurs.

J'appellerai même les retardataires et les récalcitrants, de la même façon ; mais les cœurs ne seront plus endurcis car Je mettrai en chacun le sentiment qu'il est aimé pour lui-même.

Je sais que vous attendez de savoir tout ce que Je prépare.

Mon enfant les choses, qui vous paraissent aujourd'hui irréalisables, vont devenir à votre portée car l'intelligence de l'homme va se tourner vers celle de Dieu, comme la fleur qui cherche le soleil et dirige vers lui sa corolle.

Écoute-Moi : Je ne veux pas te cacher que ta souffrance, déjà grande, atteindra dans peu de temps un point culminant. Mais ce ne sera pas la fin de cette douleur qui va s'accroître jusqu'au jour où Dieu l'arrêtera pour te libérer au Nom de ton Seigneur et Maître, JÉSUS Christ.

Ne te sépare pas de Moi. Reste toujours près de Moi et suis Mes pas. Je te montrerai le chemin. A Dieu, rien n'est impossible. Ne t'occupe pas des choses de la Terre, tout est mensonge sans Dieu. Ne t'égare pas en de vaines préoccupations.

Je te demande d'espérer en Ma Sainte Promesse. Tu termineras ce dernier livre, *même si tu dois pleurer pour écrire la dernière page*. Je te le répète : le chemin devient un désert où tu ne rencontreras que peines et désillusions, où le souvenir viendra t'assaillir car rien ne sera comme avant ; et ta marche sera aussi pénible que celle des hommes du désert lorsque le vent soulève le sable en tourbillons qui aveuglent la vue au point de perdre quelquefois la direction.

Je suis là, et Je serai toujours là, comme le Parfum de la Croix que tu respires en écrivant ces lignes.

Oui, Je suis là. Je permets beaucoup de choses à Mes enfants, mais J'en permets moins à ceux que J'ai choisis pour mener le Combat spirituel qui se déroule actuellement : *ils doivent être exemplaires dans la souffrance !* Ce combat ne se mène pas avec des armes, mais avec l'esprit, *votre* esprit dans Mon Esprit Saint, Celui qui transforme toute chose vaine et sordide en une Espérance à toute épreuve.

Je ne suis pas un Dieu Vengeur, mais l'Esprit qui combat le Mal est impitoyable envers ceux qui réduisent cette Terre en un monde inhabitable où l'argent maudit se mêle sans vergogne aux Richesses de Dieu.

NON ! Vous ne pouvez pas *acheter* l'Espérance, la Charité, encore moins la Loi de Dieu et l'Amour du Très-Haut. Vous ne le pouvez pas, pas plus que vous ne pouvez commander au soleil de suspendre son éclat et de disparaître. Alors, Je vous le dis, dans Ma Sainte Vérité : *arrêtez vos falsifications, vos actions contre nature,* car l'Esprit Saint continue à planer sur vos têtes, comme Il plana sur les eaux lors de la Création du monde.

Mon enfant, Je ne t'oublie pas, prends patience, Je ne cherche que ton bien. Je réaliserai pour toi ce qui t'est nécessaire. Ne te préoccupe pas où va le vent, il souffle où il veut. Ainsi agit l'Esprit qui dirige les hommes que Dieu choisit pour faire Son Oeuvre. *Tel est le Vouloir de Dieu, et vous pensez que cela vient de vous-même.* Je viens vous visiter et vous conduire à la place que J'ai choisie pour chacun, et vous êtes persuadés que vous pouvez réaliser tout sans l'Aide de Dieu ! ...

Mes enfants choisis, servir Dieu est la plus belle aventure vécue sur votre Terre. Lorsque Je vous instruis, J'use de Mon Don d'Amour et Mon Esprit Saint est en vous pendant ce Temps de Grâce : si vous savez Le conserver, vous ne trébucherez pas. Alors, espère en cette Grâce qui ne vient que sur ceux qui savent l'attendre dans l'Espérance en Dieu après devoir accompli.

Attention ! Que votre oui soit OUI et que votre non soit NON !

Bénissez votre Dieu Trois fois Saint
qui vous unit à Son Oeuvre Divine.

JÉSUS Christ à Ses apôtres
de la Croix d'Amour.

†

† †

Mon plus beau Message

****

Dimanche 17 Mars 2002

"JNSR" : "Seigneur, parle-moi, j'ai tant besoin de Ta Parole !"

JÉSUS :
****

Le langage de Dieu diffère du vôtre par Sa Sagesse. *Repens-toi de tes fautes ;* aujourd'hui Je vais te dire ce que tu attends et que tu ne retrouves pas en aucun coin de ton cœur ; tu ne peux la dissimuler ni même la cacher, mais tu ne la trouves pas, elle est muette.

Mon Enfant, Dieu t'aime et ne permet à personne de te faire souffrir. La souffrance que Je te demande est simplement celle de faire Ma Sainte Volonté malgré tout ce qui peut se mettre en travers de ta route. Dieu n'est pas un Juge. Ma Mère vient te parler :

MARIE :
****

Ma fille, les âmes qui sont à Dieu passent toutes *par l'épreuve.* Tu ne l'as jamais refusée. Aujourd'hui pour toi s'achève ce que Dieu te demandait **ici** : *l'obéissance est accomplie.* Maintenant va, personne ne te retient : *tout ce qui devait se faire est déjà fait.*

Je suis ta Mère Très Sainte et Je viens te bercer sur Mon Saint Cœur qui te reçoit en larmes. JÉSUS est près de Moi. Il M'a demandé de venir Moi-même te le dire : tu es libre et heureuse d'avoir accompli ce que tu devais faire **ici**, oui, le reste est entre Nos mains.

JÉSUS :
****

Je suis sur ton cœur et Je pleure avec toi : *ta souffrance a été la délivrance de cette âme, Je l'ai déjà avec Moi.*

Heureuse enfant, tu M'as obéi jusqu'à la fin. Je t'avais tout préparé pour venir **ici** ; Je te prépare tout pour repartir près des tiens, si tu le désires encore. Par ton obéissance à Mon Commandement, J'ai libéré également tes enfants : leurs chaînes tomberont bientôt.

Dieu vient à ton secours. Mon doux père JOSEPH est près de ton époux pour l'aider et le consoler ; tu es devant lui; parle-lui.

"JNSR" : "Mon bon Saint Joseph, je vous recommande Antoine pour qu'il vive encore près de ses enfants dans la joie, il le mérite."

Saint Joseph :
****

JÉSUS me l'a confié, n'aie crainte. Un père est très vigilant pour ses enfants lorsqu'il est si maternel. OUI, ils auront besoin les uns des autres. Je veille.

JÉSUS :
****

Obéis-Moi : Je retire Ma Parole, tranchante comme une épée, du dessus de ta tête.

Comme le fit Abraham à l'écoute de ma Parole ; il arrêta sa lame sur la gorge de son enfant ; car ce que Je lui demandais, *sa Foi,* était vivante et le marquait comme un fer rouge avec la Parole de Dieu.

Toi aussi, ta Foi a sauvé cette âme et te rend la liberté.

Je te libère et tu as reçu de Dieu Son Don que tu demandais : *le discernement en toute chose arrivant en ton esprit, en ton cœur et en ton âme.* Je te défendrai, car le Mal sera toujours confronté avec le Protecteur que Je te donne aujourd'hui pour défendre la Cause de Dieu aux yeux de tout le monde : *Mon grand Saint Michel Archange.*

Bénis ton Dieu qui fait de toi
Sa Messagère de la Paix Amen.†

La Mère de Dieu est avec toi dans toutes tes démarches, car celui qui fait la Volonté de Dieu est toujours accompagné de MARIE, Reine de la Paix, et de Saint Michel, le Héraut de Dieu. Amen.

Je te bénis, †
au Nom du Père, du Fils et du Saint Esprit.
Dieu Vainqueur.

†
† †

"JNSR" : En ouvrant alors la Bible, je tombe sur le Psaume ***129*** *"Contre les ennemis de Sion" et je constate que 129 est, en numérologie, la somme des lettres du mot DISCERNEMENT. Et que 129 se réduit à 3 qui est le Chiffre de la Très Sainte Trinité.*

Ne vous divisez plus

****

19 Mars 2002 - St Joseph

"JNSR" : "Seigneur, veux-Tu me parler pour Tes enfants ?"

JÉSUS :
****

Ma Vie, c'est Moi qui vous la donne. Dieu vient au secours de tous Ses enfants et Il ramène en Son Saint Cœur ceux qui sont les plus blessés par la vie.

Son Saint Cœur, Asile de la Miséricorde Divine.

Après les tribulations de toutes sortes, *J'accorderai Ma Paix* et le monde se guérira alors de toutes ses blessures.

Mon Âme est une corolle ouverte qui retient en elle toutes vos âmes qui boivent l'Eau de la Purification qui est le Saint Esprit, Vie de Dieu, Dieu de vos vies. L'Esprit parle en vos cœurs et Sa Parole est celle qui vient du Verbe qui vit dans le Père et l'Esprit.

Dieu ne sépare pas ceux qui s'aiment.

Il est Amour et Il vous demande de Le suivre pour rencontrer ce monde qui attend la Paix dans le Pardon de Dieu. En chacun de Ses enfants, Dieu fait jaillir la volonté de s'unir à l'autre et de l'aimer, jusqu'à découvrir qu'on ne peut pas vivre seul.

Dieu vous a créés pour être ensemble et unis.

Mon enfant, Je suis le Dieu d'Amour : comment pourrais-Je désirer voir mes enfants s'affronter jusqu'à se tuer et se réjouir de ce massacre. Je ne demande pas d'autre Sacrifice que le Mien, sur Ma Croix, et qu'il vive en chacun de vous. Évoquez-le en vos esprits, invoquez Mon Amour. J'ai sauvé le Monde, ce fut pour chacun de Mes enfants, ne retombez pas dans l'erreur.

Dans vos glaciales incertitudes, Je vous demande de M'appeler, *je suis en vous !* Appelez-Moi dans vos misères les plus profondes, *Je viens en vous !* Appelez-Moi si votre frère vous attaque, *Je Me montrerai à lui !* Je suis votre frère, le frère de chacun. Je le suis pour toi comme pour tout autre.

Je ne peux Me diviser, ne vous divisez plus.
Unissez-vous dans la Paix de Dieu,
Dieu de Paix et d'Espérance.

†
† †

Cette dernière douleur†

****

28 Mars 2002 - Pour le Jeudi-Saint

"JNSR" : "Mon Dieu désires-Tu ce dernier livre ou bien dois-je tout arrêter ? Oh ! Seigneur, je dis n'importe quoi, je sais que Tu m'as dit que je finirai de l'écrire dans les larmes. Je suis seule, mes enfants m'ont rejetée, mes amis se fatiguent de m'aider, mon mari malade est loin de moi, à l'hôpital ! Que veux-Tu de plus de moi, Seigneur ! Toi aussi, m'aurais-Tu abandonnée ?

JÉSUS : Oui, comme toi J'ai crié sur Ma Sainte Croix :
*********** *"Mon Dieu, Mon Dieu, pourquoi M'as-Tu abandonné ?"* (Marc 15, 34) et seul l'écho de Ma voix répétait Mes paroles. Dans cette solitude, dans ce silence de mort, *dans cette dernière douleur,* plus aiguë que le vinaigre qu'on Me donnait à boire par l'éponge au bout du roseau, *la Rédemption s'accomplissait là.*

Si tu consens à Me suivre, pense à Moi, pense à Ma Sainte Mère. Unis-toi à Notre souffrance. *Cette dernière douleur,* causée par le monde actuel qui, cruellement, M'abandonne pour suivre le modernisme qui dévoie Mes pauvres âmes dans ce temps de disgrâce mondiale. Penche-toi davantage sur ceux qui souffrent, vois les dégâts que le Perfide accomplit sous tes yeux, prends part à la souffrance des autres et tu oublieras ainsi la tienne, pour si grande qu'elle soit.

Regarde-Moi !

Moi, Je voyais les enfants du Père sauvés par Ma Souffrance et le Don total de Ma personne humaine dans le Don de Ma Divinité cachée au plus profond de Moi-même.

Car il n'y a pas de plus grand don au monde
que celui de donner sa vie pour ceux que l'on aime.

Et toi, Mon enfant, tu sais ce que c'est d'aimer et tu sais ce que c'est de souffrir jusqu'au don de soi-même.

Qui peut M'aider, aujourd'hui, dans cette partie qui s'accomplit maintenant aux yeux du monde encore aveuglés par les biens matériels qu'ils possèdent, ce monde sans cœur, sans pitié pour les malheureux, sans Amour pour leur Dieu et sans respect pour Ma Sainte Mère.

Vois ce que tu peux encore faire, ne regarde pas ce que l'on te fait car, Je te le dis en Vérité, *personne ne peut arrêter ce que les hommes, impies et infidèles à Dieu, ont mis en marche.* Crois-tu que cela vienne seulement de cette Heure qui sonne en ce Temps ? Non, le monde s'est déjà révolté devant Ma Sainte Croix où J'étais cloué comme le dernier des criminels.

Je fus blasphémé, encore et encore, pendant que J'expirais, donnant Ma Vie pour tous, même pour ceux qui ricanaient affreusement en Me regardant mourir. **Vois** Mon Pardon, **vois** Mon offrande d'Amour dans la plus horrible des souffrances, *celle de ma solitude devant ce Peuple que J'aimais et qui Me trahissait.*

Oui, comme tu dis ne pas comprendre la trahison, Je te demande de continuer à aimer. Mon Peuple, où le Fils de l'Homme a vu le jour, ne Me reconnaît plus et il a fait de Ma Terre la Terre de la Souffrance. Et l'homme ne finira de souffrir qu'en reconnaissant le Fils de Dieu, le Jour de Mon Retour en Gloire. *Ainsi parle l'Éternel.*

Vois s'il existe quelqu'un de plus méprisé, de plus haï, de plus délaissé, de plus trahi, que ton Dieu et Maître, et cela depuis près de 2000 ans. Car même Mon Église continue à se demander si elle ne doit pas se moderniser en quelques points pour attirer plus de monde. La Croix dérange, mais sans la Croix il ne peut y avoir de vrais Chrétiens ni de Salut.

Vois autour de toi : qui croit véritablement en Dieu ? **Vois** qui Me suit ? **Vois** qui M'aime et Me console en ces jours d'agonie ? Alors, toi au moins, console-Moi. Toi au moins, aime-les comme Je les aime : dans ta souffrance accepte-les pour Moi, offre-les-Moi dans ton Amour. Laisse-toi aimer par ton Dieu qui te demande de devenir comme Lui-même ; dans la solitude de Ma Croix, deviens la consolation d'une mère, d'une fille, de l'enfant, de ceux que Je recherche pour les ramener à Moi.

Sois humble et charitable pour chacun.
Sois le petit Rien qui se noie en Moi.
Car Je suis le Tout qui revit en toi,
en ce jour où J'attends Ma Sainte Mort
sur la Croix pour sauver Mon Peuple.

Comprends, Mon enfant, que cela Je le revis dans chacune de Mes Saintes Messes. C'est un perpétuel recommencement : Je souffre, Je meurs et Je ressuscite pour chacun de vous. Je suis le Dieu vivant qui continue à Se donner en Nourriture :

Voici Mon Corps, voici Mon Sang.

Certains de Mes Prêtres restent indifférents et Je souffre comme si J'étais devant la foule qui criait. (Marc 15, 13-15)

> " Mais eux crièrent de nouveau : Crucifie-le, crucifie-le. Pilate leur relâche Barrabas et après avoir flagellé JÉSUS, il Le livre pour être crucifié."

Mes Prêtres savent que Je suis leur Dieu, ils le savent mieux que la femme de Ponce Pilate qui elle, M'a reconnu, alors que Mes Apôtres doutaient encore au fond de leur cœur.

Oh ! oui, soyez *Mon Jean,* véritable Apôtre du Cœur de JÉSUS, véritable Prêtre doublement consacré par le Fils de Dieu et par la Mère de Dieu au pied de la Croix : le Sang de Mon Sacrifice, qui coulait le long de Ma Sainte Croix, l'a aspergé[1] avant de ruisseler sur cette Terre qui se mit à Le boire pour se purifier car elle devenait déicide malgré elle.

Jean, Mon Bien-Aimé, a regardé Ma Chair se déchirer par la morsure des clous, cette Chair qui voulait déjà se donner en une Sainte Nourriture de Grâce pour chacun, même pour l'être le plus infâme qui était là, présent dans cette horde horrible des accusateurs qui continuaient à ricaner et à Me blasphémer.

Aujourd'hui, cette même foule refuse de se nourrir de Mon Corps Sacré et de Mon Précieux Sang. Ils s'alimentent de leur indifférence qu'ils trouvent *dans le vomi* de ce monde qui regorge des mets les plus succulents et des sucreries que l'on fabrique pour *fêter Pâques.*

Voilà de quoi se souvient cette foule immense qui attend chaque année, après le son des cloches, l'heure *de faire ripaille.* Aujourd'hui, cette foule, non convertie, vit dans l'attente du même banquet qui se prépare déjà, plus beau que l'année précédente.

Et Moi, Je vous le dis en Vérité, *les temps que vous vivez sont déjà terminés.* Comme la lumière des étoiles déjà mortes vous parvient encore après bien des années, ce Temps que vous vivez, Dieu l'a déjà clos dans Son Ciel de Gloire où tout est au présent, le Présent Éternel de Dieu.

Voici votre dernière espérance : convertissez-vous, il vous reste peu de temps. Car voici vos derniers jours, comme avant le Déluge, comme avant l'extermination de Sodome et Gomorrhe. Et voici que Dieu dit :

Je refais toutes choses,
car ce temps est mauvais pour Ma créature,
l'homme, qui s'est égaré.

Alors Je dirai aux montagnes : *aplanissez-vous,* et aux océans : *prenez vos places, mangez ce qui émerge de vos surfaces et étendez-vous sur les rivages qui vous ont retenus prisonniers jusqu'à ce jour.*

Alors, comme toute chose qui se déplace produit un remous et à cause de sa rapidité, il y aura aussi des vents violents, très chauds ou très froids selon les régions qui seront touchées.

(1) C'est Joseph d'Arimathie, Nicodème et l'Apôtre Jean qui ont décloué JÉSUS, d'abord les pieds ; puis Jean monté sur une échelle a soutenu le Corps pendant que les mains étaient déclouées et ensuite il a descendu le Corps : Jean a été ainsi recouvert du Précieux Sang de Notre Seigneur. Aspergé.

Cette inversion du relief géographique était prévue pour plus tard, mais l'homme continue à ne pas respecter Dieu dans toutes ses œuvres. Il est temps d'arrêter vos machinations infernales en croyant que l'homme peut rivaliser avec Dieu en créant de lui-même une création plus que parfaite et sans âme. *Vous en êtes arrivés là !*

Alors Je viens pour vous démontrer qu'il n'y a qu'un Seul Dieu, le Créateur des cieux et de la Terre, Créateur de tout l'Univers visible et invisible, Créateur de vous-mêmes, hommes de science sataniques, vous M'obligez à agir vite et à crier : *C'est assez !* Malheur à celui qui a mis le doigt dans l'engrenage de Ma Création !

Avant, Je changerai l'opulence des uns : *ils s'habilleront de sacs,* et J'habillerai la Pauvreté de mes propres vêtements.

Qui croyez-vous tromper ? Je connais vos cœurs.

Vous avez laissé pleurer devant vos portes ceux qui mendiaient votre pain et votre Charité : ne pleurez pas sur ce que vous allez perdre, *pleurez plutôt sur vos âmes qui se perdent déjà !*

Ma Tunique, Je ne la partage pas,
elle est d'une seule pièce,
comme Ma Sainte Justice,
comme Ma Sainte Miséricorde :
pour chacun et pour tous.

Dieu de Justice et de Miséricorde,

Amen †

†

† †

Par la Croix de votre Sauveur, bénis-les : ils sont les instruments de ta souffrance

****

29 Mars 2002 - Vendredi-Saint

"JNSR" : "Dieu ! Viens à mon secours !"

JÉSUS :
****

Dieu vient à toi et Se rapproche de ton âme qui L'attend. Fais silence : Je suis là, Je t'entends, j'entends tout ce que tu retiens en toi. N'aie crainte, Je vais te répondre.

Ma Justice n'est pas la vôtre. Je ne condamne personne. Je vous donne Ma Grâce qui change tout le mal en bien.

Je sais que souvent tu te révoltes parce qu'on te fait tant souffrir que ton âme crie vers Moi. Oui, Je t'entends. Réfléchis à ce que tu deviens lorsque tu te révoltes contre la souffrance *qui est ta délivrance.* Car Je les vois, comme Je te vois. Et Je le leur permets, car les plus malheureux, ce sont eux qui essaient de te rendre invalide spirituellement : rendre ton âme incapable de se tenir debout devant son Dieu afin de Me dire : *" Seigneur, me voici, je viens unir ma souffrance à la Tienne ".* Ils viennent de faire de toi ce modèle que J'attends. Par contre, Je ne peux regarder leur âme sans frémir d'épouvante : faire du mal à Mon enfant privilégiée abîme leur pauvre âme.

Je vous l'ai dit : *"Mieux vaut rentrer boiteux ou borgne dans Mon Royaume que de ne pas y entrer du tout."* Mais c'est impossible à celui qui touche à un de Mes membres sacrés pour l'abîmer : mal lui en coûte, car il n'y a pas de place au Ciel pour ceux qui touchent à Mon Esprit Saint que Je mets en chaque âme choisie par Dieu.

Oui, tu dois leur pardonner et Me les offrir, t'unir à la douleur qu'ils t'ont causée, *elle est ta délivrance et la leur*, car Je ne peux les délivrer sans ton Pardon même s'ils crient vers Moi leur repentir sincère. Vois combien d'âmes tu peux sauver avec ton Pardon, et surtout en acceptant ta souffrance en les bénissant par la Sainte Croix de JÉSUS votre Sauveur.† Amen

†

† †

Paroles de Dieu

****

Dimanche de Pâques, 31 Mars 2002

"JNSR" : "Mon Dieu, j'ouvre mon cœur à Ta douce Parole. Je ne veux m'entretenir qu'avec Toi jusqu'à tomber épuisée en Te répétant sans cesse que je T'aime, ne trouvant plus de force qu'en Toi, jusqu'à ce que ma voix s'éteigne dans un soupir d'Amour. C'est dans cet épuisement du "moi" que je me retrouverai en Toi. Je ne suis plus rien ici-bas. Mon âme, comme la rosée, s'évapore cherchant refuge en Ton Saint Cœur. L'air que je respire est ton Souffle. Comment puis-je encore vivre séparée de Toi ! Ce que je cherche ici-bas ne se trouve pas, la Paix a disparu, l'Amour a été bâillonné pour lui retirer la compassion du Pardon. Où es-Tu, mon Dieu, Toi que je cherche nuit et jour ?

J'écris Tes livres mais, les pages terminées, je ne peux Te retenir Prisonnier. Alors, fais de moi Ta prisonnière ! Savoir que Tu es continuellement Présent, non parce que je le sais, mais parce que Tu me l'as dit tant de fois dans tes lignes, mais parce que tu vis ma propre vie comme si Tu étais en moi. Oh, oui ! Sois mon esprit, sois mon cœur, sois ma chair ! Ô Seigneur, Vie de ma vie, Âme de mon âme, que pourrais-je faire pour Te sentir vivre en moi. Oui, si Tu devenais un de mes organes, Tu serais attaché à mon corps. Je ne peux vivre sans mon cœur. Seigneur, réponds-moi : Tu le sais, qu'à force d'aimer Celui qui est TOUT, on devient RIEN et on perd TOUT. Je Te crie très fort que je ne veux pas Te perdre, ou alors me perdre en Toi !"

JÉSUS :
****

Viens M'écouter sans retenue. Lorsque Je te parle, tu dois être complètement abandonnée à Ma Sainte Parole qui est Vivante : *c'est le Verbe qui te parle.* Sois une partie de Moi, comme tu Me le demandes. Moi aussi, J'aspire à votre présence en Moi, à vous confirmer Ma Sainte Volonté en vous enveloppant dans Mon Amour *insensé* qui veut vivre cette Union avec chacune de Mes créatures.

Oh Oui ! retrouver Mes bien-aimés, ne faire plus qu'Un, Moi en vous, vous en Moi ! Chacun de vous bénira cette Union. C'est une Force qui vous laisse sans voix, sans parole. Vous entrerez en elle pour *devenir cette Clé qui ouvre toutes les portes.* Vous ne connaîtrez plus la peur ni le trouble. Les portes vont toutes s'ouvrir pour vous donner la Joie de Dieu. Les pleurs vont sécher au contact de Ma Douceur. Ainsi sera Mon Règne d'Amour, au Ciel comme sur la Terre.

Paroles de Dieu. Amen.

† † †

Ecoutez-Moi, Israël et Ismaël :
Je suis la Résurrection et la Vie Éternelle

****

Lundi de Pâques, 1er Avril 2002

"JNSR" : "Seigneur, parle-moi, dis-moi tout ce que Tu désires faire connaître à Tes enfants. Je T'écoute, Seigneur, je suis seule et je t'appelle. J'ai besoin d'entendre Ta voix, pourquoi me laisses-Tu ainsi dans mon désespoir ?"

JÉSUS :
****

C'est la Résurrection et Je participe avec chacun de vous qui Me suivez sur ce chemin de souffrance et de Gloire. Je vous réponds : *vous n'êtes pas seuls et encore moins abandonnés.*

J'ai vaincu la Mort. Il n'y aura plus de haine, plus de pleurs. Les larmes, Je les ai séchées avec Mon Manteau. Ce que vous voyez encore s'estompe et s'effacera bientôt tout à fait. S'il y a en vous une *pensée négative*, dites-vous bien qu'*elle ne vient pas de Moi.* Je vous ai délivrés, alors repoussez loin de vous ces pensées obscures.

Je suis là. Ma Sainte Croix reste là pour vous rappeler Celui qui a vaincu la Mort, Celui qui vous aime plus que Lui-même pour vous avoir donné Sa Vie en échange de votre misérable vie remplie de péchés.

Vous voilà encore indécis ? Me suivrez-vous enfin sans vous poser tant de questions ! *L'Amour existe, c'est Moi,* limpide comme le cristal pur, transparent et attirant, car il est Ma Sainte Grâce, Ma Vie. Je suis l'Amour. Le Ciel est en fête. Vois Ma Résurrection en chacun de vous transformé comme un champ labouré de fond en comble, propre et net, prêt à recevoir la véritable Semence.

Oh oui ! Vous allez tous vous voir si transformés, si limpides et si réceptifs à Mon Amour, *que pas un seul* ne voudra s'éloigner de Moi. Je suis la Vie Éternelle et dans vos cœurs est inscrit Mon Nom, comme dans le Mien sont inscrits les vôtres.

Apprends, Mon enfant, que Je reviens pour faire la Volonté de Mon Père qui Me le demande, comme Il M'a demandé de M'étendre sur Ma Croix par Amour pour le Père et les enfants du Père : vous tous, chacun de vous.

Mon Cœur déborde de Miséricorde. Aujourd'hui, *demandez-Moi l'impossible. Oui, Je t'écoute. Je sais,* et tu me dis qu'ils liront trop tard cet écrit : ne sais-tu pas que Je peux prolonger ce jour et que cela m'est aussi facile que de le raccourcir quand c'est nécessaire.

Mon petit oiseau, les peines se suivent et les larmes sont amères.

Mais cela s'appelle *la Fécondité dans le Cœur de Dieu* : J'ai amassé tant de Grâces pour apaiser vos souffrances, J'ai rempli tant d'égarements avec le baume de vos larmes, J'ai donné tant de joie aux mourants et aux affamés d'Amour, aux solitaires des pays lointains où il n'existe que *la drogue* pour calmer leurs terreurs.

Oui, l'homme est devenu le bourreau de l'homme.

Et les bêtes se cacheraient devant vos actes criminels si elles pouvaient comprendre ce que vous faites. Vous êtes des bouchers et vous devenez les vendeurs du Temple, car vous vendez vos enfants, vos femmes, pour que vous, incrédules et menteurs sans Foi ni Loi, vous puissiez manger à votre faim : vous n'avez pas la Crainte de Dieu.

Lorsque le Temps viendra où Je Me montrerai, non pour vous punir Moi-même mais simplement qu'à Ma Vue, devant la Miséricordieuse Justice de Dieu, *votre terreur devienne votre bourreau. Vous ressentirez vos âmes flagellées à mort par votre propre jugement.* Car rien ne sera caché de ce qui doit se voir dans le Jour de Dieu, et vous verrez alors vos âmes, noires comme de la suie épaisse, se noyer dans l'horrible bain de honte, de remords et de peur, que vous avez créés durant votre misérable vie sur la Terre.

Oh ! Je n'interviendrai pas.

Vous tomberez seuls dans le feu de la Géhenne. Oui, le mystère de l'Enfer, vous le découvrirez pour le vivre toute l'Éternité.

Il vaudrait mieux qu'il ne soit jamais né,
celui qui touche à un enfant !

Je suis là à t'écouter, comme toi, tu M'entends également. *Mon Pays d'Israël devient une plaie vivante,* une montagne d'égarements : ils ne se souviennent plus de Dieu, ni de Ses divins Commandements. Ils savent que le Messie devait venir et ils L'attendent toujours dans la crainte, la joie et l'espoir. Vont-ils reconnaître le Père qui vit en Moi ? Vont-ils voir, en le Père, le Fils qui vit en Lui ? Si cela devait se faire d'eux-mêmes, NON !

Mais Je dois Me montrer, devant eux, comme leur Roi refusé depuis Ma Sainte Naissance en Mon pays d'Israël. Roi, Je le suis, du Ciel comme de la Terre, Roi comme Mon Père qui est l'Éternel, Roi de l'Univers visible et invisible.

Peux-tu voir, en ce Peuple, une lueur d'espérance générale ? Non, pas encore tout à fait, mais il le pressent, car Dieu leur a donné le meilleur de Lui-même, Moi, Son Fils, pour mourir chez ce Peuple béni de Dieu, pour renaître en ce même Pays, pour vivre avec ce Peuple qui est Mien, qui M'a aimé, qui M'a renié et qui M'a trahi jusqu'à Ma Mort.

Vois-tu, ce qui les attend, c'est *une frayeur immense,* comme l'enfant que l'on a apeuré craint les fantôme : *ils vont voir le Père en Moi,* car la mémoire de Mon Peuple, transmise par Mes anciens Patriarches, est restée fidèle. Ils voient et ils ressentent par Abraham, par Moïse et, devant eux, le Fils de Dieu apparaîtra, sorti de la Nuée, comme pour la Traversée de la Mer Rouge.

Ils crieront leur joie !

Et comme celui qui va toucher la Chair, croyant que c'est du bois, un fantôme ou une statue de bois, ils réagiront comme Saint Thomas :

Oui ! Celui-ci est bien le Ressuscité,
j'ai touché Sa Chair, c'est le Fils du Dieu Vivant,
et c'est le Vivant que nous attendions, le Messie.

Je suis le Dieu d'Abraham, d'Isaac, de Jacob, qui peut le nier ?

Les fils d'Abraham feront venir tous les enfants du père des Croyants, *leurs frères de sang,* personne ne sera lésé car J'aime *également les enfants d'Ismaël.*

Si Je te dis à l'instant : " *va, agenouille-toi devant ton Dieu* ", même au prix d'une remontrance d'un Chef d'État, ou encore dans un pays athée, que fais-tu ?

" Seigneur, Tu me donneras la force nécessaire pour l'affronter par la suite mais, en premier, je T'écoute et je tombe à genoux."

Ainsi fera le Peuple frère de Jacob-Israël : Ismaël tombera à genoux devant Moi, non par peur mais par Amour ; ils auront la connaissance perdue qui remontera en leur esprit et en leur cœur.

Vois ce moment-là : vous le verrez en chaque Peuple qui a été aveuglé depuis si longtemps. Mais que les bourreaux, qui ont fait de leurs frères des esclaves, leur ôtant la dignité et la vie, ne se croient pas libérés de leur peine, car le Jugement divin est aussi merveilleux que la Miséricorde divine qui est équitable en tout, charitable en tout et qui viendra visiter chaque âme au Jour que Dieu S'est choisi, et qui s'appellera *la Sainte Justice de Dieu, l'Éveil des Nations, le Repentir Mondial.*

Un vent d'Amour baignera la Terre entière. Les uns ouvriront les yeux, d'autres se mettront à courir en tous sens, d'autres respireront l'air devenu doux, plein de senteurs agréables, *c'est le Printemps de Dieu,* d'autres crieront de joie et chanteront des hymnes d'allégresse, nouveaux comme cette Terre qui regarde, ébahie, les Cieux Nouveaux remplis d'Anges qui ne cessent de chanter la Gloire de Notre Dieu trois fois Saint.

Saint, Saint, Saint est le Seigneur,
Dieu de l'Univers.
Le Ciel et la Terre sont remplis de Ta Gloire.
Hosanna au plus haut des Cieux.
Béni soit Celui qui vient au Nom du Seigneur.
Hosanna au plus haut des Cieux.
Tout cela à cause d'une Croix Sainte,
inondée de Mon Précieux Sang, oui, Ma Croix d'Amour.
Ô Croix d'Amour,
viens réunir ton Peuple.
Je suis l'Amour. Amen †

†
† †

Mon Nom est JE SUIS

****

7 Avril 2002 - la Sainte Miséricorde

JÉSUS : N'oublie pas de Me dire si tu veux continuer avec Moi.

****

" Bien sûr, Seigneur, pardonne-moi, je le veux."

" Alors, écoute-Moi. Nous allons progresser vers le sommet et nous allons entrer dans le plus Haut lieu où Dieu vous attend. Ce n'est pas quelque chose d'irréel que Je te dis : c'est de votre vie future dont Je vous parle.

Dieu a créé l'homme pour qu'il Lui revienne après son pèlerinage plus ou moins long sur la Terre : tout revient à Dieu.

Je te demande de te concentrer sur Moi, en Mon Esprit qui te parle en ce moment. Reconnais la Présence de Dieu dans l'Esprit qui te console et te demande de ne pas résister à l'Appel de Dieu.

Le monde change de face et bouscule tout ce qui existe déjà en ce qui concerne les végétaux, les minéraux et le règne animal. Et voici que *l'homme va devenir un être rempli de la Divinité de votre Dieu trois fois Saint. Comment ?*

La réponse à cette question est au fond de chaque être. *" Pierre, M'aimes-tu ?"* Oui, homme, *M'aimes-tu* avec Mon Corps d'homme, car Je suis le Fils de l'Homme ; homme, *M'aimes-tu* en esprit et en Vérité ? Alors, tu devras Me voir avec les yeux de ton esprit, Me ressentir avec ton cœur, Me toucher avec ton âme. *Comment ?*

Par ta pensée toute offerte à Dieu ! Rentre dans Ma Sainte Volonté, car Je suis le Fils de Dieu. Dieu ne change pas, mais l'homme qui veut vivre avec Dieu *doit changer et se préparer déjà.*

La peur sera bannie. Plus de crainte, plus de barrière pour venir à Moi. Votre volonté dans la Mienne accomplira cette métamorphose pour vous rendre fils de Dieu. Approche-toi de Moi. Que vois-tu ?

" Je vois toujours, Seigneur, Ton Cœur qui saigne par intermittence. Pourquoi ?"

Parce que chacun de vous *Me blesse* lorsqu'il doute de Ma Sainte Miséricorde et Je vois que vous ne faites aucun effort pour changer *alors qu'il est l'Heure de le faire.* Oui, c'est l'Heure où l'Homme Nouveau doit jeter ses oripeaux et s'habiller de l'Habit des Noces de l'Agneau. Oui, c'est l'Heure de la Réparation Mondiale.

Je sais que vous attendez l'Avertissement pour vous mettre en route et vous attendez ce moment pour essayer de changer de vie.

Mes pauvres enfants, dépêchez-vous. Vous êtes en train *de créer votre ultimatum.* Ma Miséricorde vous permet encore de faire ce changement en douceur, *mais vous attendez le coup qui deviendra décisif.* Mon enfant, Je suis dans l'attente de votre décision et vous, vous êtes en attente *d'une autodestruction !* Vous choisissez *le couperet,* alors que Je vous présente Ma Sainte Grâce de Pardon !... Devrais-Je vous attendre encore longtemps ? Non, car l'homme ne change pas : lent à l'Amour et rapide dans son choix, *il préfère la révolte.*

Ainsi sont nés les violences des jeunes, les programmes obscènes de l'adulte. J'ai laissé vivre plus longtemps le vieillard impotent afin qu'il soit une source de Prière, mais son cœur s'est fermé car il est rejeté de partout. Et pour les enfants, leur éducation c'est la rue, c'est la boue de ce monde sans Vie.

Je changerai vos *déserts brûlants en zones glacées* d'où viendra un froid si intense que même les petits animaux se réfugieront dans des trous creusés en terre avec leurs petites pattes ou leur museau. Si vous êtes dehors, vous ne tiendrez pas longtemps et, même dans des refuges souterrains, vous serez pétrifiés par ce froid. Et voici que le contraire se produit en même temps : là où l'on n'a connu que les grands froids et les hivers rigoureux, la chaleur fera fondre même les plus grands *icebergs.* Et les animaux, non habitués à cela, viendront mourir sur des rives qui leur sont inconnues. Vous les verrez.

Leur agonie vous annonce la vôtre...
SI vous ne changez pas.

De toutes vos forces, implorez Ma Miséricorde divine avant que la disgrâce s'abatte sur vous, comme elle tomba sur le Peuple égyptien. Le Pharaon ne voulut pas écouter l'Avertissement de Dieu donné par Moïse.

Aujourd'hui, vous êtes avertis.

Changez de vie, ou vous entendrez le grondement
prolongé et assourdissant du tonnerre
qui amènera la foudre sur toute la Terre.

Amen †

†

† †

Je ne désire que la simplicité du cœur qui M'aime

****

Mardi 9 Avril 2002

"JNSR" : "Seigneur, mon Amour, écoute-moi, je T'appelle, je veux T'entendre. Ne me laisse pas seule dans cette tempête : le monde devient sourd devant la détresse des autres.

JÉSUS :
****

Je t'ai laissé voir jusqu'où peut aller une âme qui se réfugie dans l'égoïsme de son moi : croyant M'aimer, elle se disperse et va vers ce qu'elle pense être Ma Sainte Volonté.

Je te demande de M'écouter. Ce que J'ai à te dire te concerne. Tu as fait Ma Sainte Volonté, parfois sans t'en rendre compte *car Je ne désire que la simplicité du cœur.*

Tu as fini cette Mission que Je t'ai confiée ici en ce lieu saint.

Il le fallait pour que s'accomplisse dans l'Église, dans Ma Sainte Église, ce que Je désirais donner à cette âme *qui souffrait et que Je devais délivrer par la souffrance* d'une autre âme toute donnée à Dieu. A ce prix, elle fut délivrée ; *ne t'attache pas à son nom.* Mais sache que lorsque Dieu choisit, Son choix est éternel.

Pourquoi toi, plutôt qu'une autre âme peut-être encore plus priante ? Parce que Dieu ne regarde que le cœur ; le don d'Amour n'est donné que dans l'Amour du Très-Haut. Le Père connaît tous Ses enfants et les appelle par leur nom. Tu portes le nom que JÉSUS a choisi pour toi. Au Ciel tu auras, avec ton prénom de Baptême, celui que Dieu t'a donné dans le Baptême de la Croix : J.N.S.R.

Ne t'étonne pas si tout revient à la Croix, car tout part de la Croix pour revenir à la Croix, seul Chemin qui mène à Dieu. Vois-tu, une âme consacrée à Dieu doit connaître la Croix et passer par sa Souffrance. Souffrance physique et morale, et encore plus spirituelle, car l'esprit souffre aussi en toi lorsqu'il te voit abandonnée par ceux qui se disent tes amis.

Mais cela est Ma Croix en toi, c'est pourquoi Je t'ai choisie pour accomplir *cette Mission qui concerne aussi l'Église.* Ceux qui ont la mission de reconnaître un lieu saint où Dieu a posé ses pieds, où personne n'est digne de poser les siens [1] mais où, par la Volonté du Très Haut,

---

1: Dozulé.

vous êtes tous invités à venir, ceux-la sont justifiés de se pencher sur le choix évident de Dieu.

Le Seigneur a parlé et personne n'a considéré Sa Parole. A présent, la Terre entière est en train de subir le refus de Ma Parole, et la Terre se meurt, et l'Humanité se déchire *à cause d'un seul homme qui a rejeté Ma Parole de Vie,* entraînant le peuple des incroyants et Mon Église, qui l'a suivi, *à se détourner de la main que Je tendais à tous Mes enfants.*

Autrefois devant Caïphe, devant Pilate, devant la foule, *par l'Église de ce Temps Je fus jugé coupable et mis à mort sur la Croix...* de votre délivrance. Aujourd'hui, à cause d'un seul homme de la hiérarchie de Mon Église, *Je suis à nouveau jugé coupable* d'avoir parlé pour le monde entier dans ce lieu béni et sacré par Mon Père et votre Père des Cieux :

" Non à la Croix de 738 mètres !
Non à Mon Message de Vie !"

Je reconnais l'obéissance à Mon Église, c'est pourquoi J'ai usé de tolérance. Cette âme, *qui M'a causé une souffrance indescriptible* devant l'Humanité entière qui court à sa perte, et la révolte de tous les éléments devant Dieu offensé, cette âme a été sauvée par une âme inconnue qui a pris sa Croix à ma suite pour que *cesse l'ignorance de Mon Église* qui a suivi cet homme consacré par Dieu, et qui a lutté contre Moi, contre Ma Sainte Parole.

Vois avec quel Amour Dieu tisse *la grande Étole* qui enserre le monde des Vivants du Ciel et de la Terre. *La Réparation en Dieu* est l'Oeuvre divine la plus ignorée de Mes Prêtres, car ce serait alors reconnaître l'Amour de Dieu, même dans les petites âmes inconnues et cachées, souffrantes et indispensables dans le Plan de Dieu trois fois Saint.

Je vous apprends que cette capacité d'Amour, salvatrice, Je la retrouve parfois en ceux qui se disent *incroyants.* Retenez bien ceci, car ce que Dieu fera, avec la Charité de tous ces *incroyants,* ne sera plus un mystère caché. *Oui, les derniers seront les premiers.* Louez le Seigneur à cause de tous ces inconnus qui ne se connaissent pas eux-mêmes : *ils sont Charité !*

Ne jetez pas la pierre à ceux que vous jugez, Seul Dieu connaît les cœurs. Ce n'est pas ceux qui Me disent *Seigneur, Seigneur,* en se frappant la poitrine, que Je placerai en premier dans la Maison de Mon Père, mais tous ceux qui ont fait la Volonté de Mon Père Tout-Puissant. Oui ce que vous faites à un plus petit que vous, c'est à Moi que vous le faites.

La plupart de ceux qui M'adorent en Esprit et en Vérité, se retrouvent dans les endroits les plus sordides, dans les prisons, chez les vagabonds rejetés par la haute société. Ces pauvres de la rue, ces malades offensent le regard des bien-pensants qui ne cessent de se glorifier par des actes *visibles,* par des dons *généreux* à ceux qui ne manquent *de rien :* oui, leur apparence est brillante... comme le couvercle bien poli d'une poubelle qui ne contient que des déchets !...

Pauvres âmes qui se croient sauvées parce qu'elles sont en conformité de Ma Loi *écrite,* ce n'est pas suffisant : Ma Loi, c'est l'Amour. Et ce que vous donnez n'est que le superflu qui vous inonde.

Non, vous ne M'avez jamais rencontré
si vous ne passez pas par Ma Croix.
Ma Croix devient cette porte étroite,
difficile à franchir pour tous ceux qui ne vivent que pour l'apparence devant cette société moderne de consommation et de bienséance, cette société qui continue à tuer ceux qui ne se sont pas fait un nom dans cette assemblée visible et insolente pour les pauvres.

Ne savez-vous pas que c'est ainsi que vous vous *marquez,* tout seuls, aux mains et dans votre cœur, de ce *signe* que vous appréhendez et redoutez tellement ? Oui, à quoi peut servir de sauver votre apparence, votre corps, si vous êtes en train de tuer votre âme... Mais le savez-vous ? Oh ! oui, mais votre conscient vous interdit de voir et d'entendre. *Oh oui, Père, pardonne-leur car ils ne savent pas ce qu'ils se font à eux-mêmes !*

Vous voulez un nom ? Cherchez et vous trouverez. Recherchez-Moi et vous l'aurez. Servez les pauvres.

Devenez tous *des petites MARIE.* Ma Sainte Mère S'est toujours oubliée pour servir les autres ; Elle S'est oubliée, même au pied de la Croix. Elle M'a adoré, debout devant Ma Croix. J'étais cloué pour vous tous et Elle, clouée en son âme, souffrait comme Son Fils, car Elle avait demandé au Père que Son âme et Son Cœur s'unissent à Mon Âme Sainte et à Mon divin Sacré Cœur pour n'en faire qu'une même Souffrance d'Amour pour sauver tous les enfants du Père.

Seriez-vous capables de souffrir pour les autres ? Peut-être, oui. Mais souffrir pour sauver ceux qui ont mené votre enfant à la Croix, le feriez-vous ?

Ma sainte Mère M'a adoré debout, devant Son Dieu, Son Fils. L'Adoration était en Son Cœur et en Son âme.

Marie est la plus grande
et la plus parfaite Adoratrice de Son Dieu.

Adorer Dieu, c'est s'offrir à Dieu, c'est souffrir pour les autres et offrir cette souffrance réparatrice à son Dieu. MARIE très Sainte est votre modèle parfait. Venez adorer le Seigneur : Il est toujours, comme à Bethléem et à Nazareth, chez les pauvres, les malades, les prisonniers, les rejetés de votre société moderne. JÉSUS est toujours le doux et humble Enfant de MARIE très Sainte.

Je suis descendu du Ciel de chez Mon Père. J'ai grandi parmi vous. J'ai instruis votre ignorance. Certains M'ont écouté et suivi, *ce fut le petit nombre.* Aujourd'hui, votre ignorance a grandi et s'est transformée : les enfants sont dans la connaissance du Mal, *et le petit nombre n'a jamais grandi, il est devenu le Petit Reste.*

Vous vous êtes drapés dans un manteau de belle apparence, mais le tissu est *pourri* et contamine déjà fortement l'intérieur. Oui, votre corps accepte ce tissu de mensonge et d'orgueil qui traverse déjà votre pauvre âme. A quoi sert d'embellir votre corps et de le glorifier, si vous êtes en train de tuer votre âme ?

Réagissez vite, il en est encore temps.

Car voici que Je viens.

Amen ! Viens, Seigneur JÉSUS. †

†

† †

Je te découvre ce que Je cache aux grands de ce monde

****

1er Mai 2002

"JNSR" : "Sainte Croix de l'Enfant JÉSUS, garde-moi ! "Seigneur parle-moi, je T'écoute mon Dieu."

JÉSUS :
****

Ta route va se diviser, comme une voie ferrée à une bifurcation, pour te faire suivre le chemin de Ma Vérité, celle qui est Une et que J'ai préparée pour toi et pour certains. Guidés par Moi, vous la suivrez et vous saurez tous que c'est Moi qui vous appelle et vous conduis. Ne cherchez pas où ni comment, avancez vers cet endroit que Je vous indiquerai. Il est de votre devoir de M'obéir sans opposition *car J'ai votre parole et vous M'avez, Moi.*

Je ne vous cacherai pas plus longtemps où nous allons ensemble. Avec Saint Michel Archange et Ma Sainte Mère, Vierge et Pure Orante, Nous marcherons ensemble jusqu'à cette Terre Nouvelle qui est Ma Terre choisie et qui *est dans la vôtre,* mais *la clé* ne peut ouvrir que cette Porte ; cette clé, Je la possède. Dieu en a décidé ainsi pour bientôt.

Une Âme du Ciel :
****

Dieu ne peut te tromper. Je ne suis pas de votre monde. Pour nous rejoindre où nous sommes, vous qui vivez encore sur Terre, vous devez passer par cette Porte pour vous trouver au même endroit que nous, *nous les disparus Vivants.* J'appelle Saint Michel Archange qui va te parler.

St Michel Archange :
****

Tu écriras la Vérité de Dieu. Ce Chemin de Lumière est le passage direct de la Terre au Ciel où seuls *les Vivants* de la Terre peuvent y pénétrer de par la Sainte Grâce de Dieu.

Le Seigneur veut vous montrer Son Paradis Eternel afin que quiconque vous entende ait le sentiment que Dieu confirme par vous Sa Sainte Vérité. *Vous serez les Vivants de la Terre à pénétrer chez les Vivants Éternels du Ciel.* Tu ne peux me demander plus. Dieu te parle. Écoute-Le, sois confiante.

"JNSR" : "Seigneur, je T'écoute."

JÉSUS :
****

Ce sont les secrets que Je t'avais promis pour ce temps. Certains verront la Grâce de Dieu avant de mourir à ce monde, afin que d'eux vienne à tous leurs frères la certitude que Dieu EXISTE. Je veux conquérir Mes Brebis, même les plus incrédules et il n'y a que ce moyen car le Temps se précipite trop vite.

Vous verrez et vous croirez ! Vous verrez vos chers disparus, bien vivants, les Saints et les Anges. Et vous, les Bénis de Mon Père, vous les toucherez et vous comprendrez qu'il n'y a qu'un seul monde et que le plus beau est celui qui ne se voit pas encore.

Je te parle pour te rassurer et pour que tu puisses le manifester partout : *Dieu l'Éternel, Dieu le Vivant est à votre porte.* Alors pourquoi surseoir à l'Appel quand Je dirai à chacun : *" Viens !".* Vous devez vous souvenir et penser :

> *"Dieu m'appelle, en Vérité c'est mon Père, mon Créateur qui me veut chez Lui, dans Sa Maison. Je suis Son fils bien-aimé, alors j'accours."*

Mon enfant, tu ne dois pas être incrédule mais croyante. Je te l'ai toujours dit : *" Pour correspondre avec Moi, ton Dieu, Je te bénis et Je te sanctifie."* Entends, sois sans crainte et annonce les Merveilles de Dieu. Non ! Rien ne fera peur : ce passage est une chose si douce qu'en te retrouvant de l'autre côté, tu regrettes déjà de ne pas y avoir pénétré plus tôt.

Mais Je te renverrai vers la Terre
pour annoncer aux autres que Dieu vient

et lorsqu'ils entendront en leur cœur Mon Appel, alors qu'ils se précipitent vite. Comme Je l'ai fait pour la Mer Rouge, J'écarterai de Mes mains tous les mauvais rivages, tout ce qui doit s'écrouler ensuite.

Alors après cela, plus rien de mauvais n'existera sur votre Terre où Dieu, dans Son Infinie Bonté, *vous déposera à nouveau* pour y finir de vivre le temps qui vous est imparti avant d'être appelés pour entrer au Ciel.

Je ne peux t'en dire davantage. Vous savez déjà que cela interviendra. Ne Me demandez pas la date, soyez prêts, vous qui serez appelés à y pénétrer en tant que voyageurs reconnaissant les Lieux Saints. *Qui a déjà vécu cela ?* Vous ne pouvez pas répondre *car ce fait est unique* et Dieu le permet pour votre Temps si incertain.

Vous vivrez tous dans l'Éternité Bienheureuse de Dieu dès ici-bas, les uns sur la Terre pour terminer votre pèlerinage, les autres dans Mon Ciel de Gloire.

Je te l'ai dit : Je purifie Ma Terre et Mes âmes en même temps. Qui occupera les lieux de Purification ? Je te certifie que TOUT sera purifié. Je te dis d'informer Mes enfants qu'il est temps de réagir et de choisir Dieu. *Je te dis que ceux qui occuperont les Enfers sont ceux qui les ont déjà occupés depuis la première Création de cette Terre : les anges déchus.* Rien de cela ne peut vous toucher, car Je ne te parle que de Mes créatures et J'irai chercher jusqu'à la dernière Brebis, sois-en sûre.

"JNSR" : "Pardonne-moi, Seigneur, comment continuer les Croix que Tu nous demandes de par le monde ?"

JÉSUS :
****

Elles ont toujours fait partie de Mon Plan divin. Je n'arrête rien de Ma main. Ceux qui ont en leur cœur la certitude qu'ils ont été guidés par Dieu en chaque lieu et à certaines périodes, sont ceux qui ont toujours répondu OUI à Dieu, car Je les ai toujours guidés et soutenus par Ma sainte Main.

J'ai retiré les faibles car l'Esprit de Dieu S'est mis à choisir ceux qui devaient rester jusqu'à la fin de Mon projet. Ne pensez pas que les autres M'ont été infidèles, mais sachez que ceux qui ont tenu jusqu'à la fin vont passer par ma porte étroite du Témoignage. Oui, voilà les vrais Témoins de Ma Croix.

Va, Ma fille, que le Saint Esprit te guide pour annoncer les Merveilles de Dieu. *Si on veut t'en faire dire plus, tais-to*i ; car Je ne te donne que ce que tu peux donner. Viendra encore une autre précision. *Mais n'explique jamais, à ta façon, ce que Je te donne ; garde-t'en bien.* Amen.

Par le Dieu Éternel et Tout-Puissant
qui vous donne à présent Sa Parole cachée
qu'aucun homme n'a pu découvrir seul, sans Dieu,
jusqu'à présent,
à vous Mes bien-aimés, Ma fille vous parle
par Ma Parole donnée en son cœur d'Amour
d'enfant.
JÉSUS, le Bien Aimé, vous parle.
Amen.

†
† †

Et si nous reprenions notre marche ?

****

26 Juin 2002 -St Cyril, St Anthelme

JÉSUS :
****

Mon enfant, c'est aujourd'hui que nous reprenons la marche de ton dernier livre. Tu ne pourrais pas la reprendre sans *cette dernière connaissance* que Je te fais vivre pour mieux la comprendre et pour que, imprégnée de ce que tu vois tu puisses, avec tout ton cœur, la donner à tous Mes enfants.

Elle est vivante en Mon Saint Cœur.

D'abord, Je peux te dire : " *On ne s'est jamais arrêtés."* Comme autrefois, personne ne fut invité à prendre la tête de Mon Peuple en marche vers son Salut, si ce n'est seulement et uniquement celui que J'ai choisi : Moïse, pour ouvrir Mon Chemin et le suivre jusqu'au bout.

Ce peuple d'aujourd'hui est le même que celui d'hier : *il ne veut vivre que pour le présent,* qu'importent pour lui la Loi et les Prophètes !

Si au début de la Bible Je leur ai parlé par la voix de Moïse que Je guidais jour et nuit, ensuite elle fut écrite par la Main de Dieu : l'Esprit descendait sur tout ce Peuple en Se servant de cet homme qui vit, le premier, le Buisson Ardent d'où sortit Ma Voix ; *Je Suis,* Celui qui EST de tout temps et de toute Éternité.

Quand Je viens à vous, Je Me sers de ceux et de celles que J'ai choisis. Ils deviennent *Ma Voix, Mes Mains,* guidés par l'Esprit Saint qui ne les abandonne jamais : *Mon Choix est Éternel.* Il deviennent également *Ma Croix.* Qui peut la porter jour et nuit sans se révolter contre Moi ? Celui qui devient lui-même *le crucifié d'Amour* qui accepte de l'être, dans son corps, dans son âme, dans son esprit.

Le crucifié peut-il bouger avec les mains et les pieds immobilisés par Mes clous ? Qui peut réfléchir de lui-même lorsqu'il est couronné d'épines qui ulcèrent son esprit afin que le Mien, et le Mien seul, agisse en ce corps offert entièrement à Ma Sainte Croix, ce corps qui n'a cessé de recevoir les coups de tous ceux qui n'ont jamais cessé de le frapper, jusqu'à vouloir toucher l'âme et la détruire pourqu'elle n'instruise plus ceux qui se voient, comme l'Église d'autrefois, *les Maîtres de la Loi,* persévérant dans les Commandements de Dieu : " *Tu ne tueras pas, tu ne voleras pas* ", sans ajouter le moindre pardon, la plus petite parcelle de Mon Amour infini.

Pourquoi ce Monde se meurt-il ? Pourquoi est-ce que J'accélère la *fin de ce Temps ?*

Parce que le petit nombre, *le petit Reste*, qui peut vous apporter Ma Sainte Vérité, vous l'avez déjà crucifié comme votre Dieu et Maître, vous l'avez déjà tué sans jugement véritable, sans relire Mon Évangile, sans trouver dans Ma Sainte Hostie le goût véritable de Mon Amour Crucifié pour chacun de vous.

Non ! Vous ne pouvez plus comprendre pourquoi Je suis venu sur votre Terre : pour être l'un des vôtres et *vous apprendre l'Amour*, Moi le Fils de l'Homme, Moi le Fils Unique de Dieu Le Père, Moi le Fils Unique trois fois Saint de MARIE très Sainte : Elle-même ignorée, comme chacun de Mes enfants-prophètes envoyés en ce monde empli de loups avides du Pouvoir et de l'Argent.

Jusqu'à la mort du dernier de Mes Messagers, allez-vous encore continuer ce travail de bourreaux ?

Oui, comme pour Barrabas, il vous est facile de choisir celui ou celle qui ouvrira *la caverne de l'Argent*, là où se trouve *le Trône du Malheur Mondial.*

Alors, crucifiez-les ! Vous y êtes déjà presqu'arrivés et vous construisez déjà *le Veau d'Or* devant les yeux scandalisés de ceux que J'ai envoyés vous dire *que Je viens*, et de ne pas amasser ni l'or, ni aucun trésor car bientôt, avec l'argent dans la main, vous ne trouverez *plus rien pour vous nourrir*, car J'ai dit au soleil de brûler le sol et à l'eau d'inonder les terres, *afin que la famine sévisse* sur la Terre des hommes qui ne M'ont pas reconnu, ni lorsque Je suis venu sur votre Terre, ni à travers Mes prophètes qui ne font que vous mettre *en garde contre vous-mêmes.*

Lorsque votre main droite fait l'aumône, la gauche, qui devrait se taire, ne cesse de le crier partout, jusqu'à se plaindre qu'elle, elle n'a rien reçu, elle n'a rien gardé pour elle ; alors elle va se révolter contre la main droite, prouvant qu'elle en avait plus besoin que le pauvre qui l'a reçue.

Mon Enfant, aie confiance. *Ce désert que tu traverses*, au milieu des loups affamés qui ne savent que parler d'argent et de fortune évaporée, *ce désert* rempli de scorpions qui cherchent sans cesse à te piquer au talon, tu vas le traverser parce que J'y veille et tu ne manqueras ni d'eau ni de pain.

J'ai préparé la gourde et le panier

pour ceux qui vont crier Mon Nom jusque dans les déserts du Monde, portant Ma Croix sur leurs épaules pour la planter *là où Moi Seul Je le désire.* De vous-mêmes, n'essayez pas de l'introduire dans les Pays qui sont hostiles à l'Amour de Ma Sainte Croix :

ceux-ci sont déjà marqués par l'empreinte de Satan.

Et ils ne peuvent recevoir le Signe du Sang de l'Agneau de Dieu.

Vous le saurez, sans interroger personne car Moi, Dieu, *Je suis avec vous.* Mon Message est écrit en votre cœur, comme l'a reçu Ma Messagère. Je garderai votre mémoire aussi fraîche que l'Eau qui sortira un jour de toutes les Croix d'Amour,

car l'Esprit de Dieu a fait Son Trône en chacune d'elles
pour bénir la terre qui les supporte avec Mon Amour,
comme Jérusalem qui a gardé, en sa terre,
la marque indélébile de Ma Sainte Croix,
la Croix du Sacrifice Universel, puisque les Cieux en sont Témoins
et pour les siècles des siècles.

Je suis Celui qui renaît, en chaque génération,
Vrai Dieu, né du Vrai Dieu, Omniprésent.
Je viens renouveler votre Terre
qui se meurt faute d'Amour.

Je suis le Même, hier, comme aujourd'hui,
l'Éternel, l'Alpha et l'Oméga.

Aujourd'hui, Ma Croix vient pour éblouir tous les esprits endormis, engourdis dans les plaisirs actuels de ce monde sans cœur ni foi.

Ma Croix Glorieuse, annoncée par Madeleine au monde entier, elle qui L'a vue, peut encore en témoigner. J'ai dit : " *Vous la verrez, comme elle-même L'a vue",* brillante, illuminant l'esprit de chaque humain, s'élevant entre ciel et terre.

Vous la verrez dans tous les pays, ses bras ouverts de l'Est à l'Ouest.

Allez-vous vous repentir ? Attendrez-vous de voir Ma Sainte Croix Glorieuse dans le ciel pour vous repentir de tous vos péchés ? *Pour certains, il sera trop tard...* et pourtant ce Message a été crié sur les toits *et vous êtes restés sourds !*

Les milliers de Croix d'Amour dans le monde ne cessent de vous le répéter : et voici que Je viens ! *Amen, viens, Seigneur JÉSUS.*

Tous te trouveront insensée et malade : " *Va voir un Psychiatre !...*" Après l'exil de ton pays de naissance, l'Algérie, abandonnant ton berceau natal, tu es accueillie à Grenoble avec ta famille. Après 33 ans, Je te demande de tout quitter : " *Viens, et suis-Moi !*" et, avec ton époux malade tu construis ta maison, pensant que, de là, tu ne seras plus appelée.

Mais Je veux te redonner tes enfants, alors Je t'ai dit à nouveau *"Viens et suis-Moi à Grenoble où Je suis avec tes enfants."*

Tu M'as obéi. Il fallait aussi cet Acte d'Amour pour qu'ils se rendent compte combien tu les aimes. Te voici à Grenoble. Réponds à chacun combien étaient plus fous que toi-même les grands Saints qui abandonnèrent toute leur fortune pour ne vivre que d'aumônes, enfermés dans les cloîtres des monastères, et même dans une grotte comme Saint François d'Assise et Sainte Marie-Madeleine, pour adorer Dieu en Esprit et en Vérité.

Et voici que Je te demande à nouveau de retourner à ta maison de Sainte Anne, gardée par Mes Saints-Anges : *"Va, laisse Grenoble et repars en Bretagne."* Tu prépares à nouveau ce départ, jusqu'à la fin tu vas M'écouter.

Ce qui s'est passé parfois fut révoltant, et puis tu ne le sauras que plus tard. Ce qui s'est réalisé en ce temps d'exil, ce désert, a permis à certains de voir autre chose qu'une folie sans réflexion. Est-ce que JÉSUS fut jugé, même par Ses Apôtres, comme quelqu'un de sensé pour S'être laissé prendre et consentir à Se laisser clouer sur une Croix ?

La Folie de la Croix

répond à toutes les questions que te poseront les gens "sensés".

Abraham ne fut pas plus réfléchi que toi lorsqu'il quitta son pays. Et encore moins sensé lorsqu'il prit son fils pour accomplir ce que Je lui demandais : *"Donne-Moi ton enfant unique en Sacrifice !"*

Toi, tu viens ici, à Grenoble. Tu retrouves tes fils et même tes filles. Tu repars, tu risques de les perdre à jamais et tu vas le faire ; tous croient que tu obéis à ta spontanéité, à ta folie ; toi-même tu te demandes si tu agis bien, parce que tu crois que tout cela vient de toi : *partir sans même vendre ta maison, partir avec juste l'argent nécessaire au voyage.* Te laisserais-Je faire *si Je ne le désirais pas ?*

Réfléchis simplement à la question que te pose ton Dieu qui t'a toujours guidée :*Qui te commande ?*

"Viens et suis-Moi !", *tu laisses Grenoble et tu viens à Ste Anne où Je t'attends.*

"Viens et suis-Moi !" *tu laisses Ste Anne et tu es repartie vers tes enfants à Grenoble.*

"Viens et suis-Moi !" *et tu es prête à laisser de nouveau Grenoble et tes enfants et à revenir à Ste Anne dans la maison que Je t'avais préparée depuis toujours !...*

Alors, Je te le demande, comme à Abraham : *"Pourquoi ?"*

Parce que ni lui, ni toi, vous ne pouviez savoir combien vous M'étiez fidèles, combien vous M'aimiez, plus que tout, plus que tous, pour agir comme des insensés, *des fous de Dieu !*

Comprends, en tout cela, une seule chose : *Que M'obéir, c'est M'aimer.*

Que Dieu n'abandonne *jamais* Ses enfants privilégiés et que *l'Obéissance est la première preuve que vous pouvez Me donner.* Amen. †

Je te bénis. Je bénis les tiens et tous ceux qui t'aiment,
car Ma Miséricorde couvre, avec Mes prophètes,
tous ceux qui les aiment
à cause du Choix de Dieu.

Ma Sainte Obéissance
est en celui qui M'obéit. Amen. †

†
† †

Le grenier de Sainte Anne

****

Samedi 29 Juin 2002 - St Pierre et St Paul

JÉSUS :
****

Veux-tu savoir ce qu'il en fut de ton départ de Bretagne ? D'abord, Je dois te parler de ton arrivée en ce pays.

Tu fus appelée par ton Seigneur, ton Dieu Tout-Puissant. Je te vis telle que tu es en vérité, obéissante à Ma Sainte Parole. Tu as vécu dans la souffrance, dans cette terre bénie par le Père et offerte à Sainte Anne, offerte à la Très Sainte Vierge MARIE. Je t'y ai envoyée comme une *glaneuse* afin de recueillir *les restes* d'une moisson magnifique qui avait existé dans un passé riche en bonté : les hommes jugeaient bon d'oublier de cueillir toute l'étendue de leur récolte, les pauvres jouissaient alors de ce reste abondant. On pouvait dire qu'il y en avait pour tous et pour toute l'année. Les glaneurs chantaient la joie. Dans tout le pays c'était la fête. Et tous bénissaient Sainte Anne.

Hélas ! Tout s'est dégradé petit à petit. Que reste-t-il de l'idée de partage, de la bonté spontanée, de l'Amour du prochain ? As-tu retrouvé, en ce lieu béni, cette joie du partage ? As-tu vu des grains tombés des gerbes bien tassées dans les greniers ? As-tu vu des mains s'ouvrir pour donner aux pauvres ? Tu n'as vu que l'oubli et l'indifférence. *Les fenêtres se ferment sur la nuit des autres.* Bon sommeil pour les justes qui ont amassé pour eux, et qui ont bien prié pour les pauvres : *"Seigneur, donne-leur leur pain quotidien ."*

Tu fus déçue de cette pauvreté de cœur pour l'avoir vécue par toi-même. Ma terre s'est appauvrie, car Mes enfants ont remplacé *l'Amour par la Pitié.* Ainsi la richesse de la spiritualité, apportée par les mains de Sainte Anne, s'est évaporée. Il ne reste que le souvenir d'une Mère généreuse qui continue à prier Dieu de réunir tous les Bretons dans un même Amour, de remplir leur cœur de cette Foi, de cette Espérance et de cette Charité, qui fit de ce pays l'exemple-même de la Véritable Église de JÉSUS Christ. Tout le pays était uni à Dieu.

Mais, dans la Basilique de Sainte Anne, ton cœur s'est réjoui. Tu y as vécu les plus belles heures de Prière et l'Amour de l'Eucharistie qui te transportait dans les hauteurs où tu pouvais Me rencontrer, comme la fleur recherche l'eau pour grandir et le soleil pour s'épanouir.

Alors là, tu M'as crié ta joie : *"Mon Seigneur et mon Dieu, Tu vis dans ce lieu béni et Ton Amour Vivant nous transforme déjà."*

A cause de cela seulement, tu as eu la force d'endurer peines, chagrins, soucis qui s'amoncelaient hors de ces murs.

Dehors, tu ne pouvais plus vivre cette persécution dissimulée. Mais dans cette citadelle imprenable se trouve la richesse de la Moisson de Sainte Anne : *Ses enfants-Prêtres* qui jouissent de sa Sainte Protection ; les grains glanés depuis tant d'années par Notre MAMIE, s'entassent jusqu'aux voûtes majestueuses de la Basilique : ce sont les saintes Prières qui accompagnent tous les Sacrements donnés par les mains consacrées de tous ses fils, frères de JÉSUS Christ, l'Enfant très Saint de son adorable Fille, MARIE, la Toute Pure qui les appelle nombreux en ces lieux.

Les volutes de l'encens s'élèvent jusqu'au Ciel de Dieu quand les Saintes Messes emplissent l'église de fidèles recevant la Foi qui ouvre le cœur jusqu'à ce que des larmes de bonheur coulent des yeux qui se ferment devant l'émoi, car la Présence Réelle de Dieu est bien là, *tout près de chacun qui la ressent.*

Oui, seulement là tu as retrouvé les grains de la grande Moisson de Sainte Anne ; là se retrouve la richesse de la vraie spiritualité que Sainte Anne veut donner à tous ses enfants qui l'aiment et respectent le Choix de Dieu pour Son pays de Bretagne.

Je te demande simplement d'écrire tout ceci pour Mes enfants qui ont oublié ce que leur demande Ma Sainte Grand-mère afin que Mes enfants de Bretagne répandent la Moisson de Sainte Anne sur toute la Terre. Renouvelez la Foi, l'Espérance et la Charité de ce pays. Ne le laissez pas mourir. Portez la Bonne Nouvelle partout où Je vous envoie.

JÉSUS, petit-fils de Sainte Anne.

† † †

Bientôt vous verrez refleurir votre pays à cause de celui que Dieu a choisi pour vous réunir, comme autrefois, dans l'Amour de Dieu trois fois Saint, par Sainte Anne, Par MARIE.

*Au Ciel, je suis Saint **Yves Nicolazic**.*

† † †

Et JNSR ajoute, du Psaume 84 :

Amour et Vérité se rencontrent,
Justice et Paix s'embrassent.
La Vérité germera de la terre,
Et du Ciel se penchera la Justice.

Voir note, p. 246 : A propos du Grenier de Sainte Anne et St Yves Nicolazic.

Tu n'avais pas besoin d'Éli

****

29 Juin 2002

JÉSUS :
****

Demain c'est déjà aujourd'hui. Tu as quitté ta terre natale pour Grenoble. Je t'ai appelée de Grenoble et comme Samuel, tu M'as répondu : *"Me voici !"*, tu n'avais pas besoin d'Éli, tu savais que c'était Moi qui te demandais de venir à Ste Anne en Bretagne. Tu as tout laissé, maison, enfants, amis, toutes tes occupations et tu es venue à Ste Anne. Tu as construit la maison que Je te demandais, tu n'y as vécu pas plus de deux ans avec ton mari malade.

Puis Je t'ai préparé un retour vers Grenoble. Et à nouveau, comme Samuel, tu M'as répondu : *"Seigneur, me voici !"* Tu es partie pour Grenoble vivre près de tes enfants, avec Mon accord.

Tu es là depuis même pas deux mois et tu réponds à nouveau à Mon Appel : *"Tu m'appelles, Seigneur, me voici."* : Je te demandais de retourner à Ste Anne. Voici que tu prépares tout pour ce nouveau départ, avec un époux très fatigué, sans discuter. Comme pour Samuel[1], à la quatrième fois, Je te dévoile ce que Je veux. Je viens te dire *que Je prépare à Ste Anne une chose à faire tinter les oreilles de quiconque en entendra parler.*

Pour la seconde fois, tu préparais ton départ pour revenir sur cette terre qui t'avait accueillie sans Amour. Seul Dieu pouvait savoir à quel point tu as souffert et jusqu'où tu pouvais M'aimer pour revenir vivre en ces terres où seule la pitié t'accueillait. *Certains avaient peur de te revoir.* Comme pour Samuel, ton obéissance sera récompensée. *Mon fils Yves Nicolazic est déjà là.* Et tes enfants te reviendront, comme Je te l'ai promis.

Je sais que tu M'obéiras jusqu'à ce que Ma Voix s'éteigne en toi,pour que tu ne parles plus à ceux qui ne cessent de te juger et de Me mépriser à travers Mes écrits. Je ne te laisserai plus habiter une terre hostile : *là où Je te rappellerai, tout sera rempli d'Amour.* Tous les jugements faux que tu as subis sont des égratignures qui font saigner ton cœur en martyrisant ton esprit *et le Mien.* Ils comprendront bientôt que tous ceux qui souffrent en ce monde à cause de l'injustice des uns et des autres, à cause de tous ces jugements faux qui mènent le monde à sa perte, ceux qui sont ainsi haïs et rejetés de partout, *sont Mes Martyrs qui calment la Colère de Dieu,* pour que continue encore à régner sur cette Terre *la Miséricorde infinie de Notre Père des Cieux.*

---

(1) : 1 Samuel 3, 11

Je subis *la Flagellation* à travers Mes enfants que vous continuez à traiter comme Je le fus Moi-même. Ils deviennent, à cause de vous, aussi lourds que Ma Croix que vous rejetez avec eux. *L'Innocent flagellé vit en eux !*

Tu es devant Moi en ce moment, dépourvue de ta maison. Je t'ai dit : *"Viens et suis-Moi"*, et tu M'as suivi. N'aie aucun regret. Je ne t'appelle plus pour vivre cette expérience. Je ne te donnerai toujours *que le nécessaire.*

Un pays choisi par Dieu est un peuple qui pratique *la charité.*

La charité est l'Aumône de Dieu Lui-même. Elle vient juste après Son Amour, car celui qui sait donner oublie à l'instant le poids de son escarcelle : *Qui donne avec Amour s'élève vers Dieu.*

La Charité de Dieu est celle de fermer Ses yeux de Père sur l'enfant qui oublie de Lui dire *Merci, Père !* Alors Dieu, qui ne sait que donner, continue Son Offrande d'Amour de chaque jour sans rien attendre de chacun en retour et vous dit par la bouche de Ses Saints et de Ses Anges :

L'Amour n'est pas aimé. Aimez Dieu pardessus tout.
Soyez charitables pour votre prochain et fidèles à Dieu.
Bénissez celui qui vous hait, ainsi vous bénissez Dieu.

On M'a retiré Mes vêtements,
on m'a couronné d'Épines,
on M'a cloué sur une Croix afin que,
dépourvu de tout, Je puisse vous donner TOUT.

Si vous M'aimez, vous aurez ce TOUT,
car ce TOUT, c'est Moi qui vous aime à en mourir.

Jésus de **N**azareth, **S**eigneur et **R**oi

qui est là pour vous combler de toutes Ses richesses.

Amen †

Demandez avec Amour

et vous recevrez ce qui vous est nécessaire.

†

† †

La dernière Croix

****

16 Juillet 2002 - N.-D. du Mt Carmel

"<u>JNSR</u>" : "ô Notre-Dame du Mont Carmel, Mère de Dieu et Mère des hommes, aujourd'hui les hommes fêtent leur douce Maman du Ciel. Et toute l'Église honore la Mère du Dieu Vivant, JÉSUS le Christ, Roi de tout l'Univers, visible et invisible. Et Tu nous rappelles qu'en ce jour béni du 16 Juillet 1996 en l'Honneur de Notre-Dame du Mont Carmel, le Seigneur, Notre doux JÉSUS, nous demandait de faire élever des Croix par milliers dans le monde entier."

JÉSUS : "Je les ai demandées blanches et bleues, aux couleurs préférées de Ma Sainte Mère, et lumineuses comme la Lumière qui sort de Nos Deux Saints Cœurs Unis.

****

Moi, Lumière du monde, Je te demande de venir à Moi aujourd'hui : mets ton cœur dans le Mien, entends ses battements et écris à l'écho de chaque pulsation car J'entretiens aussi la Vie en chacun de vous.

Ma Vie est un battement éternel, ininterrompu, qui maintient vos vies et les guide tout doucement, imperceptiblement, dans Ma Vie éternelle. Abandonnez-vous sur Ma poitrine, ainsi vos lèvres boiront l'Eau de Vie à ma Source-même. Cette Eau, qui purifie et vous donne la Force d'aller jusqu'au bout, cette Eau sort de Mon Cœur.

C'est Moi qui vous ai choisis. C'est Moi qui vous élève, vaillants combattants, soldats du Christ qui pourchassez l'ennemi de Dieu et des hommes.

Le Perfide est entré dans Mon Église,
poursuivant jusque dans Ma Maison les enfants près de succomber, leur faisant croire que le Diable n'existe pas, et que la drogue, le jeu, l'alcool, la violence, sont *les fleurs de vie* qui poussent dans ce tunnel sans lumière que vous avez créé vous-mêmes en Me reniant.

Mais voici qu'apparaissent les Croix par milliers
et le monde se recouvre de mon Manteau saint qui fait fuir l'ennemi.

Oh, qu'il est agréable de s'unir et de se réunir au pied de chaque Croix d'Amour pour prier et recevoir la Force de Dieu pour aller plus loin, plus loin encore sur le Chemin du Golgotha qui vous mène ensuite jusqu'au Thabor. Mon Saint Cœur déborde d'allégresse : Mes enfants ont revêtu l'Armure de Ma Foi ; la Croix, plantée dans chaque cœur, devient ce chant qui s'élève vers le Père, mélodie d'Amour, musique pleine de l'expression vivante du Ciel sur la Terre, et qui charme l'Esprit Créateur du Dieu Unique et Vrai.

Vois, toi-même, comme Ma Mère vous conduit sur ce Chemin qui est le Mien. *Nul ne peut venir au Père sans passer par le Fils.* Sainte MARIE du Mont Carmel vous mène au pied de Ma Croix : là Je vous ai sanctifiés, chacun et pour l'éternité. Elle vous a pris ensuite dans la Demeure de Son Cœur. Adorez-Moi, cloué sur Ma Croix. Plongez votre regard dans Mes Saintes Plaies ruisselantes de Mon Précieux Sang qui guérit tous vos maux. Alors, vos yeux recevront la Lumière. Car les ruisseaux, formés par le Sang qui purifie ce monde pécheur, deviennent les faisceaux lumineux qui traversent ce Bois Sacré de Ma Sainte Croix qui devient Lumineuse et qui éblouit les cœurs et les esprits jusqu'à les faire chavirer dans les flots de cette Lumière sainte qui les porte jusqu'aux Cieux.

Lumière du monde, Lumière de Joie, Christ est Lumière.

Venez tous à la Croix qui sauve : la Lumière du monde est là. Le Sauveur revient dans Sa Croix Glorieuse, Amour et délices des Anges, Promesse pour tous les hommes de bonne volonté.

Oui, criez Mon Nom par dessus les toits.
Christ est Lumière vivante,
et les ténèbres seront percées, et tout oeil Me verra, car J'ai dit
" Et voici que Je viens !
Amen, viens Seigneur JÉSUS."

Vois ce Chemin de Croix bleues et blanches qui longe les allées que Dieu a choisies pour parcourir la Terre du Nord au Sud et de l'Est à l'Ouest. Dieu a béni Ses milliers de Croix par la main du Prêtre choisi pour chacune d'elles. L'Esprit sanctificateur S'est posé sur cette main qui est marquée du Sceau de Dieu. Rien n'est hasard. Tout est Vouloir du Tout-Puissant.

La Volonté de Dieu continue à tourner
les pages de votre Livre de Vie.

Et le Saint Esprit *brode et termine la boucle* qui va fermer ce Chemin de Croix d'Amour qui rapproche les hommes au Nom du Père, du Fils et du Saint Esprit.

L'Amour Miséricordieux ne cesse de parcourir la chaîne qui vous unit les uns aux autres, maillons qui s'enlacent et s'entrelacent sans jamais plus se désunir, car la Voix de Dieu vient bientôt bénir ceux qui L'ont choisi, aimé et servi jusqu'à cette heure où la Trompette sonnera pour annoncer Celui qui est, qui était et qui vient.

Oui, criez votre joie car vos tourments fondront comme neige au soleil. Le Soleil de Justice fera disparaître tout ce qui ne vient pas de Lui. Le Règne de Paix est déjà à vos portes.

Exultez de joie, fils et filles de Dieu. Votre Créateur vient récolter ce qu'Il a semé ; vous êtes Sa semence de Vie, oui, de Vie éternelle. Amen.

"JNSR " : "Viens, Seigneur, viens mon Doux Maître
pour finir d'écrire ce que Tu veux dire à Ton Peuple.
Unis mon âme à la Tienne, parle-moi."

"Vous êtes dans le sixième anniversaire de Mes Croix d'Amour par milliers dans le monde.

"Ô Seigneur, que veux-Tu dire ? Appelle mon âme
à venir chercher Ta Parole qui donne Vie."

"Je suis là. N'oublie jamais que Dieu est toujours près de celui qui Le cherche en Vérité. Veux-tu savoir ce que Dieu pense de vos efforts continus ?

JÉSUS aime l'Obéissance et tous ceux que J'ai appelés à Me suivre, Je les ai choisis et, en Vérité, ils ne M'ont jamais abandonné et ils sont allés là où Je leur ai demandé de se rendre : *rien n'est dû au hasard,* tu le sais. Ils sont allés porter Ma Joie dans chaque contrée, proche ou lointaine, qui M'espère et M'attend, Je te le répète en Vérité.

Alors la Croix, plantée avec l'Amour de Mes enfants vaillants et obéissants, devient à chaque fois *une Croix Vivante,* sanctifiée par la Bénédiction du Prêtre choisi également par Dieu le Père qui l'a consacré doublement, comme Prêtre et comme Fils de Son Divin Sacerdoce, en union sacrée comme Melchissédec le grand Prêtre qui annonce l'arrivée du Prêtre par excellence : JÉSUS, Roi des rois et Seigneur de tout l'Univers visible et invisible.

Tu comprends que cet écrit est donné en l'Honneur de Ma Très Sainte Mère en ce jour de la Fête de Notre-Dame du Mont Carmel. Six années ont passé depuis l'Appel des Croix par milliers dans le monde entier. Ceux qui ont écouté Ma Parole et suivi Mon Message, sont devenus Mes Témoins de la Croix parce que la souffrance les a unis dans Ma Joie, dans mon Amour et dans la Force du Témoignage de la présence de Ma Croix d'Amour dans le monde.

Ils ont suivi Mon Chemin qui est ce Chemin de Croix d'Amour, construit dans la Gloire et pour la Gloire du Père d'Amour qui contemple déjà le Salut de tous Ses enfants. Ils ont entendu des cris d'allégresse et des chants ; comme pour le jour des Rameaux, ils ont élevé leur palme au-dessus de leur tête. *C'était le commencement,* et puis le chemin est devenu aussi raide qu'une échelle posée contre un mur ; alors ils ont connu les railleries, les jugements devant les tribunaux, la médisance, la faim et la soif, le dénuement.

Ils ont vu aussi les Miracles : ils ont vu s'ouvrir les portes de ces pays verrouillés par la haine entre frères ; chaque fois les Anges, qui les guidaient, faisaient tomber les chaînes placées par ceux qui leur barraient la route au nom d'un dictateur. Mais, *comme l'Étoile de Bethléem,* Mon Amour les guidait là où Je désirais que Se plante Ma Sainte Croix.

J'ouvrais à nouveau la porte aux Païens en plantant la Croix *sur le Chemin de Damas,* donnant à nouveau Ma Sainte Lumière comme pour St Paul : Chemin de conversion, joie pour ceux qui continuent à persévérer jusqu'à ce jour car, aujourd'hui, Je mets en chaque cœur obéissant une volonté encore plus ardente pour poursuivre les derniers mètres, les plus pénibles, *qui vont finir ce Chemin de Croix d'Amour.*

Dieu n'a pas oublié et n'oubliera jamais ceux qui Le servent dans la persévérance de leur Foi : nuit et jour J'envoie Mes Saintes Bénédictions sur ceux qui Me sont fidèles. Je bénis les enfants de la Croix qui n'ont jamais cessé d'obéir à Mon Message de Vie répété en leur cœur.

Aucune Croix n'a été plantée par hasard,
car elles ont toutes l'Esprit Saint
qui déborde de chacune d'elles.

Croix choisies et bénies par le Père, par le Fils et par l'Esprit Saint avec l'Amour de la Très Sainte Trinité et de Notre-Dame du Mont Carmel, elles forment Mon Chemin de Gloire, rappelant sans cesse Ma grande Croix Glorieuse de 738 mètres.

Vous êtes Mes amis, vous êtes avec Moi, vous faites ce que Je vous commande, vous qui élevez Mes Croix dans le monde. Si Je M'arrache le cœur pour vous le donner, Je prends le vôtre que Je façonne avec Mon Amour Miséricordieux : vous ne pouvez pas le voir, mais vous comprendrez un jour que JÉSUS travaille en vous petit à petit jusqu'à votre perfection. Et vous comprendrez alors, lorsque vous atteindrez cette perfection, que tout a changé en vous et autour de vous, et que cet échange a bien eu lieu.

Oui, demandez-Moi d'échanger
Mon Saint Cœur avec le vôtre,
d'échanger ce monde avec une Nouvelle Terre
et de Nouveaux Cieux,
d'échanger le deuil de votre monde
avec la Joie, l'Amour et la Paix
de Mon Divin Sacré Cœur.

La Bonté inondera tous les êtres que Dieu vient de transformer. Alors, vous aurez l'éclat de Ma Transfiguration en vous.

Sur les pierres du chemin, Je ferai apparaître Ma Vie. Tous ces cœurs de pierre parleront avec le langage des Anges. Ils crieront la louange de Dieu qui a fait le Ciel et la Terre pour unir tous Ses enfants par Sa Vie en eux.

Oh oui ! Vous qui dites Me connaître, vous ne savez pas jusqu'à quel point Je vous aime, car la Folie de la Croix n'est rien à côté de la Résurrection de toutes Mes âmes par Moi, en Moi et avec Moi. Les plus insolentes, les plus méprisantes envers Moi, ne se reconnaîtront plus car elles deviendront "Moi".

Oui, Dieu ne peut opérer sans votre consentement, mais Dieu peut faire ce Miracle *pour vous,* avec Sa poignée d'enfants-martyrs souffrant nuit et jour les douleurs de Mon Sacrifice d'Amour.

Comme Mon Père le fit pour vos âmes avec Son Fils Unique JÉSUS Christ sur Sa Croix d'Amour, oui Je susciterai des âmes qui M'appelleront pour subir Ma Sainte Passion pour hâter le Jour de Mon Retour. Dans la Communion des Saints du Ciel et de la Terre, elles vivent déjà Ma Sainte Passion.

Croyez-vous que Dieu punit ? Non ! Dieu illumine Sa Croix dans la souffrance d'Amour de Ses petites âmes cachées et soumises de toute la force de leur cœur d'enfant innocent, pur comme l'Agneau de Dieu. Car Seul Dieu peut ôter, avant l'heure, le Péché Originel d'une âme qui désire ardemment Lui ressembler.

Aujourd'hui Dieu S'arrache Son Cœur, qui bat, en des milliers et des milliers de morceaux qui reconstituent le Sien, partagé avec tous Ses enfants qui veulent échanger leur cœur avec ce Cœur Adorable. Dieu vient à ceux qui veulent Lui ressembler pour hâter le Jour de Gloire, le Jour redoutable et merveilleux de Dieu.

Ne doutez pas : Dieu est le Miracle-même.

Vous n'avez qu'à venir Me voir dans Ma Sainte Eucharistie. Oui, venez et goûtez comme Dieu est merveilleusement Bon. Il est le Dieu Unique du Partage et de l'Unité.

Je Me donne sans cesse à chacun de vous.

Oh ! Mes petits enfants, ne vous battez plus, Je peux tout vous offrir sans lutte, sans méchanceté, sans haine, sans violence. *Je viens vous parer de Mon Manteau de Chair Vierge* et vous unir à Moi. Je veux vous donner une Vie Nouvelle.

Oui, si vous compreniez jusqu'où peut aller le Don de Dieu, vous viendriez à Moi pour aider ceux qui continuent à lutter contre Mon Amour Infini qui ne demande qu'à se partager avec chacun de vous.

Oh Mes petits, soyez unis à ce Cœur d'Amour qui Se donne à l'infini. Venez Me chercher dans Ma Sainte Eucharistie.

Votre Chemin de Croix va s'arrêter là-même où J'ai commencé à ouvrir ma poitrine pour vous donner Mon Cœur. Vois ce Cœur qui a tant aimé les hommes jusqu'à mourir sur une Croix. Vois ce même Cœur adorable jeté en morceaux sur *les pierres* du chemin, ces cœurs froids et amers, muets comme ces pierres qui viennent de recevoir les morceaux de Mon Saint Cœur qui continue à battre sans cesse contre ces cœurs de pierre.

Ceci se passe à NAJU en Corée.

Vois, Ma fille, briller Ma Croix en haut de ce chemin où J'ai commencé à laisser couler à nouveau Mon Sang Précieux, et à ouvrir Mon Cœur pour vous donner sa dernière goutte de sang et partager Mon Cœur qui ne cesse de Se donner pour chacun de vous.

Oui, Je vous attends à Ma dernière Croix d'Amour.
L'arbre vous donne son fruit mûr.
La Croix vous donne le Divin Sacré Cœur.

A toi*, Mon enfant de la Croix, quand l'heure viendra, lorsque dans ton cœur tu ressentiras Mon Appel, alors Mon enfant tu viendras et tu planteras *Ma dernière Croix d'Amour sur ce mont, à NAJU,* où Mon Cœur commencera à éclater comme un fruit mûr. Comme une grenade qui éparpille ses grains rouges, Je veux que Ma Croix d'Amour fasse éclater tous les cœurs afin de permettre leur échange avec le Mien. Je vous le répète : vous, vous ne verrez pas ce Miracle qui s'opèrera dans l'invisible, comme Ma Sainte Incarnation.

Alors toi, Mon enfant de la Croix, tu pourras dire : *"J'ai travaillé jusqu'à-ce que Dieu me dise d'arrêter."*

Écoute, Ma fille, parle au monde avec ton cœur. Écoute, Mon fils, Mon enfant que J'ai appelé en premier, comme St François d'Assise pour Mon Église : Je te demande de parler de Ma Croix avec ton cœur. Sois le François de Ma Croix d'Amour. C'est par Ma Sainte Croix que renaîtra Ma Sainte Église. Au milieu de chaque Croix Se trouvent Nos Deux Saints Cœurs Unis, Celui de ton JÉSUS d'Amour et Celui de la Mère du Divin Amour.

Des fleuves d'Eau Vive couleront de Mes Croix.
L'Esprit est à l'œuvre.
Le Père ordonne aux cœurs de s'ouvrir.
Je vous donne Mon Saint Cœur.
Je renouvelle vos chairs mortes.

(*) : François

Et l'Esprit Purificateur achève la travail
de la transformation de Mes âmes
et de Ma Terre Nouvelle.
Après cette Purification, en un clin d'oeil
s'effectuera la Transfiguration de toute Ma Création.
Dieu soit loué ! Béni soit Son Saint Nom !
JÉSUS vient de vous parler. †
Amen.

†
† †

"JNSR" : Notre Seigneur vient de dire que la dernière Croix sera élevée à NAJU en Corée.

NAJU est l'anagramme de JUAN. A Mexico, le saint-Père doit canoniser le paysan indien JUAN Diégo. Juan a vu la Sainte Mère de l'Enfantement et son poncho a été imprégné par l'Image de la Mère enceinte de Dieu le Fils.

Tout comme le Linceul a été imprégne par l'Image du Fils Ressuscité, Notre Dieu Vivant, incarné en la Mère des vivants.

NAJU rassemble l'Incarnation avec la Résurrection Finale par le cœur du Ressuscité qui éclate et se donne au monde entier.

Je suis l'Alpha et l'Oméga en JÉSUS par MARIE.

MARIE a vécu dans l'Éternel, comme l'Éternel a vécu en MARIE.

Là est le Secret de MARIE qui peut dire :

Je suis la Mère de JÉSUS,

donc Je suis par Lui, pour Lui et en Lui.

Nota : Le Message fondateur de la Mission des milliers de Croix d'Amour dans le monde entier, est celui du 16 Juillet 1996 en la Fête de Notre-Dame du Mont Carmel, et c'est par un Message, six ans après en cette même Fête, que Notre Seigneur annonce qu'IL a choisi NAJU pour la dernière Croix et la fin de cette Mission. AF

Les Signes de votre Temps

****

16 Juillet 2002 - N.-D. du Mont Carmel

JÉSUS :
****

"Mère, écoute la plainte de Tes enfants et entends Ton Fils Bien-Aimé. Tu as abrité Tes enfants sous ton Manteau et Tu les as conduits au pied de chaque Croix, Mère adorable. A la demande de Ton divin Fils trois fois Saint, avec chaque enfant de la Croix, Tu as parcouru les chemins du monde pour former, avec eux, la Rose que Je t'offrais avec *le Chemin de la Croix Glorieuse du Fils de l'Homme qui revient.*

Toutes ces Croix blanches et bleues *annoncent Sa Sainte Venue en Gloire et Ton Triomphe accompli entièrement.* Elles sont lumineuses pour rappeler Celui dont la Lumière ne sera jamais égalée et qui vient de ce Cœur qui ne cesse de Se donner *à celui qui veut L'accueillir.*

Mais après 2000 ans, les paupières closes n'ont pu encore s'ouvrir pour admirer et glorifier Celui qui est Vie et qui ne cesse de crier par les chemins du monde, *à travers Ses Croix élevées par milliers :*

Je suis la Résurrection et la Vie Éternelle,
Je suis la Lumière du Monde,
Je suis Celui qui est caché en vos cœurs,
et Je reviens avec Ma Sainte Mère.

Nous sommes déjà en chaque Croix élevée avec Amour.
Nous sommes déjà dans votre chant,
Nous sommes déjà dans votre Joie.
Nous vivons en chaque cœur qui s'ouvre à Notre Appel.
Venez et goûtez comme le Seigneur est Bon.

J'ai choisi des enfants audacieux. Je les ai fait protéger par Mes saints Anges. Alors qu'ils se voulaient dans l'ombre, J'ai tiré à Moi la couverture qui les cachait. Alors, comme une grande tenture qu'on expose, J'ai montré à Notre Père *ceux que J'avais choisis et ceux qui allaient persister jusqu'à la fin.* Le Père les a bénis et a fait taire le doute et la moquerie de tous ceux qui ne savent que juger et qui *ne savent pas aimer.*

Dieu est Amour, et si vous n'avez pas accepté Mes enfants-choisis, Je peux vous redire : *Oui, Dieu n'est pas aimé, l'Amour n'est pas aimé...*

Comment pouvez-vous alors accepter le Plan de Dieu ?

Il est temps de prendre la charrue et d'enfoncer le soc dans les terres les plus profondes, celles qui n'ont jamais été visitées, pour en extraire les pierres et les mauvaises racines, afin d'y semer le bon grain qui va se multiplier.

Les audacieux de Ma Croix d'Amour ont marché nuit et jour, sans manger parfois. Ils ont même oublié de dormir, mais avaient-ils une pierre où poser leur tête ? Seuls au milieu des loups et des rapaces, ils n'ont jamais regardé en arrière car leur tâche leur a toujours demandé des forces nouvelles, celles qu'on ne peut puiser que dans l'Esprit du Père, Lui qui gouverne le Ciel et la Terre.

Ces enfants infatigables, vivant dans le monde, ont déjà vu leur terre qui se délabre par le manque d'Amour envers Dieu et envers les enfants du Père qui, entre eux, se déchirent. Et cette indifférence se manifeste et se généralise presque dans chaque Pays. Alors c'est l'oubli de votre identité d'enfants de Dieu. Ils deviennent les enfants du Mal, se nourrissant de révoltes et de violences. Ils volent, ils tuent pour *donner un sens à leur vie* et, pour occuper leur esprit, ils font le contraire de ce que leur crient les Évangiles depuis 2000 ans : *Aimez-vous les uns les autres comme Dieu vous aime.*

Vous restez sourds à Mon Appel
et vous ne vous intéressez pas aux Signes de votre Temps.

Je vous parle aujourd'hui *en paraboles vivantes.* Vous les vivez et, loin de vous instruire, vous continuez à les analyser avec vos paroles d'hommes. Votre aveuglement persiste. Comme pour vos aînés, l'intelligence ne s'est développée que dans votre intellect. Votre cœur continue à voguer comme les notes d'un morceau de musique qui s'échappent de n'importe quel instrument. Vous n'êtes plus des *instruments de Dieu* et vous ne savez que répéter ce que vous entendez, sans questionner votre âme *que Je peux toucher, voir et M'entretenir avec elle.* Si vous désirez que Je vienne à vous, comment puis-Je vous redonner *l'Innocence Première* et faire de vous des hommes nouveaux ?

Vous ne vivez que pour ce temps actuel. Vous restez sourds à Mon Appel qui vous prépare à la Vie Éternelle en Dieu *et vous ne comprenez pas les Signes de votre Temps.*

Je le répète : Je parle aujourd'hui en paraboles vivantes, vous vivez Mes paraboles et, loin de vous instruire, vous ne les analysez pas avec Ma Parole, mais avec vos paroles d'hommes.

Votre Pape a été sauvé d'un projectile meurtrier. Certains ont reconnu la Main de Dieu : *" le Pape a été guéri ; MARIE, la Mère des Priants, vient de sauver l'Enfant choisi pour soutenir la Parole Vivante et la porter jusqu'au bout du monde."*

Et lorsque Je vous dis : *"Où va Mon Eglise ?"*, vous n'avez pas vu que Mon Église est traversée de part en part *par une balle meurtrière qui s'appelle Hérésie.* Et si elle tient encore debout, elle chancelle petit à petit, l'Unité devient division, *donc perdition.*

Cet homme, traversé par toutes ces secousses, est Mon PIERRE que vous voulez abattre pour construire votre propre *église,* mais le Roc, qui vit en lui, vous questionne : " *Détruisez Mon Temple et Je le reconstruirai en trois jours."* Qui a des oreilles, entende que les fondations ne pourront jamais être démolies même quand les pierres tomberont l'une après l'autre.

Jamais l'homme ne pourra triompher sans Dieu
et jamais l'Église ne pourra tomber
car le Christ est là.
Je suis le support, la Tête où vit l'Esprit Saint,
l'Esprit qui est Vie et qui donne la vie.

Essayez de détruire la Tête *et votre monde s'écroulera avant même de faire le geste !*

Ainsi, Je vous le redis : le projectile visant la Tête de Mon Église, s'est retourné contre vous ; petit à petit vous vous construisez un monde où Dieu est banni de vos cœurs.

Mais où va votre Création sans Son Créateur ?

Comment vont vivre les créatures privées des saintes Bénédictions de leur Créateur ?

Voyez les Signes des Temps que vous vivez.

Il n'y a plus *l'horloge qui marque les saisons.* Vous marchez déjà la tête penchée vers le sol car vous ne savez plus où mettre vos pieds, à cause de l'eau qui vous inonde, à cause de la terre qui dévale des monts ; bientôt à cause des insectes nuisibles auxquels vous ne pourrez pas donner de noms et que vous ne pourrez exterminer. Et si le roseau plie et ne rompt pas sous l'effet du vent, il n'en sera pas de même pour l'homme : des vents violents s'élèveront de partout.

Voyez le Signe premier :

Essayez de toucher la Tête de Mon Église encore une autre fois, et vous déchaînerez l'Enfer sur la Terre dans toute sa force.

Le deuxième Signe : vous avez vu des tours tomber :

Vous pouvez crier et vous débattre contre cette violence intolérable. Vous n'avez pas vu ce deuxième grand Signe de votre Temps.

Lorsque les géants tombent, ils écrasent les petits. Combien d'usines, de fabriques et autres bâtiments productifs sont tombés !

Les petits ne peuvent plus vivre, ni faire vivre leur famille parce que plus personne ne peut leur donner du travail : les géants tombent, les petits meurent. Voici ce deuxième grand Signe redoutable : *c'est la paralysie du commerce.*

Pendant ce temps, voyez l'Argent triompher toujours vers ceux qui se sont appropriés les ressources naturelles du sol et du sous-sol de Ma Terre. Mais priez pour que la Colère de Dieu ne sévisse devant la montée triomphale du *dieu Argent et Pouvoir* car *la famine,* qui continue à sévir dans les pays pauvres, va s'étendre et devenir l'Accusateur qui réclame *Réparation.*

Rien n'a pu encore prendre l'ampleur que prépare l'homme dans ces Pays où la richesse est un affront à la pauvreté des enfants de Dieu. *Non, ce n'est pas Dieu qui frappe,* c'est l'homme qui devient fou, qui détruit petit à petit l'Héritage de Dieu. Car Je vous ai donné la plus grande des richesses : votre Terre, Mère nourricière, possédant tout en son sein et sur sa peau pour nourrir tous les Peuples dans un partage équitable.

Qui peut vivre dans l'abondance, jusqu'au gaspillage, et laisser mourir son frère qui n'a plus la force de tendre sa main qui ne reçoit rien ?

Alors, Je vous dis, et c'est le troisième Signe : vous vous préparez une *richesse* qui conduira le monde entier *vers une famine épouvantable.* Votre manque de Charité est en train de tisser *un linceul* autour de chaque créature qui ne sait pas partager ses propres ressources avec ceux qui, à côté d'eux, vivent une misère inhumaine.

Si vous fermez vos portes pour ne pas voir le squelette de la misère, vous venez de vous enfermer avec les mites et les vers qui viennent partager avec vous tous vos biens ; votre nourriture périra et personne ne viendra vous consoler ni vous aider.

Et le Signe sera la paralysie de vos membres.
Cette maladie sévira un peu partout, frappant même les innocents,
car Dieu vient sauver Son Peuple,
Dieu vient réveiller les esprits endormis
et donner la Vie à ceux qui se repentiront.

Des centaines de maisons d'accueil [1] s'ouvriront : Je leur donnerai de quoi soigner les corps —des docteurs et des médicaments—, Je *multiplierai* leur nourriture, J'établirai Mon Église, car là vivront Mes enfants-choisis, *ceux qui savent soigner mes âmes.* Une âme sainte peut supporter un corps sain et *soigner* des corps et des âmes malades.

(1) : Voir le Message "La grande Épreuve" du 14 Novembre 1997 (Vol. 4)

Car, à celui qui a, Je lui donnerai encore plus ; et à celui qui n'a rien, Je lui enlèverai tout.

Amen Je vous le dis :
le Temps vient où Je refleurirai les déserts
et Je fanerai les jardins odorants
de ceux qui ont conduit mes âmes-choisies
à vivre dans les Catacombes.

Dans la Puissance et la Joie
de Ma Sainte Miséricorde,
Je SUIS Celui qui est, qui était et qui vient
pour les siècles des siècles,
Amen.

Gloire au Père, au Fils et au Saint Esprit,

Alléluia !

†

† †

Marchez sur les pas de JÉSUS

****

31 Juillet 2002

"JNSR" : En lisant "Le Sourire de MARIE" du mois d'Août : A vous qui venez à eux, vers tous ceux que Je mets sur votre passage (les déshérités de ce monde).

JÉSUS :
****

"Vous verrez des jours sombres, des jours durs à vivre. Mais Je vous guiderai. Je suis la Lumière du monde et Je ne laisse pas les Miens dans les ténèbres.

Aidez Mes petits : là est votre devoir de grands frères. Est Juste à Mes yeux celui qui fait le Bien et votre vie devient *Sagesse de Dieu* en tout ce que Je vous demanderai d'accomplir en Mon Nom.

Je vous guiderai dans ce sentier, n'ayez crainte : vos cœurs M'entendent. Votre Protection vient de Ma Sainte Mère. C'est la Douceur de la Mère de la Tendresse pour tous ceux qui s'occupent de Mes tout-petits, les innocents, les malades, les nécessiteux.

Mes petites fleurs poussent, comme les fleurs des champs, au milieu des bouleversements de toutes sortes : ce sont les intempéries de ce siècle menteur où le Mal se déchaîne surtout, lorsque vous, Mes bien-aimés, vous vous approchez de Mes petits. Votre cœur rayonne, votre joie est visible *et le Perfide enrage.* Il ne peut vous toucher, Dieu protège les Siens. Mais les embûches de toutes sortes sillonnent votre passage jusqu'à ceux qui vous tendent leurs mains.Unissez vos larmes aux larmes de ceux qui souffrent de la misère, de la famine. Je vous demande d'intervenir au plus vite et que cette malnutrition devienne votre préoccupation première.

Les populations sont en train de disparaître
avec la mort de Mes tout-petits.

Intervenez auprès des grands de ce monde car rien n'arrive à bon port et vous, vous ne pouvez entrer dans ces pays.

L'hiver ne sera pas facile, mais le printemps viendra vite. Gardez l'Espérance, portez-la à tous vos frères, je vous donnerai la force de sourire pour adoucir leur souffrance. Soyez leur joie. Soyez la Charité.

Prenez-les dans vos bras.
Donnez-leur Mon Baiser de Paix.
Marchez sur les pas de JÉSUS

†
† †

NB : Ce Message est pour notre Éditeur et son épouse.

Saint Louis

****

Mercredi 7 Août 2002

JÉSUS :
****

"Venez vers Celui qui vous attend. Il a déchiré Son Cœur pour vous ouvrir en grand la porte de sa Demeure. Venez dans ce Cœur qui n'a jamais cessé de vous donner son Amour Miséricordieux. Venez à JÉSUS-Christ.

Son Pardon est déjà en vous, si vous faites le premier pas vers Lui.

N'ayez pas peur :

Il est la Vie Eternelle.

Il est la Vérité dans sa très Sainte Pureté.

Il est le Chemin qui vous mène au Père de toute Bonté où vos demeures saintes sont déjà préparées.

Avancez, n'ayez pas peur, Il est Joie

Commencez par donner votre main à la Maman Bénie : votre main dans la Sienne, c'est déjà la porte de votre Salut qui s'ouvre,

car MARIE est la Porte du Ciel.

Tu Me demandes pourquoi tu as entendu cette phrase au petit jour, alors que tu avais passé une mauvaise nuit avec des douleurs abdominales. Vers 5 h. du matin, une voix très forte a retenti dans ta chambre, c'était le matin du 6 Août où vous fêtiez Ma Sainte Transfiguration :

"Saint Louis !"

Une lumière rose a traversé tes paupières closes ; puis a suivi un tonnerre au grondement interminable. Tu ne fus pas réveillée par ce bruit, mais par le nom de ce Roi très Saint, même si tu as gardé tes yeux fermés. J'ai commencé à te préparer, il fallait que tu entendes ce que Je désire :

Je veux la France !
Je veux la recouvrir de Mon Amour Miséricordieux.
Je veux lui donner un Sang royal et saint.
Le trône de France ne peut appartenir
qu'aux descendants de David.
L'un d'eux l'occupera bientôt.

JÉSUS-Christ.

†

† †

Délice de tous les Saints

****

Dimanche 11 Août 2002 - Ste Claire

"JNSR" : "Seigneur, veux-Tu me parler ce soir. J'ai beaucoup de peine, je me sens si seule. Mais je sais que Tu es là ; pardonne-moi, j'ai besoin de T'entendre. Viens, Seigneur JÉSUS !"

JÉSUS :
****

"C'est bien JÉSUS qui te parle ce soir. Je suis le Fils du Père. Lui M'envoie vers toi : comme un enfant, reçois-Moi ; mets ta confiance en l'Eternel car jamais le Père ne consentirait que tu écrives ceci à Ma place, de toi-même. Tu reçois Ma Parole et tu l'écris, ta main devient la Mienne. Et Je peux te le confirmer, ce n'est plus toi qui es là, devant cette feuille, tu es déjà très haut, avec Moi. *Entends les Anges :* ils ont mis leur chant en ton cœur !

Ma fille bien-aimée, tes douleurs deviennent si profondes que ta pauvre personne n'arrive plus à comprendre pourquoi tant de souffrance. On te dit de Me prier afin de t'aider, *mais sais-tu ce que seraient ces douleurs si Je n'étais pas là pour t'aider !* Il en est ainsi pour ton époux.

Je suis avec vous dans la souffrance.

Tu Me demandes si elle est si nécessaire ? Juges-en toi-même : comment un oiseau peut-il voler sans l'élan que Je lui donne ? Comment une âme peut-elle s'envoler vers Dieu sans reconnaître qu'elle Me ressemble ?

J'ai souffert sur votre Terre pour vous apprendre tout ceci et J'ai donné Ma Vie pour vous *afin que vous Me donniez la vôtre* lorsque Je viendrai vous appeler à venir vous envoler avec Moi vers ce lieu de délice que Je vous ai préparé. Parce que, après l'effort, les enfants de Dieu se reposent en Dieu, mais non pour dormir.

Je te le redis : là, il n'y a plus de souffrance ni de peine, ni de larmes, mais une nouvelle préparation pour cette Vie à laquelle vous êtes déjà attachés, comme le nouveau-né est attaché à sa mère par le cordon ombilical.

Vous n'avez jamais cessé d'être attachés à Notre Père par le fil de la Vie Eternelle qui relie le Ciel à la Terre.

Pour chaque enfant du Père, ce fil existe ; comme une bobine ayant déroulé son contenu est ramenée par cette extrémité vers Celui qui l'a remplie, *un jour, vous reviendrez au Père.*

Je te présente toujours des images, très significatives, pour te faire mieux comprendre tout ce qui arrive et doit arriver. Si on te dit que tu exagères, ne pense pas à mal. Dieu se sert de tout le potentiel que chaque enfant-choisi a en lui.

Je ne veux pas te contraindre à écrire des pages et des pages dans une autre langue que la tienne. Je le pourrais, mais cela n'est pas nécessaire. Celui qui attend de toi un autre Signe que Ma Parole en toi, ne pourra jamais comprendre que Dieu Seul s'est servi de ce moyen, une autre langue, et tu auras toujours les mêmes juges, les mêmes procès, ne t'en étonne pas.

Je suis avec Mes enfants de Ma Croix et eux sont toujours aussi fervents que les premiers jours et, en plus, ils ont acquis une maturité, leur esprit est aussi agile que leurs mains. *Mais Il faut qu'ils arrivent à mesurer leurs reflexions devant les inconnus :* ceux qui les entourent sont parfois troublés par leur assurance. Or un petit enfant aime entendre son père, ou son maître d'école, le féliciter pour sa persévérance à faire mieux ce travail qu'on lui a confié.

Oh oui ! Soyez doux et humbles de cœur avec ces *petites mains* qui se sont mêlées aux vôtres pour la première fois : elles ont cherché à les toucher pour leur ressembler. *Vous,* ressemblez à votre Maître, soyez doux et humbles de cœur.

JÉSUS, votre Amour.

†

† †

L'Echelle mystérieuse de la France

****

25 Août 2002 - St Louis, Roi de France

JÉSUS : "Mon enfant, lorsque tu pries Dieu, ne pense qu'à
****
Le glorifier avec ton esprit et ton cœur. Pense à Le rencontrer en chaque parole qui se construit en ta pensée ; que rien ne te soit difficile ni étudié, laisse parler ton cœur. L'inspiration, dans ta Prière, n'est pas comme lorsque tu écris une lettre à quelqu'un où, là, tu cherches tes mots. Dans la Prière, détache-toi du quotidien, fais silence, tends l'oreille afin que, de ta bouche, ne sortent que des paroles d'Amour que ton cœur te dictera sans crainte ni confusion.

Par ceci, Je ne veux pas te dire que Je n'aime pas les répétitions des prières apprises avec ferveur pour venir unir ta pensée à la Mienne.

Car J'aime le saint-Rosaire de ma Douce Maman.

Mais toutes les Paroles qui s'élancent vers Moi lorsque ton travail s'accomplit en même temps, lorsque ta joie vient inonder ton cœur ou lorsque tes pleurs devant l'incompréhension de tes êtres chers qui ne peuvent reconnaître en toi qu'une *chose,* et non une mère, une amie, une sœur, alors tes paroles, qui accompagnent tes pleurs de joie ou de peine et parfois ton chant, Je les reçois comme les fleurs simples qui poussent dans les prairies. Parfois elles ressemblent à ces fleurs rares qui naissent sur les hautes montagnes, dans les plus petits creux des pics inaccessibles.

Alors, tu deviens la dentellière qui confectionne, sans même regarder ses fuseaux, la plus belle écharpe pour son Roi, avec des fils de diverses couleurs qui, comme l'arc-en-ciel, ne peuvent se diviser mais s'unir.

Mon enfant tu es, toi-même, *la cymbale silencieuse de Dieu.* Ton nom est un poème, chaque lettre a été choisie par Dieu. Ma Sainte Croix est en toi, comme en chaque enfant choisi pour la porter jusqu'au bout du monde.

Mes Témoins de Ma Croix, continuez à M'introduire dans chaque ville, dans chaque pays que Je vous indique pour cette grande réalisation que Je vais accomplir devant vos yeux émerveillés.

Le Roi est déjà à vos portes et Son Règne sera sans fin,
car c'est un Règne Eternel.

Les enfants de Ma Sainte Croix d'Amour vont progresser jusqu'aux limites que Je leur fixerai. Ils vont parcourir encore d'autres lieux jusqu'à Me rejoindre là où Je les attends.

La Terre est ronde et, pour l'encercler d'un bout à l'autre, il faut un long ruban : celui que vous tenez en vos mains sans le savoir, est invisible et il y est écrit *"Je suis l'Alpha et l'Oméga"*.

Vous ne pouvez pas vous tromper ! Je SUIS là. Car celui qui porte *le Trophée de Dieu,* Sa Très Sainte Croix, en son cœur, en ses mains, est le Vainqueur. *Vous êtes Mes Hosties vivantes.* En vous ne doit subsister ni l'envie, ni la haine, car Mon partage est équitable et Mon Amour est le même pour chacun.

Et si Je veux que *celui-ci* avance avec Moi, vous tous que J'ai choisis, vous serez les *premiers dans la même Victoire.* Car Dieu donne à Ses amis d'aujourd'hui la même part qu'Il a donnée à ceux qui ont été Ses premiers compagnons de route, ses frères en Dieu.

Ne vous désolez pas. Bientôt le Maître sera parmi vous
pour fêter les Retrouvailles. Il est juste que votre salaire
vous soit remis par les mains saintes du Maître de la Moisson.

Mon enfant, Je t'ai dit que Je ferai parler *les pierres,* tous ces cœurs durs : leur repentir sera immense parce que vrai et sincère.

Je t'ai déjà dit *où* Je Me trouverai pour glorifier Moi-même la *dernière Croix que vous poserez.* Elle terminera Mon Chemin de Croix afin que Ma Croix d'Amour et de Souffrance devienne Ma Croix Glorieuse à jamais. *Elle est déjà là, en Esprit et en Vérité.*

Alors, tout sera accompli pour clore ce Temps
et ouvrir un Temps nouveau
avec Celui qui vient pour demeurer parmi Ses frères,
pour rétablir la Justice dans Sa Justice Miséricordieuse
afin que nul homme ne domine son frère,
que nul être vivant sur cette Terre,
ne s'accapare le Bien de Dieu
aux dépens de Mes autres enfants.

Je suis Le Père et Je donne la nourriture de la Terre pour chacun. Je vous la donne pour un partage équitable. Je vous remets Mes richesses entre vos mains qui vont s'apprendre à donner, comme le Saint des Saints a tout donné sans plainte ni regret. Il a échangé Sa Vie contre la vôtre afin que Je vous reconnaisse, comme Lui, Mes enfants et Ses frères.

JÉSUS vous demande d'écouter ceci : Lorsque Je reviendrai, Je trouverai cette Terre aussi vide qu'un désert mais, dans la Bonté Infinie du Père, Je redonnerai la Vie à votre Berceau.

Vous êtes maintenant en train de détruire jusqu'aux fondements de votre planète par votre manque d'Amour. Vous ne vous cachez même plus pour détruire le Bien de Dieu et Ses créatures.

Je vous laisse. Allez-vous vous réveiller et aider ceux que vous avez dépouillés des richesses de leurs terres et déshabillés complètement de leur dignité ? Ce ne sont pas eux qui sont dans le déshonneur de leur nudité. Ce sont leurs frères, vêtus de luxe, comblés de biens volés aux pauvres, qui devraient pleurer sur eux. A Mes yeux, ils sont VIDES.

Vous vous dites : *"Oui, malheureusement, nous payons tous."* Je vous réponds : NON ! Chacun devra répondre de sa faute devant Dieu, et ce sera terrible, plus terrible car..

— les inondations destructrices continueront,

— la sécheresse sévira, mangeant le germe du grain et ne laissant qu'une paille brûlée même pas bonne pour les bêtes,

— certaines graines ne verront pas le jour, elles pourriront dans la terre, ou sécheront,

— les vents faneront même l'herbe des fossés, les arbres fruitiers perdront leurs fruits et les arbres centenaires découvriront leurs racines,

— la grêle, la neige, le froid, la chaleur, seront comme des partenaires devant un tapis de jeux, ne sachant plus quelle carte sera jouée en premier. Tout s'embrouillera, comme l'esprit de ces enfants fous qui tuent, qui cassent tout, qui violent l'innocence. Leur plaisir est démoniaque et vous vous dites que *Satan est partout,* et vous ne vous trompez pas.

Mais qui l'a invité à venir dans votre société ?

Vous lui avez ouvert vos portes en grand. Vous connaissez à présent son nom, *mais vous ignorez encore le Mien.* Il ne vous dérange pas, *mais Moi, Je vous dérange. Et vous Me rejetez,* car vous devenez ses fils. Ouvrez-vite vos yeux. OUI, *Peuple de France* qui refuse Ma Croix : parce qu'elle est au centième de la hauteur du Golgotha, alors *elle te dérange* à cause de ses 738 centimètres, à cause de ses couleurs bleue et blanche qui te rappellent ta Sainte Patronne et Ma Très sainte Mère.

L'Immaculée Conception, qui est vêtue de blanc et de bleu, la Très Sainte et Bienheureuse Vierge MARIE, *te dérange.*

La lumière de Ma Croix, rappelant au Monde entier que Je reviens bientôt, "Je suis la Lumière du Monde", si cette Lumière qui annonce Mon Retour en Gloire, te dérange, *comment vas-tu alors accueillir Celui qui revient,* oui, Celui qui Est, qui était et qui vient bientôt ?

L'œuvre de Dieu n'est pas finie mais déjà, annonce-Moi.
Or toi, FRANCE, tu ne parles pas de ton Roi, ton Divin JÉSUS,
pour que Son Règne soit connu déjà sur toute la Terre.

Tu le sais, mais avant que Ma Sainte Lumière vienne t'interroger, du haut des Cieux tu entendras Mes Paroles, comme Adam M'entendait dans le Jardin de l'Eden :

"Tu as revêtu le Christ le jour de ton Baptême
et Je ne te vois pas semblable à Moi.
Qu'as-tu fait de ton Baptême ?
Ton arbre généalogique, celui de la Maison de France,
a propagé partout des fleurs de sainteté
dont Saint Louis est le pur reflet.
Sa conception de la vie chrétienne,
il l'a reçue de la Sainte Église.
Il a été en même temps un Chrétien
et un Roi de la descendance de David.
Son métier, son devoir d'état, sa Religion même
étaient d'être Roi et Roi de France.
Il sut haïr le péché et n'aimer que Dieu."

A cette époque, du château et de la masure s'élevait la même ÉCHELLE mystérieuse touchant le Ciel, par laquelle les Anges montaient ou descendaient, portant les Prières ou ramenant les Grâces.

A vous, enfants de la France,
pour que cette Échelle réapparaisse, demandez-Moi :

"Dieu de la France, pour qui Tu as un Amour privilégié,
à cause des Saints et des Saintes qui ont donné leur vie
pour Dieu et leurs frères en Dieu,
et à cause de ses Rois saints,
donne-nous celui qui doit venir avec Toi,
ce fils de Roi rempli de Justice et de Paix,
afin qu'il rétablisse cette Échelle
tissée par Ta Loi de Justice et d'Amour Divin.
Cette Échelle, qui fut aussi celle de Jacob,
relie le Ciel à la terre de France,
Fille aînée de l'Église,
et à tous les Pays du monde."

Seigneur Dieu, Père, Fils et Saint Esprit, †
Bénis toute la Terre.
Que Ta Sainte Volonté s'accomplisse
sur la Terre comme au Ciel.
Amen

†

† †

Hommage à Antoine, mon bien-aimé

****

20 Septembre 2002

"JNSR" : "Seigneur, je n'ai plus rien ! Je suis seule, sans mon mari. Tu m'as donné cet homme si bon, si généreux, qui m'a toujours consolée des peines innombrables qui m'arrivaient et que je ne pouvais plus contrôler.

Quelques jours avant son décès (le 7 Septembre) ses yeux pleins de larmes, il m'a dit une chose inouïe :

"Je ne sais pas ce qui m'arrive, je n'éprouve que bonté. Je suis bon et je n'arrive plus à voir le mal qu'on nous fait qu'à travers une joie sans pareille ; une joie qui me fait remercier Dieu de me donner l'occasion de pardonner et de bénir nos ennemis. Combien je les aime ! Combien j'aime tous mes frères !"

Et il pleurait, comme pour me dire : " Tu ne me comprends pas, réjouis-toi comme moi, pense que c'est une Bénédiction du Seigneur."

Je peux dire que cette perfection à laquelle il était arrivé, me dépassait. Je n'ai entendu cela que de la part de grands Saints, devant le martyre du corps et de l'esprit, lorsqu'ils s'offraient, avec le sourire que seule la souffrance, acceptée en offrande pour la Gloire de Notre Dieu Eternel et Tout-Puissant, pouvait mettre sur ces beaux visages des Saints pendant leur martyre.

Mon époux était radieux et nous étions devenus des rejetés de cette société moderne où seuls l'argent et la gloire de l'homme avaient une place. Arrière les malheureux, les malades incurables ! Arrière ceux qui sont montrés du doigt par la "haute" société de bourgeois et de parvenus ! L'argent-roi étouffe l'Amour du prochain et fait mentir les orgueilleux qui se sont eux-mêmes donnés l'étiquette de "vrais chrétiens" ; ceux que l'on voit encore dans nos églises mettre un gros billet dans la corbeille de la quête, à la face du monde "ébloui" par ces gestes faux et dont Dieu Lui-même dit que c'est la lèpre de notre temps. Cet argent menteur à l'origine de gestes, de manières, de dons, qui ne viennent pas d'un cœur qui se donne à Dieu en donnant aux pauvres et à ceux qui attendent autre chose qu'une monnaie sans valeur, le Don de soi-même comme Dieu l'a fait sur la Croix.

"Si vous avez tout donné et ne vous offrez pas vous-mêmes à Dieu et à vos frères, vous ne M'avez rien donné !"

Antoine s'était donné entièrement à Dieu et à Notre Sainte Mère qu'il aimait de toutes ses forces, L'appelant chaque jour depuis qu'il L'avait vue, vivante, sur le poirier béni à San Damiano.

Il La priait de donner à ses enfants et petits enfants la sainte Grâce de revenir à Dieu ; Dieu, Espoir de tous les enfants du monde. Antoine s'offrait entièrement, comme le cierge pascal qui va lentement se consumer lorsqu'il est allumé pour la Gloire du Très-Haut devant l'Autel où est célébré le Saint Sacrifice de la Messe. Jour et nuit, sa maladie, qui empirait, consumait ce magnifique cierge donnant toute sa lumière de Foi, d'Espérance et de Charité. Et Dieu lui répondait en lui donnant Sa Bonté : "Tu es déjà dans Ma Sainte Lumière."

Et ainsi, le jour où Antoine devait s'envoler comme un petit oiseau libéré de sa cage, le 7 Septembre à 19 h, j'ai entendu les Paroles que JÉSUS lui disait ; dans ma chambre, la Voix de JÉSUS le Christ a résonné, pour moi, et pour lui dans sa chambre de grand malade :

"Aujourd'hui-même, tu seras avec Moi en Paradis !"

Et j'ai crié : "Mon Dieu ! pas encore !" Mais JÉSUS savait qu'Antoine aimait les petits oiseaux. En Algérie, il avait trois grandes volières avec des canaris et chardonnerets de toutes les couleurs. Il leur avait ouvert les portes le jour où nous sommes partis de notre pays natal, l'Algérie, en 1962. Et les petits oiseaux le recouvraient, ne voulant pas le quitter. Puis ils se sont envolés, laissant Antoine les yeux pleins de larmes.

Alors, ce soir du 7 Septembre à 19 h, ma petite colombe blanche, l'âme chérie de JÉSUS et de MARIE, s'est envolée, loin de sa cage, loin de ce tuyau d'oxygène qui le faisait prisonnier de cette terre de souffrance, toujours rattaché à sa bouteille d'oxygène par le nez. Il voulait nous faire rire : "Je suis toujours en laisse comme un petit chien !"

Mon bien-aimé, tu t'es envolé, me laissant seule, les yeux pleins de larmes. Nous allions fêter nos 60 années de vie commune le 22 Septembre. On s'est marié si jeunes, tu partais à la guerre où tu as été protégé, un des rares survivants de ton bataillon de choc du 6ème Régiment de Tirailleurs marocains de Casablanca.

MARIE, ma Très Sainte Mère, je te le confie. Continue à veiller sur ton enfant Joseph Antoine. Donne-lui la Sainte Grâce de Dieu dans Sa Très Sainte Volonté. Présente-lui Ton petit et glisse à l'oreille de Notre Bon Papa du Ciel : "Accorde-lui la conversion de tous ses enfants et de tous les enfants du monde que Tu as mis en son cœur généreux."

Amen.

Béni soit Dieu dans Ses Saints et dans Ses Anges.

A Toi, MARIE, pour toujours.

†

† †

Appelle sans cesse St Michel Archange

****

Vendredi 4 Octobre 2002 - St François d'Assise

"<u>JNSR</u>" : "Gloire au Père, au Fils et au Saint Esprit, à Dieu qui était, qui est et qui vient." † J'ai demandé à Notre Seigneur la Grâce de communiquer avec toi un peu."

Antoine : "Ma vie te dit MERCI pour ce que tu fus pour moi sur cette Terre non regrettée car j'ai beaucoup souffert, mais j'ai été aussi très heureux avec celle que Dieu me donna comme compagne pour l'Éternité en Dieu.

Ma petite chérie, ne pleure plus, je suis avec toi et en toi comme jamais nous ne le fumes si pleinement, car ton âme est un refuge pour moi et pour ceux qui peuvent te parler. Mais Seul Dieu est le Maître de ta demeure qui est ton âme bien-aimée par Lui, l'Éternel.

Quand je suis parti, je n'ai rien vu de ce moment où Dieu est venu me chercher. J'ai marché de suite avec Lui, comme je L'avais toujours eu à côté de moi comme un compagnon. Il m'a dit :

"Viens, Mon apôtre bien-aimé, celui qui ne s'est jamais refusé à Moi et qui a fait Ma Sainte Volonté sur cette Terre."

Il m'a dit de regarder et j'ai vu la Terre déjà loin, loin. Je n'ai vu aucun tunnel. J'ai vu cette Lumière qui m'a dit : "Viens !" et qui m'a pris par la main pour me conduire. Je ne marchais pas. Je ne volais pas. J'étais transporté avec ce Compagnon de toujours qui me dit : "Tu ne M'as pas encore reconnu ?"

J'ai dit : "je sais que Tu es Bon, alors je Te fais confiance parce que Tu es extraordinaire." Alors là, la Connaissance m'a fait dire :

"Tu es JÉSUS, le Fils de Dieu et Dieu Lui-même. Est-ce possible que je sois avec Toi, si près ? En ai-je le droit ?"

Il m'a dit : "Je te le donne. Ton amitié M'a appelé ce soir à venir te délivrer complètement du Mal. Tu t'es détaché comme une feuille qui s'envole rapidement, transportée par le Vent de l'Esprit Saint qui n'a jamais cessé de t'habiter et de s'unir aux autres par toi qui es devenu avant l'heure un saint enfant du Ciel sur la Terre grâce à ta souffrance acceptée pour les autres comme pour toi.

"Je t'ai sauvé avec ton cœur compatissant pour les autres avant de penser à toi. Ainsi J'ai pu te dire que tu es bon. Dis-le. Tu as dit :

"Je ne sais ce qui m'arrive : je suis toute bonté et je pardonne à chacun le mal qu'il peut me faire. Je ne sais qu'être bon et je bénis mes ennemis qui me font devenir ce que je deviens. Je les aime et je comprends qu'ils sont malheureux de ne pas accepter JÉSUS Notre

Sauveur et MARIE, Notre Maman merveilleuse qui intercède pour chacun de nous auprès du Père si Bon."

Fernande, Il me regarde avec tellement d'Amour ! Ici il n'y a aucun mauvais sentiment. Le Père te regarde comme une épouse merveilleuse et, lorsque je te dis le Père, je vois en Lui Son Fils qui a le même regard que le Père. Et qui voit par le Père, voit par Lui.

Ainsi, Celui qui me tient la main, était à la fois le Compagnon de toujours, Notre Doux JÉSUS, avec Son Père en Lui. Si je te parle ainsi, je sais que toi seule peut me comprendre et apprendre aux autres ce Mystère : "Qui Me voit, voit le Père."

JÉSUS m'a conduit auprès de cette belle Dame, comme L'appellent tous les enfants petits qui L'ont vue déjà une fois sur la Terre. A présent, ils L'appellent Maman-Marie, Maman-Amour, Maman-Maman. C'est la Maman de tous. Alors moi, je Lui dis : Maman-Maman de tous. Elle sait que je L'aime et que je n'ai pas besoin de lui dire.

Elle m'a dit : "Viens dans la maison." Et là, c'était une pièce, grande et petite à la fois, tant il y avait de monde. La première qui m'a tendu ses bras, ce fut maman Antoinette qui m'a dit :

"Tu as vaincu le Mal, mais regarde la lutte de ma fille. D'ici tu la vois. Regarde !"

Alors je t'ai vue en lutte avec des milliers de bêtes affreuses qui partaient en tous sens dès que l'Archange Michel, qui te protège jour et nuit, s'est approché de toi pour les chasser de ton chemin. Je te dis : fais attention pour les chasser de ton chemin et du chemin de tous ceux qui sont attaqués : *Priez Saint Michel Archange !*

Tes enfants, plus que tous, car ils te sont hostiles à cause de ton désir de les sauver. Et eux-mêmes sont appelés à te faire souffrir pour recevoir les dons de la Terre car ils ne peuvent les avoir que s'ils te rejettent. Et ils le savent. Et ils désirent tous les biens que ces affreuses bêtes leur procurent.

Ainsi, tu es rejetée par tous ceux qui veulent tous les biens de ce monde.

†

† †

Humilité, secours des pauvres

****

Samedi 12 Octobre 2002

JÉSUS :
****

"Mon enfant, c'est lorsque le vent violent de la tempête s'arrête, que tous peuvent évaluer les dégâts causés par cette mauvaise force destructrice.

Mais lorsque le Vent de Dieu, qu'est l'Esprit d'Amour, use de Sa Force constructive, Je te demande de ne pas être, toi, *l'obstacle.* Arrête-toi de te démolir. Ne deviens pas ce vent destructeur. Si tu tombes, tu casses tout ce que l'Esprit de Dieu a commencé à bâtir en toi, pour toi et pour chaque enfant de la Terre qui reçoit Ma Parole et la Joie de Ma Connaissance. Il devient nécessaire de la connaître et de la suivre en ces jours où l'Esprit veut Se déverser à flots.

Tu as le Don merveilleux que Dieu t'a donné d'animer les corps, morts à la Vie en Dieu et de de réanimer les âmes égarées qui tombent malades au point de devenir subitement la proie du Mal qui rôde de partout. *Si l'âme brille, le corps devient miroir de Pureté.* Le Mal disparaît.

"Qui a touché ma robe ?" dit JÉSUS, et la femme est guérie par la Force qui sortait du Maître de la Vie.

J'ai choisi quelques-uns pour devenir cette Force que Mon Sacré Cœur veut distribuer en passant par leur personne. *Vous le saurez.* Ne cherchez pas *comment.* Ne demandez rien à personne car, si cela vient de Dieu,vous en serez avertis simplement et secrètement en votre cœur.

Je ne choisis pas spécialement ceux qui se pensent les meilleurs à cause de leur profonde éducation chrétienne. Ce Serviteur Me dit :

" Je ne Te demande rien, Seigneur, mais je désire l'Humilité pour accomplir Tes desseins dans Ta Sagesse Infinie."

Alors, Je dirai à ce Serviteur : "Crois-tu que ce que tu Me demandes n'est *rien ? L'Humilité est la Reine de toutes les vertus.* Si tu la désires, Je te mettrai à l'épreuve."

Alors vous verrez, petit à petit, disparaître vos biens, votre confort matériel, votre confort familial. Votre vie devient alors un océan d'amertume et, sans que vous vous en doutiez, vous êtes au bord de perdre la Foi en Dieu. Vous vous verrez seuls, abandonnés, désespérément rejetés par votre propre famille qui ira jusqu'à vous haïr, car les moins que **rien** ne servent plus à **rien,** rien qu'à encombrer les autres.

Vous n'aurez plus le droit de vous disculper de tout ce dont on vous accuse si injustement, car votre parole dérange autant que votre pauvre présence.

Vous devenez comme le lépreux que l'on fuit et qu'on abandonne à son triste sort, seul avec sa maladie. Vous entendrez : *"A présent, débrouille-toi tout seul. Il y en a tant comme toi de par le monde. Fais comme eux. Habitue-toi à ta solitude et reste-s-y. Ne demande rien. Ta présence vient détruire nos familles. Alors, enfonce-toi dans ta peine, dans ta douleur, dans ton désespoir. Pleure si tu le veux, tu n'arriveras plus à toucher la sensibilité des autres. Même si tu es malade, débrouille-toi."*

Mais où sont les autres ? Ceux qui te disaient : *"Je ne t'abandonnerai jamais"*. Ils sont dans ce tombeau où tu as vu disparaître ce qui fut autrefois ta vie, ta santé, ta jeunesse. Dans ce trou qui se referme soudainement devant toi et que tu voudrais ouvrir à nouveau. Je te dis :

"Éloigne-toi vite. Ne retourne pas en arrière et surtout ne retourne pas sur ce passé **mort.** Car Je suis la Vie. Et la Vie a surgi du tombeau. Alors, toi à qui Je confie Mon Don dans ton Humilité, acceptée puisque vécue, va jusqu'au bout. Et à celui qui veut t'arracher un pan de ton manteau, donne-le lui tout entier. Donne, Je pourvoirai pour toi.

Alors, si votre Foi est toujours présente dans ce corps à corps du fort contre le faible, devenez comme ce petit boiteux que les gens aux jambes raides, droites comme des i, regardaient avec mépris :

— Habituez-vous à toutes sortes de moqueries.

— Habituez-vous à voir le dédain à travers les yeux qui vous regardent et les bouches d'où sort le mépris des gens qui se croient parfaits dans leur maintien.

Car le vent violent, dont Je t'ai parlé au début de cet écrit, va bientôt souffler soudainement, faisant tomber, comme dans un jeu de quilles, celles-ci par terre à cause de la précision de la boule qui va les heurter.

Ils tomberont, ces gens raides au cœur de pierre. Vous verrez alors ce petit boiteux louer Dieu, debout devant l'Éternel et chantant sa Foi :

> " Seigneur, je Te loue pour la FOI que Tu m'a donnée à mon Baptême et que Tu maintiens toujours fraiche en moi.
>
> Je te loue, Dieu de Bonté, pour l'ESPÉRANCE qui habite mon pauvre corps, car Tu as préservé toujours mon âme de toute attaque du Mal.
>
> Je te loue, mon Dieu et mon Maître, de m'avoir toujours donné la CHARITÉ de Ton Divin Sacré Cœur. Ainsi je peux pardonner à mes ennemis et Te les offrir libérés du Mal."

Puis il dit encore :

> "Seigneur, je bénis mon infortune. Par elle j'ai connu l'HUMILITÉ de Ta Très Sainte Mère qui m'a toujours consolé.

Seigneur, je ne T'ai jamais perdu et Tu ne m'as jamais abandonné. J'ai toujours suivi Ton Chemin, celui qui conduit à Ta Très Sainte Croix, Porte du Salut Éternel.

Seigneur, Tu es la Vie Éternelle.

Seigneur, Tu es le Dieu Fidèle.

Je Te bénirai éternellement."

Je suis Amour et Pardon.

†

† †

Pourquoi tant de petites Croix

****

18 Octobre 2002 - St Luc

"<u>JNSR</u>" : "Cette fin des Temps est dominée par la victoire de Satan qui sent toute proche sa fin, la fin de son règne maudit. Sa rage se manifeste partout. L'Humanité se déchire et la Terre se meurt. La Sainte Loi de Dieu est rejetée, bafouée, piétinée. Pourquoi ? Pourquoi Notre Père des Cieux peut-il encore nous pardonner ! Être si magnanime envers tous ces pécheurs qui n'aiment pas JÉSUS !

JÉSUS : "Je suis Celui qui apaise la Colère du Père devant ce
************ mur infranchissable qui s'est élevé de plus en plus haut chaque jour depuis la Faute Originelle qui commença par la désobéissance de Sa première créature tant aimée, Adam : il devint le premier maillon de la chaîne de tous ces péchés, cette chaîne qui continue à encercler le monde jusqu'à l'étrangler.

Mon Saint Sacrifice, Mon Sang Précieux qui recouvrit Ma Sainte Croix d'Amour, ne fut pas vain. Il demeure pour toujours.

Ma Croix est la Clé avec laquelle le Père ouvrit Son Saint Royaume depuis de si longs siècles fermé aux âmes des Justes qui M'attendaient.

Le Ciel s'est ouvert pour tous, pour chaque enfant de Dieu qui prendra, déjà sur cette Terre, le Chemin du Repentir qui est marqué à jamais par les pas de votre Sauveur JÉSUS Christ.

Si tu M'aimes, prends ta Croix, souffre et suis-Moi.

Je Suis **J**ésus de **N**azareth **S**eigneur et **R**oi.

J'ai appelé le monde entier à sa propre Résurrection, là où Mon Père et votre Père, mit Son Doigt : sur le Mont de DOZULÉ, afin que là s'élève le Signe du Retour du Fils de l'Homme,

Ma Très Sainte Croix Glorieuse,
qui appelle toute l'Humanité au Repentir Mondial.

Ma Croix, tout comme son Dieu qui la porta, est encore incomprise et rejetée : *"738 mètres, quelle insolence ! Pourquoi Dieu demanderait-Il une Croix d'une hauteur pareille ! Est-ce bien Celui qui tient le monde dans sa main, qui formule une demande pareille ? A-t-Il besoin d'un monument de ce genre ? Pourquoi reviendrait-Il ?"*

Oui, J'en ai entendu suffisamment pour savoir qu'ils ne connaissaient même pas la hauteur du Mont du Golgotha où Je fus Crucifié.

Oui, Je possède le Don du Pardon. Je suis Amour et Pardon. La négation de Mon Message de Dozulé, l'indifférence envers Ma prophète Madeleine, furent votre erreur et ce refus fut si monumental que les hommes d'Église, de Mon Église, ne se sont même pas aperçus que ce

Non à la Croix a entraîné le monde à sa perte. Et pourtant, ils le voient, ils le vivent et ils en vivent et font vivre cette horreur à tous les enfants du monde entier,

car Ma Croix Glorieuse est destinée au monde entier
et le monde entier l'a refusée et rejetée,
comme Je le fus Moi-même il y a 2000 ans

Ce péché contre Dieu a ouvert l'écluse qui retenait en place tous les éléments de votre Terre. Les déluges de boue, l'eau qui déborde par endroits sur la terre, noyant récoltes et habitations, l'eau qui manque ailleurs, causant la sécheresse et la soif. Le feu qui dévaste et appauvrit les forêts ; le feu qui dévore jusqu'au corps de ceux qui s'en approchent de trop près.

Je vous préviens : le feu sera encore une continuelle menace par les armes sur toute la Terre convoitée par Satan.

Partout les catastrophes se répètent et Je vous avais prévenus.

Pas un seul endroit de la planète ne goûtera à Ma Paix
jusqu'au Jour où Je reviendrai dans Ma Gloire.

Les hommes ont provoqué Dieu et Dieu a laissé l'homme libre de se détruire tout seul car il n'appelle pas Dieu dans Son Infinie Miséricorde. Il devient ce monde de haine et de violence qui crée, sans le vouloir, les Martyrs de cette fin des Temps, qui rachètent, par leur souffrance physique, morale et spirituelle, tous ces pécheurs qui ont invité Satan en acceptant le Pouvoir, l'Argent et la Sexualité et qui deviennent les enfants *fous* de la violence et de la haine, activant de plus en plus vite la destruction de toute l'Humanité et de la Terre que Dieu confia à l'homme.

Pendant ce temps, ceux qui gouvernent chaque Pays se sont endormis dans les fauteuils de *la modernisation mondiale.*

Je parle aussi des chefs de Mon Église : *Dieu n'a pas changé !* Je vois des lois et Je ne vois personne qui réagisse pour leur barrer la route. Ces lois, qui mettent en évidence *le progrès,* sont des lois impudiques et méprisantes qui font écran aux saintes Écritures : rien de la Sainte Bible ne peut plus passer, tout est faussé et parfois sali.

Tu adoreras ton Dieu, tu l'aimeras par dessus tout
et ton prochain comme toi-même.

Je vois les viols d'enfants. Je vois les vies brisées, les parents rejetés et, de plus en plus, des avortements légalisés ou cachés. Et l'euthanasie n'a plus de frontière car personne ne réagit comme la Sainte Bible vous l'enseigne.

Le Mal a pris partout des formes diverses et acceptées

par tous, parce que confortables...

Et vous Me demandez, après cette défaite *momentanée* de Ma Sainte Croix Glorieuse, pourquoi des milliers de Croix dans le monde ?

Je vous dis *momentanée,* car elle apparaîtra bientôt dans le ciel, *mais il sera trop tard pour l'homme :* la Terre ressemblera bientôt à un désert. Devant ce décor, que Dieu voit du Ciel, Je vous dis que Sodome et Gomorrhe ne sont que des images floues en comparaison des péchés immondes qui se développent de plus en plus en votre monde.

Vous refusez Ma Croix Glorieuse parce qu'elle est trop haute ? Alors Je répands sur toute la Terre ma moisson de Croix au centième de celle-ci : 738 cm avec ses bras de 123 cm. Elles seront bleues et blanches, aux couleurs choisies par Ma Sainte Mère, toutes droites et lumineuses, ouvrant leurs bras d'Est en Ouest.

Elles touchent les cœurs qui prient devant elles. Acceptées et aimées, elles travaillent conjointement avec l'Esprit Saint qui les habite par la Bénédiction du saint Prêtre que J'ai appelé à venir pour chacune d'elles.

Elles sont venues à vous, comme une semence issue de la Grande Croix, pour vous crier *le Retour en Gloire du Fils de l'Homme.* Préparez-vous, faites Pénitence. Priez et convertissez-vous car le Temps de la Fin est proche. Récitez la Prière quotidienne de Dozulé et aussi le Saint Rosaire de Fatima.

Les Deux Saints Cœurs de JÉSUS et de MARIE sont au centre de toutes ces Croix et vous recevrez, rien qu'en regardant le centre de la Croix, la Bénédiction de Nos Deux Saints Cœurs Unis. Dites :

"JÉSUS, MARIE, je Vous aime,
sauvez les âmes, sauvez les Consacrés."

Ces Croix d'Amour se multiplient pour réaliser ce que devait faire, *en un instant,* la Grande Croix Glorieuse demandée par Notre Père des Cieux. Mais le monde a déjà un pied dans le gouffre.

"Pitié, mon Dieu, pour ceux qui Te blasphèment.
Pitié, mon Dieu, pour que Ton Règne arrive.
Sauve-les, il en est encore temps...

"Si peu de temps" vous répond le Seigneur !

"Seigneur, prends pitié de ce monde
qui continue à Te narguer,
ils ne savent pas ce qu'ils font.
Seigneur, regarde toutes ces petites Croix
qui font Honneur à Ta Sainte Gloire."

Alors les orgueilleux, ceux qui luttent encore contre celles-ci, se sont emparés de Ma Barque et se sont éloignés de ce rivage des Croix d'Amour. Les voilà endormis dans la cale mais voici qu'ils coulent. Ils sont assez nombreux et ils crient : *"Au secours ! Sans Toi, mon Dieu, nous sommes perdus !"*

Alors le Seigneur dit à Ses Croix : "Venez sur le bord des rivages, allumez très fort votre intérieur. Brillez de Ma Lumière, Je suis avec vous. Devenez ce Phare dans la nuit de tout pécheur qui vous regarde pour recevoir Ma Sainte Bénédiction et accepter sa conversion."

Cette barque vagabonde, c'est tout le Peuple de Dieu qui commence à se paralyser sans savoir où il va. Alors Mes petites Croix d'Amour deviennent ces conteurs d'histoires qui savent parler aux cœurs : elles parlent de JÉSUS et de MARIE ; la Croix vibre et fait entendre ce chant éternel du Dieu trois fois Saint :

"Il était une fois, un Dieu qui Se fit Homme, et c'était le Fils Unique du Père Éternel, pour que l'homme devienne à son tour un fils de Dieu."

Les Croix d'Amour reflètent la Gloire de Dieu
qui vous annonce Son Retour Glorieux,
comme le Saint Suaire reflète la Vie de Dieu,
l'Éternel, qui vous annonce votre Vie Éternelle en Lui,
dans Sa Sainte Résurrection.

"Par Ta Sainte Résurrection, de tout mal délivre-nous, Seigneur !"

Il faut passer par la Porte étroite de Ma Sainte Croix
pour mériter la Vie en Dieu.
Ma Sainte Mère vous conduit et vous pénétrerez, avec elle,
car MARIE est la Porte du Ciel.
Après Son Divin Fils, Ma Mère reçut Ma Sainte Croix
qui épousa Son corps et Son âme dans Ma Douleur.
L'Humilité de Ma Sainte Mère
cache ce Mystère profondément en Elle :
Elle fut appelée Mater Dolorosa.

Mes petites Croix d'Amour sont la Rose de MARIE,
c'est le cadeau de JÉSUS à Sa Mère,
c'est pour cela qu'Elle veille sur les Prêtres qui les bénissent.
L'Église de Dieu se construit en silence,
elle est à l'Image de MARIE, douce, humble et pauvre.

Dans la Sainte Miséricorde de Dieu, †

JÉSUS vous bénit. † Amen.

†

† †

"JNSR" : "Et JÉSUS dit à Madeleine : "Vous ferez connaître cette Croix et vous la porterez."

Pour tous les apôtres des "Témoins de la Croix", ce fut la révélation confirmée de porter les Croix d'Amour dans le monde entier.

Chaque Croix est élevée dans la souffrance et dans la joie mais, toujours, nous ressentons la Présence du Dieu Vivant satisfait qui invite tous les Anges à rechercher des Ouvriers sur place pour aider les Ouvriers de la Croix d'Amour.

Merci, Seigneur."

Le divin Sacrement du mariage

****

Jeudi 24 Octobre 2002

<u>JNSR</u>": *"Seigneur, veux-Tu me parler ? Béni sois-Tu, Seigneur, je T'écoute."*

JÉSUS : "Aujourd'hui, les choses deviennent de plus en plus
****
dures à vivre. N'importe quoi est un pavé sur la route, et il grossit quoique vous cherchiez pour le contourner.

Vous marchez sans repère, vers un but fallacieux. Où est la Vraie Vie ? *Elle est en vous,* lorsque vous M'appelez et que vous avez la certitude que Je suis là et que Je vous entends Me parler.

Je connais vos demandes et Ma Sainte Miséricorde pourvoit à ce qui vous est vraiment nécessaire.

Le Triomphe attendu n'est souvent pas ressenti dès sa préparation.

Mais en ce moment, les Saints et les Anges, et surtout votre Douce Maman, la Bienheureuse Vierge MARIE, accomplissent des Miracles invisibles à l'œil et imperceptibles aux sens en éveil, car au Ciel tout est douceur.

Mais vous n'arrivez pas à comprendre que, sans l'intervention du Ciel, ce monde qui se détruit petit à petit, vous aurait déjà tous entraînés au fond du gouffre. Car vous avez cherché à vivre en dehors de la Vérité Divine. Et tout est à Dieu. Et vous pouvez Lui dire NON car le Seigneur vous a créés libres.

Comprendrez-vous un jour que cette liberté consiste à revenir vers Lui, votre Créateur, sans aucune contrainte. L'Amour est si pur, lorsqu'il vient à vous, que certains ont peur de le constater et s'en détournent. Car l'immensité de l'Amour se trouve dans le Saint Cœur de JÉSUS.

Ton mari en a fait l'expérience, dès cette Terre. Il pleurait de joie sur cet *état* qui descendait sur lui tout à coup, quelques jours avant son départ vers le Ciel. Il a ressenti Ma Présence qui vivait en lui d'une façon permanente. Il devenait le petit enfant du Père de toute Bonté. Il recevait Sa Bonté infinie qui le recouvrait entièrement. Là, il ressentait qu'il n'avait jamais éprouvé cela et n'arrivait même plus à te l'expliquer. Il ne savait que dire : *"Qu'est-ce qu'il m'arrive ! Je suis bon ! Je ne peux plus faire du mal à personne, je ne sais que pardonner et j'aime mes ennemis que je plains de tout mon cœur, pour eux et pour le mal qu'ils font à Dieu si Bon !"*

En effet, les Dons de Dieu sont parfois si puissants, au moment de l'Appel vers Sa Sainte Demeure, qu'ils deviennent un *présent* plus lourd qu'un trésor de la Terre, car c'est l'âme qui le reçoit.

Petite âme remplie de l'Amour de Dieu, tu fus déjà purifiée ici-bas.

Les miséricordieux, Je les recouvrirai de Ma Miséricorde.

L'âme qui reçoit pareil Don devient aussitôt un Saint du Ciel sur la Terre. Sa grande souffrance, toujours offerte pour le Salut des âmes, celle de ses enfants et de tous ceux que Dieu lui envoyait, fit de lui sur cette Terre un envoyé de Dieu. Il a su, par sa simplicité et son courage à plaisanter avec les malades et les malheureux qui venaient vers lui, leur donner l'Amour de Dieu.

Les longs Rosaires récités de sa demeure en regardant la statue si belle de Sainte Anne, le mettaient en Communion avec la grand-maman et la Maman de Son Divin JÉSUS. Et Antoine savait que la Très Sainte Vierge venait le visiter et il L'appelait très fort dans sa Prière, pour accepter sa souffrance et pour ne pas te laisser seule sur cette Terre.

Antoine était un ange dans votre maison. Il ne pouvait rien faire, mais il apportait la joie et sa présence remplissait ta vie.

"Suis-je égoïste, Seigneur, pour le pleurer encore ?"

Non ! Vous étiez de vrais époux remplis de l'Amour de Dieu. RIEN ne peut vous séparer, car c'est Dieu qui vous a unis.

Priez tous le Seigneur de former beaucoup de couples qui Le prieront avec force et courage, même lorsque la séparation arrive.

Jamais Dieu ne sépare ceux qui s'aiment en L'aimant,
vous êtes toujours ensemble.
Les âmes vivent éternellement l'Amour de Dieu
dans le Divin Sacrement du mariage
qui est béni par l'Éternel.

Mon Amour est Éternel
et vous vivez en Moi, JÉSUS,
votre Bien-Aimé.
Amen.

†

† †

Toussaint, Peuple de Saints

****

Vendredi 1er Novembre 2002

"JNSR" : "Seigneur mon Dieu, je suis présente devant Toi et j'attends que Tu me parles. J'ouvre mon cœur à Ta Parole. Parle-moi, Doux JÉSUS, parle à Tes enfants qui attendent de T'entendre."

JÉSUS :
****

"Ceux qui M'attendent vivent comme toi-même de cette espérance, car Je continue à nourrir les foules comme autrefois. Heureux ceux qui peuvent M'entendre en leur cœur et transmettre ainsi ce que J'ai à vous dire.

Ma Parole est Nourriture.

Ne t'efface pas devant Ma Grâce qui est en toi car, si Je t'ai ointe, c'est pour te donner le don de M'entendre. Ce don, que J'ai mis en toi, est pour tous et pour chacun ; il est avant tout pour toi afin que tu puisses suivre Mon Chemin en toute quiétude. *Tu Me suivras,* comme la flèche suit la direction qui lui est déjà indiquée par l'arc tendu et par les mains qui la dirigent.

Rien n'est dû au hasard. Je veux que là où Je suis, vous y soyez tous, tous ceux que J'appelle aujourd'hui à Me suivre.

Cette *direction* est un Appel de Dieu le Père qui a préparé le Chemin pour ce Temps présent. Il ne peut en être autrement, ce Temps est un Appel pour les âmes qui doivent s'unir à Dieu, très bientôt, pour terminer le parcours que nous avons commencé ensemble pour finir ce Temps de la Fin.

Mon enfant, heureuse es-tu si tu viens à Moi sans retenue car l'Espérance doit t'habiter.

Je suis en chacun de vous, bien Vivant et, même si Je vous invite à Me suivre, sachez que Dieu Seul peut tout faire. Mais Je te le redis, Je veux terminer cette course avec tous les Appelés du Père.

Ceux qui s'avancent et iront les premiers, comme des guides, ouvriront la marche aux suivants. Moi, Je suis Celui qui est en chacun, ouvrant la marche, devant vous et en vous, afin que rien ne soit oublié selon le déroulement de tout ce programme *qui est le Plan de Dieu* pour ce Temps si redoutable où, partout, le Mal prend le terrain d'assaut afin de vous barrer la route et déstabiliser vos esprits.

N'ayez pas peur ! Les Saints et les Anges sont avec vous. Appelez-les dans toutes vos démarches. Ils savent où vous devez vous rendre. Ils connaissent le Plan de Dieu, minute par minute : Je le leur dévoile au fur et à mesure, car l'Ennemi est à l'affût. Et tout se construit sans qu'il sache à l'avance ce que Je prépare.

Aussi, il détruit tout afin de détruire en même temps l'Oeuvre de Dieu, qui lui reste cachée malgré la malice de sa folie meurtrière.

Je vais te prévenir de ce que vous devez faire en premier.

C'est d'abord *une armée de Prières continues,* comme un MUR qui s'avance, barrant la route au Malin qui désapprouve l'invocation à Ma Très Sainte Mère et à Saint Michel, l'Archange défenseur des opprimés de ce Temps. Vous pouvez arrêter ainsi les projets du Malin qui viennent se mettre en travers de votre chemin.

*Priez ! **Accordez** votre temps aux Sacrements de Pénitence et surtout l'Eucharistie.*

Ensuite, entendez Ma Parole *dans le silence de votre cœur.*

Souvenez-vous que celui qui épouse Ma Sainte Volonté, ne doit pas intervenir dans Mon Plan sans Mon consentement. C'est Moi Seul qui choisit la direction et le lieu où Je vous rencontre. Je choisis également les emplacements et les différentes œuvres qui doivent former, toutes ensemble, Mon Oeuvre. *Dieu va transformer toutes choses selon Sa Sainte Volonté.*

Vous êtes appelés à venir à Moi et à effectuer ce qui doit, petit à petit, devenir ce Monde Nouveau, où toute chose se renouvelle par la Sainte Grâce de Dieu qui vous guide. Alors, consentez-vous à M'écouter ? Si votre *oui* devient *OUI,* alors n'essayez pas de choisir à Ma place, n'essayez pas de construire avec votre volonté, car tout s'écroulerait ou ne prendrait jamais forme.

Dieu, Seul, sait comment le monde peut changer et personne ne doit se mettre en avant, avant que Moi, le Maître, Je l'appelle et le guide, Je le forme et J'élève avec lui tous les piliers qui vont soutenir ce Monde Nouveau.

Le premier pilier sera **l'Obéissance** à Dieu. Sur celui-ci, Je fonderai le Soutien de Mon Oeuvre qui est Amour.

Le second pilier sera celui qui préservera toujours, et à partir de ce Temps Nouveau que Je prépare, Mon Oeuvre : Je vous parle de **l'humilité** des hommes devant Mon Amour. J'accorderai aux humbles les Grâces qui feront d'eux *Mes* ***porteurs*** *de la Protection Divine* en toute chose. Ainsi, Ma Création Nouvelle sera préservée et gardée dans toute la Majesté de son Dieu Éternel et Tout-Puissant sur la Terre comme au Ciel. Ma Sainte Mère sera leur Souveraine car Elle est **l'Humilité.**

Le troisième pilier sera la persévérance **dans la Foi.** Aucun être ne peut vivre sans le Respect de Dieu en lui. Car Dieu, *qui vit en vous,* veut Se retrouver en celui qui choisit de vivre en Dieu à l'Image du Créateur, du Rédempteur et de l'Esprit Sanctificateur.

La Foi *est une éponge* qui se remplit de l'Amour de Dieu pour se déverser lentement, mais inlassablement, en vos cœurs d'enfants du Père Tout-Puissant. C'est l'aiguillon qui stimule l'esprit de l'homme pour le faire grandir dans l'Esprit de Sainteté. *Car tout être est appelé à devenir saint de la Sainteté de Dieu. Votre Foi sera la Force de ce Monde.* Peuple de Saints, qui pouvez-vous craindre avec l'Esprit de Dieu en vous ? Demandez-Moi une Foi à toute épreuve.

Le quatrième pilier sera fait de l'**Espérance** en Dieu qui se réunira à la Sainte **Charité,** qui se trouve au fond de chaque être, pour former un monde de Charité où le plus petit aura la même place que le plus grand. Si vous ne comprenez pas cela, les autres piliers soutiendraient un monde *bancal.* Dieu veille, car chaque pilier repose dans le Saint Cœur de Son Divin Fils JÉSUS en qui la Miséricorde Divine ne cesse d'appeler *les grands de ce monde* pour ouvrir les portes à la justice humaine qui partagera tous les biens de Dieu.

Et ce, avant que la Sainte Justice de Dieu, qui a commencé Sa divine Sentence de par le monde entier, ne devienne **la calamité** que vous avez tous appelée sur votre Terre afin de la faire périr en commençant par tuer tous les innocents qui meurent de faim et de maladie à cause de l'indifférence des *Grands* de ce monde qui, connaissant ce problème gênant, le font disparaître sous des amusements de tout genre, comme ces fêtes, réputées sataniques [1], qui ont pris la place des fêtes où, autrefois, les Saints du Ciel et les Anges de Dieu avaient leur place.

— Le monde se meurt, *et vous dansez !*

— Les enfants meurent, *et vous vous grimez !*

— Dieu est oublié, *et vous rejetez la première Loi de Dieu,* Son premier Commandement : "Tu aimeras ton Dieu de toute ton âme, de tout ton esprit et de toutes tes forces. Et tu aimeras ton prochain comme toi-même."

Vous vous aimez si peu que vous ne voyez même pas qu'en refusant de M'écouter, vous êtes en train de vous détruire petit à petit.

Vous verrez des maladies nouvelles, incurables, insupportables, apparaître très bientôt : les chercheurs seront aveuglés. Vous verrez des accidents où la main de l'homme a été inconsciemment la principale fautive. En déformant la structure de la Terre, tout s'effondre petit à petit. Et les débordements d'eau vont continuer. Et en d'autres endroits[2], la grande Sécheresse et le Feu n'auront de cesse que lorsque vous M'appellerez.

---

1 "Halloween", venu des USA

2. en Australie par exemple.

Car Je laisse le Maître du Mal continuer son œuvre de destruction *parce qu'il a été choisi par vous-mêmes.*

Je vous l'ai dit, choisissez vite : *ou Dieu, ou le Mal !* Croyez-vous que Je vous envoie ces calamités ? Non ! C'est vous qui les avez cherchées en Me rejetant et en Me méprisant. *On ne peut servir deux maîtres à la fois !*

N'espérez pas que J'arrêterai ce qu'a mis en marche votre volonté d'hommes sans cœur et sans dignité, mais une seule chose peut encore vous sauver : Je vous le redis, cette Terre, qui veut enfanter les fils de Dieu, vous devez l'aider en commençant par sauver tous les petits enfants du bout du monde qui meurent, faute de soins et de nourriture, faute d'aide de leurs frères intelligents et riches qui ont mis tout leur savoir au service de leur confort personnel.

Sortez de votre cocon de bien-être et allez au-devant de ceux qui meurent à cause de votre indifférence. Enlevez ce bandeau de vos yeux. Regardez ce que vous avez fait, ou laissé faire dans tous ces Pays de la misère, appauvris par vos cupidités, ravagés par vos insolentes guerres meurtrières.

Arrêtez ces massacres avant que Je ne pose
Mon doigt sur l'engrenage,
car J'arrêterai TOUT en même temps !
Vous allez dégringoler comme les pierres d'une cascade
qui se sont usées par la force continue de l'eau.

Vous avez oublié que c'est Moi qui ai créé tout l'Univers, stabilisé les fondements de chaque planète et rendu fertile votre Terre pour donner du pain à chaque enfant du monde entier.

Tous ces biens de votre terre n'ont pas été partagés équitablement : maintenant les vents, les marées, les saisons, vont changer de plus en plus vite jusqu'à rendre impossible la vie sur votre Terre.

En un jour, toute nourriture peut disparaître.

Je suis votre Créateur. Si vous désirez que le Don de Dieu qui est Père, Fils et Saint Esprit, vienne à vous, que Mon Esprit d'Intelligence, de Science et de Sagesse, vous pardonne, alors mettez en Moi votre Foi, votre Obéissance, votre Espérance ; libérez la Charité que J'ai mise en vos cœurs, soyez Humbles devant Dieu et devant vos frères en Dieu.

Venez en aide à ceux qui vous attendent, venez avec la charrue en mains, les graines à mettre en terre, les pompes pour apporter l'eau. Travaillez pour un monde meilleur. Venez panser les plaies du monde.

Et Je vous délivrerai de tout mal.

Seulement à ce prix, vous Me reverrez.

Car Je viendrai terminer ce travail qu'il vous est donné de faire en premier. A Dieu, rien n'est impossible. Faites et Je ferai. Parole du Seigneur.

Car c'est à Moi qu'appartiennent
le Règne, la Puissance et la Gloire
pour les siècles des siècles. Amen !

Par Ma Croix, Je viens donner la Paix au monde.
Par votre travail, Je vous accorderai
l'Entente des Peuples et le monde sera sauvé.
Nouveau Monde, Nouveaux Cieux.
Tous et chacun, Dieu vous invite dans Sa Terre Nouvelle.
Amen. †

Dieu vient de vous prévenir.
Parlez aux Grands de ce monde :
ils détiennent le sort de votre planète en leurs mains.
Sauvez Mes petits enfants,
redonnez-leur un Pays vivant, venez les aider.

JÉSUS Sauveur du monde

avec tous les Saints du Ciel et de la Terre,

mobilise tous les Grands de votre Terre.

Parlez. Agissez vite. Amen.†

†

† †

Je suis le Feu Purificateur

****

Jeudi 7 Novembre 2002

JÉSUS :
****

"Mon enfant, cela ne vient pas de toi : ce que Je désire aujourd'hui pour toi, ne peut venir de ta conscience. Car même si tout ton être avec tous ses sens, est en Moi, rien ne peut s'accomplir avec le seul vouloir de l'être que Je choisis. Aujourd'hui, malgré les remous qui s'emparent de toi, malgré les cercles infernaux qui t'entourent de toutes parts, Je SUIS avec toi et Je te prépare le Chemin qui est juste devant toi et sur lequel aucun maléfice ne peut rien car ce Chemin, c'est Moi.

Souviens-toi toujours de te confier à St Michel Archange que Je t'ai donné. Mon Don est très spécial en ces temps : St Michel Archange protège Mes enfants-choisis qui portent en eux Ma Parole de Vie.

N'oublie jamais que Dieu EST Amour.

L'Amour vaincra, mais vous serez secoués comme les grains dans un tamis afin que s'épurent de plus en plus les graines de Vie que J'ai choisies. Elles sont la semence de la Nouvelle Terre. Si le grain ne meurt pas, il ne peut donner de fruit. Et Je vous le dis, ce fruit sera donné au centuple par tous ceux que J'ai choisis et en qui Ma Sainte Grâce vit et s'épanouit, en eux et en tous ceux qui les approcheront pour M'écouter.

Ma Sanctification s'étendra ainsi.

Ouvre ta bouche. Laisse vivre Ma Sainte Parole. Elle est prête à sortir de tes entrailles meurtries par la douleur humaine. Car celui qui porte Ma Parole, porte le Christ et ressemble également à la Mère qui porta la Lumière du Monde en Son sein ; Elle fut écrasée, meurtrie en Son âme et en Son corps de Mère du Divin Amour.

L'Amour est un Feu sacré qui dévore tout le Mal.

Acceptez-Moi, acceptez Ma Sainte Mère, et vous serez des âmes qui glorifient Dieu où que vous alliez. Où que vous soyez, vous serez reconnus par Mon Ennemi, vous serez haïs du Monde. C'est ainsi que J'ai vécu sur votre Terre, c'est ainsi que vous vivrez avec Moi en vous.

Car Celui qui te demande de répandre cet écrit, te dit également :

Fais-Moi vivre parmi les foules qui se sont égarées. Ma Vie, Je te la donne. Ta vie M'appartient. Unis ta vie à la Mienne, suis Mes pas, avance vers ces foules que Je te donne afin que, seulement à Ma Parole, Je les transformerai devant toi.

Car ta souffrance est comparable à ce Vin Nouveau, celui de Cana, le Vin de la Noce Eucharistique qui vient se donner en boisson d'Amour avec ton Dieu, Pain Vivant descendu du Ciel et uni à tous ceux qui boiront Mon Sang et mangeront Mon Corps.

Dis à l'Église de se préparer pour ce temps où l'Eucharistie viendra à eux, en Esprit et en Vérité. *Ils verront Dieu, Vivant, dans les mains consacrées des Prêtres que J'ai choisis.* Vous recevrez Dieu de leur main et à votre bouche, car Je suis Innocent et Pur. *Personne,* à part Mes Prêtres, *ne peut Me toucher.* Je l'ai dit à Marie-Madeleine en sortant du Tombeau après Mes Trois jours de ténèbres : *"Ne Me touche pas, Je ne suis pas encore monté vers Mon Père et Notre Père."*

Aujourd'hui, personne ne peut Me toucher, sauf les Prêtres consacrés par Dieu le Père, jusqu'à Mon Retour dans la Gloire. Que vous importe ce que proclame la foule ! La Vérité est unique, c'est celle de Dieu dans toute Sa Sainte Gloire. Mon enfant, ne crains pas de le dire. Je suis avec toi et il est temps de rebâtir Mon Église dans *Sa Sainteté parfaite.*

Dieu Est Amour. Béni soit Dieu dans Sa Sainte Parole et Son admirable et adorable Eucharistie. Dieu vient de te parler. Ma Parole, tu ne peux la garder pour toi seule. Tu brûles de Mon Amour qui te demande de Le partager avec tes frères *Je veux brûler de Mon Amour Trois fois Saint tous les cœurs à l'écoute.*

Ainsi le Monde se purifiera : les uns par les autres, cette contagion est la guérison *des corps et des âmes,* en commençant par vos cœurs qui recevront le Feu de Dieu ; cette Purification acceptée par les enfants-choisis qui vont incendier le Monde par le Feu Sacré de Ma Sainte Parole. † Amen.

Je suis le Feu Purificateur,

Votre Seigneur Bien-Aimé,

JÉSUS-Christ.

†

† †

Les hommes ont faim de pain, ont faim de Dieu

****

11 Novembre 2002

JÉSUS :
****

"Ta mission n'est pas terminée. Ici-bas, tu ne dois te préoccuper que de ce que Je te demande. Et ceci doit se révéler petit à petit en ton cœur à l'écoute du Mien.

Aujourd'hui, beaucoup de choses sont en train de se faire : petit à petit, Je reconstruis le monde qui doit venir. Ce qui doit disparaître à jamais, sans laisser de traces, est en train de s'effacer même si vous ne le voyez pas. *J'efface ce qui ne doit plus exister.*

Le cœur de l'homme n'est pas seulement *le moteur* de votre corps, il est d'abord le vrai moteur de votre âme ; il a été fait pour entendre également la Voix de Dieu. *Combien ont retrouvé cette onde de Vie ?* Je te dirai : *bien peu !* Car beaucoup prennent la voix de leur conscience pour cette onde divine qui vous est donnée par Mon Esprit Saint.

Votre Seigneur et Maître vous parle et vous met en garde afin que les faux-prophètes ne viennent pas se dissimuler parmi Mes enfants-choisis pour propager Mon Message de Vie, oui, de Vie Éternelle en Dieu. *Prenez bien garde aux loups !*

L'Esprit parle à ceux que la Très Sainte Trinité, en accord avec la Très Sainte Mère de Dieu, la Bienheureuse Vierge MARIE, a choisis dans la douleur de la Souffrance de la Croix. Aujourd'hui, cette Souffrance doit ressembler à Mon Agonie et à Ma Mort sur la Croix, car ce Chemin doit se parcourir dans la terrible solitude et le rejet de tous les biens matériels, y compris de l'amour des hommes ; oui, des enfants et de la famille et des amis, car *personne* ne veut s'approcher de ceux qui portent en leur visage, en leur corps, en leur âme, *les stigmates* de Mon Agonie et de tous les coups reçus pendant Ma Sainte Passion, et que dire de Mes Plaies très Saintes !

Oui, même invisiblement, vous portez toutes Mes marques.

Lorsque Je te parle de Mes Saintes Plaies, vous les avez vues en Mes Saints choisis pour ce Temps, car la croyance en Dieu devient comme celle de St Thomas : *si je ne Le vois pas et si je ne Le touche pas, je ne peux y croire.* Alors, visiblement, Je vous montre Ma Souffrance et Mes Saintes Plaies ouvertes, parmi Mes Saints d'aujourd'hui afin que vous disiez devant eux, comme St Thomas : *mon Seigneur et mon Dieu !* Ainsi, Je laisse devant vos yeux l'Image de Ma Souffrance.

Et que dire de celle de Ma Sainte Mère qui n'a pas voulu que les regards se portent sur Elle !

Dans Son Humilité et Son Respect pour Son Crucifié d'Amour, Elle a demandé à Notre Père des Cieux de Lui donner toute Ma Souffrance, partagée en Son Cœur, en Son Esprit et en Son Âme, d'une façon *invisible,* Seul Son Divin Fils devant rester à jamais l'Homme des Douleurs, le Crucifié d'Amour.

Mais la Mater Dolorosa a tout partagé avec Moi.

Elle est votre **Corédemptrice** et Je vous le confirme ici-même. Sa Souffrance fut **égale** à la Mienne, car personne, hormis une Mère véritable, ne peut accepter une douleur invisible, semblable à celle de Son Fils qui meurt innocent, sans se révolter. Et cela, parce que déjà Elle a été donnée comme Mère à la multitude des enfants de Son Dieu et Père Créateur.

Son Enfant Adorable, sur Sa Croix d'Amour, en la personne de Jean Son Apôtre bien-aimé, a fait de chacun un frère, un fils **et un saint futur**, *car personne ne peut voir Dieu s'il n'est pas saint, sanctifié par la Très Sainte Trinité et la Douce Mère, MARIE de la Croix d'Amour, MARIE de la Croix Glorieuse.*

Dieu veut te rappeler que, sans Sa Souffrance, il n'y a aucune œuvre de Dieu qui puisse résister à toutes les tempêtes de ce Temps terrible où le maître du Mal ne cesse de remporter des victoires temporaires sur les âmes de Dieu. Vos souffrances ne cesseront qu'à la fin de ce Temps.

Le Malin ne peut acquérir une âme qui vient à lui, attirée par l'argent et le pouvoir car, *au travers de sa route, J'envoie une âme-choisie* qui Me ressemble dans Ma Souffrance de la Croix : la Croix fait fuir le Mal et coupe la route au Malin.

Je veux te dire que, dans Ma Croix, se trouve le véritable exorcisme qui chasse les démons qui s'approchent de Mes âmes-choisies.

Vous êtes Mes Croix vivantes, véritables Témoins de Ma Vie d'Amour pour le Père et pour tous Mes frères en Dieu trois fois Saint qui vous prend pour vous mettre là où le Mal veut détruire Mon Plan d'Amour, vous êtes barrières contre le Mal. *Comment ne pas être secoués !*

Appelez St Michel, St Raphaël et St Gabriel à votre aide !

Appelez les Saints par leur nom. *Appelez* vos défunts qui attendent de se manifester pour vous aider ; ils commencent déjà à savoir qui est choisi, sur la Terre, pour accomplir l'Oeuvre de Dieu, ils sont prêts à intervenir eux aussi. Car le Plan de Dieu doit commencer par la démolition de tout Mal, de tout ce qui encombre le Chemin de Dieu.

Je suis le Chemin. Je suis la Vérité. Je suis la Vie Éternelle.

Si tous les hommes arrivent à comprendre que, sans Dieu, ils ne peuvent plus avancer en ces Temps de la Fin, s'ils comprennent que la Miséricorde de Dieu veut pénétrer dans tous les cœurs pour S'unir à chacun afin d'ouvrir la porte de vos cœurs au Maître de l'Histoire, alors *il n'y aura plus de guerre, plus de famine et la maladie disparaîtra à jamais.*

Car tout le Mal vient de l'Ennemi de Dieu et des hommes, celui qui vous promet monts et merveilles afin de vous faire chuter en le suivant et vous faire tomber dans le gouffre où vous ne verrez plus Dieu.

Il veut détruire toute l'Humanité !

Je vous dis : *faites vite votre choix.* Il est temps. Dieu vous appelle.

Récitez les Béatitudes. Vivez-les.

Elles ont été écrites surtout pour votre temps. Ne voyez-vous pas que le monde se meurt ? Si vous laissez mourir de faim Mes enfants du bout du monde, si vous ne les soignez pas, si vous ne venez pas à eux, *ils casseront toutes vos frontières :* Ils ont faim, ils ont froid !

Si vous ne rétablissez pas toutes les structures de chacun des Pays meurtris par les grands de ce monde,*c'est vous qui êtes en danger.* J'appelle encore ceux qui sont au pouvoir de venir aider tous les Pays en détresse à se reconstruire et que la vie revienne en toutes ces régions délabrées par la haine des hommes d'argent et de pouvoir.

Cessez vos guerres. Parlementez !
Que J'entende en chaque cœur un vrai désir de Paix et d'Amour.
Faites et Je ferai !

Si Je Me répète, c'est que Je ne vois pas en vos cœurs un désir de venir en aide à vos frères meurtris par les guerres répétées. La convoitise vous conduit à la mort. Arrêtez de vous haïr : vous êtes Mes enfants, nés du même Père, frères du même Fils de Dieu. Le Fils Unique vous donne Son Sang et Sa Chair pour vous donner l'identité de fils de Dieu, Son Identité. Avez-vous compris, enfin, jusqu'où va Mon Eucharistie ? Jusqu'où va Mon Esprit Saint ?

Je vous aime du même Amour que J'aime Mon Père, Ma Mère, car Je SUIS l'Amour. *Qui est Mon frère, Ma mère, Ma Sœur ?* Celui qui fait la Volonté de Mon Dieu et votre Dieu ! *Où sont les Juifs, les Arabes, les Chrétiens ?* Ils sont tous dans Mon Amour lorsqu'ils aiment Mon Père et votre Père !

Comprenez-vous qu'il n'y a *aucun motif de faire la guerre,*
car nous pouvons tuer un frère, un enfant du Père.

De quel droit pouvez-vous donner la mort ?

J'appelle encore une fois tous les Grands de ce monde ; dites à tous vos compatriotes : *Jetons les armes et construisons des charrues, labourons la terre et donnons-lui de bonnes semences.*

Les hommes ont faim de pain, ont faim de Dieu
et non de massacres inutiles.
Je nourrirai encore les foules si vous M'entendez aujourd'hui.
Aimez-vous les uns les autres comme Dieu vous aime,
car Je suis le Dieu de la Multiplication.

Publiez Ma demande dans toutes vos informations
et Je vous donnerai la Paix dans ce monde Nouveau
que Je veux construire avec chacun de vous.
Amen. †

Je suis le Dieu de Miséricorde
qui aime tous les hommes,
JÉSUS-Christ.

†

† †

Au Ciel comme sur la Terre

****

Samedi 16 Novembre 2002

Ste Marguerite

"JNSR" : Très fatiguée, je me suis couchée vers 17 h 30 en espérant dormir jusqu'au Dimanche matin. Il est plus de 23 heures quand je commence à écrire car, depuis plus d'une heure, je me suis mise à réciter le Rosaire et à entendre mon époux me parler. Si Dieu le veut, je souhaite pouvoir écrire ici tout ce que j'ai entendu.

Je vais commencer par la fin de notre conversation afin de ne pas oublier ceci : je lui ai demandé ce qu'il pouvait me dire au sujet de nos amis belges que nous aimons particulièrement, ce que Dieu pouvait lui dire au sujet de ENZO qui prie beaucoup et surtout de son jeûne. Antoine m'a répondu :

Antoine : "Ceci est pour lui-même un approfondissement de son
********** âme qui rentre dans la Connaissance de Dieu pour le rendre plus apte à aider les âmes qui se présentent à lui pour entrer également dans l'Amour Vivant.

Il est sincère et bon. Il ne se force pas car Dieu l'entraîne à monter de plus en plus vers Lui pour le Salut des âmes que Dieu lui confie. Dans son Humilité, il peut les instruire car il sait que Dieu est le Tout où toutes les âmes vont se rejoindre.

Anne-Marie a été choisie pour être *le petit lac* où repose l'eau qui étanche la soif. Combien d'âmes viennent à cette source pour s'abreuver ! C'est comme un endroit où viennent les petits oiseaux pour boire, ils savent où se trouve le lieu où ils peuvent boire. Elle est généreuse de nature, son lac est à la mesure de son Don. Car Dieu donne à ceux qui en ont et, tu le sais bien, Il enlève tout à celui qui veut garder tout pour lui.

Je veux te dire que Dieu ne peut pas entrer en ces âmes dures et insensibles à la misère des autres, tant que le Seigneur ne viendra pas Lui-même toucher ces cœurs de pierre. *Que de Souffrance elles donnent à Notre Créateur !* Car Dieu crée toute chose avec Sa Bonté. Combien une âme Lui est chère !

JNSR : "J'ai demandé à Antoine s'il avait vu un bel enfant qui est parti très jeune vers Dieu ? Cet enfant correspond avec son père et plusieurs livres ont été déjà imprimés, une vraie richesse pour réveiller les âmes qui veulent profiter au maximum sur Terre parce qu'elles disent qu'après la mort du corps, il n'y a plus rien. Antoine me répond :

"Il fait partie des grands Saints, des Maîtres qui nous instruisent et tu le sais bien, tout est Unité. Ici il n'y a pas un plus grand que l'autre. Cet enfant est un Maître pour enseigner la Connaissance de Dieu, mais il est dans TOUT ce qui vient à nous pour nous instruire. Tous sont un Tout. Bien sûr qu'il peut s'en détacher, comme un grain de raisin qui vient de la grappe.

Il est très haut dans sa propre liberté car il a demandé et il a reçu la Grâce de pouvoir éduquer les jeunes âmes nouvellement arrivées au Ciel de Dieu. *Demandez et vous recevrez !* Mais chacun de nous doit aider son prochain à s'instruire *car la Connaissance est une progression éternelle.* C'est comme l'enfant qui commence à goûter une friandise et ne veut plus s'arrêter d'en manger ; là se trouve le rôle d'une mère ou d'un père pour freiner cette gourmandise. Vos Maîtres savent où nous pouvons aller, petit à petit.

Non, on n'est pas inactif mais on peut aussi goûter à toutes ces belles choses qui se trouvent près de nous. Non, je ne te parle pas de manger, mais d'apprécier tout ce qui nous entoure, les âmes, les fleurs et cette nature nouvelle. *Dormir ?* Mais ce n'est que pour le repos du corps terrestre, ici nous n'en avons pas besoin.

La petite fille, Béatrice qui vient d'arriver délivrée de sa maladie, ne souffre plus. Tu peux le dire à sa mère. Je l'ai vue comme si, après un long sommeil, elle se réveillait heureuse et transformée par cette joie de se savoir aimée par Dieu de cette façon !

Te dire que l'Amour est à profusion sur Terre comme au Ciel, c'est vrai. Mais beaucoup te diront qu'on ne le retrouve qu'au Ciel. Certainement, ici les âmes le découvrent mieux, libérées de toutes les souffrances que nous subissons sur la Terre. Mais la Terre pourrait être aussi comme le Paradis. Pourquoi n'en prenez-vous pas déjà conscience ! Vous feriez la Joie de Dieu car Il vous donne aussi sans compter Son Amour de Père, de Fils et de l'Esprit Saint qui féconde tout en ce temps si amer ; mais seulement si vous ouvrez vos cœurs à cet immense Don de Dieu qui est Miséricorde Vivante.

La souffrance, c'est pour s'unir à JÉSUS, pour Lui ressembler. Mais, tu le sais, il n'y a que la Croix qui puisse élever l'homme jusqu'à la Grandeur de Dieu qui peut Se voir en une âme offerte qui accepte sa souffrance. *Ma chérie, n'aie pas peur.* Dieu Se contemple en Ses âmes douloureuses, comme en Sa propre Mère qui ne sait que vous former à la ressemblance de Son Divin Fils.

Le temps de la Terre, c'est l'enfant dans le ventre de sa mère ; ce temps passe vite, même si l'accouchement est douloureux. Après, c'est la joie et l'oubli des douleurs, car il n'y a plus de souffrance ici.

Oui, le Ciel est la Vraie Vie en Dieu. Vous ne pouvez voir Dieu que si vous Lui ressemblez et vous ne pouvez Lui ressembler que si vous passez par Sa Sainte Croix, tout comme Lui qui est le Chemin. Après, tu rendras Grâce à Dieu qu'Il t'ait choisie dans Sa Croix. C'est l'Échelle de Jacob. A travers toi passent les louanges à Dieu et descendent les Bénédictions pour tous ceux que tu aimeras comme ton Dieu : de toute ton âme, de tout ton cœur et de toutes tes forces.

Oui, PARDONNE et ne t'arrête pas de pardonner et d'offrir ceux qui te font souffrir, comme le plus beau des cadeaux que tu as reçus pour ton Dieu qui les sanctifie par ton offrande d'Amour.

"JNSR" : Antoine, tu m'as beaucoup parlé et je ne peux me souvenir[1] *ici-même de tout, c'est dommage.*

Ma chérie, ne retiens que ceci : vous pouvez déjà, dès ici-bas, construire le Paradis, *puisque tout, Ciel et Terre, doit devenir le Paradis.* Alors, plus vite les hommes se mettront à aimer, plus vite se construira cette Nouvelle Terre. Car ce qui doit arriver de bon, peut venir encore plus vite en commençant à introduire en vos cœurs l'Amour, qui est Dieu, qui se partage.

Sans Amour, sans Dieu, l'homme reste un pilier sans vie qui ne soutient rien d'autre que le néant. Dis à tous nos frères que *Dieu n'a pas de frontières dans Son Amour.* Il nous a créés pour que nous soyons, tous et chacun, une parcelle de Son Amour. *Unissez-vous !*

L'Amour veut être UN sur la Terre pour réunir tous les hommes, sans distinction de race, ni d'opinions, encore moins de religions car tout a été faussé. Pour le Seigneur qui gouverne la Terre, le Ciel et tout l'Univers, il n'y a qu'une Loi, c'est l'AMOUR !

L'Amour se vit dans la Très Sainte Trinité unie à MARIE, Mère de l'Unité, Mère du Divin Amour, Mère Douloureuse au pied de la Croix d'Amour, Mère Glorieuse devant la Croix Glorieuse, Mère Unique et Mère pour chacun, multipliée pour chaque enfant avec autant d'Amour pour les uns comme pour les autres. *Car la Mère, qui enfanta l'Amour, ne pouvait être qu'Amour Elle-même.* Elle est Hostie *dans* l'Hostie de la Très Sainte Eucharistie, choisie par Dieu pour nous Le donner en passant par Elle.

Ainsi nous passons par Elle pour recevoir, par Elle, Celui qu'Elle porta en Elle, Son Divin Fils. N'est-Elle pas déjà la première Croix d'Amour qui fit élever en Elle-même la Sainte Croix d'Amour ?

---

(1) : *"me souvenir"* JNSR s'était arrêtée d'écrire pour écouter et, ensuite, elle reprend l'écriture.

Car JÉSUS, c'est la Croix d'Amour comme il est JÉSUS de la Croix Glorieuse. Ainsi, MARIE de la Croix d'Amour, MARIE de la Croix Glorieuse, vient aujourd'hui pour nous enfanter.

L'accouchement est déjà là, devant chaque enfant du Père qui doit passer par Elle, par Son Cœur Douloureux et Immaculé, pour renaître fils du Père. La Transfiguration de vos âmes aura pour conséquence ces corps glorieux, Lumière de Dieu, et vos corps, libérés du **Péché Originel**, renaîtront dans la Beauté, transformés par l'Amour, pour vivre sur la Terre Nouvelle purifiée et sanctifiée par Dieu : ceux-ci seront *les Élus du petit nombre* (tout comme l'Arche de Noé) pour repeupler la Terre.

Ceux de la Terre n'envieront pas ceux qui seront partis vers la Patrie Céleste. Et ceux appelés à vivre déjà la Vie en Dieu n'éprouveront pas de regrets d'avoir quitté la Terre. Car chacun doit achever sa course dans la Sainte Patrie de l'Éternel.

Tout se fera en même temps. Nouveaux Cieux, Nouvelle Terre, dans la Gloire de Dieu Unique et Vrai. Pour les siècles des siècles. Amen.† Dieu de Gloire et de Majesté.

†

† †

Libérez Mon Peuple

C'est le moment choisi pour l'érection de la dernière Croix

****

30 Novembre 2002 - St André

JÉSUS :
****

"Dieu Seul a le Pouvoir d'intervenir. La Volonté de Dieu est Unique. Ne te préoccupe pas du temps. Je n'enverrai personne, ni du Ciel, ni de la Terre, pour vous en avertir. *L'homme est averti.* Maintenant, vous pouvez dire que Dieu a parlé à Dozulé et que tous en sont avertis, et que tous vous goûtez, depuis cet avertissement, *le refus de Mon Église* de faire élever Ma Sainte Croix Glorieuse.

Les cataclysmes s'amplifient sur toute la Terre et vous en êtes témoins. C'est pour cela que les milliers de Croix, qui s'élèvent de partout, font obstacle au Mal grâce à l'Amour qu'elles vous inspirent pour Dieu ; vos Louanges et vos Prières touchent Mon Saint Cœur. N'ayez pas peur, Je connais Mes brebis.

Je parle aux âmes avant même qu'elles n'entendent Ma Sainte Parole. La Très Sainte Trinité est à l'œuvre. Ne commettez pas le péché de dire que Je vous ai retiré Ma Miséricorde : même si les vannes de Ma Toute-Puissance ne peuvent plus arrêter les crimes que l'homme, avec Satan, a déclenchés sur toute la Terre (car Je vous ai laissés libres) le maître du Mal, *avec votre consentement,* est en train de détruire tout ce qui se trouve sur son passage. *Éloignez-vous de lui.*

Vous avez encore le temps de choisir Dieu, et non le Perfide qui vous entraîne vers votre perte avec de fausses illusions. Si vous Me revenez avec un cœur contrit, Mon Pardon sera plus **grand** que votre repentir *et vous jouirez de Ma Paix.*

A Mon Eglise : J'ai choisi d'élever en premier Ma Très Sainte Croix Glorieuse, Signe de Ma Sainte Résurrection ; *vous l'avez refusée.* Mais le Salut du genre humain ne peut venir que de JÉSUS Christ; *ainsi, vous retardez Mon Retour Glorieux.*

Dans cette attente, le Rédempteur demande à Son Église de sortir de ses murs et d'écouter Celui qui lui a tout donné en Se donnant Lui-même à tous ses membres. JÉSUS-Christ est l'Église Vivante.

Laissez-Moi à présent régner sur le monde. Ma Sainte Croix Glorieuse vous demande de M'enlever mes chaînes. L'Église, seule, peut libérer Mon Peuple *en Me libérant.*

Ma Sainte Croix veut réveiller Mon Église qui s'endort.

Il est temps. Ne voyez vous pas où va le monde sans son Dieu ? Sans Dieu enfermé dans Son Église à qui Il a remis tout Pouvoir ?

Elevez Ma Croix Glorieuse afin qu'elle puisse recevoir Celui qui vous a dit autrefois : *"Lorsque Je serai élevé de terre, J'attirerai tous et tout à Moi !"* Ma Sainte Croix vous crie aujourd'hui : *"Appelez-Moi ! Viens Seigneur JÉSUS !"* Ma Croix veut recevoir de son Église sa libération, son OUI qui reconnaîtra Ma Croix de 738 m.

Dieu est Obéissant à Sa Sainte Église, comment voulez-vous que la dernière Croix soit élevée ? JÉSUS vous demande d'obéir, comme Lui-même a obéi à Son Église. Et Mon Église reste encore muette, *comment la guérir ?*

La dernière Croix d'Amour est née du Cœur de la Croix Glorieuse. En son cœur, elle contient *la Rose Rouge de MARIE* que Son Divin Fils veut Lui offrir. La Rose de MARIE contient les deux Saints Cœurs Unis de JÉSUS et de MARIE et tous les petits cœurs des milliers de Témoins de la Croix venus prier au pied de toutes les Croix d'Amour du monde entier.

La dernière Croix doit recevoir le consentement
de l'Église en ce lieu choisi.

Elle est la Croix qui représente l'Orient, elle doit être consentie par son Église. Je demande à Mon Église choisie de bénir la dernière Croix d'Amour et de s'ouvrir complètement à Ma Voix. Je désire bénir l'Orient.

"Acceptez Ma dernière Croix pour sauver l'Asie !"

En élevant cette Croix à NAJU, vous rachèterez celle de Dozulé, vous libèrerez Ma Voie et vous pourrez alors crier, de l'Orient à l'Occident : "Viens, Seigneur JÉSUS !"

La Terre chantera. Les Cieux vous béniront.
L'Église de la Terre s'unira à celle des Cieux.
Ce sera le Triomphe de Ma Sainte Église.
Par Ma Sainte Croix Glorieuse
qui vient d'étendre ses bras sur l'Orient,
Je bénis Ma Sainte Église.
Votre Rédempteur, JÉSUS-Christ.

†

† †

Voici des Croix et encore des Croix d'Amour

****

1er Décembre 2002

"JNSR" : "Dis-moi, Seigneur, si vraiment la Croix d'Amour de NAJU doit être la dernière, ou si Tu veux me parler d'autre chose. Je T'écoute."

JÉSUS :
****

"Apprends-toi à obéir à Dieu en toute chose, même pour les plus petites. Je parle avec Ma Parole de Vérité pour instruire tous les hommes et surtout Mes prophètes, afin que rien ne se perde de ce que Je dis pour maintenant *et pour les générations à venir.*

Mon Nom est Éternel. Je SUIS l'Éternel, Celui qui règne sur la Terre comme au Ciel et sur tout l'Univers. Ce que Je dis est pour votre bien et ne doit pas être interprété de plusieurs façons : Je Suis l'Interprète de Ma Parole. Tu veux savoir ce qu'il en est des Croix actuelles ?

Mon Cœur continue à saigner car l'homme est toujours comme un animal aux abois. Il se désespère de ce qu'il ne peut obtenir. Il se cache. Mais il ne sait jamais remercier Dieu de ce qu'il a.

Combien de Miracles ont fait les Croix d'Amour élevées avec tant d'Amour et reçues également comme un Cadeau du Seigneur ! Mais peu nombreux sont ceux qui parlent de ce qu'ils ont obtenu, de ce qu'ils ont vécu et de ce qu'ils ont vu.

Alors, si le monde devient ce Champ de Croix, il devient également un terrain miné pour l'Ennemi qui ne peut s'en approcher : *"Arrière, Satan ! La Croix d'Amour vient détruire ton pouvoir satanique !"*

Le Triomphe de la Croix dérange tous ceux qui luttent contre Dieu. *N'allez pas dire que vous êtes pour Mon Église lorsque vous interdisez l'élévation d'une seule de Mes Croix dans vos paroisses ou même vos diocèses ! Craignez plutôt la Colère de Dieu !*

Préférez-vous les inondations, les cyclones, les coulées de boue, l'impétuosité des volcans qui crachent le feu de la Terre en arrosant les monts qui deviennent des cascades de laves couvrant les terres habitables où plus rien ne poussera, où plus rien ne vit ?

La Croix, avec ses bras ouverts, *vous dérange !*

Que direz-vous, le Jour de Ma Venue sur votre Terre, lorsque J'ouvrirai Mes bras pour étreindre Mes enfants ? Serez-vous parmi eux, vous qui luttez désespérément contre celle qui annonce Ma Venue en Gloire, Ma Croix Glorieuse ?

Dans le monde, il y a des enfants venus de toutes parts. Les uns ne Me connaissent pas encore. Les autres M'ont donné tout leur Amour. Tous, ils sont Mes enfants, créés dans Mon Amour.

Un jour ils M'aimeront.

Ainsi sont Mes Croix d'Amour. Comprenne celui qui le peut.

JÉSUS-Christ.

†

† †

le même jour

Le grand Pèlerinage

****

JÉSUS :
****

"Vous ne pouvez devancer le Maître, surtout en ces temps où celui qui ne marche pas derrière Mes pas, marche sur des serpents : *"Prenez garde au venin !"*

Dieu prépare tout avant que vous n'arriviez à l'endroit choisi par Sa Sainte Grâce pour accomplir votre mission. Il est impossible, *à qui que ce soit,* d'intervenir même en Mon Nom, si Je ne vous ai pas d'abord préparé le lieu de Notre rencontre : *vous entendrez Ma Voix en vous, en chacun de vous !*

Lorsque Je t'ai parlé de Ma dernière Croix, Je ne t'ai donné aucune date. *Laissez-la. Elle sera bien la dernière.*

Je bénis les Ouvriers de la Croix, ceux qui ne M'ont jamais dit *non.* Ils ne M'ont jamais déçu et Je les ai préservés de tout mal.

Je bénis tous ceux qui prient pour cette grande réalisation.

Je bénis les Prêtres qui sont venus à Mon Appel pour s'unir à Ma Croix.

Dieu veut construire ce Monde Nouveau avec chacun de Ses enfants. C'est le Triomphe de Ma Sainte Croix qui conduira Mon Église vers sa Sainteté complète en lui redonnant l'éclat de Ma Divinité qui a été occultée en certains lieux.

Le silence de l'homme n'est pas le silence de Dieu.

Mon Église doit vivre au grand jour, elle est Lumière comme son Divin Maître. *Je M'adresse à tous Mes ministres de Ma Sainte Église :*

Lorsque Je vous dis que Mon Église sera belle et sans ride, Je vous parle de votre Perfection, de votre finalité, car tout ce que Dieu vous a demandé, sera réalisé. Vous serez alors l'Image parfaite de Celui qui vous a choisis, *et ceci pour les siècles des siècles. Amen.*

Non, Je ne parle pas des pierres en m'adressant à Mon Église.

Tous ceux qui Me suivront, vous tous, vous qui M'écoutez, et vous, peuples et peuplades, nations désunies ou dispersées, *Je reviens vous unir entre vous, Je viens faire l'Unité et vous ramener à Moi.*

Vous êtes tous Mon Peuple et Je suis votre Dieu.
Je suis le Tout, le Dieu Unique et Vrai.

Je vous absorberai en Moi,
de la même façon que Je vous ai dispersés dans le Monde,
afin d'accomplir le Grand Pèlerinage
que doivent effectuer tous Mes Saints
en passant par la tentation et la Souffrance de Ma Croix,
pour Me revenir après leur mission accomplie.

Certains s'égarent, oubliant leur véritable identité *de fils de Dieu.* Ils baignent dans les eaux sales *de la confusion.* Je ne laisse aucune âme abandonnée. Je suis le Bon Pasteur, toujours à la recherche de la Brebis égarée.

Je te le dis : Mes âmes Me reconnaissent et Me reviendront.

Je suis le Bon Pasteur.

†
† †

Dieu parle à Son Peuple

****

Dimanche 8 Décembre 2002

Fête de l'Immaculée Conception

"JNSR": "Que Votre Volonté soit faite sur la Terre comme au Ciel. Que ce que je Vous demande, Seigneur, ne vous importune pas : pouvez-Vous me parler, Seigneur ? J'attends et je vous remercie et je Vous bénis. Bénissez-moi, Seigneur."

JÉSUS :
****

"Les Bénédictions peuvent aller également dans les deux sens : de vous vers Dieu et de Dieu vers vous. Obéis-Moi et continue de M'appeler. *Je te bénis.* Écoute-Moi.

Même si l'homme n'accomplit pas ce que Dieu espère de lui, Dieu l'aime et le bénit ; car l'enfant n'a jamais sa maturité complète tant qu'il n'entre pas à nouveau en Dieu.

Ne regrette rien, Je vois tout et si J'accepte tout, Je peux rétablir tout. Ne pense pas que Dieu laissera perdre une seule de vos larmes, un seul de vos baisers posé sur Ma Croix, un regard de compassion vers le malheureux et, à plus forte raison, vos souffrances offertes avec Amour pour tous vos frères dans la détresse.

Mes Plaies continuent à s'ouvrir sur cette route finale qui est la partie la plus douloureuse de tout ce Chemin de Croix qu'effectue en ce moment votre monde pour aboutir à sa finalité vécue jusqu'à présent dans l'horreur. *Le Monde Nouveau apparaît, mais il est pour vous comme un mirage.* Et cela, parce que l'homme n'avance pas en même temps que Dieu. Au contraire, il ralentit et s'endort...

JNSR : "Mon Dieu, parle-moi de ce que Tu nous réserves pour ce temps. Seigneur, pardonne mon audace à Te parler.
Nos frères attendent tant de Toi en ces temps de malheurs continus.
Pardonne-moi, Seigneur !"

L'homme ne veut pas renoncer au feu de ses armes, il ne veut pas entendre son frère qui pleure. Il n'a pas peur des menaces, il n'a peur de rien et il croit agir pour Moi quand il enlève la vie à son frère. *Les frères ennemis n'ont plus besoin de Me prier : ni dans les synagogues, ni dans les mosquées,* ***Je ne les entends plus...*** Je ne regarde même plus leur cœur, car leur bouche est l'orifice d'un sac empli de poison ; ils prient pour leur gloire et non pour obtenir Ma Paix. *Je ne les entends plus et le massacre continuera encore.* A quoi servent leurs livres saints ? Ils ne Me louent que du bout des lèvres.

Mon enfant, la Gloire de Dieu est offensée comme jamais. Personne ne M'honore en Vérité.

En ces temps de tumulte, Je réunis ceux que J'appelle en leur cœur. Finissez votre ouvrage. Dès que Je vous dirai d'arrêter, arrêtez-le, même au prix des larmes de ceux qui ne M'ont pas écouté avant.

Le Chemin des Croix d'Amour va s'arrêter à l'heure que Je vous donnerai. N'avancez plus vers aucune région, vers aucun Pays, ni près, ni loin. Vous Me serez fidèles car Je veux que tous ceux que J'ai choisis comprennent que Dieu ne permettra plus de planter des Croix d'Amour en dehors du temps qu'Il S'est fixé pour la fin.

La **dernière** Croix, celle qui sonnera l'arrêt, elle est bien là où Je te l'ai demandée. Que personne ne s'aventure en dehors de ce temps fixé.

J'ai parlé de mon *Silence* et Je te demande de leur dire qu'après ils ne M'entendront plus et cela sera le signe qui appellera le grand Signe dans le ciel. Mais il est inutile de chercher quelle sera l'heure.

Avec tous les Saints du Ciel, les Saints Anges, les Saints Martyrs et toutes les âmes bénies de Dieu qui vivent au Ciel, nous sommes avec vous pour vous aider à mieux vivre l'Amour Miséricordieux de Notre Dieu trois fois Saint.

Vous vivez le temps où l'Enfer se déchaîne sur la Terre.

Comment casser le chemin du Malin ? Nous ne vous apprenons que ce que vous savez déjà, mais vous ne mettez pas assez de force et de conviction dans vos Prières. *MARIE vous demande de former des Armées de Prière du Saint Rosaire, la Chaîne d'Amour de MARIE,* simplement, comme vos grands-mères le récitaient déjà devant les grands évènements et révolutions de la Terre et du ciel qui crachait les orages, les pluies torrentielles, la neige qui couvrait les toits jusqu'à les casser ; et le Rosaire en mains, elles sortaient pour former l'Armée du seul combat qui transforme toutes les destructions en un apaisement miséricordieux, car le Bien ne peut venir que du Ciel de Dieu. Mais *il faut y croire* et elles croyaient fermement, vos grands-mères, qu'à MARIE Chérie, Mère de Notre Seigneur JÉSUS-Christ, le Père Tout-Puissant avait donné à Elle seule, et à ceux qui La suivaient jour et nuit, la Grâce de casser les chaînes du Mal, de délier ces mauvais liens et de délivrer tous les prisonniers de Satan enfermés dans ses chaînes.

Et que, par la seule Force *du Saint Rosaire de MARIE, la Paix de Dieu reviendrait sur la Terre,* baignant de Grâce divine vos mers, vos champs, vos montagnes et vos plaines. Où est récité le Saint-Rosaire, on récoltera car le Rosaire a déjà semé le Pain de Dieu, l'Incarnation, la Croix et la Résurrection.

Ah ! Si vous connaissiez le Don de Dieu, vous le mettriez partout en pratique, jour et nuit et en tous lieux.

Et vous avanceriez comme une armée, serrés en rangs de bataille, bombardant l'Ennemi. Par vos chants de Gloire à MARIE : *Je vous salue, MARIE pleine de Grâce, le Seigneur est avec Vous,* les armées maudites se détruiront à vue d'œil.

Mais il faut avoir une Foi à faire tomber
les montagnes du Mal.

Alors, allez-y tous ensemble ; que le Prêtre sorte de son église : *c'est dehors que l'on forme les bataillons* qui avanceront avec tous les Saints du Ciel, les Saints Archanges, les Saints Anges et les Saints Martyrs, tous ensemble, jusqu'à se réunir dans vos églises où le *Je vous salue MARIE* résonnera jusqu'aux voûtes.

Il suffirait de si peu ! Oui, mais cela s'appelle la Foi.

La retrouverai-Je lorsque Je reviendrai vers vous ? Priez :

"Ô mon Christ, à Toi qui est la Voie, la Vérité et la Vie,
Comment la fleur peut-elle éclore
sans la chaleur du soleil ?
Comment la graine peut-elle germer
sans l'eau qui vient à elle ?
Comment l'homme peut-il T'appeler
s'il ne Te connaît pas ?
Comment peut vivre l'homme qui déjà Te connaît
si, dans ce monde, il n'y a pas la Foi ?
Je Te prie, Seigneur, d'accorder toutes nos âmes
à Ta Miséricordieuse Bonté.
Croire en Toi, c'est déjà T'aimer.
Éveiller en chacun notre fidélité à Ta très Sainte Volonté,
c'est ouvrir nos cœurs pour recevoir le Tien,
échanger nos vies avec la Tienne
pour recevoir Ton Sang Purificateur."

Ce que Je vous prépare pour clore ces **derniers Temps** après que soit plantée la dernière Croix que Je vous ai demandée, sera **Ma dernière œuvre.** Je t'ai toujours dit que ce que Je te demanderai en dernier, avant que la Terre Nouvelle et les Cieux Nouveaux apparaissent, après que soit plantée la dernière Croix, *dépassera tout ce que Je t'ai demandé.*

Tu M'as répondu : *"Plus grand que la Croix, pour moi il n'y a rien !"* Aujourd'hui, ce que tu as entendu, Je te le répète pour le monde entier. Car l'heure est arrivée, il n'y a plus de secret ; tu as gardé ceci en ton cœur, mais aujourd'hui tu peux dire au monde entier que *l'éveil de tous les cœurs* a commencé par les milliers de Croix d'Amour dans le monde entier, *mais tous n'ont pas suivi.*

Maintenant, il est temps de sonner l'alarme par cette dernière manifestation d'Amour.

Vous pouvez encore vous sauver les uns par les autres.

Je vous parlerai en temps voulu. Il se fait tard, le soleil ne tardera pas à se coucher derrière la haute Montagne. Tenez-vous prêts.

Je te réponds : la Croix d'Amour est *votre livre d'Amour.* Tout y est écrit. Ma dernière Oeuvre, qui terminera le grand puzzle, est dans Ma Sainte Croix qui glorifie l'Amour de Dieu en touchant tous les cœurs des hommes.

L'Humanité entière glorifiera le Dieu Unique et Vrai.
L'Amour des hommes glorifiera Dieu, l'Éternel,
qui fera passer chaque créature
par la connaissance de l'Amour qui Se dévoilera
dans Sa Sainte Croix Glorieuse.

Tout le premier Commandement de Dieu sera vécu
dans Ma dernière Oeuvre,
aimez Dieu par dessus tout,
aimez vos frères comme Je vous aime.

A bientôt.

Dieu vous a parlé.
Amen †

†
† †

Pour que tu puisses constater que J'existe

****

Vendredi 13 Décembre 2002 - Ste Lucie

JÉSUS :

****

"Ma Sainte Croix Glorieuse est venue jusqu'à vous pour réveiller tous les membres engourdis de Mon Église qui va, comme une somnambule dans la nuit, à la recherche de Ma sainte Vérité.

Oh ! Ne M'accuse pas, Terre ingrate : l'Église annonce Mon Retour en Gloire depuis près de 2000 ans. Et Ma Croix vient te le dire aujourd'hui que *Jésus de Nazareth a triomphé de la Mort, Son Règne est éternel, Il vient vaincre le Monde et le Temps.*

Depuis le 28 mars 1972, Mon Message de Dozulé a été occulté par Mon Église *parce qu'il dérange :*

"Dites aux Nations que Dieu a parlé par la bouche de Sa servante (Madeleine). Il lui a révélé que la Grande Tribulation était proche, car elle a vu le Signe du Fils de l'Homme."

Nous voici à nouveau dans *le Scandale de la Croix :* la FOLIE du Message, une Croix de 738 mètres qui viendrait sauver le Monde ! Ah oui, mais voilà : si la hauteur vous impressionne, vous n'êtes pas touchés par **ce que votre refus a déclenché...** *Je vous annonçais un changement universel proche, comme il n'y en a pas eu de pareil depuis le commencement du monde et qu'il n'y en aura jamais plus : vous y êtes !* Jour après jour, les Nations sont touchées. Après les éléments déchaînés, voici les hommes-fous qui tuent, pires que des bêtes qui, elles, ne tuent que pour se nourrir.

Toute la Nature est révoltée par l'inconscience de l'homme. La terre, la mer, les fleuves, la faune même ne retrouve plus sa région, et l'homme sa patrie, et l'enfant ses parents, et les parents leur enfant. *Toute la souffrance s'unit à Dieu en signe de réparation.* Oui, mais voilà, *la souffrance, sans la Croix, devient une orpheline.*

Le saviez-vous ? Vous n'ignorez pas que, par Ma Sainte Croix, J'ai sauvé ce monde qui reniait son Dieu. Le Fils de l'Homme a donné Sa Vie sur Sa Sainte Croix d'Amour afin que l'homme devienne Son frère et que, par Son Amour absolu, il devienne, tout comme Lui, un fils du Père de toute Bonté, accepté dans Son Royaume.

Alors beaucoup d'âmes ont demandé à Dieu *la Souffrance de Sa Croix avec les Saintes Plaies de Sa Passion :* Don de Dieu pour l'Humanité malade du manque d'Amour. La Terre est devenue *un hôpital* où se côtoient les âmes blessées, moribondes agonisant dans le péché, avec les corps corrompus par leurs propres âmes. Des Pays entiers ont besoin de vos Prières, de vos dons d'Amour. *Dieu Seul EST. Dieu Seul sauve !*

Par Ta Croix et Ta Passion, délivre-nous, Seigneur !

Pour ces Temps de la Fin, J'ai demandé dans Mon Message du 28 Mars 1972 au 6 Octobre 1978, de planter Ma Sainte Croix Glorieuse à Dozulé. J'ai donné ce Message à Madeleine pour qu'elle le remette à l'Église, seule qualifiée pour faire élever Ma Croix de 738 mètres :

"En Vérité, Je vous le dis, le Ciel et la Terre passeront, mais Mes paroles ne passeront point.

Si l'homme n'élève pas Ma Croix, Je la ferai apparaître, mais il n'y aura plus de Temps. Vous ferez connaître cette Croix et vous la porterez."

Oui, porter la Croix, c'est aussi souffrir. Mais puisque J'ai fait de Dozulé *la forteresse de la Croix, la forteresse de la Foi,* J'ai également demandé **à une autre Messagère, JNSR,** de faire connaître Mon Plan d'Amour sur la Terre entière par des milliers de Croix au centième de Ma Croix Glorieuse dans le monde.

L'Obéissance à Dieu est comme un toucher délicat qui pénètre en Mon Saint Cœur ; elle fut le commencement de Mon Message :

— des Croix d'Amour par milliers dans le monde,
— et cela fut l'Appel des Ouvriers de la Croix
— et cela est **l'Évangélisation du monde** par les Croix d'Amour.

La Nourriture spirituelle a été reçue par Ma Messagère au fur et à mesure que J'ouvrais les portes des Pays, proches et lointains. Elle l'a donnée à chacun de ses frères, comme l'explorateur emporte avec lui sa boussole et sa carte géographique. Pour eux, c'était Mon Message d'Amour qui les guidait. Ils l'ont écouté. Elle a eu la suite de Mon Instruction, pas à pas, pour les Ouvriers qui marchaient sur le chemin que J'empruntais devant eux. Vous dire que cela devenait une aventure des plus folles, vous serez loin de pouvoir le comprendre. On ne contrôlait parfois ni leurs passeports, ni leur invitation à entrer dans tel ou tel Pays protégé par des gardes ou par l'armée.

Je leur ai ouvert toutes les portes, Je les ai guidés et protégés comme une couvée de poussins par la mère-poule ; tantôt Je les couvrais de mes ailes pour les protéger du froid ou des agressions intempestives des hommes ; tantôt Je m'enfonçais en leur compagnie, cherchant leur amour dans ces cœurs d'enfants tout donnés à Dieu.

L'aventure de Dieu avec les hommes est semblable à l'aventure des hommes avec Dieu.

Ils Me ressentent comme Moi-même Je les ressens. Dans l'invisible se retrouve le visible, comme dans le visible ils retrouvent la Joie et la Force de leur Compagnon : *leur Dieu, leur Maître, JÉSUS Christ,* Présent dans leur vie. L'aventure a une fin lorsqu'elle est revenue à son point de départ ; c'est là qu'elle a accompli ce qui lui avait été demandé.

Je suis l'Alpha et l'Oméga.

Tout ce que Je demande à Mes Messagers, c'est de partir où Je les appelle pour Me retrouver, et de revenir où Je les attends pour finir avec Moi l'œuvre que Je leur ai demandé d'accomplir.

Si vous suivez les pas de Dieu, vous reviendrez toujours en Son Saint Cœur, point de départ de toutes choses en Lui, avec Lui et par Lui.

"L'impossible", pour l'homme, fut Ma Croix. La "folie" de Ma Croix de 738 mètres a réveillé en lui la folie de l'Homme-Dieu qui, pour délivrer tous Ses frères, a obéi à Notre Père des Cieux : *"Mourir pour donner Sa Vie".* Le grain de blé meurt en terre pour donner l'épi chargé de grains. Le raisin se laisse écraser pour donner sa boisson à l'homme. Ainsi fut Ma Sainte Croix : *le pétrin et le pressoir,* afin de Me donner en Nourriture au Peuple de Dieu qui mourait de faim et de soif. Car il est plus facile de nourrir un corps que de donner la Force et l'Amour Vivant à une âme qui se meurt sans Dieu.

Je suis l'Hostie Vivante qui vient à vous.

Par orgueil, aujourd'hui, ce Peuple rejette son Salut. Cet homme d'aujourd'hui n'est ni un innocent, ni un analphabète. C'est un grand scientifique, un chercheur, un "éclabousseur" qui salit Ma Sainte Vérité en essayant de prouver par ses déductions que *Dieu n'existerait pas...*

Ma Patience te prouve que J'existe.

Et Je te dis : *"Homme, jusqu'à quand vas-tu éprouver ton Dieu ?"*

— Les digues de tes fleuves, une par une Je les démolirai.

— La mer devient une menace qui va continuer à te mettre au défi. Faudra-t-il la vider de toutes ses eaux malades pour lui redonner sa vie afin qu'elle puisse te nourrir comme autrefois ?

— Ton bétail continuera à s'affaiblir. Ta terre s'appauvrit...

— La végétation s'étiole par le froid, elle se dessèche par le feu, elle meurt par l'eau qui ne cesse d'ouvrir ses vannes de partout.

Ton manque de foi est en train d'étrangler ta planète.

Je t'ai donné la clé qui régit toute chose : *Ma Très Sainte Croix.* En te basant sur ta seule intelligence, tu as fermé les yeux de ton âme et tu lui as bouché l'ouïe.

Vais-Je te réveiller en frappant plus fort et ta Terre et ta vie ! Car, si tu vois, près de toi ou au loin, mourir tes frères de maladie, de faim ou de soif, *toi, homme de Pouvoir,* tu es encore debout. *Je t'ai épargné* pour que tu puisses constater *que J'existe.*

Ce ne sont plus les prophètes anciens que tu feras taire. Ils te parlent à nouveau par tous ceux que J'ai choisis *pour ce Temps.*

Oui Dieu, dans Sa grande Miséricorde, fera Justice. Déjà, tu vois Ma Main s'abattre progressivement sur cette Humanité déchirée par l'indifférence qui devient *violence* et *destruction.*

Je n'entends ni la louange de Job à Dieu, ni celle de Noé. Peuple ingrat et fier, tu ne M'honores pas mais, lorsque tu Me demanderas enfin *Pardon,* Je ne pourrai plus t'entendre, *car ton temps de Repentir sera* ***passé.*** Et pourtant, Je vous aurais sauvés *à cause de Ma Croix.*

Je la ferai apparaître dans Mon ciel. Vous la verrez.

Mais la souffrance sera encore votre lot : c'est elle qui vous mettra à **genoux.** En enlevant Ma Croix, vous avez laissé envahir votre Terre par Ma Souffrance d'Amour.

A genoux, Mes enfants, et priez pour Ma Sainte Croix Glorieuse, Don du Père de toute Bonté qui vient réunir Sa Terre Nouvelle avec Ses Nouveaux Cieux, par Son Divin Fils,

JÉSUS Victorieux,
Gloire et Louange à Toi,
Seigneur JÉSUS.

†
† †

La fin des Temps est proche

****

Jeudi 2 Janvier 2003

JÉSUS :
****

Mon enfant, ce Message tu dois l'écrire *vite,* car le Temps est en train de se rapprocher *très vite* et Ma main ne peut le retenir car Dieu vous laisse *libres.* Voici que le premier Commandement a été très mal compris par certains :

Adorer Dieu en Esprit et en Vérité.

Je M'adresse à Mes enfants obéissants de par le monde. Peu nombreux sont ceux qui M'ont obéi, mais ce peu a compris. Ils n'étaient parfois d'aucune religion, mais ils M'ont honoré par leur amour sincère envers leurs frères et Ma Création : *ils M'ont loué.*

Ceux que J'ai choisis pour porter Mes Croix furent Mes principaux Témoins de la Croix, car Ma Croix est le signe d'Amour et de ralliement de tous Mes enfants avec leur Dieu. Ils ont obéi, ils M'ont entendu et continuent à M'entendre, comme celle qui M'entend à présent en son cœur empli de Ma Souffrance, celle de Ma Croix et de l'Amour de Mon Cœur qui continue à saigner pour cette Humanité déchirée.

Mon enfant, voici que tes frères se rapprochent du dernier lieu où doit se planter Ma dernière Croix. Je les bénis, bénis-les avec Moi.

Voici Mon plan après cette dernière Croix à NAJU en Corée.

Observez, encore et toujours, Mon premier Commandement qui est le même que ci-dessus : *Aimer Dieu par dessus tout, c'est d'aimer avec Moi et en Moi tous Mes enfants dispersés qui marchent à la dérive, cherchant abrl et nourriture et protection.*

Je suis le Dieu de la Multiplication.
Je suis le Dieu qui rassemble.
Je suis le Dieu qui donne et qui ouvrira toutes les portes
en grand pour le Salut de l'homme
qui va devenir, en ces Temps,
à l'Image de Dieu, le Fils de l'Homme.

Vous ne pouvez pas, *vous ne voulez pas* comprendre que Je suis en chaque fils de la misère, en chaque être rejeté, bafoué, tremblant de peur et d'angoisse, parce que certains, qui M'ont jugé *trop encombrant,* M'ont fermé Mon Église, et toutes Mes œuvres sont en train de tomber, de se noyer ou de se brûler : le feu et l'eau. Maintenant, c'est la boue et le sang...

Grands de ce monde, où est votre cœur dans vos paroles prometteuses ? *Grands de ce monde,* à quoi tient votre pouvoir ?

Grands de ce monde et de Mon Eglise, sortez dans la rue, œuvrez pour Dieu, *vite,* vous le pouvez encore.

Je ne vous demande qu'une chose et elle est facile : mettez-vous à la place de vos frères dans le malheur, *car vous y serez bientôt.* Car Je suis prêt à déchirer tous vos blasons, à détruire tous vos édifices douillets. Votre argent, votre pouvoir, tout est en train de dévaler la pente. Et vous qui aspirez, maintenant seulement, à élever Ma Croix, vous n'aurez plus le temps, Je ne considère que celles qui y sont déjà. Car je vous ai déjà donné Mon Temps de Grâce.

Je ne vous entends plus, Je ne vous écoute plus.
Je rentre dans mon Silence
jusqu'à ce que Je voie que vous avez entendu, enfin,
les cris des affamés, les plaintes du rejeté.

Mais *les morsures de votre indifférence* vous ouvriront vos yeux morts à la misère que vous avez créée avec Mes biens qui étaient dans Ma Terre pour tous Mes enfants du monde entier, tous vos frères. Et ces biens vous les avez gaspillés.

Rassemblez les hommes de loi pour qu'ils agissent ***vite.*** Je veux la Paix. Je vous donnerai Ma Parole pour vous faire comprendre entre vous.

Je ne veux aucun discours d'homme. Je ne vous connais plus car vous avez oublié de M'appeler lorsqu'il en était encore temps.

Que ceux qui reconnaissent cet écrit vrai et venant réellement de Moi, se mettent vite à l'ouvrage. Je vous aiderai. Construisez un monde d'Amour en commençant par recevoir Mes enfants affamés et malades, rejetés, apeurés par les guerres répétées que vous avez préparées depuis longtemps en mettant le feu là où vous saviez qu'il allait s'étendre, car vous voulez tout détruire, tout vous approprier.

Dépêchez-vous, les heures vous sont comptées. Vos pays ne seront plus que boue et sang. Arrêtez le Mal en installant à Sa vraie place
votre Dieu d'Amour et de compassion.

A Mes enfants de la Croix :

Ma dernière Croix posée, retirez-vous vite chez vous. Enfants de Ma Croix d'Amour, votre Dieu vous bénit et bénit votre travail qui est Mon Oeuvre. Ne pleurez pas que certains aient méprisé la Croix d'Amour dans leur Pays. Vous *êtes* Mes Croix d'Amour. Où vous êtes, Ma Croix d'Amour se trouve avec vous, elle est *en vous* Mes enfants obéissants. Que Dieu Tout-Puissant soit toujours votre seul But. Le servir, L'aimer et L'adorer. Et maintenant, parlez de Moi. Aidez les malheureux.

Touchez les cœurs des grands de ce monde qui ont comme siège le Pouvoir et une pierre à la place du cœur.

Je viens attendrir tous ces cœurs de pierre

avec Mon Amour Miséricordieux.

JÉSUS de la Sainte Croix Glorieuse

†

† †

La Civilisation de l'Amour

****

Lundi 20 Janvier 2003 - St Sébastien

JÉSUS : "Mon enfant, dépêche-toi d'écrire ceci et d'informer tous
************ tous tes frères, Ma Sainte Volonté doit être respectée :

Je vous demande de Me construire le plus grand hôpital que l'on ait pu voir, encore aujourd'hui, sur cette Terre.

Ce sera un groupement de plusieurs unités formant ensemble *l'Hôpital Mondial de votre Temps.*

De toutes races, de toutes religions seront, aussi bien, tous les malades qui y seront accueillis, comme tous ceux qui les soigneront.

Ces hôpitaux seront situés aux frontières de tous les Pays pauvres ruinés par les guerres répétées et rongés par les maladies déclenchées par la misère et la haine des hommes. Mes enfants, devenus des loques humaines, sont *les êtres du silence mortel,* ils se laissent mourir. *Si vous passez sans les voir, vous vous condamnez vous-mêmes.*

C'est pour cela que Je t'avais dit que, après les milliers de Croix dans le monde et après la dernière Croix élevée, Je te demanderai une chose plus grande. Tu M'avais répondu : *"Seigneur, une chose plus grande que la Croix, je ne vois rien que l'homme puisse faire sur notre Terre."*

Je désire que les hommes deviennent Charité et Pardon. Tout sera mis en œuvre pour donner naissance à la Civilisation de l'Amour.

Si vous avez tout donné sans offrir vos personnes à Dieu, vous ne M'avez rien donné ! *Ce que vous ferez aux plus petits de vos frères, c'est à Moi que vous l'aurez fait.* Ainsi se conjugue l'Amour dans Ma Paix.

Faites et Je ferai !
Aimez-vous les uns, les autres, comme Je vous aime.

J'appelle tout Mon Peuple. Les vaillants vont accourir à Mon Appel pour soigner leurs frères malades, affamés et sans abri.

Cette génération ne passera pas avant que soit rétablie l'organisation qui mettra fin à ce désordre mondial

Vous allez vite prendre conscience de ce déséquilibre général que la convoitise a créé de par le monde. Vous irez là où Je vous appelle.

La nécessité immédiate se voit. Si vous passez à côté, comme l'aveugle qui a perdu la lumière de ses yeux, *Je ferai basculer votre Terre* qui peut perdre, *en un jour,* ce que les eaux, les coulées de boue et le feu ont encore laissé debout.

Vous êtes sans pitié pour le malheur des autres.
Je serai sans pitié pour ce que vous affectionnez le plus, c'est-à-dire votre bien-être.

Donnez sans compter : Je pourvoirai à tous vos besoins. Demain tout peut disparaître et, à votre dernière heure, vous n'emporterez avec vous que vos bonnes actions, votre générosité, votre dévouement accomplis sur cette Terre.

L'aumône ouvre toutes les portes lorsqu'elle est donnée avec Amour et sans espérer le moindre intérêt en retour.

Tout le bien que vous aurez fait sur la Terre vous sera rendu au centuple au Ciel de Dieu où le matériel n'existe pas. *La vraie monnaie des Saints du Ciel, et des Saints de la Terre, s'appelle Charité.*

N'oubliez pas que tous les Habitants du Ciel prient pour vous ; ils sont Amour, Pardon et Charité. Toutes Mes âmes sont unies dans une ardente Prière adressée à la Très Sainte Trinité en passant par le Cœur maternel, douloureux et Immaculé de MARIE, Mère de Dieu et des hommes, *afin que vos cœurs soient touchés en voyant tous les nécessiteux des Pays appauvris et meurtris par les guerres répétées ; ainsi que les nécessiteux des Pays riches.*

C'est le plus grand affront que Dieu reçoit en Son Sacré-Cœur devant les cœurs de pierre
de tous les grands de ce monde qui n'ont d'intelligence que pour le pouvoir et l'argent, car leurs cœurs ne sont pas allés à l'École de l'Amour.

Penchez-vous sur Mes Hôpitaux. Les dons, en nourriture et en soins, afflueront de toutes parts. Ces Hôpitaux de la Croix d'Amour iront en croissant à la mesure des besoins nécessaires et ils s'élèveront de partout selon l'urgence. Les médecins et les soignants recevront l'Appel en leur cœur.

Comme vous avez vu les Croix d'Amour naître de partout, ces Hôpitaux seront construits aussi vite que la nécessité poussera l'Amour à ouvrir ses portes à tous ceux qui auront besoin de vous. *Ils sont pour la plupart déjà construits et prêts à recevoir Mes enfants malades, affamés, estropiés ; des hangars, des lits, des couvertures sont là.*

L'oiseau blessé a peur. Allez doucement les chercher.
Avec votre chaleur, ils seront apaisés.
Présentez-les à Dieu, l'Éternel qui les a, comme vous, créés à l'Image de Son Divin Fils.

Je vous ai donné la Liberté.

Que les Chrétiens se réunissent à prier pour tous ; que les Prêtres accomplissent leur Sacerdoce pour ceux qui attendent l'Eucharistie, Pain de Dieu. Vous pouvez communier et offrir pour ceux qui ne se sont pas encore approchés de votre Sauveur. Le Saint Cœur peut Se partager, votre Communion spirituelle descend sur tous. Dieu est en chacun. Mais n'exigez pas, ne forcez personne.

C'est Moi,votre Dieu, qui ferai l'Unité.

L'âme se guérira avec le corps, dans ces hôpitaux qui s'éparpilleront aux quatre coins du monde où la misère et la pauvreté existent ; *ils seront les TENTES étendues pour attendre la Venue de Celui* ***que Moi, Le Père Éternel****, Je vous enverrai bientôt.* Ces hôpitaux auront tous la Croix d'Amour et s'appelleront *Marie de la Croix Glorieuse.*

La Civilisation de l'Amour sera le premier Signe. Le Ciel s'ouvrira et vous entendrez : " *Tout est accompli ! Voici Mon Fils Bien-Aimé en qui J'ai mis tout Mon Amour."*

Alors, tout sera guéri, les plaies du Monde se refermeront, de Mal il n'y en aura plus. La Gloire de Dieu sera ce Jour tant attendu, *le Premier Jour de la Nouvelle Terre et des Nouveaux Cieux. Vous verrez JÉSUS Glorieux, Mon Fils, votre Dieu, en qui J'ai mis tout Mon Amour.*

Il S'appelle l'Emmanuel, l'Amour.

Dieu, l'Éternel.

† Amen

† † †

Mon Seigneur et mon Dieu

****

Lundi 20 Janvier 2003
St Sébastien

JÉSUS : Mon enfant, écris ceci en premier :

************** *Qui aime JÉSUS, aime Son Église.*

Car l'Église est la Bien-Aimée de JÉSUS, elle *est* JÉSUS et elle ne fait qu'un seul Corps avec le Christ qui vit en elle, comme elle-même vit en Lui.

Ma Croix doit glorifier Ma Sainte Église,
comme Mon Église doit glorifier Ma Sainte Croix.

Nul ne peut servir deux maîtres à la fois : ceux qui sont pour Dieu sont en Dieu, ceux qui ont choisi l'Ennemi sont contre Dieu.

Je M'adresse ici à tous Mes enfants choisis : *Respectez vos Prêtres et vous Me respecterez. Obéissez à Mon Prêtre et vous M'obéirez.* N'oubliez jamais que son Ordination l'a sanctifié à jamais, potentiellement. Au Ciel, il est Prêtre, à côté de Mon Père et votre Père.

S'il oublie quelquefois l'Acte par lequel il reçut le Sacrement de l'Ordre, il ne pourra jamais oublier que ce divin Sacrement le fit entrer dans les Ordres pour le faire Prêtre de Dieu à jamais.

Au Ciel, le Pardon de Dieu effacera en lui même la faute la plus grave qu'il ait pu commettre sur Terre. Ce fils de Dieu sera l'Enfant prodigue qui, ayant reçu du Père sa dignité intégrale, pourra s'asseoir à Sa Table et recevoir l'Anneau royal des mains de Son Dieu et Maître, se jetant sur Ma poitrine.

Je lui dirai simplement : "Mon enfant", et lui Me dira :

"Mon Seigneur et mon Dieu."

†

† †

Confidences d'Antoine

20 Février 2003

"Ma chérie, aie confiance en Dieu, Il ne t'abandonne pas. Ne Lui fais plus obstacle avec tes pensées. Regarde devant toi, le ciel ne s'assombrit pas lorsque tu regardes devant toi. Derrière toi il reste tout ce qui fut, mais tu arrives maintenant à dépasser tout ce mal. Ne te retourne plus vers le passé.

Viens ! Ne pleure plus, je suis toujours avec toi, partout. Mon cœur est le même : je t'aime, tu le sais, avec tout mon être qui est en Dieu. Avec Dieu on resplendit de Sa Sainte Gloire et on chante toujours l'Hymne à Sa Gloire de Père Créateur qui a fait tout être et toute chose avec Son Fils Unique JÉSUS-Christ, Lui qui est Dieu et qui manifeste toute la Volonté du Père pour le monde entier, ici comme sur la Terre.

Rends Gloire à Dieu car, ma chérie, Il t'aime et te voit comme tu es, devant Lui. Ne l'oublie pas. Ce que tu fais sans méchanceté, plaît à Dieu. Il n'y a aucun obstacle, si grande soit l'erreur, que Dieu ne puisse pardonner, surtout lorsque ce que tu fais n'est pas pour te glorifier toi-même.

Ne pense pas qu'ici on regarde vos fautes : on ne voit que votre bonté lorsque vous agissez bien pour tous vos frères. Les fautes ne peuvent même pas nous effleurer, car le Pardon de Dieu couvre tout. Chacun est un miroir qui reflète Dieu, lorsqu'il devient pur.

Ne vous mentez jamais à vous-mêmes : vous *savez* quand vous faites mal à quelqu'un. C'est votre miroir qui s'obscurcit.

L'homme, qui pardonne, est doublement pardonné lui-même pour tout ce qu'il peut faire de mal sans le savoir et sans même le vouloir. Ici-bas, rien n'est parfait ; et même ici, je peux te dire : *Seul Dieu est Bon et nous donne Sa Bonté.*

On ne peut pas vous juger. A vous de faire attention à votre âme.

Fais toujours le bien autour de toi et pardonne à tous ceux qui ne savent pas ce qu'ils font, et ce qu'ils se font à eux-mêmes, lorsqu'ils sont incapables de pardonner et incapables d'aimer.

Je suis bien entouré. Je ne veux plus que tu me pleures, même si mon souvenir vient à toi. Car tu es pour moi le reflet même de mon âme. Je prie pour que tu comprennes ce Mystère d'Amour.

Lorsque Dieu unit deux âmes, depuis la Terre où ils vécurent, cet Amour devient divin, même si tu es encore sur la Terre et moi ici, avec Dieu.

Je vois JÉSUS.

Personne ne peut se faire une idée de Sa Présence, réellement, comme nous le vivons ici. JÉSUS est ce Bien précieux qui nous remplit de Joie, une Joie si immense que, vivant sur Terre tu ne pourrais pas la supporter, même toi qui L'aime tant ! Attends-toi à vivre cette Joie d'une intensité inconnue de l'être le plus croyant de la Terre.

Dieu est plus que de la lumière : *Il est Lumière.* Dieu est plus que l'éclat du plus pur des diamants de la Terre, Il a tous les reflets en Lui. *Il est Pureté.*

Dieu a tant d'Amour en Lui qu'Il me laisse t'écrire ceci que je te dicte tout cet écrit en empruntant Son Amour, comme l'écolier va chercher le crayon de son voisin pour mieux écrire. Pour que je te parle, Il me prête Son Amour Vivant, Il me dit : *" Écris-lui, comme Moi-même Je lui écris en empruntant sa main."*

Alors je peux te dire que mon cœur déborde d'Amour divin pour toi, Sa bien-aimée ; toi, mon Amour de la Terre, que j'attends. Mais je sais qu'Il me fait patienter, Il a encore besoin de ta personne sur cette Terre.

Tu n'es pas malade *si tu Le désires car tu dois vivre pour Lui.* JÉSUS peut tout : prie-Le de te guérir pour L'aimer déjà, sur la terre des hommes, comme une Élue du Ciel de Gloire.

La Terre ne peut retenir longtemps les gemmes que Dieu prépare ici-bas pour Lui.

Béni soit JÉSUS-Christ, Vrai Dieu et Vrai Homme,
Lui qui a vécu notre vie pour que nous puissions
vivre la Sienne, avec Lui pour l'Éternité.

A bientôt ! Mon âme est en toi comme elle est avec Dieu.
Nous sommes tous unis et réunis par le même Amour.

Dieu est Amour.

Dieu est Lumière.

Antoine, vaisseau de Dieu.

Comme Noé, vous vous verrez nus et honteux

****

24 Février 2003

"JNSR" : " Seigneur JÉSUS, je m'étais endormie comme Noé. J'étais ivre de douleur. La pudeur m'a réveillée : je me suis vue devant Toi, dévêtue, mon âme à nu. J'ai été trahie, bafouée, mise à l'écart. Pourquoi as-Tu permis cela, Seigneur, Toi qui vois tout ?"

JÉSUS :
****

Mon enfant, ton âme était plus nue encore que le corps dévêtu de Mon Patriarche. Tu te cachais inconsciemment dans ta torpeur, comme celui qui a bu et qui a honte. Tu as bu à toutes les méchancetés qui te sont arrivées, jusqu'à soûler ton cœur et ton âme dans une torpeur de mort qui grandissait jusqu'à te cacher de Ma Sainte Face.

J'ai été présent devant toutes ces infamies, ce mépris qu'on t'infligeait. Je voyais cette lourdeur qui t'envahissait en t'ensevelissant ; comment allais-tu te réveiller ? Dans cette honte, tu t'es vue toi-même *nue de Mon Amour* ; tu te dépouillais même de Mon Vêtement, tissé avec Ma Sainte Miséricorde, celui avec lequel Je te revêts. Tu ne le voyais même plus. Tu marchais nue : ton âme alors s'est mise à trembler car tu ne ressentais plus, ni Ma Chaleur, ni Ma Bonté ; tu croyais être rejetée et tu ne M'appelais plus car, comme Noé, l'ivresse de tous ces maux embrumait ton cerveau et tu laissais tomber à terre *Mon Manteau,* car c'est le Mien qui te recouvrait.

Aujourd'hui, les écailles son tombées de tes yeux : tu as vu qu'il ne faut plus boire cette boisson amère du désespoir. Laisse derrière toi le mépris, les railleries, les moqueries et entends Celui qui t'attend pour te parler. J'ai donné Ma Vie pour Mes Brebis et elles n'en font qu'à leur tête. Toi, au moins, ne M'abandonne pas, surtout lorsque le Monde doit savoir où il en est. Ce que tu écris, c'est Ma Parole, alors répands-la, vite !

J'ai voulu aussi que tu goûtes à cette amertume loin de Moi. Écoute, et dis à Mes enfants : *"Loin du Seigneur, on n'est que des ivrognes qui ne savent que boire à la bouteille du malheur de ce nectar que Satan sait si bien préparer pour vous endormir et vous capturer. La flatterie est ce bain où mûrit votre orgueil."*

Ne rejetez pas tout en bloc : la Souffrance et l'Amour vont ensemble sur le chemin de l'Humilité. Réfléchissez encore : où est votre Salut ? Ce monde si imparfait, immense, volumineux comme jamais il ne le fut, gonflé d'orgueil et de malice, caractérise cette époque actuelle qui, dans son hypocrisie, dépasse toutes les époques précédentes.

A elle seule, elle réunit tout le Mal qui était déjà en chacune des précédentes ; en plus, elle vient de créer l'Abomination dans toute son horreur contre Dieu et contre l'Humanité. Que lui reste-t-il à découvrir pour faire basculer ce monde dans le néant ?

Vois cette *brebis* actuelle : elle est énorme, elle ne ressemble plus à celle que Je tenais, serrée sur mes épaules, se laissant porter jusqu'à Ma Bergerie pour se mêler à Mon Troupeau. Oui, cette dernière brebis, la voilà : c'est le monde actuel, gonflé d'orgueil, qui ne peut pas passer par Ma Porte étroite ; ce sont ces milliers de milliers d'enfants inconscients, ces âmes qui M'appartiennent et qui ne le savent même pas...

Parce que, dans leur folie de Pouvoir et d'Argent, dans leur désir de paraître partout, Me devançant, elles ont oublié jusqu'au Nom de leur Père Créateur, elles ont perdu la trace de leur Rédempteur qui a donné jusqu'à la dernière goutte de Son Sang pour les sauver toutes sur Sa Croix d'Amour ; elles ne ressentent même plus l'Appel incessant et brûlant d'Amour de l'Esprit Saint. Alors, Dieu dit :

"Faut-il les dévêtir de tous leurs biens pour qu'ils se voient pauvres et nus, abandonnés comme Job ? Ne faut-il pas mieux les plonger, comme Jonas, dans une nuit noire pendant trois jours, afin de revoir Mon Chemin en se laissant vomir par la Baleine sur Mon rivage où ils découvriront Ma Sainte Lumière ? Comment choisir une baleine plus énorme que cette brebis immense, ce Monde qui ne reconnaît plus sa Maison, *la Bergerie de Dieu.*

Alors Dieu commanda à Sa Terre entière de faire Silence, car Il allait éteindre Sa Lumière, toutes les Lumières qui animent et alimentent toutes vies sur la Terre comme au Ciel.

Laissons continuer seulement la vie de cette énorme brebis face à son Berger. Laissons-la mirer sa face dans la Sainte Face de son Dieu et Maître. Elle va doucement descendre jusqu'à son origine ; elle va se reconnaître dans le miroir de la Source Originelle qui reflète toute vie ; elle se souvient alors que de cette Eau, elle est sortie belle pure et resplendissante ; alors, elle va s'interroger toute seule :

Oui, qu'a-t-elle fait de sa Pureté ? Qu'a-t-elle fait du Don de Dieu ?

A mesure que la bobine de sa vie se vide, comme Noé elle commence à vouloir cacher sa nudité, *sa nullité,* car elle se voit nue, affreuse, sans rien pour se couvrir. Dieu va la laisser ainsi jusqu'à ce qu'elle dise : *Abba, Père !*

Elle va trembler de honte et d'effroi en se voyant : oh comme elle est vilaine ! Comme elle a été méchante et cruelle avec son Dieu et Père !

Combien elle a fait de mal à Mon Divin Sacré Cœur qui a débordé d'Amour pour elle alors qu'elle débordait de haine pour Moi ! Combien d'années et d'années, elle s'est fermée les yeux pendant que l'Esprit Saint lui montrait Son Chemin de Lumière !

Tu vois, Mon enfant, cette énorme brebis désobéissante et cruelle, ce Monde qui renie encore Dieu, *tu vas le voir changer ; Je suis ce Cœur qui bat en chacun de vous,* mais bien peu veulent Le reconnaître.

Toi, au moins, unis tes battements aux Miens. *Je t'aime,* le calvaire que tu passes prendra bientôt fin. Unis-toi à Moi.

Mon Amour te garde jour et nuit.
Bénis, ô mon âme, ton Dieu.
N'oublie aucun de Ses bienfaits.
JÉSUS-Christ.

†
† †

En haut du chemin où Mon Sang a coulé

****

Vendredi 28 Février 2003

JÉSUS : Je ne suis pas dans la tempête, ni dans l'orage, ni dans le vent puissant qui entraîne tout sur son passage. Vous n'obtiendrez de Moi aucune faveur en forçant Ma main.

Je suis Dieu : l'Éternel est devant vous. C'est à vous qu'il est demandé de M'obéir. J'ai parlé et Ma Parole a été déformée et Ma demande a été détournée. Votre impatience vous a poussé à commettre une faute grave, vous êtes passés devant Moi. Vous n'avez pas mis vos pas sur la trace des Miens. Vous M'avez devancé. Mon Temps n'est pas le vôtre et personne ne peut Me remplacer.

Ma décision est formelle et Je ne la répéterai plus.
Ma dernière Croix doit être posée *en haut du chemin où Mon Sang Précieux a coulé,* à Naju en Corée.

C'est l'Église qui a la charge de bénir Ma dernière Croix. Et ceci est Mon dernier avertissement. Je n'agis pas comme un voleur.

Le Prêtre de l'Église de Naju doit vous donner son consentement et la bénir lui-même. C'est par Ma Sainte Croix Glorieuse que Mon Église renaîtra. Si l'Alpha est à DOZULÉ, l'Oméga se trouve à NAJU.

Je vous bénis, que la Paix reste avec vous. Ma Croix est comme Mon Message : Vérité et Lumière. *Je ne vous ai pas encore demandé d'arrêter de faire élever Mes Croix d'Amour.* Je vous avais avertis que la dernière Croix ne serait pas facile à être admise par l'Église du lieu. Pour cela, vous devez redoubler vos Prières et garder l'Espérance en vos cœurs.

Ma Parole est Vérité.
JÉSUS de Nazareth.

†
† †

NOTA : François, en charge de l'élévation de la dernière Croix (voir p. 62 et 107) s'est rendu une première fois à Naju. Il y a fabriqué une Croix, mais n'a pu la poser faute d'avoir pu obtenir l'accord nécessaire. Il l'a donc laissée en attente, couchée sur le sommet du mont. Revenu, il en a donc fait une seconde, mais la situation ne s'était pas débloquée et cette Croix a été élevée dans un Carmel à NAJU. A son retour ici, François apprend que la première Croix a été élevée dans la banlieue de Séoul. Il pensait avoir accompli sa mission.

Ce n'était pas la conviction de JNSR, mais pour sortir de l'incertitude, elle a ardemment prié Notre Seigneur de lui donner Ses directives, et c'est le Message ci-dessus où JÉSUS a été très clair : la dernière Croix doit être élevée *sur le mont, en haut du chemin où Son Sang Précieux a coulé.* En attendant, les Croix d'Amour doivent continuer.

Ma Paix

******

Mardi 4 Mars 2003

"JNSR" : "Seigneur, je Te le demande par pitié pour moi : pourquoi en ce moment suis-je si frappée de tous côtés, peines amères et désillusions, fausseté et mépris. Qu'ai-je fait ? Seigneur, pourquoi m'as-Tu abandonnée ?"

JÉSUS : Dans le silence de ton cœur, cherche-Moi.

****

Ne suis-Je pas le même, Celui qui t'a cherchée, qui t'a trouvée et sortie de la nuit où tu t'enfonçais ? Je t'ai mise dans la Lumière pour marcher à côté de Moi. Et puis Je t'ai consacrée afin de faire de toi *Ma Voix qui crie dans le désert.* Dans le désert où tu étais toi-même avant que Je t'appelle.

Alors aujourd'hui, tu vois combien sont dans ce désert, croyant qu'ils sont bien, détachés de leur Dieu. L'Humanité se vide de Mon Amour qu'elle trouve trop lourd et trop encombrant ; elle se fabrique des idoles auxquelles elle se donne. *Oui, il est temps que Je revienne si Je veux trouver encore quelques piliers qui soutiennent Ma Foi,* dans ce monde si déstabilisé.

Mais votre vie est dépendante de Ma Liberté : Je vous laisse libres !

Même si, dans l'invisible, J'invite Mes Saints, Mes Anges et Mes âmes-saintes (non encore reconnues par l'Église de votre Terre) à venir vous secourir en vous guidant vers Ma Lumière, bien peu acceptent de les suivre : les plaisirs de la Terre sont si attrayants...

Je ne t'ai pas oubliée. Cette *tourmente*, qui secoue *la nature* et les âmes, est une *inconsciente* qui veut Me faire plaisir ; non, elle ne prend pas Ma place, elle se révolte de voir combien vous M'avez oublié et trahi. Dans Ma Création, la Nature est comme la fille aînée qui va dire aux vents, à la mer, aux montagnes, à tous les éléments, de détruire le complot de l'homme organisé contre Dieu.

Alors, face à tous ces désastres, Je mesure ceux causés par les hommes eux-mêmes : tous ces viols, ces vols des âmes et des consciences, ces machinations camouflées pour conduire les hommes à se battre contre leurs propres frères, par les armes, afin d'éliminer tout ce qui peut encore faire obstacle à leur Pouvoir : créatures recouvertes d'une carapace de violence, cachées sous un habit de fausse justice, vous criez à la Liberté des droits de l'homme, tout en l'étranglant ; vous proclamez la Paix en vous servant d'armes meurtrières et vous pensez que vos paroles mielleuses auront une résonance éternelle...

Du haut de Mon Trône, Je regarde et Je ne vois qu'agitations.

Je n'accepte pas vos Prières et vos demandes de Bénédictions pour vous lancer dans une tuerie sans merci. Car votre sang se mélangera sur votre Terre, le crime de Caïn se perpétue.

Abel, c'est *Mon petit Reste.* Vous êtes aussi coupables les uns que les autres. Les martyrs sont ceux qui ne parlent pas, impuissants devant vos décisions arbitraires.

Vous avez semé la violence en commençant par instruire la jeunesse par les ondes néfastes de tous vos programmes de la télévision et par Internet, *et c'est une violation des droits de l'homme.* C'est une abomination contre Dieu et Sa Création. C'est un piège infernal pour l'enfant comme pour l'adulte.

Vous êtes coupables d'avoir conduit l'Innocence de l'enfant jusqu'à sa détresse totale qui s'appelle *suicide.* En donnant libre cours à la liberté des sens, vous avez détruit la vraie Liberté que Dieu vous donne, car *être libre, c'est être lucide.* Un esprit lucide peut distinguer le bien du mal.

Jusqu'à Mon Retour, vous n'aurez pas la Paix sur votre Terre, car Ma Paix n'est pas votre paix, elle n'est pas faite de décisions humaines au profit de certains.

Ma Paix *dérange* votre confort personnel parce qu'elle vous fait penser à votre frère avant de penser à vous-même. Ma Paix va au plus profond de votre âme pour la libérer de son égoïsme inconscient : *qu'ai-je fait du Don de Dieu ?* Ma Paix, c'est voir le besoin de votre frère jusqu'à vous dépouiller de votre tranquillité. On ne peut dormir, apaisé, si à côté de vous un frère souffre de famine, de détresse morale, de maladie, recouvert d'injustice et d'accusations mensongères, sans famille, sans Pays.

Ma Paix détruit la haine et le mensonge, cette lèpre actuelle qui conduit Mes créatures à la servitude entre les griffes de Satan lui-même.

Demandez-Moi Ma Paix, priez pour Ma Paix, qu'elle recouvre le Monde entier. Brisez vos chaînes. Ne soyez plus esclaves du Mal. Vois, Mon enfant, pourquoi J'ai demandé Ma Croix d'Amour : c'est Ma Lumière que Je vous donne. Vous verrez alors les hôpitaux où Je guérirai les âmes et *les corps.*

Ma Sainte Mère sera la Dispensatrice de tous Mes Biens.

JÉSUS et MARIE de la Croix Glorieuse †

Amen

†

† †

Contournez le Mal

******

Jeudi 6 Mars 2003

"JNSR" : Seigneur, pardonne-moi. Je dois subir demain une coronorographie, préalablement à une nouvelle opération, et je ne suis pas à l'aise. Mais je sais que Tu seras avec moi et cela me rassure."

JÉSUS :
****

Avant tout, Je dois te prévenir que RIEN ne se fait, ou ne peut se faire, sans Ma décision. Alors, aie confiance, Ma Sainte Volonté te rassure.

Penche-toi vers ce Monde et parles-en avec Moi. Il est dur de voir l'homme prendre la place de Dieu : c'est ainsi que tout se perd. Les valeurs humaines sont en train de disparaître. Comme la paille qui s'envole dans le vent, tout disparaît lorsque la base s'effondre et tout se déstabilise lorsque le raisonnement de l'homme ne rejoint pas l'Esprit Saint qui est en Dieu.

Pauvres enfants, votre planète n'est plus un refuge sûr pour aucun d'entre vous. Vous êtes dans ce tourbillon infernal qui ne cessera que si vous vous réfugiez dans Mon Saint Cœur pour écouter ce qu'Il vous dit : *on ne peut combattre le Mal qu'en le contournant pour le laisser seul face à lui-même.*

Chaque fois qu'il détruit, construisez à côté. Chaque fois que des enfants frappent à votre porte pour demander asile, recevez-les, accueillez-les, instruisez-les dans l'Amour du Très-Haut.

Ils viennent à vous : croyez-vous que la Main de Dieu va s'ouvrir pour eux et se fermer pour vous ? L'oiseau blessé ne peut pas vous nuire si vous le soignez et si vous vous mettez à l'aimer ; il s'envolera, guéri, pour crier aux oiseaux du monde entier que la vie est Amour.

Arrêtez de vous haïr. N'ayez pas peur de le dire. Ouvrez vos portes à l'Amour. Ouvrez les portes au Rédempteur. *Faites et Je ferai.*

Je vous demande de construire, d'abord en vous, l'Espérance qui édifie l'Amour qui doit rassembler tous les enfants du monde. Il est temps de rejeter loin de vous toute préoccupation personnelle de protection ; vous ne pouvez pas trouver un refuge qui vous garantira que là vous serez sauvé, vous et votre famille : la Famille, c'est TOUS unis, TOUS en un seul.

Celui qui comprendra que PERSONNE ne peut se sauver seul, qu'il vienne à Moi pour construire ce que l'égoïsme a démoli. Construisez un Monde Nouveau. Pas un seul pays ne peut se sauver seul. Pas un seul homme ne trouvera la Paix s'il ne rentre pas dans Ma Paix. Je suis votre Soutien.

La base de toute l'Humanité, depuis l'origine du monde, ne repose qu'en Dieu. Vous êtes arrivés à détruire, petit à petit, tout le patrimoine de Dieu, construit pour toutes les générations présentes, et à venir. Le Grenier de Dieu est pillé, saccagé. Etes-vous si orgueilleux pour croire que vous êtes seuls à en avoir le droit ?

Unissez vos forces, votre savoir, vos volontés, pour soigner les cœurs meurtris par la haine, pour redonner le goût de vivre à ceux qui ont tout perdu dans ces guerres et tous ces attentats meurtriers.

Dans *les hôpitaux de l'Amour,* Mes médecins, *que Je forme,* vont soigner les corps et les âmes. Au toucher, l'âme reconnaît son Dieu. *Le corps guéri, guérit l'âme.*

Mon enfant, dis à tous tes frères qu'il faut, aujourd'hui même, sauver ce Monde par l'Amour ; le désarmer par l'Amour ; le guérir par l'Amour. Aidez tous vos frères qui, déjà, attendent votre présence, votre soutien. Mettez-vous tous au service des déshérités, des affamés, des malades, des estropiés qui vous attendent. Ils savent que vous arrivez les mains pleines et le cœur rempli d'Amour. J'ai préparé toutes Mes âmes à donner et à recevoir le Don de Dieu : Charité.

L'âme guérie peut guérir le corps.

Venez à Moi, vous qui ployez sous la charge
de votre fardeau.

JÉSUS, Sauveur du Monde.

†

† †

Ma Croix apparaîtra dans le ciel

****

Mardi 11 Mars 2003

JÉSUS :
****

Ma Croix est une réalité : par elle, Je vous ai donné la Vie éternelle en Dieu. Par Ma Croix *plantée* dans la terre de France en Normandie, à Dozulé, Je *viens* vous rappeler que votre Seigneur *vient* faire l'Alliance avec tous les Peuples du monde.

Venez à Moi : rappelez-vous, Je viens vous apporter Ma Paix, Mon Retour est proche. *"Pénitence ! Pénitence ! Il est temps de sauver tous ces pécheurs qui n'aiment pas JÉSUS."* Je suis la Paix, la Joie, la Résurrection et la Vie. J'ai dit à Madeleine à Dozulé :

" Donnez l'ordre à l'évêché d'annoncer Ma Loi afin de faire élever la Croix Glorieuse et le Sanctuaire de la Réconciliation à l'endroit précis où Madeleine a vu la Croix six fois. Quand cette Croix sera élevée de terre, J'attirerai tout à Moi.

La Croix Glorieuse élevée sur la Haute Butte de Dozulé, doit être comparable à la ville de Jérusalem pour sa dimension verticale, 738 mètres. Ses bras doivent se dresser de l'Orient à l'Occident. Elle doit être d'une grande luminosité."

Ainsi est le Signe du Fils de l'Homme.

Si la Foi se mettait à recouvrir le Monde ! Si l'on instruisait l'homme sur le terrain même ! Peut-être reviendrait-il à Dieu !

Devant Dieu Souffrant, l'homme ne L'a pas reconnu. Et, à votre époque encore, l'homme tourne le dos à Sa Croix : que faut-il pour réveiller tous ces esprits engourdis ?

Des milliers de Croix de 7,38 m au centième de la Grande Croix, vont inonder le monde. Alors, ainsi que le pollen se répand sur les fleurs pour les féconder, de Ma Terre ont surgi des dizaines, des centaines, des milliers de Croix comme des nouveaux-nés qui cherchent la chaleur de leur mère. Elles sont là, elles vous montrent les cieux pour vous dire :

"Votre Créateur vous cherche, Il est là, Il vous aime, appelez-Le ! Si vous criez très fort avec votre cœur, Il va venir vous sauver de tous les cataclysmes causés par les hommes fous et la nature irresponsable qui les suit. Le système géologique est plus que perturbé."

Les Ouvriers de la Croix sont arrivés, appelés de partout. Je leur ai demandé de Me faire connaître, de Me faire aimer et que, à la vue de leur Amour pour Moi, les frères de toutes les confessions et de toutes races, se réunissent, se pardonnent sans aucun jugement et se mettent à s'aimer car ils sont les enfants du même Père, Notre Père des Cieux

Les Croix par milliers ne marquent pas la conquête d'une ville, d'un canton, d'un Pays. Elles sont les ambassadrices de Mon Amour Miséricordieux, le signe de ralliement entre tous les hommes.

Oui, convertissez-vous et faites Pénitence car le monde est au bord du gouffre. Venez prier ensemble au pied de chaque Croix.

Dieu propose toujours à l'homme le meilleur :
Dieu donne à l'homme le meilleur de Lui-même,
Son Fils JÉSUS-Christ.
La Croix est là pour vous le rappeler.

Dans plusieurs Pays, les jours de détresse sont déjà là. Les enfants-martyrs pleurent, ils ont faim, ils ont froid, ils ont soif. La Dignité est morte, la Nécessité l'a étouffée. L'enfant est vendu, maltraité ou tué. Pour quelques sous, parfois par ses propres parents. Pourtant l'homme au Pouvoir continue à marcher raide, son port est celui d'un roi à qui tout est dû.

Non, ne réglez pas vos comptes entre vous, Je suis là, priez-Moi, sinon vous allez multiplier la misère et les morts vous jugeront, car le souvenir d'une *guerre* reste dans la mémoire d'un Pays pour l'éternité.

Tant de pas et de chemin depuis ce temps où Je sortis du Jardin des Oliviers ! J'ai vu tant d'incompréhensions et d'injustices, tant de douleurs infligées à Mes petits, douleurs qui se répercutent à travers tous les siècles passés, et jusqu'à ce jour où le sang de Mes agneaux continue à se mêler au Mien.

Pour tous ceux qui travaillent pour la Gloire de Dieu, pour la Paix dans le monde, pour un monde où règnera Mon Amour Miséricordieux dans tous les cœurs, Je bénis tous les artisans de Paix et Je vous demande de Me suivre.

Le travail sera productif et créatif. Ne mesurez pas vos efforts, on vous appellera de partout pour prier, pour soigner, pour ravitailler les hôpitaux, les collectivités. Les malheureux vous mobilisent, ils ont faim de spiritualité autant que de pain.

Ma Croix apparaîtra dans le ciel et vous vous frapperez la poitrine : Je parle aux Nations qui ont refusé Ma Croix, elle ne vous fera plus peur. La Puissance de Dieu est dans Sa Croix Libératrice.

A cause de l'intrépidité de certains, l'Alpha n'a pas pu être Mon jalon sur la Terre : c'était la Croix de Dozulé refusée par Mon Église. Il en sera de même pour marquer l'Oméga : l'Église de Naju n'accepte pas encore Ma dernière Croix. La Croix de Ma Sainte Résurrection devait, à Naju, dominer Mon Chemin de Croix sanglant.

Car elle **devait** être plantée sur une terre **offerte** à l'Église[1]. Elle devait veiller sur l'Orient.

L'Alpha et l'Oméga seront visibles dans tout le ciel.
Ainsi, de par toute la Terre, sera visible le Signe du Fils de l'Homme.
Levez vos regards vers le Ciel,votre délivrance est proche. Amen.
Et voici que Je viens. *Amen. Viens, Seigneur JÉSUS !*

† † †

(**1**) : En fait, le terrain en question n'appartient pas *(pas encore)* à l'Église, mais à une Association soutenant Julia Kim, et les deux sont sévèrement marginalisées par l'autorité diocésaine locale. Exactement comme l'a été Dozulé avec Madeleine.

Dans cette phrase, le manuscrit de JNSR porte l'imparfait, que j'ai respecté, mais cela n'implique pas un passé révolu, puisque le Seigneur revient par la suite plusieurs fois sur ce sujet. Le futur aurait été plus clair, mais JÉSUS veille souvent à mettre à l'épreuve notre **Humilité** et notre **Confiance** en Lui : les miennes d'abord, en ne me permettant pas de *corriger* le texte en l'introduisant en ordinateur, et la Sainte Vierge en témoignera plus loin, page 169 dans le Message du 10 Juin 2003 ; mettre à l'épreuve l'**Humilité** et l'**Obéissance** des Ouvriers de la Croix ensuite, car ces vertus sont le rempart contre les attaques de Satan,

Retenons que *terre offerte* indique à l'Association la voie à suivre : **offrir** ce terrain à l'Église en gage **d'Humilité** et **d'Obéissance.** Mais si l'Église locale refusait néammoins d'accepter et de bénir cette dernière Croix, c'est elle seule qui en porterait la responsabilité, et non Julia Kim.

Et, page 140, JÉSUS **piège** la présomption de ceux qui, **sur un mot**, identifient une erreur de la Messagère et ne lui font plus confiance :

"J'ai demandé à l'Église **de ce lieu**, comme Je l'avais demandé à l'Église de Dozulé, de bien vouloir accepter Ma Croix d'Amour sur un terrain **lui appartenant**, là où aboutit Mon Chemin de Croix ensanglanté."

Le terrain n'appartient pas à l'Église de ce lieu, *"donc la Messagère a été trompée"* disent certains qui ne comprennent pas que *lui appartenant* est en liaison avec *terre offerte* de la présente page. Et *l'arbre leur cache la forêt.* Car le même Message dit ensuite (p. 141) :

"Pour Mes Ouvriers de Ma Croix, ils ont jugé que la Croix élevée au Carmel de Naju était la dernière car ils ne peuvent aller plus loin, *mais elle n'est pas la dernière*." (...) Et après, p. 159 :

"La première grande Croix de 738 mètres *existe* dans la pensée du Père, comme la *dernière Croix* demandée par JÉSUS Lui-même, à NAJU, *sur le mont du Sang, tout en haut,* afin de sauver l'Asie déjà menacée par de terribles épidémies."

Serait-ce le démon qui aurait dicté cela ? NON ! Et JÉSUS, qui sait tout, nous a laissé ce problème sur les bras. Et Satan a tordu l'intelligence de ceux qui veulent absolument avoir raison contre la Messagère que le Seigneur nous **ordonne** de respecter. Et qu'ont-ils fait de constructif depuis ? RIEN ! Mais prions avec Confiance le Seigneur, qui les aime, de les éclairer et de les ramener sur la voie juste.

Pour Mes Ouvriers de la Croix

****

Vendredi 14 Mars 2003

JÉSUS :
****

Ils ont parcouru tous les chemins où Je les ai appelés. Ils sont venus pour planter Ma Croix, messagère de Mon Amour pour le monde entier, annonciatrice de Ma Venue en Gloire sur la Terre de Dieu et des hommes.

Il y eut un commencement : Mon Père, dont la Bonté est infinie, désigna le lieu où devait s'élever, pour protéger ce monde du Mal, *la Croix du Seigneur : Ecce Crucem Domini.*

Par cette immense Croix, *élevée par l'Église,* le Pardon du Seigneur devait inonder tous les pécheurs repentis. Tous les Peuples étaient invités à recevoir toutes les Grâces du Pardon et de la Paix. L'Amour de Dieu Se donnait au pied de cette immense Croix, haute comme le Golgotha, 738 mètres. Elle aurait été la première et l'unique, *la Croix du Sauvetage universel.*

"Dites au Prêtre de faire élever à cet endroit la Croix Glorieuse et, au pied, un sanctuaire. Redoutable est ce lieu."

Le premier vendredi du mois, 3 Mai 1974, Madeleine M'a vu pleurer. Elle a pleuré avec Moi, Ma douce Messagère. Ce jour-là, Je lui dis : *"Dites à l'Église qu'elle envoie des messages dans le monde entier et qu'elle se hâte de faire élever, à l'endroit indiqué, la Croix Glorieuse et au pied un sanctuaire. Tous viendront s'y repentir et y trouveront la Paix et la Joie. La Croix Glorieuse, ou le Signe du Fils de l'Homme, est l'annonce du prochain Retour dans la Gloire de JÉSUS Ressuscité. Quand cette Croix sera élevée de terre, J'attirerai tout à Moi."*

L'Église, qui en avait la charge, a refusé de la faire élever, la jugeant trop haute, beaucoup plus grande *que Mon propre Sacrifice,* déjà oublié par certains. *Elle a refusé Ma demande et la porte est restée ouverte pour le Mal.*

Devant ce refus incontestable de Mon Église, J'ai voulu racheter encore une fois la désobéissance de l'homme : c'était grave, l'Église devait réparer. J'ai demandé à Ma deuxième Messagère de rassembler en Mon Nom Mes Ouvriers de la Croix et de leur transmettre le Message des milliers de Croix dans le monde, dicté le 16 Juillet 1996 en la Fête de Notre Dame du Mont Carmel. *JNSR fut choisie* par Notre Père des Cieux pour porter un Message aussi lourd que la Croix qu'elle devra porter jusqu'à la fin de sa vie. Avec l'Amour de Ma Sainte Croix, elle a accepté et Mes Ouvriers ont compris, qu'à travers elle, ils pouvaient retrouver à tout moment Mon Chemin.

Ce n'est que dans la Souffrance que Dieu parle ; son cœur est près du Mien. L'Obéissance est le *podium* où Je place Mes Messagers et Ma Sainte Croix est leur *trophée.* Elle ne pouvait pas vous mentir, *J'étais là !*

Mes Ouvriers ont parcouru tous les chemins où Je les ai appelés ; pour distinguer toutes ces Croix d'Amour, Mon Saint Cœur les a numérotées, l'une après l'autre.

Dédiant à Ma première Croix refusée le nom du commencement, *l'Alpha,* Je l'ai comptée numéro 1. Ont suivi les petites Croix au centième de la grande Croix Glorieuse, multitude de Témoins rappelant la première, elles reçurent le nom de *Croix d'Amour.*

Et le Monde pria, et Mes créatures commencèrent à s'unir au pied de chacune, communiant à la même Foi, celle qui fait dire avec respect : *Combien Dieu nous aime ! Nous sommes tous frères !* Commencèrent les conversions, les guérisons du corps et de l'âme, et le rapprochement des hommes de toutes confessions. L'Amour unit et réunit sans demander une carte d'identité ni un passeport. *L'Amour n'a pas de frontière.*

Mes Ouvriers avançaient vers le lieu où doit se poser Ma dernière Croix d'Amour. *L'Église* ***devait*** *réparer son premier refus.* En acceptant Ma dernière Croix à Naju, elle **adoucissait** sa peine qui est très sévère. *Votre planète essuie sa faute : ce sont Mes enfants qui en souffrent.* A Naju, *Je continue à vivre Ma Passion.* Ma Sainte Croix, en étirant son bras gauche vers l'Orient pour protéger l'Asie, a ouvert Mon Saint Cœur qui saigne, qui a éclaté comme une grenade mûre en s'éparpillant sur les pierres du Chemin de Croix. Tous ces cœurs durs, plus amers que ces Temps qui s'écoulent, amenant cette génération vers l'inévitable parce qu'ils M'ont rejeté et renié, *tous ces cœurs vont commencer à battre avec le Mien, à Mon contact. Bientôt vous verrez Ma Gloire, cette Souffrance, visible, à NAJU.*

Je continue à la vivre à travers tous les Peuples qui ne M'ont pas accepté depuis Mon Crucifiement sur le Golgotha. D'une façon invisible, Je vis en chaque enfant qui souffre Mon Saint Martyr : *Je suis l'Homme de la Souffrance qui habite vos corps en Croix.*

Car seule Ma Croix sauvera le Monde.

Pour que le Profanateur ne viole plus Ma Sainte Loi et se retire à jamais de ce lieu sacré —vos cœurs— ; pour que le Monde croie en Ma Puissance et M'appelle ; pour la Victoire de Ma Croix Glorieuse qui annonce Mon Retour en Gloire, J'ai demandé à l'Église de ce lieu, comme Je l'avais demandé à l'Église de Dozulé, de bien vouloir accepter Ma Croix d'Amour sur un terrain lui appartenant, là où aboutit Mon

Chemin de Croix ensanglanté. Ma petite Croix d'Amour, qui est Ma Sainte Croix de Ma Sainte Résurrection, doit être lumineuse parce que Ma Sainte Lumière vient éclairer toutes les ténèbres.

Je t'avais dit : *ce sera la dernière Croix* qui sera demandée à Mes Ouvriers, mais elle vous causera beaucoup de souffrances pour l'obtenir, car Je la demande à l'Église de Naju comme Je l'ai demandée à l'Église de Dozulé. *Mais l'Alpha s'est retiré et l'Oméga reste caché.* La boucle de *la ceinture* qui devait rassembler toutes les Nations, ne peut encore les réunir dans Ma Paix et Ma Joie.

Pour Mes Ouvriers de Ma Croix, ils ont jugé que la Croix élevée au Carmel de Naju était la dernière car ils ne peuvent aller plus loin, *mais elle n'est pas la dernière.* La Croix de Dozulé représente la Paix Mondiale, le Pardon de Dieu et l'Église ne l'a pas voulue. Ma dernière Croix, au sommet du Chemin de Croix de Naju, devait être la Voix qui crie au monde, entre l'Est et l'Ouest, Mon Amour inconditionnel.

Bénie soit la Croix qui représente le Carmel, le Jardin de Dieu dont Élie est le Patron ; Jardin de Grâces et de Bénédictions de Dieu sur Son Peuple. *Ils ont reçu la Consolation de Ma Sainte Mère.* La dernière apparition de LOURDES a eu lieu le 16 Juillet 1858, Fête de la Vierge du Mont Carmel. Lors de la dernière apparition de FATIMA, la Sainte Vierge avait en mains la Scapulaire du Mont Carmel. A GARABANDAL, Elle apparaît vêtue de bleu et blanc, sauf le 16 Juillet où Elle est habillée en Carmélite. La Sainte Vierge insiste pour que l'on ne dissocie pas Son immense privilège de l'Immaculée Conception et Son titre de Notre Dame du Mont Carmel.

La Sainte Vierge demande qu'on L'honore sous Son vocable de Notre Dame du Mont Carmel. La Gloire aussi Lui est donnée et Elle possède la faculté *d'arracher les pécheurs des mains de Satan.* Devant Elle, l'impuissance de Satan est totale : priez-La pour les pécheurs les plus endurcis. Notre Dame du Mont Carmel propose une dernière fois au Monde *la conversion* alors que la menace de terribles châtiments pèse sur tout l'Univers. Aussi, il est demandé deux dévotions importantes : le Saint-Rosaire et le Scapulaire dont Elle insiste pour qu'il soit porté sur soi.

Le Message des Croix d'Amour par milliers a été donné le 16 Juillet. Ce n'est pas un fait banal. Il a été protégé et continue à donner ses fruits grâce à Notre Dame du Mont Carmel. Cette station à Naju, dans Son Carmel, rappelle qu'il faut passer par Notre Tendre Mère pour aller à la Croix de Notre Seigneur JÉSUS-Christ. Ma Croix apparaîtra dans le ciel comme Je l'ai annoncé à Dozulé, mais il sera trop tard, que de conversions perdues !... JÉSUS de Nazareth.

Le Choix de Dieu

****

Début de la guerre en Irak

JÉSUS :
****

Écris ceci : ne Me refuse plus ta main. Je t'ai attendue, c'est Moi qui te parle. Personne ne peut agir sans que Je le lui permette et s'ils le pensent, dis-leur que Moi Je l'ai désiré ainsi. *Rien ne vient des hommes, tout vient de Dieu.*

Il ne peut y avoir aucune neutralité. Il faut choisir : Dieu ou le Monde, même s'il s'agit de son père, de sa mère et même de ses enfants *(Matt 10, 37)*. *Non ! Je n'ai pas voulu que le sang se répande.* Mais peut-il y avoir, sur cette Terre, une autre Paix que le Mienne ? Votre fausse tranquillité cache les faux-dieux imposteurs et menteurs qui sacrifient les enfants à leur propre gloire.

Combien de fois vais-Je fustiger les *Antéchrists de ce temps,* ceux qui éclipsent Dieu, ceux qui mènent le monde à sa perte à cause de leur pouvoir satanique. Combien de générations vont-elles encore être mordues par le Serpent qui se reconstitue à chaque époque et en plusieurs lieux à la fois... Il ne peut mourir. Vous vous dites : on les voit partout ces imposteurs. Combien d'hommes sont-ils prêts à vivre de la gloire de la Bête et, croyant plaire à Dieu, ils la suivent.

Il est temps de purifier vos cœurs, vos esprits et choisir votre Vrai Dieu.

Si Jeanne d'Arc avait confondu recul avec modestie, si elle n'avait pas ressenti l'Appel de Dieu dans son humilité qu'elle devait vaincre, le destin de la France n'aurait pas changé. Mais Dieu l'avait choisie, elle, cette vierge devenue guerrière pour le Destin du monde. Oui, il y avait eu du sang et du feu et c'était une grande bataille où elle donna sa vie *sur le bûcher du déshonneur de son Église.*

Sa bouche ne pouvait cacher la Parole qui venait à son ouïe pour être *action.* Elle accepta le mépris de ceux qui ne pouvaient comprendre que, contre le Choix de Dieu, personne ne peut lutter. Ainsi, elle paya la haine des faux-croyants, de ceux qui jugent Dieu à travers tous Ses Messagers, car il est plus facile de suivre la paix des hommes que la Paix de Dieu qui est Liberté.

Et Je vous le dis en Vérité : Je viens exterminer tous ceux qui s'opposeraient à la Liberté que J'ai donnée à tous Mes enfants

Je viens purifier la Terre.

Parole du Seigneur.

† † †

Les bombardements commencent

****

21 Mars 2003

JÉSUS : Non ! Tu ne dois plus te taire, tu es venue sur cette Terre pour cela : pour M'écouter et pour écrire ce que Je te dirai. Il est important de comprendre que le temps de l'homme, sur cette Terre, est plus bref que celui pour lequel il est né : *le Ciel.* Et tu oses te taire alors que tu le sais ! Je sais que ce n'est pas la peur, mais ta fatigue, tu dois la vaincre car elle est déjà le signe de l'opposition à Ma Sainte Volonté. Tu le sais *que Satan Me contrarie à travers ton refus d'écrire.*

Alors, parle, même au prix du mécontentement de certains à qui ne plaira pas ce que Je te dirai d'écrire : *de tous temps, Ma Vérité a dérangé.* Aujourd'hui il leur sera plus insupportable de l'entendre, surtout venant de toi qui es Ma main. Mais Ma Voix est aussi en eux et ils se taisent. Je te le dis en Vérité : *Mon Église est plus brisée* que les murs de l'Irak qui tombent, un à un, pour en finir avec la race des idoles et des antéchrists cruels et ambitieux.

Je te le dis en Vérité : il n'y aura aucun descendant des royaumes existants qui resteront avec le pouvoir acquis de par leur ascendant *s'ils ne Me donnent pas la priorité.* De ce Pouvoir, Je suis le premier détenteur. S'ils ne le comprennent pas, s'ils ne M'offrent pas cette place dans leurs royaumes de la Terre, s'ils n'apposent pas, chacun au milieu de leurs bannières, Mon Divin Sacré Cœur, ils tomberont dans un fracas total les uns après les autres. *Je ne parle pas uniquement de la France, mais de tous les pays en général.*

Mon Divin Sacré Cœur est la Pierre Angulaire de chaque nation. Il ne suffit pas de dire *Seigneur, Seigneur !* A présent, pour que le Monde tienne debout, il faut qu'il s'appuie sur Mon Sacré Cœur. Je vous le dis, ce ne sont pas des Paroles vaines, car vous verrez Ma Protection sur le pays qui brandira sa bannière avec Mon Sacré Cœur brodé en son milieu.

Vous êtes tous Mes enfants. Je veux voir le Cœur du Divin Fils briller sur chaque nation : Il est votre Force parce qu'Il est votre Vie ; sans Lui, le Monde s'effondre.

A toi, **France** : C'est à toi que Je Me suis adressé en premier pour porter Mon Sacré Cœur sur ta bannière. Tu verras, avant toi, d'autres nations M'obéir et gagner, avec Ma Protection, Mon Amour Infini par ce Cœur qui S'est donné au Monde entier.

Je M'adresse, de par la Volonté de Mon Père, à Mon Église sclérosée

A Mes Prêtres, sortis depuis longtemps de Mon Chemin de Croix, paralysés par la peur de voir certains Baptisés dépasser leurs limites à cause de ce temps irreligieux où chacun évolue comme les pions d'un échiquier fou, plus politique qu'ecclésiatique : l'Esprit Saint est sorti d'eux et le *rationnel* est venu, avec son cortège de *logiques,* envahir Mon Autel.

Où est Mon Saint Sacrifice de la Messe ? Je suis devenu une *tradition,* une *légende !* Oui, pour vous, *qui suis-Je ?* Un revenant ? Vous ne croyez pas en l'Avènement du Royaume de Dieu SUR la Terre ! Vous retardez Sa Venue. Attendez-vous encore le Messie, comme les Juifs, pour transformer les Paroles de la Messe jusqu'à supprimer la dernière demande de la Prière au Seigneur après le Notre Père :

> "Délivre-nous de tout mal, Seigneur, et donne la Paix à notre temps. Par Ta Miséricorde, libère-nous du péché, rassure-nous devant les épreuves en cette vie où nous espérons le bonheur que Tu promets *et l'Avènement de JÉSUS-Christ, Notre Sauveur.*

Vous le sautez et vous concluez :

> "A Toi le Règne, à Toi la Puissance et la Gloire pour les siècles des siècles."

Qui parle de Mon Avènement tout proche ? *Vous ne faites pas la Volonté de Dieu.* Le Fiat salvateur est difficile ! Qui peut refuser la tentation de ce monde pervers construit sur la gloire de l'homme ? Pouvez-vous, vous-mêmes, la surmonter ? *En Vérité, où se trouve la guerre ?* Vous avez abandonné Ma Croix. Vous ne pouvez plus Me suivre. Le Diable se tient dans cette Humanité qui assiste à votre *spectacle,* votre Messe déguisée où l'homme a pris la place du Prêtre ordonné. Vous êtes las, *et le Diable n'est jamais fatigué.*

L'Aumône doit être *religieuse.* Ce n'est pas *l'Humanitaire,* à lui seul, qui vous délivrera du Mal et qui apaisera la Colère de Mon Père. *C'est Moi, Son Christ,* que tu dois donner, Église, avant ta pièce. Ton gros billet, Mon Père ne le voit pas, Il veut Me voir en chacun de vous.

Le Prêtre, qui reçoit l'aumône pour son église, ne peut réparer le délabrement de ses murs car ils tiendront encore plus longtemps que vos Messes qui se célèbrent entre ces pierres : elles sont plus branlantes que les murs. Mon Père viendra vous éprouver bientôt...

La richesse spirituelle n'est pas dans *le social.* Vos assemblées ont été constituées pour venir en aide à votre faiblesse. Priez le saint Curé d'Ars de vous donner la clé qui ouvre la Véritable Église *qui est*

Ma Force en vos cœurs dans le don de soi *et la Prière qui soutient votre Foi* pour continuer à servir votre Dieu avec ce qu'Il vous a donné : Son Amour. Son Amour, qui est dans votre persévérance à servir vos frères pauvres, véritablement pauvres sans la Lumière de Dieu, sans Ma Parole de Vie, sans Mon Pain de Vie. Je suis véritablement *Vivant* dans cette Hostie que vous tenez dans votre main, consacrée justement pour Me porter à Mes frères. Votre main, c'est la Mienne. Restez humbles : oui, qui s'élève sera abaissé.

Alors, *Prêtre de Mon Divin Sacerdoce,* dépouille-toi de ton orgueil et vis ton ministère de Prêtre *en Moi,* en plénitude, car bientôt viendra le Jugement de Dieu. Pour que le fruit mûr tombe à Mes pieds, *Je secouerai l'arbre très fort.*

Je prendrai tous Mes bons fruits dans Ma main pour les offrir à Mon Père. Chaque fruit aura reçu alors le Soleil de Dieu.

Les autres, trop verts, ne pourront jamais mûrir, ils resteront dans l'ombre pour toujours.

En cette fin des temps,
votre désinvolture envers Dieu est la première cause
de votre cataclysme qui ne fait que commencer...
JÉSUS, Juge Miséricordieux.

†
† †

L'Annonciation

****

26 Mars 2003

Le Père Éternel vous parle :
****

Je t'ai appelée. Je suis le Père, Celui qui porte en Lui le Cœur et l'Esprit. Mon Fils est le Divin Sacré Cœur, *le Fils de l'Homme.* Il est Ma propre Nature, descendu vers les hommes *pour partager Sa Divinité avec Ses frères.*

Avant Son Sacrifice sur la Croix, vous ne pouviez pas Me reconnaître et pourtant Il vous l'a dit : *"Qui Me voit, voit Mon Père."* Dites à présent :

— Qui reçoit le Père, reçoit le Fils.
— Qui reçoit le Fils, accepte Sa Croix d'Amour.
— Qui accepte Sa Croix d'Amour, reçoit le Père et le Fils.

Aujourd'hui, Je vous laisse porter le Bois **transversal**. Si vous ne devenez pas comme votre Sauveur qui porta Sa Croix sur Son épaule jusqu'au Mont de la Purification, le Golgotha : sans crier, sans murmurer, sans vous révolter sous son poids qui s'alourdit au fur et à mesure que vous gravissez les échelons qui mènent jusqu'à votre propre sacrifice, *vous ne serez jamais projetés vers le Thabor et il n'y aura jamais pour vous la Transfiguration de tout votre être.*

Acceptez ce Bois transversal. Il est pour votre *Humanité déchirée,* il est dans votre Signe de Croix qui, bien souvent, reste incompris. *Il est l'Esprit de Dieu. Il est le Saint Esprit* qui veut, aujourd'hui, planer sur le monde entier pour *le délivrer de tout Mal.* Amen.

Après ceci, récitez la Prière de la Plaie Sacrée de Mon épaule.

JÉSUS

†
† †

Voici la Prière * révélée par JÉSUS à St Bernard **, abbé de Clairvaux, qui Lui demanda un jour quelle fut la plus grande douleur subie dans Son Corps pendant Sa Passion. Notre Seigneur lui dit :

"J'eus, en portant Ma Croix, une plaie et trois os découverts sur l'épaule. Cette plaie, qui n'est pas connue des hommes, M'a occasionné plus de douleur que toutes les autres.

"Mais révèle-la aux hommes et sache que toute Grâce demandée en vertu de cette Plaie sera ***accordée****. Et à tous ceux qui, en souvenir d'elle, M'honoreront chaque jour par trois Pater, Ave et Gloria, Je pardonnerai tous leurs péchés mortels et véniels ; ils ne mourront pas de mort imprévue et à l'heure suprême, ils seront visités par la Bienheureuse Vierge et obtiendront Grâce et Miséricorde"*

PRIÈRE EN L'HONNEUR DE LA PLAIE SACRÉE
DE L'ÉPAULE DE NOTRE SEIGNEUR

"Très Aimé Seigneur JÉSUS-Christ, très doux Agneau de Dieu, moi pauvre pécheur, j'adore et vénère la très-sainte Plaie que Vous avez reçue à l'Épaule en portant au Calvaire la très lourde Croix qui laissa découverts trois os saints, occasionnant une immense douleur.

"Je Vous supplie, en vertu des mérites de la-dite Plaie, d'avoir pitié de moi en me pardonnant tous mes péchés *** mortels et véniels, de m'assister à l'heure de ma mort et de me conduire dans Votre heureux Royaume."

JÉSUS a révélé cette dévotion à St Bernard il y a plus de 8 siècles.

(*) : Prière déjà donnée, p. 284, dans "Humanité déchirée"

(**) : St Bernard a été le Conseiller des Rois et des Papes de son temps et l'Église l'a élevé à la dignité de Docteur de l'Église Universelle. Il a donc été donc un grand Théologien, et un grand Saint qui a dialogué avec JÉSUS (comme le fait "JNSR").

(**) : il est bien évident que cela ne dispense nullement de la Confession sacramentelle, bien au contraire car s'en dispenser serait se priver de la Joie et de la Force qu'apporte *toujours* une bonne Confession. Je pense que cette dévotion, qui refait surface après 8 siècles grâce à un Centre Marial, Notre Seigneur l'a prévue pour le paroxysme de la grande Tribulation qui verra l'Église revenir au temps des Catacombes où il sera bien difficile de trouver un Prêtre. Je pense qu'elle supplée aux péchés oubliés quand on revient à la pratique religieuse, donc au Confessionnal après de longues années d'abandon ; et aussi pour tant de Confessions mal préparées, sans vrai remords ou à sincérité restrictive.

Je récite cette Prière 3 fois par jour après la Messe et, bien sûr, les 3 Pater, Ave et Gloria. Mais j'adapte pour notre temps cette Prière, donnée au 8ème siècle, en la rendant plus universelle au bénéfice de tous.

JÉSUS a dit à Madeleine à Dozulé : *"Dites aux mourants* ***repentants*** *que plus grand est le péché, plus grande est Ma Miséricorde",* et cela, le Seigneur l'a répété à JNSR. Alors voici, *en italiques,* ce que j'ajoute à cette Prière :

> " Très Aimé Seigneur JÉSUS-Christ, très doux Agneau de Dieu, moi pauvre pécheur, j'adore et vénère la très Sainte Plaie que Vous avez reçue à l'Épaule en portant au Calvaire la très lourde Croix qui laissa découverts trois os saints, occasionnant une immense douleur.
>
> Je Vous supplie, en vertu des mérites de la dite Plaie, d'avoir pitié de moi, *de ma famille et de toutes les familles,* en *nous* pardonnant tous *nos* péchés mortels et véniels *grâce à la Lumière et au Repentir que Vous ferez jaillir en nous,* de *nous* assister à l'heure de *notre* mort et de *nous* conduire dans votre heureux Royaume. Amen."

Le grand Avertissement annoncé par la Sainte Vierge à Garabandal, cette vision de la réalité de notre âme, le plus souvent couverte de péchés comme Dieu la voit, a pour but de provoquer le Repentir Mondial dont JÉSUS a souvent parlé à JNSR, et qui permettra à la Miséricorde divine de sauver, pour cette Terre ou pour le Ciel, tous ceux que Dieu aura décidé de sauver parce que, de toute éternité, Dieu **sait** ceux qui manifesteront un repentir sincère méritant le Pardon, comme IL connaît tous ceux qui feront connaître cette dévotion à leurs frères.

Car nul ne se sauvera tout seul. Cette sorte d'égoïsme n'a pas sa place dans l'Économie divine du Salut : *ou bien l'on se sauve en groupe, ou l'on risque de périr.* Spirituellement, bien sûr. A.F.

La Pierre du reniement

****

Vendredi 4 Avril 2003

"JNSR" : "Seigneur, j'ai tout à coup une question intérieure : qui peut enlever une pierre dans le Jardin de Dieu, et quelle est cette pierre ?"

JÉSUS : C'est *la pierre du reniement*, seule la Foi peut la retirer. Écris : les pierres se forment après de longues années, elles sont terre plus eau. Et Moi Je te dis : Mon enfant, quelle différence peut-il y avoir entre toi et Moi ?

****

"Seigneur, Tu est tout, Tu sais tout et moi je ne suis rien."

Tu es cette poussière à qui il manquait l'Eau de l'Esprit Saint pour faire de toi, non une pierre, mais un être vivant de chair et d'Esprit. Aucune chose n'a été créée sans importance, chacune à sa place en ce monde. Mais l'homme est l'être en qui J'ai mis Ma Vie : il est chair et Esprit.

Moi, Je suis la *réalité* de votre existence ; Je suis l'Espérance, le réveil de l'Église mystique *qui vit cachée en chacun de vous si vous êtes vivants.* Réveillez-vous, il est temps. Suivez-Moi dans ce Chemin vierge de toute tentation, car la PURETÉ, qui a emprunté ce passage, a laissé Son Parfum pour *vous en imprégner* pour vous aider à ne pas succomber à un autre choix que le Sien.

Hors de ce Chemin, point de Salut !

Un jour, pour venir recueillir le Peuple de Dieu, le Fils du Très-Haut, prit Lui-même ce Chemin et devint le Fils de l'Homme, *l'Emmanuel, l'Enfant de la Vierge toute parée de Grâce.*

L'Innocence, JÉSUS, envahit le sein de MARIE, *Vierge Sainte*, faisant déjà la place pour l'enfantement de tous Ses frères, les hommes qu'Il venait délivrer de leur prison tricotée par les mailles de fer *de la Désobéissance d'Adam* et des suivants.

Ô Christ, Frère de tous les enfants du Père, Royaume de Dieu que Tu plonges en chacun de nous avec Toi, car Tu es déjà dans *notre naissance* sur cette Terre et dans *notre mémoire,* car nous venons de ce Royaume ; nous sommes nés d'En-Haut et notre Vie aspire à y remonter, car là est notre *Source, la Vraie Vie en Dieu.*

Ne jetez pas de pierres sur Ma Sainte Croix, ne venez pas l'envahir de boue, car le Jardin de Dieu est en elle. *Lorsque vos corps seront transfigurés,* poussez la porte doucement, l'Esprit de Dieu vous attend : l'Amour est là, gardez la modestie en tout. Soyez humbles et pleins de respect : les Anges vous regardent, agenouillés devant Dieu qui vous a donné Sa Force pour mener à bien ce dernier combat d'où vous êtes sortis victorieux, laissant choir à vos pieds *votre habit d'orgueil.* Ce sera la Communion des Saints. Où que vous vous trouviez, *tout œil Me verra.* Ma Sainte Croix Glorieuse, elle apparaîtra dans la nuit noire pour marquer *la fin de cette nuit spirituelle.* Alors, les ténèbres s'illuminent comme en plein jour pour vous rappeler QUI est votre Mère :

la Mère de Dieu
la Mère du genre humain,
la Femme qui mène Ses enfants à la victoire finale par la Croix où Son esprit de Mère du Divin Amour, S'unit à l'Esprit-Saint du Père et du Fils pour que s'accomplisse le Salut de tous les enfants du Père, tous ces enfants qu'Elle reçut dans ses entrailles, *Matrice Spirituelle* de Dieu, *Chemin qu'emprunta le Fils Lui-même* pour devenir *le Fils de l'Homme,* afin qu'un jour tous les hommes deviennent *fils de Dieu,* enfants du Père, frères de JÉSUS le Christ et enfants de MARIE votre Mère.

Cette Femme, qui apparut enveloppée de Soleil *(JÉSUS)* avec la Lune sous les pieds *(tout le genre humain)* porte en Elle toutes les races, Juifs, Chrétiens, Musulmans et tous les autres. *Elle est la Pureté.*

Quel enfantement est celui-ci ? Tardera-t-il à venir ? C'est *l'Église,* cette génération de Saints illuminés par l'Esprit-Saint qui est en MARIE, Épouse de l'Esprit Saint qui ne sait rien Lui refuser. *Chacun recevra la Grâce de la Connaissance Divine :* un seul Dieu, Père, Fils et Esprit Saint, Communion constante avec MARIE Pleine de Grâce, Mère du Divin Amour.

Quel enfantement ! Reçu des mains de Dieu en passant par MARIE, *née Elle-même de Dieu* !

Mon enfant, demande-Moi la Foi pour le monde entier afin qu'il rejette la Pierre du reniement pour toujours.

JÉSUS et MARIE.

†
† †

A Toi, Seigneur, ma souffrance

****

Vendredi 11 Avril 2003

JÉSUS :
****
Ma fille, ne pleure plus. Je veux te consoler mais Je ne puis retirer toute ta souffrance, car elle seule peut agir sur ces cœurs de pierre que Je veux transformer en fleurs spirituelles, celles qui poussent au bord du Cœur de Dieu pour L'honorer. A ce prix la fleur, endormie depuis tant d'années, réussit à s'entrouvrir, à goûter et à s'épanouir dans l'Amour de Dieu.

Tous ces pleurs, qui n'attirent ni l'attention, ni la compassion des tiens, sont nés de ta souffrance si incomprise ; tes larmes, et celles de toutes les mères qui souffrent dans leur solitude l'abandon de tous leurs enfants, ont en elles le sens du sacré.

Rien n'est oublié dans l'Esprit de Dieu. C'est *vous* qui formez le Ciel de vos enfants qui, en vous oubliant, ont rejeté la Grâce de Dieu : *Ils n'honorent plus leurs parents,* et Dieu ne peut les voir *qu'à travers votre douleur.* Je vous le redis : par votre souffrance de mère, et au Saint Nom de MARIE qui Me le demande, Je pardonnerai à vos enfants *avec leur repentir* que Je ferai *apparaître* un jour devant eux, et surtout avec *votre Pardon* qui M'est nécessaire.

Sans votre Amour de mère qui pardonne dans une souffrance sublime née de Ma Sainte Croix d'Amour et de Pardon, Dieu ne peut les sauver. Leur Salut dépend de Dieu et des mères offensées, parfois des pères et mères. Ainsi, la Volonté de Dieu sera touchée par la volonté d'une mère, d'un père qui vivent dans la Volonté du Père Tout-Puissant, la plus dure des épreuves, le reniement. Qui renie sur Terre un père, une mère, renie également Dieu.

Je te bénis.† Amen
La Sainte Gloire de Dieu.

†
† †

Ma Paix commencera en Israël

****

Mercredi-Saint, 16 Avril 2003

JÉSUS :
****

Mon enfant, tu dis que tu ne mérites pas de vivre dans un appartement si beau sans ton mari qui a tant souffert à la clinique pendant sa maladie, sans voir cet appartement plein de lumière, bien exposé, alors que tout a été sombre jusque là depuis votre arrivée dans cette région. C'était le désespoir.

Moi, Je te voulais dans la Lumière.

Ne te culpabilise pas. Tu as pu voir combien d'embûches se sont trouvées sur ton chemin avant d'arriver là. *Je t'ai aidée en tout,* et cela, tu en es bien consciente. Même si ta Croix est lourde jusqu'à t'étouffer parfois, Je ne peux te l'enlever. Je t'aide mais, pour arriver à nous rencontrer face à face, il faut que chacun de vous comprenne que Dieu le fait par Bonté et non par punition. Plus elle sera lourde, mais sans chercher à l'apesantir par des artifices ajoutés sans raison, plus elle vous portera jusqu'au sommet où Dieu vous attend. Car elle vous soulève et vous porte là où ne peuvent arriver que ceux qui ont participé à Mon Sacrifice.

Ne cherchez pas, ni à vous fabriquer une Croix, ni même à la désirer, car la Croix que vous portez vient de Mon Amour pour vous *qui M'aidez à sauver vos frères en grande difficulté.*

Il n'y a pas que le pouvoir et l'argent qui vous éloignent de Moi, il y a surtout l'égoïsme qui vous enferme dans son cocon : *vous ne voyez plus* la souffrance de vos frères, la douleur et l'amertume de ceux qui vivent seuls, abandonnés à leur maladie. Ah oui ! Ce *verre d'eau* est parfois si dur à donner ! Ce pain si difficile à partager qu'il vaut mieux tourner le dos afin de ne pas pénétrer dans cette misère et d'en sortir fatigué... ou de n'en sortir qu'après une longue période où l'on arrive à se sentir attaché à tous ces malheureux, comme si leur Croix devient un peu la vôtre. Elle est insupportable, alors vous fuyez...

Quelle erreur ! C'est là que Je viens vous gratifier, car devenir Simon de Cyrène n'est pas donné à tout le monde.

Pauvre Humanité qui se déchire comme un vieux manteau, déjà mangé par les mites dont le seul souci est de dévorer tout ce qui est gardé au fond des tiroirs, eux-mêmes oubliés... Pauvres *tiroirs* de vos cerveaux qui ne peuvent contenir que vos problèmes journaliers : comment vais-je m'habiller demain, comment vais-je me déplacer sans voiture, demain ; comment faire pour gagner plus d'argent : j'ai tant de projets de voyages, etc... Et il y a encore plus fort que tout cela :

Il y a la démolition de la croyance en Dieu.

"Si Dieu existe, Il n'aurait pas permis ceci ou cela..." Et Moi, Je vous dis qu'il n'y a pas *cruche plus vide* que celle qui ne veut pas se remplir à la Source-même de Dieu. Ma Source est constante, débordante, abondante jusqu'à recouvrir tout l'Univers.

Personne ne peut construire un édifice sur du sable qui est sans cesse déplacé par le vent. Ô créatures mouvantes comme ce sable, vos esprits volent en tous sens dans ce vent !

Réfléchissez et, si vous ne pouvez plus Me croire, prenez Ma Sainte Bible. Sur cette Terre, les Écritures témoignent des miracles vécus par vos anciens. Croyez-vous qu'ils n'ont été faits que pour vos frères qui en bénéficiaient au moment même où Je les touchais ? Oui, Ma Parole pénétrait en eux. Ignorants-incrédules, comment ne pas transposer ce temps et le mettre en évidence sur le vôtre ?

Je suis le même et tout est écrit au présent dans l'éternelle énergie cosmique où le Maître continue à synchroniser toutes choses dans un perpétuel mouvement qui va en s'améliorant dans la découverte — par vous-mêmes — qu'un jour pas trop lointain vous Me verrez devant vous.

Moïse M'a tellement ressenti qu'il en devint, lui-même, Lumière éclatante. Ma Volonté construit, modifie, améliore. Ma Volonté continue à maintenir toute chose qui doit rester encore debout et elle détruit celles qui ne font qu'obstruer Ma marche et votre marche vers Moi.

Ne prophétisez pas sur d'éventuels effondrements prochains, de nouvelles guerres. *Je ne touche que ce qui est nécessaire.* N'ayez pas un regard accusateur car toute créature souffrante est dans les bras de Ma Sainte Mère. Et toute âme qui s'envole ne peut être plus loin que la portée de Ma main ; tôt ou tard elle sera avec Moi. Ne jugez pas trop fort, de peur que Moi Je ne vous juge.

Si vous avez le cœur rempli de Mes Promesses, si vous pouvez encore réciter la belle Prière du Magnificat, vous direz avec Ma Mère :

Le Seigneur a fait pour moi des Merveilles. Saint est Son Nom !

Le Seigneur fera de Sa Terre une Merveille : Terre Nouvelle avec les Cieux Nouveaux. Aidez-Moi à la reconstruire en enlevant de *vos tiroirs* ces pensées désastreuses et dites avec Moi : *Dieu dirige, Dieu reconstruit Sa Terre, Dieu Seul règne sur tout l'Univers.* Si vos pensées deviennent positives, suivez-Moi, nous aurons la Paix car nous écraserons le Mal sous nos pieds.

MARIE, la Bienheureuse Mère de Dieu et des hommes, vous dit : *Notre Dame du Mont Carmel vous demande de prier pour la Paix de Mon pays, Israël, avec tous les peuples voisins frères en leur saint*

Patriarche, St Abraham. Que Dieu bénisse l'Orient, comme aussi l'Occident. C'est le moment de prier pour cette Paix car elle deviendra Paix Mondiale.

Car la Paix de Dieu commencera
dans Son pays de naissance terrestre.
Lui, le Juste des Justes, est né en Palestine.
JÉSUS de Nazareth
et Notre-Dame du Mont Carmel.
Amen.

†
† †

Voici venir le Huitième Jour

****

Jeudi-Saint, 17 Avril 2003

JÉSUS :
****

Mes enfants, Je vous le demande, n'entravez plus le Règne de JÉSUS-Christ sur votre Terre. *Il faut la Christification* totale* pour aboutir à ce que Dieu demande, aujourd'hui plus que jamais, pour arriver à la finalité essentielle.

Pour devenir enfants de Dieu, pour habiter le Royaume Éternel avec Christ, *arrivés au passage,* tous se convertiront. La Loi d'Amour est la même pour tous, car tous verront le Christ. Lui, Seul, réunira toutes religions, même celles actuellement mises en cause.

Il est le Fils Unique de Dieu qui nous conduit
à cette espérance folle.

Pour ceux de la Croix, unissez-vous à la Croix du Christ, vous comprendrez mieux qu'il faut prier JÉSUS-Christ de vous donner la Paix de Dieu. Priez l'Esprit Saint *de toutes vos forces.* Priez pour que plus jamais on n'entende le bruit du canon et vous *réussirez, avec votre Foi,* à faire dévier vers le néant toutes les horreurs que les hommes ont créées.

Priez pour ce Monde Nouveau, celui du Huitième Jour, où la Résurrection totale avec le Christ sera cette finalité tant attendue. Pour cela, acceptez toutes vos souffrances, *elles sont le levier* qui soulèvera ce monde afin que s'installe le Monde de la Terre Nouvelle et des Cieux Nouveaux.

Appelez de toutes vos forces la Joie de ce Monde Nouveau. Vous pouvez le crier à tous puisque, tous, vous l'avez déjà en vous.

Croyez, croyez, croyez en la Puissance de Dieu *en vous.* Ne parlez pas de guerre, construisez la Paix de Dieu en vous puisqu'IL est en vous et construisez déjà la Paix de Dieu dans ce monde qui s'en va.

Homme, si tu savais le Don de Dieu, tu te respecterais toi-même.

Ce livre parlera pour Moi, pour vous.

JÉSUS-Christ.†

Amen.

†

† †

* Christification : ce mot n'existe pas dans mon dictionnaire Larousse de la langue française. Je l'ai respecté car c'est Notre Seigneur qui l'a créé, associant Christ et *fication* qui signifie *faire.* Et il semble avoir un sens plus fort que Christianisation. AF

Ma Miséricorde infinie

****

27 Avril 2003

JÉSUS :
****

Le sommet de l'Amour ne peut se trouver qu'en Moi, JÉSUS-Christ, mort d'Amour pour toute l'Humanité passée, présente et à venir. Si les hommes savaient mettre Mon Sacrifice à profit, d'abord dans une croyance et une foi vraies, profondes, inébranlables, le Monde aurait déjà rejeté sa vilaine face et de Mal, il n'y en aurait plus car il serait vaincu à jamais sur cette Terre, Terre de Dieu et Terre des hommes.

Le Christ est ressuscité. Combattez tous pour l'Amour de Dieu et de vos frères. Que ceci reste le plus beau Message de consolation pour tous les malheureux, et une espérance pour tous les déshérités de la vie, ceux qui souffrent, ceux qui doutent, ceux qui ont tout perdu ici-bas.

Votre vraie Vie est en Dieu. Le Vainqueur a déjà écrit dans les Cieux :*"Je vous ai préparé votre place près de Moi, ici dans le Royaume de Dieu. Méritez-la. Je suis le Vivant."*

"Si le Christ n'est pas ressuscité, vaine est votre foi", vous dit St Paul dans sa première épître aux Corinthiens (1 Co 15, 17). La Vérité, c'est Dieu et au fond de cette seule Vérité, se trouve Ma Miséricorde infinie.

Aucune Assemblée, aucun Pays, ne peut se dire civilisé et ouvert aux autres sans cette Espérance.

A votre époque, le *Scandale de la Croix* est devenu *le scandale de la désobéissance à Dieu.* Bâillonner le Message Christique, ce serait étrangler votre planète et l'appeler à disparaître. Vous ne pourrez trouver la force de porter votre Croix qu'en regardant Celui qui a porté *la vôtre* avant vous ; sans cet acte d'Amour, votre souffrance serait vaine.

Je suis toujours Présent dans votre vie. Je veux faire de vous des *vainqueurs.* Je vous donne Ma Mère, blessée et souffrante comme Son Fils qui continue à vous aider dans cette dernière Station de Son Chemin de Croix qui est bien vôtre : *la Résurrection des hommes déjà nés, morts et ressuscités dans le Christ JÉSUS.*

Un jour, c'est comme mille ans. Mille ans, c'est comme un jour. Je suis l'Éternel Présent. Encore faut-il que vous fassiez ce qui vous reste à accomplir. Dans Mon Église se trouve l'antidote à tous les poisons de ce monde en décomposition. Priez pour Mon Église. Soutenez vos frères-Prêtres par vos Prières que Je rendrai *puissantes* par Ma Force Créatrice. *Mon Église se renouvellera avec vous, comme vous avec elle.*

Écoutez Ma Parole avec l'oreille de votre cœur.

L'Évangile doit devenir votre territoire, comme si vous y marchiez avec Moi et Mes frères, les premiers Apôtres de Ma vie terrestre. Priez pour que *la Sainte Messe* devienne *Mon Sacré Cœur qui bat en vous,* vous distillant petit à petit Mon Sang qui *cherche à renouveler le vôtre.*

Je suis la Vie. Voici Mon Corps. Laissez-vous vous dépouiller du *vieil-homme.* Vivez Mon Sacrement de l'Eucharistie comme votre propre Transfiguration. Je peux tout faire en commençant par l'intérieur. Qu'aucune entrave n'intervienne dans votre métamorphose, c'est *votre Résurrection.*

Ne jugez pas. N'accusez pas. Libérez votre âme, votre esprit *et même votre chair,* dans le Sacrement de la Réconciliation. Oui, débarrassez-vous de toutes ces charges inutiles qui entravent le Passage de votre Roi et Maître *en vous, dans l'Eucharistie.*

Le plus petit péché est un pavé dans mon océan de Miséricorde, et ce pavé ne doit pas venir troubler les Eaux du Saint Esprit qui sont en vous depuis votre Baptême et que Je viens renforcer et rendre plus fécondes par Mon Eucharisitie afin que chacun de vous devienne *un Chemin de Lumière* que les hommes d'aujourd'hui ne savent pas encore emprunter ; mais Je le leur désignerai en mettant seulement dans leur main Mon Message d'Espoir et de Vie.

Je viens casser toutes les barrières : l'indifférence, la révolte, le mépris et toutes négativités car déjà, dans l'invisible, Je crée ce Monde sans frontières où chacun a sa place, son pain, sa maison.

Mais Priez pour que Ma Paix revienne, intervenez en tous temps. Aimez-Moi. Faites-Moi aimer. Je suis l'Amour. Que chacun devienne *une étincelle de Ma Miséricorde divine.*

N'attendez pas les ténèbres pour agir.
Je suis la Lumière du Monde

Ma Flamme ne s'éteindra jamais. Unissez-vous à elle pour vaincre l'obscurité afin qu'elle ne vous surprenne pas.

Appelez Mes myriades d'Anges
pour vous accompagner dans vos missions,
et surtout, priez Saint Michel Archange.

Dieu de Miséricorde. Amen.

†

† †

Qu'avez-vous fait de Ma Croix ?
Vous allez vaciller...

****

7 Mai 2003

JÉSUS :
****

Écris, Mon enfant. Dieu vous aime et vous protège contre le Mal qui rôde de partout. *Êtes-vous prêts à M'écouter ?* Il est temps de réagir. Vous ne pouvez rien faire sans Moi. Vous êtes sur un terrain miné de toutes parts. Je vous demande de poser vos pieds en suivant mes pas. Je vous ai avertis de tant de choses qui peuvent vous être nuisibles ! Je vous ai donné tant d'avertissements ! Aujourd'hui, Je viens encore vous répéter la même chose : *ayez Foi en Ma Parole, écoutez-Moi !*

Vous choisissez toujours l'obscurité et, sans vous en rendre compte, vous marchez vers le Mal. Tous, vous êtes des navigateurs voguant sur la même mer. Et celle-ci a des courants bons et d'autres mauvais qui peuvent vous entraîner trop loin où vous n'aurez plus de repères pour Me revenir et vous allez vous éloigner à jamais de Moi. Alors, pauvres errants, vous ne Me reverrez plus pour les siècles des siècles.

Mes enfants, Ma Parole est la *boussole* qui vous parle de ce chemin que le Fils de Dieu a emprunté Lui-même pour aller jusqu'au Père, votre Père qui vous attend dans Son Royaume Éternel, votre Royaume. Si vous M'écoutez, vous ne risquez pas de vous perdre.

Je vous ai donné *Ma Croix* et Ma Sainte Mère vous a donné *Son Rosaire.* Dites-vous bien qu'ils sont nécessaires et surtout utiles pour pouvoir, à votre tour, guider d'autres passagers en détresse. Sans force on ne peut avancer et encore moins entraîner vos frères dans le bon chemin. Reprenons notre embarcation pour aller sur l'autre rive, celle qui s'appelle *Miséricorde infinie.*

Vous tenez le Scapulaire de Notre-Dame du Mont Carmel et du Sacré-Cœur, bien présents sur votre poitrine. Rappelez-vous que Je vous ai aussi parlé de la Croix de Saint Benoît[1]. A ceux, nombreux, pensant que c'est inutile, qu'ils sachent combien l'Ennemi *craint la Croix !*

Il la craint tellement qu'il est en train de les déterrer de partout et de les briser [2] Et nous minons *son terrain* avec nos Croix de 7,38 m. et il ne peut plus avancer. Alors, il se sert des faux-croyants pour essayer de les arracher en bien des endroits où Mes Ouvriers les ont plantées pour annoncer Mon Retour Glorieux. *Soyez vigilants !* Ceux qui les détruisent ne sont pas Mes amis, ils sont Mes ennemis et les vôtres.

----

1 Voir note, p. 247

2 Les vols de Croix dans bien des cimetières.

En attendant l'érection de la Grande Croix de Dozulé, qui a été occultée avant même que l'on puisse Me donner un signe de la volonté des puissants de Mon Église de la Terre, elle fut rejetée et le verdict de l'Église d'aujourd'hui est le même que celui que l'Église d'autrefois prononça contre son Maître, contre Dieu : *Crucifie-Le !*

Ma Croix, crucifiez-la, rejettez-la, brûlez-la, qu'on n'entende plus parler d'elle... 738 mètres, quelle est cette maîtresse-Croix qui veut commander l'Église ? Celle-ci est si bien assise qu'elle vacille de toutes parts. Oui, priez très fort pour votre Pape pendant que Ma Sainte Mère continue à le soutenir.

La première grande Croix de 738 mètres *existe* dans la pensée du Père, comme la *dernière Croix* demandée par JÉSUS Lui-même, à NAJU, *sur le mont du Sang, tout en haut,* afin de sauver l'Asie déjà menacée par de terribles épidémies.

Pour cela, Ma Sainte Mère vous a permis de faire élever la Croix qu'on pouvait permettre dans Son Sanctuaire de Notre-Dame du Mont Carmel à Naju.

Mais la Croix, que Je vous présenterai dans le ciel, sera encore plus grande que celle qu'a vue Madeleine *car elle se verra dans toutes les parties du monde.* A genoux, vous allez crier votre repentir. Vous ne l'aviez pas demandé alors qu'il en était encore temps. *Là, vous le crierez pendant que la terre vacille.* Mais Dieu *épargnera les Siens.*

Priez et repentez-vous.

Il en est encore temps.

Car voici que Je viens. Amen.

Viens, Seigneur JÉSUS ! †

Amen.

†

† †

Si vous imploriez Ma Miséricorde !

****

8 Mai 2003

JÉSUS :
****

T'écrire de longues pages ne suffiront plus pour vous avertir que vous êtes tous en grand danger. N'écoutez plus les paroles d'hommes qui ne savent faire que des promesses non tenues. D'ailleurs, au point où en sont arrivées toutes choses, ils n'ont plus les moyens de contenter chacun.

Mais voulez-vous également rétablir tout ce qui s'est détruit, abîmé ou anéanti complètement ? *Vous êtes tous fautifs.* Dans une famille, si les membres se désunissent, si chacun se désintéresse de l'autre, la famille entière se démolit. Il en est de même pour chaque pays. La patrie, comme la famille, se meurt faute d'unité. Et si vous en établissez la liste, vous verrez la division s'étendre dans chaque pays de la Terre.

Plus personne ne s'intéresse véritablement à son prochain, ni à ses parents, ni à ses propres enfants livrés à eux-mêmes ; encore moins au voisin qui vit dans la maladie et la misère. *La solitude est le lot de chacun. La Charité a déserté la Terre.* Croyez-vous que l'on puisse appeler cela une "doctrine nouvelle" ? Vient-elle de Moi ? Serait-ce une loi faite pour améliorer votre vie ?

Vous oubliez la veuve, l'orphelin, le malade, et surtout les handicapés car vous en trouverez de plus en plus à cause de vos guerres meurtrières. Mais vous avez trouvé le moyen idéal : vous condamnez l'innocent et vous glorifiez les chercheurs, ceux qui ont mis en place *l'euthanasie* et *les avortements,* légalisés par vos hauts dignitaires, les mêmes qui luttent contre Ma Sainte Croix *qui les dérange* : elles sont trop voyantes sur le bord des chemins, plus encombrantes que vos panneaux géants qui invitent la jeunesse et les adultes à la *pornographie.*

Il n'y eut jamais une époque aussi sale et aussi dégradante que la vôtre. Sodome et Gomorrhe sont loin d'être citées en exemple devant ce nouveau *cataclysme géant* qui touche même Mon Église.

Les offenses faites à Dieu sont bien plus graves que celles que l'on peut recevoir des hommes : *Tu aimeras le Seigneur ton Dieu de tout ton cœur, de toute ton âme, de toute ta force et de tout ton esprit, et ton prochain comme toi-même.*

Enfants de ce siècle, vous ne vous aimez pas. Vous vous salissez. Vous vous vautrez dans le Mal. Comment aimez-vous votre Dieu ? Je ne suis pas une idole, *Je suis le Vivant !*

Si vous aviez la Foi, aussi grosse qu'un petit grain de riz, vous viendriez vous réfugier dans Ma Miséricorde divine, au lieu de supputer chaque guerre pouvant arriver d'un moment à l'autre à cause des divisions de plus en plus apparentes entre les divers pays.

Oui, *les insectes* sont porteurs de maladies nouvelles inconnues des chercheurs. Les insectes sortiront des terres que vous creusez à outrance pour de nouvelles routes. Oui, les paysages se transformeront, tout comme vos vies qui vont de plus en plus vite sans apprécier le temps que Je vous donne encore pour vivre sur cette Terre avec ma nature que Je commence à renouveler.

Vous ne savez que crier dans les rues pour revendiquer, et vous ne voyez pas tous ceux que vous rejetez et qui sont obligés de repartir pour mourir dans ce qui leur reste comme patrie, pauvre et meurtrie, où les attendent la misère et la mort. Vos bêtes domestiques sont mieux traitées qu'eux, vos frères ! Le réalisez-vous ?

Tournez vos regards vers vos frères dans la souffrance. *Ô Miséricorde divine ! Qui va T'implorer pour tous Tes enfants oubliés et rejetés ?*

Ô Dieu de Pitié et de Miséricorde, ouvre-leur Ton Divin Sacré Cœur, ils sont Tes enfants, protège-les !

Quand allez-vous implorer Ma Sainte Miséricorde *qui peut tout* et qui vous attend impatiemment. Dieu, Seul, peut TOUT, mais il Me manque *votre Confiance en Moi.*

Implorez Ma Sainte Miséricorde et surtout, demandez-Moi la Foi, celle que Je donne à chacun de Mes enfants qui veulent changer, avec Moi, ce monde de misère en un monde merveilleux de Lumière, dans la Paix de votre Dieu trois fois Saint.

Amen.

Louange à Toi, Seigneur JÉSUS !

†

† †

L'Hymne à Mon Amour Miséricordieux

Le Divin Sacré Cœur

****

22 Mai 2003

"JNSR" : "Parle-moi, Seigneur. Quelques fois je ne peux terminer les écrits que Tu me donnes : le téléphone sonne, ou l'on frappe à ma porte et tout s'arrête. Pardonne-moi, Seigneur."

JÉSUS : En ton cœur J'écris Mes paroles. Je te parle, Je te guide. N'oublie pas que tu dois tout oublier pour Moi.

****

Mon Enfant, Je respecte ta souffrance, mais sois plus attentionnée ; lorsque Je te parle, n'hésite pas à arrêter tout ce qui pourrait troubler ma dictée. Car Ma Parole est plus importante que tout le reste. Alors, sois toujours à l'écoute.

Oui, il y a et il y aura des tremblements de terre comme Je t'en ai avertie. Je t'ai bien crié très fort, chez toi, ces seuls mots : *tremblement de terre.* Comme Ma Sainte Mère t'avait prévenue, avant que cela n'arrive, qu'il y aurait *des déluges de boue* par les portes et les fenêtres. Étonnée, car habitant en étage élevé, tu as regardé ta porte en te demandant comment cela pourrait se faire.

Vous avez tous vu comment la boue recouvrait certaines demeures ici ou là sur votre planète. Je te parle pour tous Mes enfants et ils ont tous le droit de savoir ce qui pourrait arriver bientôt.

Tous les Pays sont concernés. Tu vois bien que les saisons ont changé : en une journée vous pouvez avoir successivement le climat des quatre saisons. *Seul Dieu ne change pas.*

L'homme de pouvoir veut tout transformer pour que tout aille mieux dans son pays et dans le monde, mais l'évolution n'est plus coordonnée aux pensées des hommes qui ne sont pas des robots. Et tout s'oriente vers des révolutions violentes car, sans la liberté, il ne peut y avoir que des bouleversements néfastes.

Ne cherchez plus à vous convaincre que vous avez raison et que l'autre doit se taire. *Ne faites pas d'un frère un adversaire.* Ne jugez pas. Persévérez dans le dialogue entre vous. Parmi vous, cherchez le frère pouvant proposer des arrangements pour apporter la paix. Envoyez-le en parlementaire.

La vie sur Terre mérite d'être vécue dans une grande fraternité. Comment pouvez-vous espérer qu'on agisse bien envers vous, si vous ignorez celui qui vit à côté dans la peine et dans la misère ? Ma Paix commence déjà en chaque cœur à Mon écoute. *Je vous aime,* alors aimez-vous les uns, les autres, comme Je vous aime.

Faites silence, écoutez Ma Voix *en vous.* Dans ce silence, se trouve Mon Église : Je pénètre jusqu'au plus profond de votre cœur pour goûter *à Mon propre Amour* que J'apporte à ce cœur d'enfant. Alors, ne bougez plus et écoutez Ma Parole qui comble votre cœur, votre âme et votre esprit. C'est un chant de Joie sans fin. Si vous restez à l'écoute, les notes de cette musique *sont les battements* de Mon Divin Sacré Cœur. Et alors, vos battements se mêlent aux Miens pour chanter *l'Hymne à Mon Amour Miséricordieux* qui veut que vous Me donniez à chacun qui viendra vers vous car ce frère, *c'est Moi qui vous l'envoie.*

Il ne sait pas encore combien Je l'aime, mais toi, mais vous, vous le savez. Alors, avec ce que Je vous donne, construisez en lui une *autre Église* semblable à la vôtre. Ainsi Mon chant d'Amour s'étendra *sur toute la Terre.* Vous n'aurez plus qu'à Me tenir à l'abri de votre cœur.

Oui, tu le sais que Mon Sacré Cœur te veut mobilisée, du matin au soir, pour mener jusqu'au bout de ta vie cette *cette immense lutte contre le Mal.* Il faut renoncer au plaisir qui bouleverse ce monde, c'est une fausse dorure qui le recouvre. Plus précieuse que l'or, la *vraie Richesse* se trouve en Dieu. Je n'ai pas de chambre forte pour la garder. Aucun coffre ne peut la contenir, car cette Richesse n'est pas de la Terre : elle vient de Dieu, elle est en Dieu.

Oh oui, regardez ce Cœur qui a aimé tous Ses frères jusqu'à mourir pour *chacun d'eux,* et mourir sur une Croix ! Mon enfant, répète avec Moi :

"Divin Sacré Cœur de JÉSUS,
Joie du Père Tout-Puissant,
Tendresse de la Vierge Immaculée, la Bienheureuse Vierge MARIE,
Splendeur de tous les Saints,
Modèle de tous les Martyrs et de tous les Croyants,
je m'enferme, avec l'aide du Saint Esprit
qui veille nuit et jour devant cette Porte,
en ce Cœur qui m'appelle, qui nous appelle
à nous fondre en Lui, et disons-Lui, tous ensemble :
Divin Sacré Cœur de JÉSUS,
Fondez mon cœur dans le vôtre
afin qu'ils n'en fassent plus qu'un."

Ce jour-là, la bataille sera gagnée.

Le Divin Sacré Cœur vous parle † Amen

†

† †

C'est Ma Paix que Je vous donne

****

Mardi 3 Juin 2003

JÉSUS :
****

"Aie confiance, abandonne-toi à Dieu qui t'aime. Je suis là, Mon enfant, Je ne t'oublie pas. Tu es très maladroite, mais combien innocente pour en venir à penser que Je t'abandonne. Même si tu ne Me vois pas, Je suis là et Je t'écoute.

Je t'apprends simplement à ne plus douter de mon approche lorsque tu M'appelles, car Je viens à toi pour te consoler et te parler. *Je t'aime,* enfant qui se croit abandonnée. Ne recherche aucun autre refuge que Mon Divin Sacré Cœur.

Qu'importent les calomnies et les jugements des autres ! Moi, Je ne te juge pas et Je viens avec Joie vers toi car *Je t'aime* parce que, dans ta faiblesse, tu M'as toujours laissé devenir *ta Force.* Aussi, aujourd'hui Je te demande de bien M'écouter.

Si on t'appelle à venir témoigner de Ma Sainte Présence en ce monde si bouleversé, réponds *Oui.* Va, car Je suis avec toi et Je parlerai, par toi, Ma Sainte Vérité : le monde a besoin de Me connaître car tu t'effaceras afin qu'arrive en ta bouche Ma Parole qui est vivante en ton cœur. *Ne crains rien.* Je te le demande car bientôt tu iras où Je t'enverrai et tu sauras que c'est Moi qui t'envoie parler en Mon Nom.

Les évènements vont se poursuivre partout de plus en plus fort et tout sera bousculé, déplacé. Les cœurs seront obligés de Me reconnaître par tous les signes que Je vais donner au monde entier. Signes visibles et invisibles, ceux qui se passeront dans les cœurs, *même en ceux qui ne restent pas à mon écoute.*

Je vais parler avec tant d'Amour que les plus cruels fondront comme neige au soleil : c'est Ma Grâce qui va agir en ces cœurs de pierre. Imagine-toi un mur infranchissable qu'on traverse de part en part sans tenir compte de sa hauteur. Ce n'est pas un miracle que l'homme va faire, ce n'est pas un miracle spectaculaire que Je vais faire devant vos yeux, c'est plus grand que cela. *Dieu,* dans Son infinie Bonté, *va faire tomber le mur qui a toujours séparé les frères ennemis.* Non, ce n'est pas la volonté de l'homme, mais celle de Dieu.

J'ai dit : à présent vous devez vous unir pour la Paix et celle-ci doit se répandre dans le monde entier car Je désire que *Ma Paix vienne de Mon Pays, ISRAËL.* Rien ne viendra de l'homme et pourtant ils iront se vanter qu'ils sont en train de signer une paix venant sincèrement de chaque homme qui veut unir les pays qui se sont toujours affrontés.

Voilà Mon ***premier** signe* et tu peux l'annoncer déjà. Et toi, tu sais que cela, ton Dieu, ton JÉSUS d'Amour *vient de l'accomplir* pour la plus grande Gloire de Dieu, Mon Père et votre Père. Cela reste et restera le plus grand signe, car c'est le commencement de la Paix, *de Ma Paix dans le monde entier.*

Ma fille, Je t'aime. Reçois Ma Sainte Croix en ton cœur car tu l'as méritée par ta persévérance à la garder en toi malgré tous les assauts que tu reçois de la part de ceux qui se disent chrétiens. *Mais dis-leur ceci :* Si St Paul a ramassé tous les païens pour en faire des fils de Dieu, aujourd'hui prononce avec Moi ce que Je vais faire bientôt et ce sera *mon **deuxième** grand signe.*

Avec Ma Parole en ta bouche, je te le commande, tu parleras. Je viens bientôt ramasser tous Mes enfants dans ce qu'il y a de plus bas, *les voyous,* comme vous les appelez ; tous ceux qui se distinguent aujourd'hui dans le Mal, tous ceux qui se trouvent dans les prisons, tous ceux que la justice persécute à cause de méfaits, vrais ou faux, pour lesquels ils sont enfermés ; oui, les bons et les mauvais larrons, voilà Mon Armée que Je vais choisir pour faire d'eux *les apôtres et les saints* du bouleversement de ce Temps où tout est à l'envers.

Vous qui avez touché à Ma Vérité, vous verrez ce que Dieu va construire pour la plus grande Gloire de Notre Père et votre Père des Cieux. *Moi, le Fils de Dieu et Dieu Lui-même,* Je dis tout ceci dans Ma Vérité absolue

Ne soyez pas horrifiés en lisant ceci, car vous le serez encore plus devant cet accomplissement : ceci, afin que vous croyiez que Dieu, Seul, peut tout et que, pour *une* parole bienveillante envers Dieu et Sa Très Sainte Mère, Je peux arrêter le mal qui vous ronge. L'orgueil vous conduit au désastre et aucun grand de la Terre ne se repentira. Pas encore, car chacun attend que le voisin fasse le premier pas.

Je le ferai pour vous, mais attendez-vous à être secoués comme le grain qui va de l'épi au tamis. L'épuration du monde comencera par votre propre *conversion.* Le ver qui ronge peut aller très loin avant que la pomme ne pourrisse : allez-vous attendre votre fin pour vous repentir et reconnaître votre Dieu d'Amour et de Compassion ? *Il sera alors trop tard...*

Mon enfant, continue à écrire avec Moi ce que Je prépare pour ce Nouveau Monde. Il est plus difficile d'appeler Ma Miséricorde Divine, qui est dans Mon Cœur au milieu de Ma Croix, que de rejeter cette enfant qui vous parle de Ma Sainte Croix. Je reviendrai avec Ma Justice dans Ma Sainte Miséricorde. JÉSUS-Christ. Amen.

† † †

"JNSR" : A la lecture de cet écrit si fort, personne ne sera aussi bouleversé que moi. La voix de JÉSUS était claire et bien précise et elle ne s'est jamais arrêtée jusqu'à la fin de ce Message si important pour la Paix. Pour cette Promesse, disons ensemble :

"Dieu est Amour."

C'est la deuxième Pentecôte d'Amour

****

8 Juin 2003 -Dimanche de Pentecôte

"JNSR" : "Je T'appelle, Seigneur. Viens, Seigneur JÉSUS avec Ton Esprit Saint."

JÉSUS :
****

Mon Enfant, Je suis là près de toi. Réjouis-toi en Dieu ton Sauveur. Une enfant M'appelle, Je viens à elle. Elle a réussi à toucher Mon Saint Cœur. Pour toi, la porte s'ouvre. A ton appel, *J'accours*. Ainsi tu peux mieux comprendre comment sera la Venue de ton Divin JÉSUS lorsqu'Il viendra à vous dans Sa Gloire, plus vif que l'éclair.

Car ce Jour-là, Mon Jour, personne ne pourra douter de ce qu'il verra. A Nazareth, J'ai vécu caché mais, appelé à revenir sur Ma Terre, tout sera découvert. Tout chantera Mon Retour en Gloire. Le Ciel et la Terre sont remplis de Ma Gloire.

Tu appelles l'Esprit Saint, le Paraclet : *c'est Moi !* [1] Tu as été enseignée comme Mes Apôtres, ceux qui étaient à mes côtés sur la terre où Je suis né. Aujourd'hui, vous serez tous instruits par le même Esprit de Vérité qui S'étire sur chacun des quatre points cardinaux, faisant tomber sur vos esprits Sa pluie de Bénédictions divines, du Père, du Fils et du même Esprit Saint qui est à l'œuvre.

Bientôt vous ressentirez en vous une nouvelle transformation qui s'opèrera plus ou moins vite. Vous serez surpris car, ceux qui ne se sont jamais approchés de Moi, seront les premiers à reconnaître en eux *ce bouleversement d'Amour :*

Aimer pour aimer, sans attendre rien en retour.

Émerveillés de se sentir légers, transformés, ils vont s'interroger. Le Saint Esprit les guidera car Dieu, dans Son infinie Bonté, vient de labourer *ces terres arides* où plus rien de bon ne poussait ; là, seule la mauvaise herbe envahissante prospérait jusqu'à asphyxier les cœurs qui ne cherchaient que les drogues paralysant toute vie qui cherche la Vérité.

Mais Je viens détacher vos liens, détruire l'ivraie et semer largement Ma Parole de Vie en vos cœurs prêts à l'entendre. Voici que l'Esprit de Vérité, qui planait sur vous, S'enfonce petit à petit en votre esprit, en votre cœur. Le chemin est balayé par le Vent de l'Esprit. Les cœurs sont purifiés par le Feu de l'Esprit.

----

1 Aux intelligences pointilleuses, rappelons le Symbole de Nicée : *".. l'Esprit-Saint qui procède du Père et du Fils."* et l'Évangile : *"Je suis dans le Père et le Père est en Moi."* C'est l'indissociabilité des Trois Personnes Divines.

En soi, tout être va recevoir Mon Esprit de Vérité, afin de remettre à chacun *ce parchemin* qui contient Ma Loi d'Amour. Celui qui doute ouvrira ses yeux aux Merveilles de Dieu. Celui qui se défend de Me reconnaître, Me découvrira comme son Unique Sauveur, car la Terre *va gémir de Mon absence prolongée en tous ces cœurs.* Plus rien ne tiendra en équilibre, tout sera déstabilisé. Car vos lois sont mauvaises, vos actions nuisibles à la Vie que Je vous ai donnée. Doublement nuisibles, car elles vous empêchent de vivre et de suivre Mon Chemin qui vous mène à la Vie Eternelle où Dieu, Mon Père et votre Père, vous attend.

Venez découvrir ce que J'ai préparé pour chaque enfant du Père d'Amour. Si le Père de toute Bonté a fait de Moi Son Légataire universel, c'est qu'Il M'a donné tout Pouvoir sur toute chose visible et invisible à cause de Mon Obéissance et de Ma soumission à Sa Sainte et Adorable Volonté. *Ma Sainte Croix vous parle,* elle est le livre ouvert de Mon Amour. *Mon Esprit Saint vous interroge,* faites bien attention, ne péchez jamais contre l'Esprit de Dieu car, douter de Mon Sacrifice sur Ma Croix d'Amour, c'est dresser contre vous *le verdict impitoyable* que Dieu Unique et Vrai, fera tomber sur vous. Sa Divine Sentence sera sans recours. Le péché contre l'Esprit est *le couperet* qui vous retranchera de la Vie Eternelle.

C'est pourquoi Je vous envoie l'Esprit de Vérité et d'Amour, car Dieu vient sauver *jusqu'au dernier de Ses enfants.*

Dieu envoie Son Esprit qui vous instruit, qui vous guide sur le bon Chemin et qui envahit votre être jusqu'à *le faire renaître* à cette Vie Nouvelle pour laquelle vous avez été créés. *Vivez Ma Vie* dès ici-bas. Voici cette Vie qui ne finit pas. *Recevez l'Esprit* qui veut Se poser doucement en tout votre être et l'envahir en commençant par votre esprit qui va dès lors s'éveiller pour vivre sur cette Nouvelle Terre renouvelée par l'Esprit Créateur.

Car l'Esprit de Dieu trois fois Saint va recouvrir la terre, les eaux, l'air, de Son Feu qui brûlera toutes les impuretés.

Par ce changement universel *Je viens renouveler* la face de la Terre et toutes les structures défaillantes seront consolidées ou reconstruites.

— Dieu vous a laissés gérants de Sa Terre et vous l'avez laissée mourir faute d'Amour.

— Dieu vous a laissé toutes les valeurs de la Terre *en partage* et vous avez mal partagé.

— Dieu vous a donné l'intelligence et vous l'avez mal employée.

Le Souffle même que le Père M'a remis afin que vous croyiez, va renouveler en vous Ma Souffrance depuis *Mon Agonie* au Jardin des Oliviers jusqu'à *Ma Mort* sur Ma Très Sainte Croix ; vous vivrez jusqu'à Mon *dernier soupir ;* vous direz comme Moi sur Ma Sainte Croix : *Père, entre Tes mains je remets mon esprit.*

Car votre esprit doit rentrer dans Mon Esprit Saint afin que vous *renaissiez à nouveau.* Vous devez changer de vie, vous repentir de vos péchés et demander à Dieu votre Pardon. Aucun accouchement ne s'effectue sans préparation ni sans douleur.

Vous renaîtrez dans la souffrance de vos propres Croix. Le monde entier est en Croix. Et, pour chacun, votre délivrance commence par la Résurrection de Ma Nouvelle Terre conjointement unie à ses fils, car elle est votre Terre Nourricière.

Ainsi s'accomplira votre propre Résurrection finale avec l'Esprit Saint qui est l'Esprit même de Dieu Créateur, Rédempteur et Sanctificateur.

A ce prix vous aurez votre Terre Nouvelle dans la Grande Purification de tous ses enfants, du plus ingrat jusqu'au meilleur sur cette Terre.

Les Nouveaux Cieux seront ouverts pour accueillir l'ensemble des fils de Dieu, pardonnés, libérés du Mal, lavés par l'Esprit Purificateur et cela sera *la deuxième Pentecôte d'Amour*

tant attendue par tous les Saints du Ciel et de la Terre.

Amen. †

Dieu est Amour.

†

† †

"JNSR" écrit le 10 Juin à 18 h :

"Le livret 4, 2ème partie, des "Actes des apôtres", est devant moi. Je l'ouvre et je lis, page 35 : "Le Triomphe de MARIE dans le Présent Éternel de Dieu", *et je trouve ce texte admirable (je ne l'avais plus relu depuis que je l'avais écrit). Je vois la date du 11 Février 2001. Tiens ! il a été dicté pour la Fête de Notre-Dame de LOURDES. C'est beau et j'entends à ce moment-là La Très Sainte Vierge :*

MARIE :
****

Tu écris à présent le Livre de l'Espérance et de la Vérité afin que le monde s'ouvre enfin à la Sainte Volonté de Dieu. Dis à Mon enfant, celui que le Seigneur a choisi pour transmettre Son Oeuvre à l'Éditeur : il respecte bien la Parole de Mon Fils Bien-Aimé, telle que toi-même tu la reçois et pour cela Je vous bénis dans l'Amour de la Sainte Trinité.

Je lui demande d'ajouter cet écrit, dans ce dernier livre, à la suite de ce que tu as reçu pour la Pentecôte : "C'est la deuxième Pentecôte d'Amour", car elle est unie à Mon Triomphe.

Tout s'accomplit dans l'Éternel Présent de Dieu. Mes enfants oublient trop vite la Parole Vivante, il faut qu'il mémorisent cet écrit.

Mon enfant, Je te demande d'introduire ce texte en entier dans ce que tu as déjà écrit, à la suite de ce Message du 8 Juin 2003.

Je veille sur vous et Je vous protège.

Notre Dame de Lourdes.

†

† †

Le Triomphe de MARIE
dans le Présent Eternel de Dieu

****

11 Février **2001**

" JNSR " : " Seigneur, pardonne-moi : il y a en moi une réticence à m'approcher de Ton écoute ; une peur, comme une défense de Te parler et de T'entendre, et cela me fait reculer, pire encore, cela me paralyse. Je voudrais savoir le pourquoi et je le crains. Est-ce que je ne dois plus T'entendre ? Seigneur, dis-le moi et je me retirerai sans bruit. "

JÉSUS :
****

Invitée, tu l'es. Absente, tu es. Éloignée, non. Rejetée, encore moins. Vois, avec ton cœur près du mien : où est la faute, d'où vient cette faute ?

Venez à Moi, vous qui peinez, qui souffrez, tous ceux qui se voient abandonnés, rejetés de votre société trop moderne. Dans Mes bras, près de Mon Saint Cœur, vous recevrez la vraie Consolation car Moi, Je connais *toutes* vos peines, *tous* vos désarrois et *toutes* vos douleurs et Moi Seul peut guérir le cœur *le plus* malade, *le plus* abandonné et le cœur *le plus* trahi, même s'il est blessé à mort.

Alors, où est ton péché ? T'ai-Je abandonnée ? T'ai-Je condamnée ? T'ai-Je dit que tu M'as manqué en quelque chose ? Je ne peux non plus te dire que tu M'as oublié ou abandonné. Ton Dieu ne peut te dire rien de cela car Je sais qu'il t'est impossible de M'oublier. Tu as beaucoup souffert, beaucoup pleuré : *Je ne pouvais rien pour toi, tu ne te confiais plus à Moi, tu ne faisais que t'accuser*. Mais, comme une étoile lumineuse, l'Espérance brillait en ton cœur meurtri qui M'invitait à venir en lui. Je voulais te montrer Ma Souffrance d'aujourd'hui pour te donner le courage et la force de soutenir la tienne. Ta **Croix** est ta **souffrance**, l'as-tu oublié ?

Avec Ma Sainte Humanité Je suis venu visiter certaines de mes âmes qui vivent dans *la plus grande* ***pauvreté*** *: le reniement de leur Dieu.* Ces pauvres âmes sont descendues si bas qu'elles ne trouvent plus la force d'exister que dans les vices de toutes sortes. La boisson et la drogue les conduisent à la violence. Mes pauvres âmes tuent : leurs proies sont les plus faibles, les innocents qu'elles recouvrent de leur impureté avant de leur ôter la vie de cette Terre.

Oui, Je suis le Fils de l'Homme qui pleure des larmes de sang parce que l'homme, Mon frère, *est devenu un* ***monstre***. Je suis le Fils de Dieu, envoyé par Mon Père qui Me demande de Lui ramener jusqu'à la dernière Brebis.

Et même celle qui est devenue une meurtrière, parce que Notre Père va réclamer chacune de Ses âmes pour la purifier et la laver de tous péchés. **Satan** les a aveuglées. *Avec leur **repentir** sincère,* et par la Sainte Grâce de l'**Esprit Saint** de Dieu, chaque enfant renaîtra avec un esprit *nouveau* dans une chair *sanctifiée.* Ainsi, l'Amour enveloppera chaque créature de Dieu. Vous deviendrez un être renouvelé, ***dans sa chair et dans son âme,*** à l'Image de Celui qui est le Premier-Né d'entre les morts, Moi, JÉSUS le Christ, mort à cause de vos péchés et ressuscité dans la Gloire de Dieu, Mon Père.

Je suis venu te visiter. Ne t'ai-Je pas dit que Mon Divin Sacré Cœur, lorsqu'Il cherche à Se reposer, descend dans le cœur de Ses âmes ***victimes d'Amour*** ? Je suis venu dans le cœur de Mon enfant qui ne M'a jamais renié, jamais dit non, jamais refermé sa porte, car il ne peut pas vivre sans le contact de Mon Divin Sacré Cœur.

Ainsi sont toutes Mes âmes *victimes d'Amour,* toujours offertes à Dieu qui recherche le repos dans leur compassion et leur tendresse.

Alors, dans tes propres meurtrissures, Je suis venu comme un voleur pour te voler un peu de ton Amour pour consoler Mon Amour meurtri par tant d'ingratitude. *L'**Amour** n'est pas aimé,* et c'est cela qui est la cause du grand déséquilibre de ce Monde. C'est cela qui t'a fait fuir et, en évitant le contact avec ce monde menteur, indifférent, tu es rentrée dans la solitude où tu t'es enfermée, croyant même que ton Dieu t'avait abandonnée !... *Non, Mon enfant, **réveille-toi, Je suis là**.* Vous êtes des miroirs si limpides, qu'en un instant Dieu peut voir le Monde à travers Ses petits *Instruments,* méprisés et condamnés sans motif valable, comme Je le fus Moi-même.

Je vois ce Monde qui ne cesse d'accuser l'innocent et laisse en liberté le vrai coupable, cet homme qui continue à respecter le Pouvoir et l'Argent en méprisant Dieu et toutes les vraies valeurs, celles qui viennent d'un cœur pur aimant Dieu par dessus tout et chaque frère avec le même Amour que le Seigneur a pour chacune de Ses créatures.

Dieu aime et pardonne :
— à cause de Son Nom,
— parce qu'Il est l'Eternel,
— parce qu'Il est le Créateur de tout l'Univers,
— et parce qu'Il est le Père de chaque créature créée dans Son Amour Infini. Il ne pourra jamais détruire une de Ses créatures parce que chacune d'elles *est une partie de Son Amour et que Son Amour est Eternel.*

Moi, JÉSUS de Nazareth, Je pleure avec chacun de vous lorsque la mort vient à vous séparer d'un être cher. C'est une séparation momentanée. Tout départ cause un chagrin. Vous avez été créés pour vivre, dans l'Eternité, la Vraie Vie en Dieu et chaque jour vous devez vous préparer *pour mériter Ma Sainte Promesse.* Je vous attends dans Mon Règne Eternel où il n'y a plus de mort.

Soyez bons, patients et charitables sur cette Terre. Soyez dignes de Ma Promesse. Après qu'on M'eût descendu de Ma Sainte Croix, Mon Corps fut mis au Tombeau. Ma Sainte Mère Me pleura, Ses yeux ne Me voyaient plus, c'était la séparation. Toi, tu as pleuré ta mère et tu continues à la pleurer parce que tes yeux ne l'ont pas vue mourir, tes yeux ne la verront plus sur cette Terre. Tu es devenue ***le tombeau***, car on te l'a caché, tu étais si malade.

Mais dans le tombeau, il n'y a plus rien. Que retient-il ? Son corps.

Ma Mère Me vit à Ma Sainte Résurrection. *Elle espérait,* et Elle fut *la première* à voir Son Fils Ressuscité : Son Dieu était là, Ma Promesse n'a jamais cessé d'être vivante en Elle et Ses yeux ont vu.

Et toi : si Moi aujourd'hui Je te dis : “ *Ta mère est vivante ”,* vas-tu Me croire ? Vas-tu douter de Ma Promesse ! Le Fils de l'Homme a donné Sa Vie pour la multitude. Celui *qui est la Vie,* te dit : “ Ta mère vit en Moi ”. Alors crois-moi et ouvre ***ton tombeau.*** Vis toujours dans cette confiance qui te faisait marcher comme Mon Messager le plus rapide. Car celui qui croit a des ailes dans ses talons et les **Flammes** de Mon Sacré Cœur le propulsent là où Je désire qu'il annonce Ma Victoire.

Le chemin que vous allez faire ensemble aujourd'hui est un parcours vers la Paix. Inutile de vous laisser croire que vous y êtes déjà, car rien ne se calmera de si tôt et la **violence** n'est pas arrivée à son point culminant. La haine meurtrière est cette bête aux mille tentacules qui s'étalent sur la monde entier. Des êtres qui n'ont rien d'humain vont continuer à perturber les **enfants** qui vont suivre des chemins où nul Ange, étant d'Essence Divine, ne peut entrer. et, sans protection du Ciel, ces gens courent à leur perte.

Alors, appelez près d'eux les grands Saints du Ciel qui peuvent sauver les âmes au bord de l'abîme : le Saint Curé d'Ars et tous les Prêtres qui continuent leur Saint Ministère au Ciel dans une béatitude éternelle. Car ils ne cessent de louer Dieu pour le Bien des enfants de la Terre. Car ils savent tous combien le Tentateur est à l'œuvre *dans sa **dernière heure**.*. Oui, priez pour *vos enfants,* le danger est partout. Priez avec tous les Saints du Ciel. Appelez-les en ces temps de tourmente. Ils peuvent vous aider avec Amour et Joie.

MARIE : « Je t'avais prévenue de beaucoup de choses ; tout
************* arrive. Je t'avais demandé d'informer tes frères de ce danger imminent qui guettait le monde entier et surtout votre pays.

“ *Fuyez les montagnes, fuyez les rivages* ”. Qui n'a pas vécu ces drames, qui les a ignorés ? Les montagnes se fendent et rejettent le feu ou les roches, la boue qui dévale des pentes, couvrant tout sur son passage ; des villes entières menacées, des populations apeurées craignant l'ensevelissement par la boue, les cendres ou les roches. Qui n'a pas entendu, ou vu, ou même vécu les drames des rivages débordant sur les terres jusqu'à noyer les maisons et tout lieu où la population peut se trouver.

La terre **tremblera** encore. De nouveaux **volcans** surgiront. Oui, ce que Je peux dire à chacun de vous, c'est ceci : les récoltes seront limitées, le produit ne sera pas comme vous l'espérez. Les arbres ne garderont que peu de fruits, vos réserves s'épuiseront vite. Avant les hommes, les animaux vont souffrir de la faim. *N'espérez plus rien faire contre ce fléau de la faim dans le monde,* car vous n'avez rien fait pour vos frères lorsqu'il en était encore temps. Je ne vous parle pas des convois humanitaires de vivres et de linge, mais de **l'action** que vous n'avez jamais entreprise avec ceux qui attendaient votre enseignement pour mettre à profit leur terre et apprendre à se servir des moyens naturels de leur pays.

Dieu a donné à chaque Nation, à chaque pays, à chaque homme, un potentiel nécessaire pour vivre, là où il est né, du produit même de sa terre. Si ton frère a les oreilles bouchées, ouvre-les lui avec ta voix. S'il a les yeux fermés, ouvre-les lui avec la Lumière que Dieu a mise en toi. S'il a peur de parler pour demander ton aide, avance-toi vers lui avant qu'il ne fasse sa démarche car, s'il tarde trop, tout s'effondrera. *Et c'est ce qui arrive en ce moment.* Peu d'agglomérations seront épargnées.

Les nations ne peuvent se suffire à elles-mêmes car leur intelligence ne s'est pas réveillée à temps. Aucun frère, ayant reçu ce Don de Dieu, n'est venu les enseigner. Leur population a grandi, la nourriture a disparu, la terre s'est appauvrie car la semence qu'elle a reçue a été rejetée, n'étant pas appropriée pour ce sol. Il en est de même pour chaque espèce animale : les carnivores mangent de la viande, les bovins sont herbivores.

Oui, qu'avez-vous fait de tous les **talents** que le Seigneur vous a donnés ? Votre propre intelligence vous a trahis. Vous voici devant Dieu, mais pour Lui dire quoi ?

Dieu sait tout. Ne vous étonnez plus *si vous récoltez aujourd'hui ce que vous avez semé hier.*

Pour réparer ces dégâts monstrueux que l'homme intelligent, fier de son savoir, a déclenchés de par le monde avec ses méthodes scientifiques, ses calculs égoïstes et ses inventions diaboliques, il faut que l'homme devienne **spirituel**, qu'il se dégage de son matérialisme. Pour cela il doit implorer Dieu, il faut que son repentir soit sincère pour obtenir le Pardon du Très-Haut.

Car Dieu Seul peut réparer *les rouages de Sa Terre,* car Lui Seul les connaît. Et, devant la Face de Dieu qui ordonne LA PAIX, les vents se calment, la mer contient sa furie, l'eau des rivières revient aux grands fleuves qui modèrent leur débit, la Terre arrête ses convulsions, le ciel arrête ses eaux et les astres reprennent leur ronde naturelle, amenant les saisons chacune à sa place pour donner à l'homme satisfaction dans ses récoltes.

La **moisson** sera belle. Le fruit mûrira sous le soleil et le cheval tirera sa charrue pour marquer les sillons lorsque viendra l'heure des semailles. L'homme vivra du produit de sa terre, qu'il partagera avec celui qui vivra du produit de sa pêche et ainsi de suite. Personne ne se plaindra plus de la faim, ni du désespoir causé par la violence parce que toute arme aura disparu et toute haine avortera dans le cœur des hommes, car il n'y aura plus de colère, ni motif de colère.

Le Père vous a confiés à Moi, Votre Mère, afin que Je vous porte en Mon Cœur de Mère. Ne Me demandez pas quand vient **Mon Triomphe**, car voici que Je vous apprends une grande nouvelle :

Toute graine plantée germera un jour et grandira jusqu'à voir la plante et ensuite le fruit. Mon Triomphe ***s'est passé dans l'invisible*** car Dieu n'aime pas l'impatience et ne désire nullement que vous vous glorifiez de ce qui vient uniquement du Maître de l'Univers.

L'Esprit de Dieu agit dans vos âmes. La Parole de Dieu est Vivante, donc constructive. Lorsque le Verbe de Dieu a pris Chair en Mon Sein, *personne ne vit rien.* L'Ange Me l'annonça par la Parole de Dieu, ce fut **l'Annonciation**. Et l'Esprit du Seigneur descendit en Mon Sein, ce fut **l'Incarnation**. Comment ne pas vivre aujourd'hui, en chacun de vous, ce que la Parole et l'Esprit ont déposé en Mon Cœur de Mère, pour que naisse en votre cœur et en votre esprit la Merveille de Dieu, qui est *l'homme nouveau,* oui, une créature nouvelle.

Le Temps de Dieu n'est pas le vôtre. Qui peut prévoir l'heure que le Seigneur S'est choisie pour commencer à faire dévier ces temps d'obscurité pesant sur votre humanité presque entièrement déchue.

Mon **Triomphe** ne peut être visible ; pas encore, car Dieu le retient en Lui. A **l'Heure** que Dieu S'est choisie, ***Je suis venue*** *pour planter en vos cœurs cette graine que vous ne voyez pas,* mais qui est vivante en vous. Ne vous choquez pas de cette image : comme la petite graine d'un radis, elle va s'alimenter en votre cœur, en votre esprit, par la Grâce de Dieu ; on apercevra plus tard une petite tige, puis quelques feuilles, puis une croissance. Vous ressentirez en vous comme une délivrance, *mais le fruit est caché.* Le radis n'est qu'une simple racine, il ne se développera qu'à force de soins, plus tard.

Je suis votre Mère. Je ne peux aujourd'hui vous parler qu'en parabole, car tout reste invisible mais sachez que tout travaille en vous *car l'**Esprit** de Dieu **habite** en vous.*

Devenez humbles, charitables. Accomplissez des actions pleines d'Amour envers le prochain : *votre Terre se meurt faute d'Amour.* Vous allez mieux comprendre le besoin de celui qui est votre frère : à cause du Père, vous avez *le même Père;* à cause de votre Mère, vous avez *la même Maman,* c'est JÉSUS qui M'a donnée à chacun de vous : *Voici ta Mère !* JÉSUS est votre Frère qui vous dit :

JÉSUS :
****

" Écoutez Celle qui un jour reçut l'Esprit Saint qui fit d'Elle la Mère de votre Sauveur et votre Maman Chérie. Aujourd'hui c'est Moi JÉSUS, Son Divin Fils, qui vous annonce que le même Esprit Saint **est descendu en vous**, en *ceux qui L'ont accepté,* par le Cœur Douloureux et Immaculé de MARIE, Ma Mère et votre Mère, faisant de chacun de vous des êtres purifiés par l'Esprit Purificateur, des êtres qui vont servir Dieu pour ramener dans l'Unique Bergerie de Dieu, *qui est Son Église,* jusqu'à la dernière Brebis égarée.

Le Triomphe de MARIE **est accompli.** Elle, qui reçut l'Esprit Saint pour vous donner Son Fils, le Fils de Dieu, Elle vient de donner à Son Dieu *des enfants de Lumière,* par le même Esprit Saint qu'Elle a dans Son Cœur de Mère. *Ces enfants de Lumière ne pouvaient être enfantés que par la Mère de l'Incarnation Divine.* Vous êtes dans cette **gestation** qui sera plus ou moins longue, car MARIE garde tous Ses enfants en Son Cœur Maternel. Et **personne** ne connaîtra **la date** où le fruit sera mûr, prêt à être cueilli et donné au Père de toute Bonté, *car tout revient à Dieu* et Lui Seul connaît l'heure où chaque enfant renaîtra de l'Esprit Saint.

Amen

Notre-Dame de Lourdes

Le Seigneur revient. Amen

† † †

Viens à moi, Esprit de Vérité

****

9 Juin 2003 - Lundi de Pentecôte

JÉSUS : L'Esprit dit : viens et suis-Moi. Où Je serai, tu seras. Où tu seras, Je serai avec toi.

****

— Le fidèle Compagnon de toujours, c'est Moi.

— L'Esprit de Pauvreté, qui réconforte tous ceux qui souffrent de solitude ou de maladie, oui, Je SUIS.

— Heureux les pauvres, les doux, les humbles, ils sont déjà dans Ma Terre Nouvelle.

— Dans ton affliction, tu seras consolée par Dieu.

— Dans Mon Amour de Ma Paix, Je t'offrirai la Terre Promise.

— Dans ta faim de Justice, dans ta soif de vivre avec Moi, tu seras rassasiée

— Tu souffres encore plus pour les autres que pour toi-même. Dieu, l'Éternel, est avec toi. Il sera compatissant avec toi et tu partageras Sa Compassion avec tous.

— Tu as le cœur pur, lavé de toute haine. Abrite ceux que Je t'envoie. Vous Me verrez.

— Viens travailler avec Moi pour la Paix. Invite-les, vous êtes Mes enfants, suivez-Moi.

— Ne pleure pas devant les persécutions. Tu te bats pour Ma Sainte Justice en ce monde où le malheureux, le faible, le malade, le désemparé, a tout perdu. Du haut des Cieux, Ma Justice te crie : J'ai préparé le Royaume des Cieux pour toi, pour vous qui Me suivez. Ce Royaume où la Paix et la Justice vous accueilleront.

Réfugiez-vous dans Ma Sainte Église pour recevoir tous Mes Sacrements. Vous serez alors riches, car c'est là que se trouve ma Richesse, celle que Je partage déjà avec vous dès ici-bas. Vous êtes tous consacrés par le Baptême, car c'est Moi que vous recevez.

Mon Esprit Saint descend sur vous. Cette Manne Bénie vous fortifiera tout le long de votre vie sur Terre et vous aidera à travers toutes les embûches que l'Ennemi dressera sur votre passage.

Croyez que Je suis dans le Baptême
comme Je suis dans l'Eucharistie.

La Sainteté de Dieu est le Fruit que l'on obtient rien qu'en M'aimant. Aimez-Moi et Je ferai le reste. M'aimer, c'est Me connaître *et Me faire connaître.* Je suis votre propre vie lavée du péché. Le péché, Je l'ai porté sur Ma Sainte Croix.

Tous vos péchés sont arrivés sur Mon Corps comme de la limaille de fer attirée par l'aimant. Ma Chair s'est *déchirée.* Mon Cœur s'est *ouvert,* laissant passer Ses torrents de Grâces pour toute l'Humanité pécheresse afin de la sauver.

Vous avez reçu le Pardon du Père. Grâce à Ma Souffrance d'Amour, les Portes du Ciel se sont ouvertes. Vos fautes furent la raison qui Me porta jusqu'à cet Acte d'Amour : mourir sur Ma Sainte Croix. Car Ma Sainte Croix fut mon deuxième *Berceau* pour accueillir avec Moi toutes les générations passées, présentes et à venir.

Le Mystère de Ma Sainte Croix est uni à tous les pécheurs du monde entier.

Mes Anges ne peuvent goûter au Sacrifice de leur doux JÉSUS Crucifié. Exempts de tous les péchés, ils ne peuvent dire que ceci :

Heureuse était la faute qui fit d'un pécheur un saint.

Le Saint Me ressemble parce qu'il est passé par la Souffrance de sa Croix unie à la Mienne. Dans Ma Joie, vous n'entendrez plus les rumeurs des médisants, ni les mensonges, ni aucun blasphème. Rien de mal ne pourra vous atteindre. Je fais de vous Mes disciples, Mes frères, Mes amis. Réjouissez-vous, Je vous porterai dans Mes bras pour vous présenter au Père de toute Bonté.

Je passerai à votre doigt l'Anneau Royal. Je vous revêtirai de votre tunique blanche qui ressemble à la Mienne. Vous serez Mes douces Colombes, vivant près de Ma tendre Mère, la Bienheureuse Vierge MARIE, Épouse de l'Esprit de Sainteté dans l'Amour de la Très Sainte Trinité, Colombe recouverte de l'Incomparable Blancheur de la Pureté de Dieu, choisie entre toutes les femmes pour être la Mère de votre Sauveur et Roi de l'Univers. Elle porte la Couronne de Gloire que votre Dieu, Unique et Vrai, déposa sur Sa tête. Ainsi, Elle est *la Reine de l'Univers,* à cause du Don qu'Elle fit un jour, à Son Père et Notre Père Tout-Puissant : à l'instant où Je M'offrais à Mon Dieu et Père, Ma Mère Bénie M'offrit à son tour à Notre Père comme *Victime expiatoire* pour tous les pécheurs, les enfants de Sa Création.

Par Elle vous deviendrez tous des *Jean* si vous La prenez en votre cœur pour y habiter. Appelez-la. Priez-La. Implorez-La.

Je ne peux rien refuser à Ma Sainte Mère. Et le Père Lui a demandé de revenir sur Sa Terre pour commencer à choisir, déjà, Ses enfants prêts à être enfantés dans Sa Parfaite Pureté ; MARIE, qui fut choisie au pied de Ma Croix d'Amour pour être la Mère de cette *Humanité déchirée.* Elle est la Seule et Unique, la Vierge Douloureuse et Immaculée par qui les créatures de Dieu vont accepter de passer par la Croix du Christ Sauveur pour rejoindre le Refuge des Deux Saints Cœurs Unis.

Vous vous offrirez à votre tour comme *offrandes,* vous accepterez la Purification finale. Ainsi vous accomplirez ce *Fiat* final qui vient compléter le double *Fiat de MARIE,* celui de Mon Incarnation où Elle donna Son OUI à l'Ange Gabriel et celui de Mon Sacrifice sur la Croix où Elle dit OUI au Père.

Par Elle, avec Elle et en Elle, tout s'accomplit en cette fin des Temps. Elle donne le plus beau Fruit de tout l'Univers à Son Père afin que, avec ce Fruit écrasé dans le Pressoir de l'Amour, renaissent à la Lumière de Dieu ces chrysalides, créatures encore endormies, suspendues à ce monde qui disparaît pour renaître parfait. *Ce Monde est déjà dans la main du Père, du Fils et du Saint Esprit :*

— Dieu Créateur qui vient vous donner Sa Terre Nouvelle,

— Dieu Rédempteur qui vient pour la Rédemption finale,

— Dieu Sanctificateur qui vient sanctifier les enfants du Père,

et de MARIE, Corédemptrice, Réconciliatrice et Avocate du genre humain dans Sa maternelle Tendresse, afin que le Christ, Son Divin Fils, puisse dire au Père de toute Bonté :

"Mon Père, maintenant ils Te connaissent, Toi le Seul Véritable Dieu, et Moi, Celui que Tu as envoyé vers eux avec l'Esprit de Vérité. Ils savent tous, sur toute la Terre, que Je suis sorti d'auprès de Toi."

Père ! Tout ce qui est à Moi est à Toi et tout ce qui est à Toi est à Moi et Je suis glorifié en eux.

Garde-les dans Ton Nom, celui que Tu M'as donné, pour qu'ils soient UN comme Nous.

Pour eux, Je Me suis sanctifié Moi-même afin qu'ils soient, eux aussi, sanctifiés dans la Vérité.

Père, ceux que Tu M'as donnés, Je veux que là où Je suis, eux aussi soient avec Moi afin qu'ils contemplent Ma Gloire.

Père, Je leur ai fait connaître Ton Nom et Je le leur ferai connaître encore pour que l'Amour dont Tu M'as aimé soit en eux et Moi en eux.

Dieu est Amour.

†

† †

Les enfants de Lumière

****

10 Juin 2003

"JNSR" : "Gloire au Père, Gloire au Fils et Gloire au Saint Esprit."

JÉSUS :
****

Avertis tous ceux qui viendront à toi que Dieu vous attend. Dis-leur que Je les aime, bien plus que l'Amour qu'ils M'offrent : le Mien vient de Mon Divin Sacré Cœur et eux, ils ont bien réfléchi avant de M'offrir leur cœur.

Vous ne Me priez pas assez comme Je le désire : *avec le cœur,* afin de hâter la Victoire du Christ en Gloire sur tous Ses ennemis et vos ennemis qui barrent Mon Chemin, juste devant vous.

Ne laissez pas votre imagination empêcher Ma Parole de venir jusqu'à vous : vous pensez que Dieu serait *"trop haut"* pour venir jusqu'à vous et S'entretenir avec Ses enfants de la Terre...

Mon enfant, tu veux que Je te parle de la situation dans laquelle se trouvent tous les pays de votre Terre. Ce que vous voyez, ou ce que vous pouvez entendre dire par les uns et ies autres, ne sont que des *images.* La Vérité est ailleurs : le Pouvoir est dans les mains de Mon Ennemi qui a lié les esprits qui se sont rebellés contre Mon Esprit Saint.

Dieu S'est approché *de chacun* pour le diriger dans le Bon Chemin. Mais bien peu sont ceux qui ont ouvert leur porte à Mon écoute. Je n'ai trouvé que des portes fermées, verrouillées, très difficiles à s'ouvrir. Ma Voix s'est perdue dans leur désert d'indifférence et leur désir de domination.

L'Esprit Saint, l'Esprit de Vérité, descend ; constamment Il instruit, Il informe. Sans répit, Il Se manifeste chez les uns comme chez les autres.

Vous êtes réfractaires à tout ce qui vient de Dieu.

Les âmes viennent du Ciel. Comme des papillons, elles vous entourent. Ce sont les âmes de vos défunts et ce sont également les âmes d'enfants saints, *Mes enfants de Lumière.* Ils veulent vous donner leur Message de Vie car ils vivent au contact de Dieu et s'imprègnent de ce grand Amour Divin qu'ils veulent partager avec vous.

Dieu est Amour. Amour sont Ses Lois, Ses desseins pour toute l'Humanité. Restez à l'écoute. Laissez-vous guider par ceux qui sont déjà arrivés jusqu'à la Lumière.

JNSR : Tout-à-coup, trois Enfants de Lumière sont venus à moi. J'entends les trois avec la même voix, ils sont ensemble. Ensuite est arrivé AND qui s'est détaché du groupe. Il m'appelle "Petite Marraine"

Les trois : Nos connaissances sont plus élaborées
******************** que ce que vous pouvez apprendre ici-bas

Nous vivons dans cette Espérance et cette profondeur de Douceur et de Vérité où tout est partagé, chacun étant aimé du même Amour. *Dieu est Amour..*

Il nous arrive d'être très près de vous, mais nous ne nous manifestons pas comme vous le pensez, car nos corps de Lumière sont transparents, mais réels. C'est dans votre esprit que nous pouvons intervenir, en vous suggérant de meilleures intentions.

L'Esprit de Dieu nous accompagne : plutôt, Il nous donne en partage une Lumière Divine de Lui-même. Ici, tout se renouvelle, alors rien ne se perd et nous pouvons ainsi venir à vous avec ce doux *bagage :* les Dons de l'Esprit Saint, qui sont présents également dans la Sainte Eucharistie.

Il est presqu'impossible à ceux de la Terre de comprendre et d'accepter notre Aide, *car vous ne savez pas demander.* Il faut nous le demander : *"Demandez et vous recevrez."* Essaie toi-même.

JNSR : J'ai appelé un Enfant de Lumière.

AND : "Je suis là. JÉSUS me permet de venir à toi pour te dire
******** que toutes les difficultés que vous rencontrez en ce monde vont disparaître *lorsqu'Il reviendra en Gloire* sur votre Terre qui se meurt par la violence et les mauvais traitements que les puissants de ce monde lui infligent.

Chacun de vous êtes concernés. Réveillez-vous. Vous vivez comme des automates où chacun tire à lui le bien de toute la communauté. Vous avez oublié de partager ce que Dieu vous donne. Et le plus éprouvant, pour chacun de vous, sera le Jugement de Dieu. Dieu qui continue à vivre en vous malgré la restriction de l'espace que vous Lui réservez en votre cœur.

Aussi je te le demande, au Nom Sacré de JÉSUS-Christ, d'informer tous tes frères qu'il est temps de sauver vos âmes, *car la menace continue à peser sur vos têtes.* Tous ensemble, vous auriez pu changer le Mal, qui continue à grossir, en Bien car la Sainte Miséricorde Divine attend toujours que vous L'imploriez !... Mais, même le petit nombre qui, sincèrement, persévère à honorer et à adorer Dieu, n'est pas au complet : beaucoup d'entre vous ont eu peur d'aller jusqu'au bout ; le doute et la peur les ont fait fuir. Que reste-t-il ? Je m'adresse à vous, vous les fidèles du Dieu Vivant, les *piliers* de votre Terre, que vous soyez Prêtres de l'Église du Christ, ou fidèles de Son Église, ou simplement animés par l'Amour de Dieu qui vit en chacun.

N'ayez pas peur de faire face avec JÉSUS-Christ ; IL viendra dire avec Puissance, dans Sa grande Miséricorde : "*Toi que J'appelle aujourd'hui, M'aimes-tu ?*" Ce Jugement sera personnel, intérieur. Dieu ne fait rien sans vous avertir. Au milieu des ténèbres extérieures, IL vous enveloppera dans Sa Grande Lumière. A votre réponse, instantanément, IL vous prendra sur Son Divin Sacré Cœur.

Mais je tiens à vous avertir : *que votre oui soit oui !* Et, malheureusement, celui qui Lui répondra *Non* s'éloignera à jamais du Divin Sacré Cœur *dans le radeau des Naufragés* qui poursuivra sa route éternelle dans les eaux de la damnation.

Dieu ne Se présentera jamais plus à celui
qui ira jusqu'à dire non à l'Éternel.

L'Ange de Dieu se tiendra à côté de chacun de vous et vous serez protégés contre toute agression du Tentateur qui, même à ce moment, guette sa proie. Mais, grâce à l'Ange, vous aurez la Protection de Dieu contre son ennemi et le vôtre.

Petite Marraine, je te dis ceci afin que vous compreniez que le Bon Pasteur ira chercher Sa Brebis perdue, *même dans les ronces,* et la sortira du filet de l'Oppresseur. Et, en ce moment, JÉSUS vous le redit :

JÉSUS : "*Vous serez sauvés les uns par les autres.
Heureux celui qui accepte la Souffrance d'Amour
de Ma Très Sainte Croix.*"

Les Saints Anges, tous les Saints du Ciel, tous les Enfants de Lumière rappelés à Dieu dans leurs jeunes années sur Terre, tous sont vos Protecteurs, les Gardiens de vos âmes, car tout doit revenir à Dieu. Mais Dieu vous redit : *Faites et Je ferai !*

La Parole de JÉSUS t'est donnée. Les Talents de Dieu ne doivent pas être enterrés sans rien produire et Sa Parole, qui est Lumière, ne peut rester cachée sous le boisseau, car elle est le plus fructueux des Talents : à son écoute, elle multipliera par cent, par mille, les fruits de conversion qui commenceront à mûrir.

Lorsque JÉSUS parle, les cœurs s'ouvrent comme une grenade mûre qui, à son tour, éparpillera tous ses grains pour nourrir la multitude. *Oui, la Multiplication des pains, c'est aujourd'hui que vous devez la vivre.* La Parole de Dieu, qui sort de sa bouche pour entrer en ton cœur qui L'entend, tu dois la répandre *car elle est le Pain de Vie* donné en ces temps de famine spirituelle. Va ! Je SUIS est avec toi et nous sommes tous avec Lui.

JÉSUS (et AND en Dieu qui t'aime).

Je viens vous dévoiler le Secret de MARIE

****

23 Juin 2003 -Vigile de la Nativité de St Jean le Baptiste

"JNSR" : "Mon Dieu, ce que Vous voulez et non pas ce que je veux."

JÉSUS : Tu vas écrire ce que Je te donne aujourd'hui, dans le secret de Mon Cœur qui bat dans la Très Sainte Trinité d'Amour.

****

Il fut un temps où Dieu désira ardemment S'unir aux hommes pécheurs. IL voulut vivre avec ceux de la Terre pour leur apprendre *la vraie Vie en Dieu* ; ils n'en étaient pas dignes, pas plus que vous d'aujourd'hui. Mais Dieu, qui est Amour et Pardon, voulait leur donner Sa Paix dans Sa Vérité qui est Vie et Voie dans la VIe Éternelle, dans Son Royaume qui n'est pas de ce monde et qui leur était encore inaccessible à cause de la **Faute Originelle**.

Ma fille, continue à écrire :

Moi, Fils de Dieu et Dieu Moi-même, Je suis descendu du Ciel pour Me faire Homme parmi les hommes afin que l'homme puisse, un jour, *être divinisé* et recevoir, dans la Gloire de Dieu, le nom de *fils de Dieu,* enfant du Père, frère de JÉSUS dans la Sainteté de l'Esprit qui unit tous les êtres humains au Verbe de Dieu qui S'est fait Chair.

Pour Ses desseins Mon Père, dont la Bonté est Infinie, avait choisi une famille de la Terre. Elle devait abriter une enfant Sainte et Pure, d'une Conception Immaculée pour que Je puisse prendre Chair en elle, devenir homme, le Fils de l'Homme, tout en gardant Ma Divinité de Fils de Dieu. Cette enfant sainte, qui devait Me recevoir, venait de naître d'une femme jusqu'alors stérile, Anne. Pour que sa fille naisse d'une Conception immaculée, c'est qu'elle ne pouvait être **conçue d'un homme**. Saint Joachim fut son père *comme Saint Joseph fut le Mien.*

Lorsque Je t'envoyais en Bretagne, à Sainte Anne d'Auray, c'est bien vers Sainte Anne que Je t'envoyais. C'est Dieu Lui-même qui a glorifié Sainte Anne en ce lieu béni ; et c'est la maman de MARIE qui a commencé à t'instruire, délicatement, pour recevoir aujourd'hui ce Message que Je te donne.

Sainte Anne, mariée à Saint Joachim, eut un vrai mariage ; ils s'aimaient comme mari et femme et leur union fut consommée sur cette Terre. Si Je te dévoile aujourd'hui ce Mystère, gardé précieusement dans le Cœur de Ma très Sainte Mère, c'est pour mettre en lumière, dans l'Église, la véritable place de MARIE dans le Cœur de Dieu. *Il n'est plus possible de cacher cette Vérité plus longtemps.*

Car elle occupe la première place dans le Plan de Dieu. : Nouvelle Terre, nouveaux Cieux.

Elle est, en Vérité, l'Immaculée Conception.

Pour que le sein d'Anne puisse porter cette sainte enfant, Dieu Lui-même le purifia ; et le sein d'Anne *fut lavé de la Faute Originelle.* Ainsi, MARIE fut conçue *sans péché.* Et si Sa Conception fut Immaculée, *c'est qu'elle ne pouvait être conçue d'un homme.*

Sainte Anne, restée stérile jusque-là, a été préparée pour recevoir la Toute-Pure *conçue du Saint Esprit qui est Dieu.*

A la différence de Ma Conception Divine, c'est que Je suis né d'une Vierge et que MARIE naquit d'Anne qui n'était pas vierge.

A Dieu rien n'est impossible.

Je suis le Dieu de l'impossible.

Si Je vous révèle aujourd'hui le Secret de MARIE, c'est pour que vos cœurs s'ouvrent au grand Miracle d'Amour qui va s'opérer *en Elle, par Elle et avec Elle.* Elle est votre Corédemptrice, votre Avocate. Elle est la Réconciliatrice entre Dieu et votre Humanité malade par son manque d'Amour. Elle seule, parce qu'Elle est *la Fille, l'Épouse et la Mère de Dieu,* peut enfanter cette Humanité déchirée avec l'Aide du Saint Esprit.

MARIE est née *comme auraient dû naître tous les enfants de la Terre sans la Faute Originelle.* Dans Sa Conception Immaculée et dans Sa Maternité inviolable, Elle est la *première-Née de la Terre.*

Je suis le Premier-Né, Fils de l'Homme et Fils de Dieu, à pénétrer dans les Cieux avec Mon Corps glorifié et Mon Âme divine.

Dans Ma Sainte Résurrection, J'entraîne MARIE, Ma Sainte Mère. L'Immaculée Conception est venue au Ciel à ma suite, avec Son Corps sans tache et Son Âme glorifiée par le Saint Esprit. Elle sera la deuxième à pénétrer dans le Royaume de Dieu, Son Père, accueillie par la Très Sainte Trinité dans laquelle, depuis toute Éternité, Elle a toujours eu sa place. Ainsi, Je peux vous le dire et redire : *" Voici Ma Mère Très Sainte, faites tout ce qu'Elle vous dira."*

Votre Sainte Maman va vous conduire sur le Chemin unique, celui de *la Sainteté,* pour vivre la Vraie Vie en Dieu, dès ici-bas. Votre transformation va commencer et c'est *votre divinisation* à l'Image de Son Divin Fils JÉSUS-Christ. *Le Seigneur fit pour nous des Merveilles ! Saint est Son Nom.* Amen.

† † †

Note du Père spirituel du 1er Juillet 2003

"Tout ce qui a trait à la virginité mariale et à la conception de Notre Seigneur Jésus Christ, ne peut se concevoir que dans un projet divin manifestant la Toute Puissance du Père et son désir de voir son Fils naître de la chair sans être contaminé par le péché.

Il va de soi que la Vierge Marie, conçue en Sainte Anne, ne pouvait être contaminée par la faute originelle et donc, Dieu a voulu qu'Elle soit préservée et que soit forcément préservée Ste Anne qui la portait dans sa chair.

L'histoire de la théologie dogmatique a montré que bien des discussions ont été élaborées sur ce sujet. Cependant, il ne fait pas de doute que le Projet divin devait toucher aussi bien la Vierge Marie que, dans une autre mesure, Sainte Anne. C'est la conviction qui émerge du chapitre relatif à l'Immaculée Conception, tiré du ***Précis de Théologie Dogmatique de Louis OTT.***

Dans ce Message du 23 Juin, rien ne me paraît contraire à la foi. *Rien n'est impossible à Dieu, telle est la réponse de l'ange Gabriel à Marie, au jour de l'Annonciation. Il nous revient de nous émerveiller de tout ce que Dieu a fait pour nous et d'apprendre à nos logiques et à nos intelligences qu'elles ne peuvent entrer en discussion avec le mystère divin."*

La Paix dans le monde

****

8 Juillet 2003

JÉSUS :
****

Partout, les Croix ont suscité les nouveaux apôtres de la Croix, l'Armée victorieuse de la Croix du Christ. Ils ont pour devise *tout pour MARIE, tout par MARIE.* Ils ont en mains le saint-Rosaire et la Croix, comme Saint Jean de la Croix, Saint Grignion de Montfort, le saint Curé d'Ars et Sainte Jeanne d'Arc, *la victoire par la Croix.*

Enfants qui luttez pour que Ma Sainte Croix vive partout dans le monde, réunissant les nations entre elles, abolissant les idoles et les faux principes afin que vive Ma Sainte Religion Universelle, celle qui a le même langage et la même Foi, la même conviction et la même solidarité. Ma Religion qui rassemble les pauvres comme les riches, les bons comme les méchants, afin que *tous soient Un* dans l'Esprit de Paix, comme le Père et Moi, le Fils, ne formons qu'Un.

Ma Religion est l'Amour.

Vous êtes Mes enfants fidèles, M'ayant choisi comme votre Maître et votre Roi, et Ma Très Sainte Mère comme votre unique Reine, Mère de tout l'Univers visible et invisible. Alors, Je vous dis ce soir :

A Dieu, rien n'est impossible.

Nous allons changer ce monde de mensonge et de haine en un havre de Paix où tous les enfants de la Terre auront le même visage de Joie, le même cœur rempli du même Amour, avec le même objectif, *la Paix dans le monde,* car ils sauront partager le Bien de Dieu qui est l'Héritage du Père de tout Bonté pour tous Ses enfants.

En un instant, l'Amour vaincra.

Comme la *fleur de soleil,* le tournesol qui se tourne vers le soleil,
tous les cœurs se tourneront vers le Soleil de Dieu.

A vous, enfants de Ma Sainte Croix,
recevez les Bénédictions de la Sainte Trinité
qui vous entraîne, dès ici-bas, à vivre la Vraie Vie en Dieu.

Suivez Celui qui vous dit
Je suis la Résurrection et la Vie.
Le Dieu Vivant vous parle.

Amen. †

† † †

Le Mystère de Ma Sainte Résurrection *en vous*

****

9 Juillet 2003

JÉSUS :
****

Celui qui M'appelle devra M'entendre avec son cœur et non avec ses oreilles. Celui qui Me désire, doit M'accepter avec Ma Croix. Celui qui M'aime doit tout laisser pour Me suivre. Celui qui M'a choisi ne doit plus pleurer sur lui-même,

car Je suis la Vie dans sa plénitude.

Tout vit en Moi. Je suis la Joie de tous les cœurs qui M'aiment. M'aimer, c'est oublier tout ce qui n'est pas Moi, et s'oublier soi-même car *Je suis en lui et J'agis en lui.* Écoutez Celui qui EST, qui ÉTAIT et qui VIENT.

Pour vous J'ai tout quitté, même Ma Gloire dans le Ciel qui est Mon Père, même la Maison de Mon Père, habitée par la Joie de la Très Sainte Trinité d'Amour. *Pour vous,* J'ai choisi la honte et la misère de ce monde, J'ai endossé vos péchés. *Pour vous,* J'ai voulu souffrir Ma Sainte Passion et mourir sur Ma Sainte Croix afin de marquer chacun de vous, et à jamais, **de Mon Signe qui ne s'effacera plus.**

Vous êtes Miens, rachetés au Prix de Mon Sang.
Je vous ai tous sanctifiés

Ma Vie est devenue votre propre vie. *Mon Sang,* depuis Ma Sainte Mort sur la Croix, coule dans vos veines comme, par Mon baptême dans le Jourdain, J'ai sanctifié toutes les eaux de la Terre.

Il suffit de si peu pour que vous acceptiez le Mystère de Ma Sainte Résurrection qui est *votre Résurrection,* afin que s'accomplissent les Paroles du Credo :

"Je Crois en l'Esprit Saint, à la Sainte Église Catholique,
à la Communion des Saints, à la Rémission des péchés,
à la Résurrection de la chair
à la Vie Éternelle. Amen.

Mais croyez-vous *vraiment ?* Vivez-vous Ma Sainte Messe *pleinement ?* Communiez-vous à Ma Sainte Eucharistie dans *l'Union parfaite* avec Dieu et toute la Communauté ? *Je suis réellement et substantiellement Présent avec Mon Corps, Mon Sang, Mon Âme et Ma Divinité*

Je suis la Vérité, la Voie et la Vie Éternelle. Amen.

†

† †

La première Résurrection, celle des grands Saints.

****

10 Juillet 2003

"JNSR" : "Seigneur, je Vous remercie pour toutes les Grâces que Vous nous donnez, spécialement de communiquer Vos saintes Volontés à "l'inutile" que je suis. Merci, Seigneur !"

JÉSUS :
****

Je te connais. Je sais que ta joie vient de la Mienne, celle d'informer par toi Mes pauvres enfants qui ne font rien pour Me chercher. Je parle ici de certains qui ne recherchent que leur propre gloire et leur satisfaction se limite à leur personne. *J'ai pitié de ce monde.* C'est pour cela que Je l'instruis petit à petit. Parfois, l'écrit que Je te donne est *supérieur à certaines intelligences* qui se ferment à Mon approche, à cause de leur orgueil.

C'est pourquoi Je choisis ceux qui acceptent de s'anéantir pour que Je leur parle et qu'ils soient prêts à recevoir *Ma Force.* Je deviens leur *Bouclier* contre ceux qui vont se rebeller contre ce que Je te donne, ce que Je vous donne de Ma Connaissance. *N'aie crainte,* la Vérité de Dieu triomphe toujours. Je te couvre de Ma Sainte Vérité.

Mon enfant, Je te demande d'écrire, sans réfléchir, ce que tu entends de Moi, car tu ne dois pas t'opposer à Mon Enseignement. Accepte-le et donne-le avec le sentiment que Dieu ne peut Se tromper, ni vous tromper ; car Ma Parole a la valeur même de Celui qui te la donne : *Je suis le Verbe de Dieu, Je suis la Résurrection et la Vie. Je SUIS.* Je suis Celui qui entraîne avec Lui tous ceux qui veulent Le suivre.

Même si cela va être contesté, encore une fois par certains, Je te dis : *Écris !* Il arrive, ce Temps où l'homme va retrouver sa chair et son âme complètement transformées, *divinisées* auprès de Moi : c'est sa Résurrection, à l'Image du Christ.

Pour pénétrer dans Mon Ciel de Gloire, un corps ne peut être charnel comme celui que vous avez sur la Terre. Il sera *visible,* grâce à la façon dont Dieu, dans Son Infinie Bonté, *va le façonner,* afin que *tout œil* puisse voir, descendre du Ciel avec ton Divin JÉSUS et Sa Très Sainte Mère entourée des Saints Anges, cette cohorte de Saints ressuscités dans cette Chair Nouvelle, leur âme toute donnée à Dieu.

C'est ceux qui auront bénéficié de la *première Résurrection* de la Chair éternelle. Ils viennent visiter les enfants de la Terre qui auront leur chair sanctifiée, comme leur âme, en attendant de *se voir,* comme ceux qui descendent avec Moi, corps et âmes *divinisés.*

Le Jour que Dieu S'est choisi, qu'ils seront beaux, Mes Élus ! Ils viennent à vous, comme une *grappe* se tenant directement *au Cep de Vie,* resplendissants de la Force de Dieu. Car ce n'est *que de Dieu* que tout être peut retirer sa vraie Substance **divine** et glorieuse ; car tout vient de Dieu, tout se construit avec Dieu et tout revient à Dieu.

Voici que Je fais un Monde Nouveau ; des êtres purifiés le peupleront en attente du *grand Rassemblement* avec ceux du Ciel qui auront déjà atteint leur Beauté **Originelle** dans la Sainte Gloire de Dieu Trois fois Saint. Je mettrai sur leur tête cette *Couronne* étincelante de Perfection Divine gagnée par les Mérites Saints de la Très Sainte Vierge MARIE et de Son Divin Fils JÉSUS, Vrai Dieu et Vrai Homme, et ce sera le commencement *de cette Terre Nouvelle et des Cieux Nouveaux.*

Notre Père bénira tous Ses enfants, les vivants de la Terre et les Vivants du Ciel qui Lui diront :

"Dieu, Notre Père, Toi qui es Amour et Charité,
Tu prends pitié de Tes enfants,
Tu veux pour chacun le salut.

Fontaine de Paix, Dieu riche en Miséricorde,
Ton Cœur de Père déborde de la richesse du Pardon.
Tu vis avec le Ressuscité qui est en Toi, comme Toi en Lui
avec l'Esprit qui nous répète sans cesse
que nous sommes aimés par la Très Sainte Trinité
et que nous sommes sauvés par le Christ
qui nous a donné Sa VIe sur Sa Très Sainte Croix,
Racine Spirituelle qui unit tous les hommes
de toutes races et de toutes confessions.
Ô Croix, Mémoire de notre Origine,
nous sommes soudés à toi par le Crucifié d'Amour.

Le Père vous dit : Le Père, le Fils et l'Esprit Saint, sont UN dans la Très Sainte Trinité d'Amour afin que vous compreniez qu'il n'y a aucune hiérarchie au Ciel de Dieu où tout est Amour et Partage dans l'Unité qui est en Dieu.

Je te demande d'écrire ceci : *aimez-vous,* les uns les autres comme vous aime Dieu qui S'abaisse jusqu'à vous. N'ayez aucune envie de Pouvoir car, au Ciel de Dieu, tout est à chacun comme à tous.

Vous acquerrez votre chair *divinisée* selon vos mérites, au moment choisi par Dieu au Ciel de Gloire. Sur cette Terre, c'est en regardant Ma Sainte Croix d'Amour que vous comprendrez que Dieu S'est dépouillé même de Son titre de Gloire :

Il est devenu le Fils de l'Homme afin qu'un jour, avec la Foi en votre cœur, vous deveniez parfaits comme vous le demande Notre Père : *soyez parfaits comme Notre Père des Cieux est Parfait.*

Alors, vous verrez déjà les rivages du Royaume de Dieu.

Votre récompense sera proche. Vous serez appelés *fils de Dieu.* Souviens-toi de ces Paroles prophétiques (Jn 10, 34). *"Et c'est alors que Je répandrai Mon Souffle sur toute chair. Vos fils et vos filles prophétiseront, vos anciens auront des songes et vos jeunes gens auront des visions."* (Joël 3, 1). Ils verront les Messagers de la Divine Parole, qui les ont précédés dans la Gloire de Dieu, avec un corps immortel.

Je vous demande d'accepter, pour votre Salut et celui des vôtres -et afin de Me ressembler en tout-, de devenir *un néant,* dans le néant de la Souffrance d'Amour. Aujourd'hui, l'Humanité actuelle gémit de toutes parts, avec ses enfants malades dans leur chair et dans leur esprit. L'Humanté se déchire entre ceux qui veulent Me suivre et ceux qui refusent encore Ma main. Le Bien et le Mal continuent de s'affronter dans tous les Pays. Vous qui M'entendez, donnez-Moi votre main, *donnez-Moi votre cœur.*

Remettons toute cette Souffrance au pied de Ma Sainte Croix. J'ai déjà payé, avec Ma Souffrance, unie à la vôtre Mes bien-aimés, *cette part du Ciel de Dieu qui revient à Mes bienheureux Martyrs de ce Temps de Désolation mondiale.*

Qui croit en Moi, *quiconque a cette Espérance en Christ, se purifie comme Lui-même est Pur.* (1 Jn 3, 3) Croyez en Ma Divine Parole. Bientôt votre devenir sera dans *la Virginité Primordiale.* A Dieu, rien n'est impossible. Sainte MARIE, Mère de Dieu et Mère des hommes, est là pour vous aider *à renaître,* par l'Esprit Saint qui n'a jamais cessé de L'habiter et d'être en Elle, comme IL le fut lors de Sa **divine** Conception.

MARIE : Je suis l'Immaculée Conception. Je suis l'Aube
****
Nouvelle de cette Terre purifiée, appelée à devenir l'Eden, Terre Nouvelle, Terre des Nouveaux Saints, Église pure et sanctifiée par le Baptême de Feu. Le Saint Esprit est à l'œuvre pour purifier toute la Création de Dieu.

Attendez-vous, créatures du 6ème Jour, à être soulevés, par l'Esprit de Sagesse et de Force, jusqu'au Trône de Celui qui a fait de vous Ses Témoins, fous de Son Amour, fous de Sa Croix qui devient *cette fusée de l'Espérance* qui vous transporte jusqu'au 8ème Jour, pour entendre :

Comme le Père M'a envoyé, Moi aussi Je vous envoie annoncer Mon Retour en Gloire.

Et voici que Je viens. *Amen, viens, Seigneur JÉSUS.*

Amen.

†

† †

Nota : Dans la Genèse, le 6ème Jour est celui de l'initiale Création humaine en Adam et Ève. Le **8ème Jour**, qui a été souvent annoncé par Notre Seigneur à JNSR, sera celui de la **re**création de l'Humanité pour être digne de vivre au Règne de Dieu SUR la Terre : Terre Nouvelle, Cieux Nouveaux. Et le préalable, ce sera notre Virginité primordiale du Message suivant.

Votre Virginité Primordiale

****

Vendredi 11 Juillet 2003 - St Benoît

JÉSUS :

****

Mon enfant, avec ta souffrance Je bâtis un empire dans Mon Église : la Nouvelle Terre. La Souffrance est le *lieu le plus élevé de l'Amour.*

Tu es encore dans la nuit noire de l'abandon. Et pourtant tu n'es pas oubliée : tes âmes aimées envolées vers Moi, ta mère, ton mari, veillent sur toi. Sur Terre, tu te retrouves seule, abandonnée. Tu n'entends aucune parole de réconfort. Les tiens t'ont démolie, rejetée. Leurs paroles ont été comme une coulée de boue et tu t'es laissée noyer. Tu ne réagis plus, alors que Je ne fais que de te tendre ma Main pour construire avec Moi un Empire, le Mien, avec un Gouvernement Divin sur cette Terre qui se meurt. Tout est démolition autour de toi.

D'ailleurs la Terre ne cesse de recevoir tous les débris, les déchets de ces tours construites dans l'esprit des hommes qui ont remplacé Ma Loi par leurs propres lois d'orgueil, de pouvoir, et d'argent volé aux pauvres. Aucune base ne soutient ces tours. Ils ont oublié de M'appeler et tout se brise sans Moi. *Voici la démolition* de tous les gouvernements, *tours gigantesques* qui tombent, les uns après les autres dans un fracas assourdissant. Comme les feuilles des arbres en automne, tout se détache de *l'Arbre de Vie,* tombe et s'envole. La terre devient un tapis de *paroles mortes,* des paroles d'hommes qui ont oublié la Parole de Dieu.

Tous ces lâches, ceux qui ne voient qu'eux et, par leur vanité, édifient sans en avoir conscience les *trônes* célestes des *Souffrants* de la Terre : Joie pour les cœurs purs cherchant Dieu, ceux qui mettent leur Espoir dans le Seigneur ne seront pas déçus.

Heureux, ceux qui ont faim et soif de la Justice, car ils seront rassasiés. (Béatitudes 4)

Heureux, ceux qui sont persécutés pour la Justice, car le Royaume des Cieux est à eux. (Béatitudes 8)

Et Je dis : *Heureux* celui qui sait partager la souffrance de son frère car *Je suis* en celui qui souffre. Et celui qui vient à lui, vient à Moi et Je les élève tous deux dans le lieu le plus élevé de Mon Amour : *Mon divin Sacré Cœur,* ce Lieu où l'on ne peut pénétrer sans passer par Ma Sainte Croix.

Seul Dieu connaît parfaitement le Chemin de Dieu. Venez à Moi, vous tous qui peinez sous le poids du fardeau, Je vous donnerai du repos (Matt 11, 28).

L'humilité est le *Berceau de l'Esprit Saint.* MARIE en fut parée pour Le recevoir : *"Qu'il me soit fait selon Votre Parole descendue des Cieux* pour devenir le Fils de l'Homme."

Dans le Sein de MARIE, Ma Très Sainte Mère, J'ai retrouvé mon Ciel de Gloire *en Elle. Où est l'Esprit Se trouve également la Très Sainte Trinité.* Amen.

Je viens soulever les voiles que les hommes ont déposés sur la Sainte Vérité de Dieu. Mon Église *est Vivante.* Pourquoi ceux qui la dirigent sur cette Terre, n'ont pas rempli leur devoir ? *Parce qu'ils ignorent encore quel est leur véritable rôle et celui de l'Église.*

A Ma Sainte Mort sur Ma Croix, le Ciel et la Terre
sont entrés en communion.

"Et voilà que le Voile du Sanctuaire se déchira en deux du haut en bas. La terre trembla, les roches se fendirent, les tombeaux s'ouvrirent et de nombreux corps de Justes trépassés ressuscitèrent ; ils sortirent des tombeaux après Sa Résurrection, entrèrent dans la Ville sainte et se firent voir à bien des gens. Quant au centurion et aux hommes qui, avec lui, gardaient Jésus, à la vue du séisme et de ce qui se passait, ils furent saisis d'une grande frayeur et dirent : "Vraiment celui-ci était le Fils de Dieu." (Matt 27, 51 à 54)

Cette Vie du monde à venir *bouscule* toute l'Église et certains Prêtres refusent de prononcer à la Messe l'acclamation d'anamnèse :

Il est grand le Mystère de la Foi.
Nous proclamons Ta Mort, Seigneur JÉSUS,
Nous célébrons Ta Résurrection.
Et nous attendons Ta Venue dans la Gloire.

Car *ils n'attendent pas Ma Venue dans la Gloire.* Serais-Je déjà un Dieu mort et enterré, dans Mon Église elle-même ?

Préparez-vous à participer de tout votre cœur à la Communion des Saints depuis la Terre jusqu'au Ciel, *dès ici-bas.* Préparez-vous à la Communion Divine car, au Ciel, vous serez tous comme des Anges : *purs.*

Je vous le dis. Vous abandonnerez tout pouvoir, tout honneur, tout égoïsme et toute envie ; un *désastre* pour ceux qui sont attachés aux valeurs vaines de la Terre. Ils vont être obligés de les abandonner définitivement pour le Bien le plus précieux : acquérir *la Divinisation* avec la *Pureté* reconquise.

Témoignez de Mon Amour.

Ouvrez la porte de votre cœur afin que passe Ma Parole qui rencontre bien souvent l'indifférence. Ne Me trahissez pas. Écoutez-Moi. Il se fait tard. Comme pour Ma Sainte Mort, attendez-vous à ressentir la terre vaciller sous vos pieds le Jour où Je ferai apparaître Ma Sainte Croix dans le Ciel *pour toutes les nations : tout œil la verra.*

Car le Jugement de Dieu, en vous, est la main que Je vous tendrai encore pour vous conduire et vous réintroduire là où Je vous ai extraits : *votre Virginité Primordiale.*

Promesse pour le monde entier.

JÉSUS Christ.

†

† †

Les 7 églises, les 7 Saintes Messes
les 7 Croix sur Paris

****

16 Juillet 2003
Fête de Notre Dame du Mont Carmel

MARIE :
****

Aujourd'hui, Je descends du Mont Carmel pour visiter la Terre et Je ne vois que désastres à cause de votre manque de Foi. Vos cœurs ont perdu l'Espérance et Dieu pleure sur tout ce qui vous arrive parce que vous continuez de Le rejeter en méprisant Sa Sainte Parole.

Je Me mets à genoux devant Mon Dieu, Moi Sa Très Sainte Mère, pour implorer votre Pardon et JÉSUS Me relève en Me disant : " *Mère, ils T'ont aussi oubliée...* " Et pour Moi, JÉSUS va faire un Miracle en ce jour, en cette fête que toi-même tu peux appeler *" la Fête de Notre Dame aux milliers de Croix ",* car dans la nuit de veille de cette Fête, **l'eau** s'est mise à tomber du ciel.

Pour ceux qui ont prié avec Foi et persévérance[1], l'eau du ciel a arrosé leurs champs assoiffés et les récoltes sont assurées ; ici les bêtes ne souffriront pas de la faim et l'homme sera satisfait ; juste à côté, le maître du Mal a exercé sa violence en faisant de l'eau l'ennemie de l'homme.

Dieu, Lui-même, ne peut rien faire pour vous si vous ne Le priez pas sincèrement d'intervenir pour maîtriser les forces du Mal. *Mais vous ne croyez pas,* malheureux enfants, qu'aujourd'hui la lutte est terrible entre Dieu et le Diable ; car dans l'invisible, la guerre des Anges bons, ceux de Dieu, contre les anges noirs de Satan, ne cesse de se poursuivre.

Cette guerre spirituelle, cette lutte féroce engagée depuis de longues années, ne pourra se terminer **que si vous le désirez**. *Satan occupe toute la face de la Terre* et vous l'aidez en rejetant la Main de Dieu qui veut vous sauver car, comme des agneaux gourmands qui décident d'aller brouter l'herbe d'un pâturage plus attrayant, vous sautez la barrière *des interdits de Dieu* pour aller là où Dieu n'est pas.

(1) *JNSR : le 12 Juillet, un agriculteur (qui a élevé une Croix d'Amour sur son terrain) me téléphone son angoisse et celle de ses voisins, de voir leurs récoltes se perdre à cause de la sécheresse persistante. Je les ai invités à se réunir pour prier Dieu de leur venir en aide et j'ai demandé de faire de même aux groupes de Prière que j'ai pu toucher par téléphone, et j'ai prié avec eux tous. Nos Prières ont été exaucées. MERCI, mon Dieu !*

Cette *herbe* est le poison de **la désobéissance**. C'est vous, qui vous chassez vous-même, de la Maison de Dieu. Comme Adam et Ève, vous errez en dehors du Paradis du Seigneur. Tel est votre choix. Vous n'entendez plus la Voix de Dieu et l'Appel de votre Mère qui vous supplie de revenir à Celui qui ne cesse de vous crier, dans vos déserts : *" Je suis la Résurrection et la Vie ! Qui vient à Moi n'aura plus jamais soif. "*

Alors l'eau ne veut plus obéir aux lois de la nature et s'échappe, comme la brebis vagabonde, là où il ne faut pas qu'elle s'étende. Ainsi font les vents qui ne savent plus se modérer et qui jouent avec les forces du Mal qui leur disent : *" Libérez-vous de vos contraintes, car ce sont les hommes de cette Terre qui se sont joints à nous pour casser, pour piller, pour démolir tout et détruire principalement la Loi de Dieu qui veut tout contenir en un Seul Dieu. Nous, nous sommes Légion, suivez-nous ! "*

Quel désordre sur la terre des hommes qui rejettent Dieu. Mes enfants, c'est votre Mère Très Sainte qui vous appelle. *Écoutez-Moi.* Mettez-vous à genoux pour prier Dieu. Reconnaissez-vous pécheurs, demandez Pardon à Dieu devant Sa Sainte Croix. Venez goûter au Pain qui descend du Ciel : JÉSUS S'est fait Pain pour vous rassasier de toute faim. N'ayez plus *la faim du pouvoir.* Revenez à de saintes nécessités, JÉSUS vous comblera de Son Amour.

Rejetez le Mal qui est en vous et autour de vous, demandez-Moi cette Aide précieuse, car *Je suis Celle qui écrasera la tête de Satan* très bientôt. A présent Je veux vous délier du Mal, demandez-Moi d'intervenir mais Je ne peux forcer votre liberté.

Il est temps de vous voir dans *le miroir de Grâce* que Dieu a laissé en vous. N'attendez pas que la lutte soit encore plus féroce car, en Vérité, à la fin c'est Dieu qui triomphera. Mais dans quel fracas vont tomber ceux qui luttent contre Dieu !

Retirez-vous vite avant le dernier combat qui ne saurait tarder.

Quand le Père criera : " C'en est assez ! ", tout s'effondrera. Dieu aura déjà retiré les Siens de ce désastre. Venez à votre Père avant le dernier son de la dernière Trompette.

Votre Mère aimante, qui a l'Amour
en Son Coeur Douloureux et Immaculé,
vous appelle en ce Jour de Fête
de Notre Dame du Mont Carmel.

Mon enfant, dis au monde entier *ce que tu as reçu en ton cœur.*

" JNSR " : JÉSUS m'a parlé hier, veille de cette Fête :

JÉSUS :
****
Pour sauver Paris, Dieu demande 7 Saintes Messes dans les églises qui vont protéger votre capitale. Je vous guiderai pour poser, devant ces 7 églises, la Croix d'Amour qui est l'Annonce de la Venue du Christ en Gloire.

MARIE :
****
Cette œuvre divine sera conduite par Notre Dame du Mont Carmel. Avec Dieu, rien n'est impossible. JÉSUS veut sauver votre capitale du feu et de l'eau.

Sainte MARIE,
Notre Dame du Mont Carmel.

†
† †

Ma Sainte Hostie, défendez-la

****

19 Juillet 2003

"JNSR" : Dieu Éternel et Tout-Puissant, voulez-Vous m'aider à finir ce livre. Faut-il attendre encore ?"

JÉSUS : Je suis là. Écoute-Moi. Je viens à toi pour te parler en ton cœur. Ma Voix est celle de l'Amour. Je vais t'informer, comme un père parle à son enfant.

Il faut M'écouter, même si cela vous en coûte parfois. *car ils viennent,* les jours les plus cruels pour l'Humanité qui n'a pas su répondre à Mon Appel alors qu'il en était encore temps. Je viens vous avertir de ce qui se passera dans les jours qui viennent.

Je désire que vous preniez bien soin de Ma Sainte Eucharistie.

Car elle sera plus que vulnérable en ces jours qui viennent. Je te demande de répandre ceci, vite !

Tout ce que tu entends nécessite une parfaite audition. Toute oreille qui entendra *ceci,* tout œil qui lira *ceci,* devra tenir compte de cette urgence qui place chacun de vous devant une nécessité plus qu'évidente. Certaines églises vont être pillées. Je ne te dis pas lesquelles. Selon où siégera ce Mal, elles sont toutes *menacées.*

Prenez-en grand soin. Entourez Ma Sainte Hostie de beaucoup d'Amour, de beaucoup de Prières : gardez-la, faites une barrière avec vos corps *priants* et en *adoration.*

Les portes fermées ne résisteront plus parfois, car le Mal est armé et, dans sa colère, il va tout piller et surtout ce qui est religieux. Non pour le gain, mais pour détruire : il veut tuer Dieu et Ses fidèles. Il y aura beaucoup de martyrs.

Ce sont vos supérieurs eux-mêmes qui vous interdiront de célébrer la Messe, en raison de la peur qui va s'emparer de ceux qui ne sont pas armés de Ma Foi et de Mon Amour Miséricordieux.

Non ! Ne fermez pas vos églises, la Messe sera célébrée et seulement cela sera la Victoire contre le Mal. *La Messe partout,* la Messe des *catacombes :* si une église se ferme, une autre, dans un autre site, doit s'ouvrir aussitôt.

A ce prix, Je vous garderai.

Dans ce combat, préservez les Hosties pour un temps ; ensuite vous les remettrez dans Mon Saint Tabernacle.

Mon enfant, n'oublie pas que ceci est un escalier de plus que vous allez franchir afin d'arriver au sommet. Car d'autres évènements vont se déclencher jusqu'à ce que le monde vienne à Moi. De tout leur cœur, Mes enfants doivent M'obéir.

Attendez-vous à recevoir le Christ à genoux,
car vous allez M'implorer.

Car lorsqu'on attaque Celui qui vous a dit : *"Je ne vous laisserai pas orphelins",* on attaque l'Esprit Saint. Le péché contre l'Esprit est lié au péché contre Ma Sainte Eucharistie.

Dieu, l'Éternel, ne peut laisser s'aggraver ce Mal qui détruit Sa Terre, Ses enfants, et maintenant Son Fils Lui-même dans la Très Sainte Eucharistie.

Vous verrez les Forces de Dieu se déployer sur tout l'Univers. Le fracas de la chute de Satan ne saurait tarder. Car, s'attaquer à l'Hostie, c'est la dernière chose qu'il n'aurait jamais dû faire.

Je raccourcirai ce Temps.

Et voici que Je viens.

Amen, viens Seigneur JÉSUS !

†

† †

le même jour :

L'Amour de MARIE

****

JÉSUS :
****

Celui qui fait une Promesse à Dieu doit la tenir jusqu'au bout, ne l'oublie jamais. Il faut vous tenir prêts. Il est urgent de M'obéir. Je ne vous dis pas des paroles d'homme, car elles n'ont aucune valeur. Je te parle avec Ma Parole qui est Vérité de Dieu.

Celui qui marche avec Moi ne se perdra pas et il aura une grande joie lorsqu'il construira, avec Moi, *le Règne de Dieu sur votre Terre.*

Il n'aura pas d'ennuis lorsque Je l'appellerai à Me suivre : c'est un monde où les humains ne vivront que pour Dieu et avec Dieu. Il n'y aura plus de frontière entre Dieu et les hommes devenus humbles et méritants, car J'introduirai en chacun *Ma Doctrine Nouvelle* accessible à tous.

Le frère sera uni à son frère comme s'ils étaient nés le même jour et à la même heure. Chacun pourra comprendre l'autre car l'homme deviendra aussi limpide qu'une source pure. Tous seront transformés. *Lorsque Je reviendrai, tout sera en harmonie.* Et personne ne se plaindra d'avoir été lésé lorsque Je partagerai tout ce que Je dois vous remettre.

Mon Cœur donnera ce qui vous est nécessaire en premier, *l'Amour* et, dans cet Amour, *l'intelligence* qui fera de vous des êtres capables de se diriger seuls. *Le monde doit changer, devenir une oasis de Paix et de Joie.*

Mon Retour vous sera annoncé et vous M'attendrez, jusqu'à ce Jour, dans la Paix que Je vous donne. L'Esprit Saint viendra à vous pour vous aider à comprendre ce que vous devez d'abord entreprendre avant Ma Venue. *Car Je reviendrai dans Ma Gloire.* Je t'ai dit que tous Me verront descendre du Ciel ; et pas seul puisque Mes Saints et Mes Anges Me suivront avec MARIE. Car Elle a, en Elle, cette délicatesse pour les âmes qui souffrent depuis tant d'années *le détachement* qu'elles se sont imposées : vivre loin de leur Dieu.

MARIE vient réparer et guérir ces âmes qui ont oublié Dieu et qui en sont devenues malades. Elle guérira toute l'Humanité, Elle rendra **sains** et **saints** tous les enfants que Dieu Lui a confiés.

Je te demande d'informer tous Mes enfants de ce que Je te donne. Je te l'ait dit : petit à petit Je vous informerai. Pour le moment, Je vous demande d'honorer Dieu dans Son premier Commandement : *Aimer Dieu de toutes vos forces, de tout votre cœur, et aimer votre prochain comme Dieu l'aime.*

Car Je vous aime avec le même Amour que votre Sainte Maman M'aime. Et vous ne saurez pas encore, tant que vous ne La verrez pas, comment MARIE Très Sainte, la Bienheureuse Vierge MARIE, aime Son JÉSUS d'Amour.

L'Amour vous parle.

†

† †

Où va ce monde sans Dieu ?

****

Lundi 21 Juillet 2003

JÉSUS :

****

Dieu a pitié de vous et Sa Main ne pourra jamais se retirer de celui qui Le cherche. Vous êtes en train de traverser un désert qui ne vous mène nulle part. Vous avez choisi la mauvaise route, là où se trouvent les scorpions et les serpents, où le sable s'étend à perte de vue, sans l'eau ni la nourriture nécessaire pour calmer la faim et la soif de ce peuple perdu *dans l'immensité de son orgueil.*

Vous n'avez que de mauvais bergers qui vous guident vers ce que leur pouvoir aveugle dicte à leur propre conscience qui part à la dérive, *car toutes ces marionnettes* ne peuvent avoir ni cœur, ni conscience. Ils mènent leurs nations vers le désastre. La *lumière* qu'ils ont est celle de leur *aveuglement.*

Tous ces êtres, qui font *le présent de votre temps,* ne peuvent continuer à servir Mes enfants plus longtemps, ni venir en aide aux pays frontaliers qui deviennent à leur tour des peuples voués à l'échec. Vous avez cru faire une Union et vous venez de faire la chaîne avec laquelle vous allez tous *vous étrangler.*

Le pouvoir d'acquérir toujours plus de valeurs terrestres vous a conduit tous vers votre fin. C'est la fin proche d'un empire qui n'a jamais eu une vraie base. Pour arriver à survivre et à ne pas perdre la face, vous êtes en train d'asphyxier les plus petits. Vous cherchez à accroître vos revenus et celui qui vous commande, celui qui s'est toujours mesuré à Moi et qui n'a pu atteindre le Royaume de Dieu, vous conduit là où lui-même voit sa fin : *le néant.*

Rien de ce choix diabolique ne peut tenir ni exister car la Création entière est en train de subir les *derniers assauts* du Maître du Mal et de ses suppôts.

Le feu durera, enflammera tout. Si vous l'éteignez ici, il reprendra ailleurs. Le feu qui brûle forêts, récoltes, maisons, n'est pas près de s'éteindre. *Le feu des armes* n'a pas encore atteint la violence que Satan attend.

Ce vent du Mal souffle pour activer tous les foyers. Les hommes de cœur risquent leur vie pour éteindre tous ces foyers. Ils se déploient de partout, mais les autres hommes, qui sont actuellement sous le pouvoir de Satan, sont plus nombreux et beaucoup plus actifs pour semer le Mal dans tous les pays.

Si le feu et la chaleur du soleil vous accablent, si les régions qui ont eu jusqu'à présent un climat tempéré sont dans l'angoisse de ne plus pouvoir rien produire, car leurs terres sont asséchées et l'eau disparaît, vous savez que votre impuissance est réelle : *vous ne pouvez plus rien sans Moi !*

Si vous arrivez à tenir jusqu'à l'hiver, sachez qu'en certains endroits les glaciers vont fondre. Personne ne pourra s'aventurer dans les montagnes. Rien ne sera sûr et l'eau s'étendra de partout alors qu'elle aura fait défaut tout l'été pour vos récoltes.

Heureux celui qui sait prier Dieu
parce qu'il croit en un seul Dieu qui est Amour et Pardon.

Je n'abandonnerai pas celui qui M'implore, davant ce désastre mondial déclenché par le Mal, car Je préserverai *Mon petit Reste.*

Soyez Charité. Ne convoitez pas le bien de l'autre.

Je suis votre seule Richesse.
Dieu d'Amour, Ta Bonté est éternelle.

†
† †

Le ciel s'assombrira

****

22 Juillet 2003 - Ste Marie-Madeleine

"JNSR" : "Ce que Vous voulez, Seigneur. Et non ce que je veux, moi."

JÉSUS :
****

Ce livre est précieux à Mes yeux car, à lui seul, il constitue une règle d'Amour pour votre temps si chargé de mal. Je te le dicte avec Ma Parole en ton cœur qui a la joie de M'entendre et *tu dois* M'écouter. Car, par toi, Je peux parler à beaucoup de Mes enfants, même si certains ne veulent pas entendre. Par la répétition, les oreilles peuvent capter Ma Vérité même sans qu'ils le veuillent.

Rien ne se fait *sans* Ma Volonté et tout peut se faire *avec* Ma Volonté, car l'Humanité est au bord d'un grand *désastre mondial.*

Je te dis de bien comprendre ce que Je désire de chacun de vous.

Premièrement, *restez à Mon écoute, faites ce que Je vous dirai,* car vous pouvez éviter le pire *si vous M'écoutez.* Il y va de votre vie, de celle de votre planète et de tout ce qui y vit. *Je ferai une barrière contre le Mal.* Ne vous approchez pas des lieux que Je vous interdirai de franchir sans prendre une réelle protection. Je vous avertirai petit à petit.

Je suis là. N'aie crainte. Continue à écrire.

Le ciel se couvrira de gros nuages très menaçants et personne ne pourra sortir, même pour aller travailler, et même pour aller chercher votre nourriture hors de vos maisons. Ce temps s'obscurcira de plus en plus, devenant aussi épais que de la suie ; personne ne verra son chemin à deux pas devant lui.

Ceci se passera *en un instant.* Suivez bien ce que Je vous dis. Je ne veux pas vous effrayer, mais vous avertir. Le ciel se couvrira comme un ciel d'orage et puis deviendra très sombre et menaçant. Rien à voir avec un orage normal en cours d'évolution.

Tout à coup, il y aura un bruit sourd plus fort que mille tonnerres, parce que tout sera comme électrifié avec des éclairs incessants : le ciel semblera s'embraser comme vos forêts qui brûlent sans arrêt dans ce monde qui est sous l'emprise du Mal.

Ce feu du ciel est un *avertissement* pour que vous compreniez que Dieu *ne permet plus* aucune de vos offenses.

Je désire la Paix et Je vous demande *de Me prier* afin que J'intervienne avec Ma Paix sur le monde entier qui ne cesse de rejeter Mon Bien.

Ce monde fou, déstabilisé par la Haine, va connaître des heures terribles. Vous désirez la guerre et vous aurez ce que vous avez semé, c'est-à-dire le feu partout. Car il n'y a que le Feu du Ciel pour arrêter toutes vos machinations machiavéliques.

Je garderai près de Mon Cœur les peuples
qui Me reconnaîtront comme leur Dieu et Maître.

Je vous attends et Je ne vous donne qu'une durée très courte pour changer et Me montrer que vous Me croyez et que Moi Seul peux arrêter toute prophétie. Car celle-ci en est une et, pour que vous y croyiez, Je commencerai par vous montrer le ciel couleur de plomb et couleur noire. Car le deuil est général pour chaque enfant qui meurt à cause de votre violence sur votre Terre.

Ma Mère Chérie, Mes Saints Anges adorables, sont dans un recueillement profond, demandant au Père de toute Bonté d'intervenir avec Sa paix afin que la Terre ne deviennent pas un brasier géant.

Mais qui peut arrêter le feu de la Terre, si ce n'est le Feu du Ciel ?

Je comprends, Mon enfant, que tu craignes de donner ceci. Mais si Je t'ai choisie, c'est pour cela : la Messagère est celle qui parle en Mon Nom, et Je te le demande.

Le monde ne sera délivré *que par son choix, ce choix*
qu'il doit faire immédiatement déjà *en lisant ceci.*

Je ne te donnerai d'autres informations importantes que lorsque Je verrai que Mes enfants Me suivent dans leurs Prières d'intercession. Tout dépend de votre Obéissance, de votre Amour, de vos Prières pour implorer la Très Sainte Trinité d'intervenir pour sauver votre Terre et ses enfants.

Mais Je dois tenir cette Parole qui est vraie : le ciel s'embrasera dans une nuit noire *qui interviendra en plein jour,* afin que le monde croie que, lorsque Dieu parle, Sa Parole est Vérité.

Mon enfant, tu dois transmettre tout ce que Je te donnerai aussitôt.

Ils verront et ils croiront.

Dieu de Vérité,
Ta Parole est ma Nourriture.
Amen

†

† †

Tous les Apôtres sont avec les Ouvriers de la Croix

****

Vendredi 25 Juillet 2003

"JNSR" : "Ô MARIE conçue sans péché, priez pour nous qui avons recours à Vous. JÉSUS, MARIE, JOSEPH, préservez nos maisons pour accueillir ceux qui viendront. Que ceux qui y pénètrent reçoivent également votre sainte Bénédiction. JÉSUS, MARIE, JOSEPH, sauvez les âmes, sauvez les Consacrés, sauvez tous Vos enfants.

Saint Jacques : A la Lumière de l'Esprit Saint, reçois également cette Bénédiction. Que tes pas épousent toujours ceux de la Lumière que Dieu t'envoie, de par Ses Saints, de par Ses Anges, dans l'Esprit de Lumière. Reste fidèle à ton Dieu. N'oublie aucun de ses bienfaits. Conduis-toi toujours en enfant de Dieu. C'est cela, le bonheur du Ciel : vous regarder marcher en suivant les pas du Bien-Aimé, comme je le fis moi-même.

C'est Jacques qui te parle, afin que tu sois toujours heureuse comme nous le fûmes, chacun de nous, en suivant les pas du Bien-Aimé. Il t'aime, comme Il nous aime, car tu fais Sa Sainte Volonté. *Bénis-Le,* car Il est Grand et Il S'est baissé jusqu'à toi, comme Il le fit pour chacun de nous. Il t'a chargé d'une mission importante, ne Le déçois jamais, car le choix du Bien-Aimé est le plus beau Cadeau que Dieu Notre Père puisse te faire.

Je suis près de toi. Je garde de tout faux-pas ton fils qui porte mon nom, Jacques. Il est destiné à de grandes choses que tu ne verras pas ; mais tu le sauras, où que tu sois, car le Ciel a plusieurs niveaux.

Je voudrais te dire beaucoup plus pour cette Ascension vers Dieu. Sache que tu es sur le Chemin du Ciel, que les Saints du Ciel te regardent avec l'Amour de Dieu, que ta famille du Ciel est en joie lorsqu'ils voient combien tu es fidèle à Dieu et à ce qu'Il te demande.

Bientôt, tu iras où Dieu t'appelle pour porter ce Grand Message d'Espérance. Après toute cette tempête, *la Terre surgira guérie et belle,* et ceux qui *l'habiteront* seront **saints** et entourés de la Grâce de Dieu.

A Dieu, rien n'est impossible.

Aimez-Le. Adorez-Le. Dites-vous qu'il vaut mieux souffrir ici-bas mille morts que de perdre votre Vie Éternelle. Je veux te dire que la souffrance conduit à Dieu. Il sera toujours près de celui qui L'appelle. *Il est Présent. Il est Vivant. Il est votre Vie. Nous sommes en Lui.*

Je suis Saint Jacques,
son frère, ton frère, votre frère en Dieu.
En ce jour, Dieu bénit tous ceux qui portent le nom de Jacques.
L'Apôtre qui vient à toi, ce soir,
est l'ami de ton enfant qui aime Dieu et que je protège
avec la Grâce de Dieu.
N'aie crainte :
tous les Apôtres sont avec
les ouvriers de la Croix.
Saint Jacques

†
† †

Le Tribunal intérieur

****

30 Juillet 2003 - Ste Juliette

"<u>*JNSR*</u>" : *"Voulez-Vous, Seigneur, m'informer de ce que Vous désirez."*

JÉSUS :
****

Aime-Moi. Je vais te parler. Dieu vient à toi, écoute-Le. Approche-toi de Mon divin Cœur. Écoute Ma demande. Je vous réunis pour vous informer de ce qui se passe dans le monde que vous cotoyez, *mais vous n'êtes pas de ce monde.*

Je veux que vous viviez en harmonie avec Mon Peuple que Je vous ferai connaître bientôt. Dieu veut vous rapprocher de Mon Peuple *où Je suis né, où J'ai vécu.* C'est *votre Berceau,* comme ce fut celui du Fils de l'Homme. Bien qu'il soit encore en lutte sournoise, il va finir par retrouver sa Paix : c'est Ma Paix, proclamée par Mon Cœur en chaque cœur qui M'écoute actuellement. Non, ils ne savent pas que, mystérieusement, Je les dirige vers cette Paix *que personne ne peut obtenir sans Moi.*

Tu le sais qu'après, Je pourrai mieux agir avec tous ces peuples sanguinaires. Le vent de la Paix soufflera ensuite sur le monde entier.

N'aie crainte. En ce moment, Je suis la Parole Vivante qui Se manifeste en toi et tu dois M'écouter sans te poser toutes ces questions. Ne retarde pas Mon Plan, *J'ai décidé d'aller jusqu'au bout de Mes révélations,* et Je t'ai choisie.

"Que peut-il sortir d'une enfant malade ?" vont dire ceux qui te liront. Hélas ! S'ils ne voient pas Ma Parole dans tous tes textes, ils vont souffrir car Je leur tends la main à travers ces écrits qui sont le reflet de Ma Parole. En lisant ceci, chaque homme doit se voir en lui-même et en Moi, car tout être *vient de Dieu et doit revenir en Dieu,* même au prix de plusieurs tempêtes qu'il devra affronter selon sa réticence à *vouloir* Me suivre.

Vous avez goûté à l'eau, puis au feu. Et le déclenchement de tous ces éléments n'est que désastres et va se poursuivre : *voilà ce que l'homme sème...* Celui qui croit en Moi *sera sauvé.*

Vous vous trouvez vils, amoindris, sans respect envers ceux qui font *la haute société* de ce monde qui ne croit plus en Dieu. Voulez-vous leur ressembler et les suivre ? Vous goûtez alors à ce vin qui soûle l'individu et le mène vers l'euphorie du pouvoir et l'avidité du gain. *Restez humbles, charitables, fuyez l'orgueil et venez à Moi.*

Mon enfant, Je reviens en ce monde où presque personne ne M'attend.

Ne Me dites pas que J'ai tardé à revenir et que les idoles ont pris Ma place. Dites plutôt que Je viens retrouver ceux qui sont restés vigilants dans mon attente, ceux qui, de tous temps, ont gardé Ma sainte Présence en leur cœur.

Rien ne peut mieux s'expliquer que votre désir de Me voir, de Me connaître, de M'approcher. Pourquoi ? Parce que *Je fais partie de votre vie* et que jamais vous n'avez laissé flétrir Mon Image *qui est en vous.* Au contraire, nous sommes si proches que vous Me percevez près de vous *et c'est vrai !* Je ne peux encore dévoiler cette Image et apparaître devant vous, le Temps n'est pas encore venu pour cette rencontre : Dieu avec les hommes de la Terre, Dieu parmi Ses enfants, Ses frères, Ses amis.

Je t'ai dit beaucoup de secrets, appelons encore cela par ce nom. Mais tu dois t'attendre à d'autres révélations que J'ai à te donner. Lorsque Je t'avertirai que tu as tout ce que Je dois te dire, *nous terminerons ce livre.* Non, n'aie aucune crainte, ils auront *le temps de lire, de comprendre et de choisir.*

J'avertis toujours avant d'agir. Tout ce qui vous paraîtra impossible à vivre, *vous le vivrez avec Moi.* Je veux vous sauver, *même au prix de votre propre vie.* Car plusieurs sont déjà moribonds et ils ne le savent pas. Je vous l'ai déjà dit : il vaut mieux entrer au Royaume de Dieu avec une jambe en moins, ou en ayant perdu un œil que de n'y pas entrer du tout.

Souviens-toi de ces Paroles. *Ne jetez pas les perles aux pourceaux.* Retenez ce qui est bon pour vous et rejetez tout ce qui noircit vos pauvres âmes avides du pouvoir de l'argent au détriment de tous vos frères pauvres, malades, abandonnés. Vous aurez *beaucoup de comptes* à étaler devant la Justice de Dieu qui sait tout de vous.

Rien ne pourra être caché. Vous allez être bouleversés lorsque ce *Tribunal intérieur,* où vous serez seuls avec Dieu, interviendra au moment où vous n'y croirez plus. *Je prépare cet instant* car il sera court alors que plusieurs d'entre vous le trouveront interminable jusqu'à s'effondrer par terre. Mais pour bien laver le linge, *il doit être foulé fortement.* Ainsi partiront *les impuretés accrochées à vos âmes* et que vous traînez depuis plus de la moitié de votre vie et, pour certains, depuis toute la vie déjà vécue.

Car il n'y a pire conscience que celle qui se dissimule en votre corps, en votre visage qui se montrent parfaits dans leur arrogance. Vous êtes si sûrs de vous que les pauvres êtres sans défense se voient petits et inutiles, prêts à faire votre volonté pour un salaire si dérisoire que des jours, des mois, des années, ne peuvent suffire à faire la somme que vous dépensez en une seule journée. Et vous dormez du sommeil du Juste, croyant que personne ne s'apercevra un jour de votre crime. Car les populations sont affamées, malades et sans soins pendant que vos bourses gonflent en chaque heure qui s'écoule en ces pays de misère.

Bientôt, vos châteaux vont disparaître sous les sables mouvants, sur les terres qui vont s'ouvrir car l'eau manquera pour éteindre la soif de vos entrailles, sèches, sans vie, alors que le pétrole jaillira sans arrêt de vos sous-sols. *A quoi serviront vos richesses, si vous ne pourrez même plus acheter un verre d'eau ?*

Vous comprendrez alors, vous, peuples riches commandés par des tyrans esclavagistes, ce que vous avez fait de vos frères, de Mon Peuple, de Mes enfants. Votre Jugement sera *terrible,* aussi dur que votre vie fut douce à cause du travail gratuit de vos victimes.

Je Suis Dieu. Unique et Éternel.
J'ait dit : Mon Jugement sera équitable.
Et il le sera pour les grands comme pour les petits
pour les riches comme pour les pauvres.

Dans les déserts poussent Mes fleurs les plus belles.
Bientôt Je viendrai les cueillir.

La Justice de Dieu vous parle.

Amen †

†

† †

L'enfer sur la Terre

****

31 Juillet 2003 - St Ignace de Loyola

JÉSUS :
****

Aujourd'hui, Je viens à vous pour vous dire :

Mes enfants, il est temps de vous réveiller et de voir que le monde évolue vers le Mal. Je vous ai avertis de tout ce qui vous arrive. Pour certains, il est difficile de croire que Dieu vous met en garde et que, si Je le fais, c'est parce que Je vous aime et que l'Ennemi déploie actuellement *toutes ses forces* et elles sont nombreuses. *Voyant sa fin venir,* son dernier sursaut est la violence généralisée qui fait rage sur la Terre des hommes. Ainsi, il détruit Ma Création avec ses créatures.

Une armée est faible si les soldats se rebellent contre leurs chefs : vous faites exactement cela lorsque vous n'honorez plus votre Dieu. Vous méprisez Mes avertissements, vous rejetez Ma main qui vous protège et vous ne regardez plus Celle qui vous appelle avec Son Cœur de Mère, implorant tous Ses enfants de la Terre de revenir vers votre Père des Cieux et de vous placer sous Sa Sainte Protection.

Car Dieu, qui peut tout, ne peut rien faire *sans votre consentement.* Je vous ai laissés libres et vous n'avez jamais compris la fin de cette phrase : *"libres de Me revenir, de venir à Moi sans contrainte".* Me revenir avec tout votre cœur. Je vous l'ai assez répété : "Oui, viens à nous, viens Seigneur JÉSUS."

Ma Mère, qui voit ce désastre, pleure sur votre inconscience. Mon enfant, tu as entendu Son appel, Ses avertissements. Au début, c'était *la boue partout, par les fenêtres, par les portes.* Et vous avez vu des villages, des populations englouties par les coulées de boue. Avez-vous pensé alors que Dieu, qui connaît les desseins du Mal, ne peut toucher au Temps qui lui est imparti. Mais Dieu conserve le Droit d'avertir Ses enfants et Dieu **ne peut** intervenir **que si** vous L'appelez. *Telle est la Règle,* imposée à Dieu Lui-même face à Son Ennemi et le vôtre jusqu'à la Fin des Temps *Ce Temps où Satan joue sa dernière carte.* Il a dit à Dieu :

"Je les prendrai s'ils ne Te suivent plus. Je vais conquérir le monde. Je vais le dominer si ce monde, que Tu as créé, ne Te croit pas, ne Te veut pas. Alors ma ruse est celle-ci : lorsque la majorité me reviendra comme des aveugles cherchant la lumière, je les précipiterai dans les feux que j'allumerai sur la terre des hommes. Ainsi, par les guerres répétées, les attentats aveugles, les feux allumés dans les forêts, je détruirai l'Humanité entière.

Je noierai les villes, je noierai les semences. Et par la sécheresse répétée au cours des années qui marqueront le temps où je dois régner encore, hommes et bêtes seront affamés et mourront de faim et de soif, de chaleur et de froid, car je dominerai sur tous les éléments jusqu'à la fin de mon règne sur cette Terre. A la fin, s'ils ne Te reviennent pas, alors je les précipiterai dans le feu qui ne s'éteint jamais et mes anges noirs, et moi Satan à leur tête, je prendrai possession de cette Terre que je convoite depuis son origine."

Mon enfant, la Très Sainte Vierge avait prévenu tous Ses enfants : "Fuyez les rivages" (inondations) "Fuyez les montagnes" (feux de forêts, avalanches). Tout est déréglé et le Ciel le sait. Mais l'homme *ne peut et ne veut pas* comprendre que Dieu, qui l'aime, *ne peut que le mettre en garde* du désastre que Satan a déclenché avec ses forces du Mal et il a mobilisé même les enfants aveugles de la Terre : *vous lui avez ouvert la Porte de l'Enfer.*

Si vous imploriez votre Créateur, *si vous appeliez* l'Aide de JÉSUS et de MARIE sur vos terres, sur vos villes et vos maisons, *si vous mettiez* toutes vos familles, vos amis et même vos ennemis *sous la Protection* de votre Dieu et Père, de votre Mère qui ne cesse de pleurer, et de votre JÉSUS d'Amour qui continue à donner Son Sang pour cette *Humanité déchirée, vous vous sauveriez !*

Oui, Mon enfant, Mes âmes privilégiées de la Terre portent Ma Croix : avec Moi la Souffrance de la Croix devient Joie. Vous ne pouvez *rien obtenir* sur cette Terre *si vous ne prenez pas* dans vos bras, sur votre cœur, Ma Sainte Croix d'Amour de Pardon et de Joie.

Oui, alors venez et suivez-Moi. *Je peux, avec une poignée d'âmes priantes et adoratrices de Ma Sainte Eucharistie, faire reculer le Mal et faire avancer ce Temps pour rentrer dans le Temps de Dieu où Satan ne peut pénétrer.*

Mon enfant, prends garde à toi : tout sera pièges et mortifications. Car celui qui sert Dieu et ses frères, n'aura jamais de repos sur cette Terre. Mais *il vit* de Ma Parole qui est sa seule Consolation. Et le Perfide reconnaît de loin *le Vase* qui porte Ma Parole de Vie : il a décidé de le briser.

Ce que Je t'annonce sera pour le monde entier :

"Voici que le Pilier qui soutient Mon Église, bientôt Me reviendra. Les bras de Ma Sainte Mère seront son dernier refuge sur cette Terre si ingrate pour son Dieu et Maître.

Je vous parle de votre Pape bien-aimé, Pape de Mon Peuple et de Ma Sainte Croix. Le Soutien de Mon Église sur la Terre s'en ira vers le Royaume du Très-Haut. *Le fracas sera terrible :* le dernier bastion du Christianisme, le Soutien de Mon Église, vous sera enlevé. Tout s'écroulera. *Satan ne sera pas le vainqueur,* malgré le désordre qui s'installera et la persécution des Miens. Préparez-vous à vivre les *derniers* soubresauts du Mal, *l'enfer sur la Terre.*

Le temps qui lui reste à régner sur les âmes qui le suivent aveuglément sans même s'en apercevoir, *est court.* Et pourtant vous le ressentirez comme un ruban maléfique qui ne cesse de se dérouler, encerclant la Terre entière et ses habitants.

Je délivrerai des griffes du Malin
TOUTES Mes âmes, mais à quel prix !

Le Petit Reste, qui M'est demeuré toujours fidèle, sera jour et nuit devant la Porte de l'Enfer pour barrer le passage à Mes brebis écervelées. Vous allez supporter Ma Souffrance d'Amour jusqu'à la Venue de votre Seigneur et Maître, le Retour du Christ en Gloire. Amen.

Et voici que Je viens. †

Amen, viens, Seigneur JÉSUS !

†

† †

Le peu que vous recevez

****

12 Août 2003

JÉSUS :
****

Réjouis-toi avec Moi lorsque tu ne reçois plus rien de celui qui t'a promis de t'aider sur cette Terre. Ne te révolte pas contre l'inconscient et l'indifférent. Pardonne à chaque fois et toujours. Remercie pour ce que l'on te donne, ne demande pas plus, n'attends pas plus.

Moi, Je ferai jaillir pour eux de ton cœur l'Amour que Je te porte. Ouvre ton cœur sans restriction, avec joie ; voilà ce que J'attends de celui qui s'offre à Moi : Donnez-Moi le peu que vous recevez. Le peu que tu reçois dans la solitude, offre-le Moi. Ensemble, nous allons accomplir ce que plus personne n'attend : *Je multiplierai ce don pour tous.*

Que chacun de vous, qui subissez aujourd'hui l'indifférence de votre prochain, puisse comprendre que le premier qui souffre et qui ressent cette solitude, c'est Moi, votre Dieu Crucifié ! Vous M'avez rejeté de ce monde rempli de plaisirs malsains, imbibé de violence et d'orgueil où le petit, le faible, n'a plus sa place. Vous avez effacé la bonté, la compassion, jusqu'à éliminer l'Amour. Vous avez échangé les vraies valeurs contre vos méprisables arrangements. Vous n'avez plus la Foi. Vous avez perdu la Confiance en Ma Toute-Puissance. Vous ne Me demandez plus rien humblement, vous exigez et vos menaces se retournent encore contre vous.

Considérez-Moi comme votre Ami. Parlez-Moi comme à un frère. Aimez-Moi comme Je vous aime. Et vous obtiendrez Mon Aide.

Je suis doux et humble de Cœur. Croyez-vous que Ma Force soit destructrice ? Que Ma Toute-Puissance s'exerce contre Mes enfants ?

Je suis un Dieu Unique et Vrai qui ne sévit jamais contre le pécheur, mais contre le péché. Ce péché, qui encercle la Terre entière, est *la révolte contre Dieu,* contre Mes Commandements et Ma Loi d'Amour :

Aimer Dieu par dessus tout.
Aimer votre prochain comme Je l'aime
et comme J'aime chacun de vous.
Votre Sauveur, JÉSUS Christ.

†

† †

Je suis la Vie

****

13 Août 2003

"JNSR" : "Seigneur, bénis-moi, que je puisse recevoir Ta sainte Parole."

JÉSUS : Vous êtes en train de vivre *le commencement de l'horreur* déclenchée par les forces du Mal et l'homme ne peut plus rien faire contre ce déchaînement qui se propage de partout. Êtes-vous conscients que vous venez de provoquer *les forces occultes* que Seul Dieu peut maîtriser. Elles se sont réveillées et occupent la face entière de la Terre. Elles sont *légion* et marchent vers la démolition complète de la planète Terre, sachant qu'en tuant votre mère nourricière, les enfants de la Terre n'auront bientôt plus de nourriture ; plus d'eau, plus de pain et plus d'air respirable ; plus aucun abri pour fuir la chaleur du jour ; plus aucun abri pour se cacher des forces destructrices de la Nature qui devient *irresponsable,* et des forces démoniaques qui habitent les hommes rendus fous parce qu'ils deviennent *des pantins* manœuvrés par l'esprit du Mal, tuant, massacrant leurs propres frères.

Vous ne savez que geindre, pleurer et maudire.

Et vous ne demandez qu'une seule chose, celle qui vous concerne : de l'eau pour la vie de vos récoltes, de l'eau pour vos vies et pour que ne meure pas votre bétail ; car vous n'aurez plus d'argent pour subvenir à tous vos besoins.

Il ne vous restera bientôt plus rien. Vos forêts brûlent. Vos bêtes meurent calcinées, faute de s'abreuver ou par manque de nourriture. Elles sont les premières touchées par cette augmentation de chaleur et vous attendez que viennent des heures meilleures apportant la pluie bienfaisante afin que diminue cette chaleur provocant malaises et mort subite chez l'homme comme chez les animaux.

Les feux que vous arrivez à maîtriser ici, renaîssent juste à côté avec encore plus de rage. Plus que vous tous, Je déplore cette situation : Ma Terre se meurt faute d'Amour. Si quelques-uns se réveillent dans la Charité, apportant leur aide et leur soutien, *bien peu* M'implorent et se tournent vers Moi.

Je vous l'ai dit : à quoi va servir votre argent, préservé dans des coffres-forts, ou protégés dans des banques étrangères ? Vous n'en aurez bientôt plus besoin. Aucune valeur de la Terre ne supportera ce coup fatal pour les pays riches. Aucune monnaie ne servira à acheter, ni à monnayer. Aucun compromis ne sera possible. *Avec rien, on n'achète rien.* Car le principal fera défaut partout.

Dans tous les peuples, il y aura la misère et la famine avec son cortège de maladie et de mort. Vous ne pouvez déjà plus maîtriser ces forces négatives. Toutes valeurs auront disparu en un laps de temps. Car l'homme a ouvert la porte au Mal. Il est devenu un fauve.

Vous avez cru Me dominer et Me faire disparaître de vos vies et vous ne savez pas que *Je suis la Vie.*

Vous avez cru gagner en vous rangeant du côté des plaisirs de la Terre, occupant tous vos loisirs dans la satisfaction de vos sens pour un bonheur éphémère, dépassant même l'impossible, vous noyant dans votre propre gloire, inventant des lois contre Nature au dépens des innocents.

Vous avez touché à la Vie et *Je suis la Vie,* Celui qui, Seul, peut donner la vie et la reprendre en son temps.

Comment l'homme a-t-il pu oublier son origine pour arriver à bannir de son esprit *l'Esprit Créateur et Sanctificateur qui l'a créé?* Comment l'homme a-t-il pu se permettre de rejeter son Dieu et mépriser Son Amour ? Je vous ai donné la Terre en gérance. Vous êtes responsables de la préservation de tous Mes Biens afin que vivent *les générations* ***futures*****.**

Vous venez de commettre l'irréparable : renier Dieu et Ses dons. Car salir les eaux des fleuves et de mers, considérer l'eau comme un dépotoir sans valeur, et l'air que vous respirez comme un vulgaire gaz auquel vous ajoutez des gaz mortels en surabondance, vous allez tuer toutes vies. Comment pouvez-vous considérer votre Terre avec un tel mépris ! Vous avez voulu une suproduction et, avec vos engrais artificiels, vous l'avez appauvrie ; et la production des fruits et légumes a perdu sa vraie valeur.

Alors, comme vous avez oublié que Je suis l'Auteur de la Vie, que *Je suis la Vie,* en tout être, en toute créature, mobile ou immobile, visible ou invisible, **l'Ennemi** de Dieu et des hommes voyant votre décadence s'accentuer tous les jours, est venu à son tour vous éprouver.

Je vous ai dit que, pour Me revenir, J'éprouverai tout homme dans le creuset de Mon Amour. Vous vous trouvez aujourd'hui *comme Job* et pour que l'homme puisse Me revenir, le maître du Mal, qui n'en a plus pour longtemps, veut vous éprouver *à sa façon* : vous avez choisi son camp en Me reniant, en Me rejetant de vos vies, vous lui avez donné **le pouvoir** pour ce temps de la fin. Vous n'avez que très peu de temps pour faire *définitivement* votre choix : *ou Dieu, ou Satan.*

Je ne peux que vous avertir. Ce choix sera éternel. Ou la Vie Éternelle avec Moi, ou ne plus vivre, car Satan c'est la mort éternelle.

Après cela, l'homme n'entendra plus parler de l'Enfer, car J'enfermerai Satan avec ses anges noirs et *Je jetterai la clé dans l'Abîme* où Seul Dieu peut pénétrer.

Je ne vous promets pas aujourd'hui la fin de vos tourments, car la majorité de Mes enfants suivent le Mal. Cependant, Je reste, avec celui qui Me choisit, le Dieu compatissant et secourable. J'adoucirai vos peines et *Je rendrai acceptables* vos souffrances.

N'oubliez jamais que, pour vous tous sans exception, Je suis le Bon Pasteur qui a donné Sa Vie sur Sa Croix d'Amour pour toutes Ses brebis. Et que Je demande à chacun de ceux qui Me suivent, de continuer à croire que Dieu est toujours le Dieu Unique et Vrai, plein de Miséricorde envers celui qui L'invoque en Esprit et en Vérité.

Je ne laisserai pas une brebis dans les griffes de l'Imposteur. *Mais priez sans cesse,* adorez-Moi devant le Saint-Sacrement. Venez manger Mon Corps et boire Mon Sang. *L'Eucharistie sera votre nourriture essentielle en ces temps de disgrâce mondiale.* Protégez mon Eucharistie. N'ayez pas peur. Aucun feu de forêt ne peut rivaliser avec le Feu de Mon Amour pour chacun de vous.

Le mal va continuer à se déchaîner de plus en plus jusqu'à *sa fin.* La sécheresse entraînera beaucoup de vies. Mais ne craignez rien. Dieu ouvre les bras et accueille chacun de ceux qui quittent leur Terre natale. Je suis la Vie Éternelle. Et pour chacun Je suis *le Rédempteur* et les portes de l'Enfer ne pourront s'ouvrir devant Mes créatures bienaimées à qui J'ai donné Ma Vie.

Chacun, vous avez *le Signe de Ma Croix en vous,* et ceci depuis votre origine

Même si la bataille fait et fera rage,
Satan a perdu d'avance et il enrage.
Je suis le Dieu Vainqueur.
Persévérez dans vos Prières, dans votre Foi.
Gardez l'Espérance. Soyez Charité.
Dieu vaincra, car Je suis la Résurrection et Je suis la Vie.
Oui, la Vie Éternelle. Amen.

†
† †

JNSR : j'allais envoyer cet écrit lorsque j'entends le Seigneur me dire : "Ajoute ceci :

Je suis l'Amour

****

13 Août 2003

JÉSUS :
****

Personne ne doit savoir, jusqu'à présent, la date de Mon Retour en Gloire. Je cacherai ce Secret encore un peu. Mais tu dois avertir Mes enfants de ceci :

Ceux qui tardent à se convertir vont beaucoup souffrir car, sans le vouloir, ils sont déjà la proie de Satan.

La souffrance que le maître du Mal vous prépare, n'a rien de comparable avec la Souffrance acceptée de Ma Sainte Croix. La première vous entraîne vers la mort éternelle. La seconde vous attire vers la Vie Éternelle en Dieu.

Je suis sans cesse près de vous. Appelez-Moi. Je vous aime de tout Mon Cœur Miséricordieux qui pardonne même le plus grand pécheur. Repentez-vous. Vite. Il en est encore temps.

Non, la sécheresse ne s'arrêtera pas de si tôt. *Préparez-vous à endurer celle-ci pendant plus de trois années.*

Je suis avec vous jusqu'à la Fin des Temps

dans Ma Sainte Eucharistie.

JÉSUS de Nazareth.

†

††

Le temps de l'épreuve finale

****

20 Août 2003 - St Bernard

"JNSR" : "Seigneur ! Viens à moi, ne m'oublie pas ; par pitié, parle-moi, Doux JÉSUS."

JÉSUS : De celui qui Me reste fidèle, J'obtiens ce que Je désire, sans le forcer, sans le commander, car il a en lui Ma Parole et Ma Voix le guide en tout. Je fais de lui *un autre Moi-même*, vivant Ma Vie de solitude et de Pardon, d'Amour et de Compassion, lui donnant Ma Parole. Le texte sacré est en lui, aussi longtemps qu'il vivra, Je veux dire éternellement, car Mon choix est éternel et personne ne peut contredire ce que Je décide pour lui, et à travers lui, pour les autres *que Je désigne également* sans qu'ils puissent M'entendre. Car les âmes-choisies continuent à vivre dans Ma Douleur et leur souffrance est Ma Sainte Bénédiction : il est impossible de pouvoir M'entendre si vous ne Me ressemblez pas.

****

Ma Vie est *vie offerte,* Ma Vie est un partage continu, un oubli de soi-même, vie toute donnée à celui qui a besoin de connaître l'Amour. Pour cela, vous devez être *tout-Amour,* sans retenir une parcelle pour vous au moment où Je vous dis : *Donne.* Et ne réfléchis pas, *car donner et se donner est sans mesure.*

Non ! Tu ne restes jamais sans rien pour toi après avoir donné tout, car Je suis *la Fontaine inépuisable qui donne,* Je suis *la Source* qui alimente cette Fontaine.

Venez et buvez car Mon Eau enlève la soif et donne Vie.

L'Esprit vous appelle à vous unir au Père et au Fils. Oui, ce temps de disgrâce n'est pas une punition, mais *une Bénédiction*. Heureux celui qui vivra en comprenant ceci. Le papillon naît après une longue métamorphose ; et si vous êtes encore à l'état de chenille trop préoccupée à vivre en recherchant sa nourriture de la terre, vous devez voir que Dieu vient à vous pour vous *réveiller* aujourd'hui.

L'Appel est en *chaque cœur,* Je n'oblige personne ; mais la Force de l'Esprit vient à vous avec Sa Connaissance. Et bien souvent, vous accomplirez des actes d'Amour spontanément, car l'Esprit est Vent et Il actionne vos esprits comme le fait le vent à travers les ailes d'un moulin. Vous réaliserez, sans vous en rendre compte, des actions qui ouvriront d'autres *portes* fermées d'où rien n'est jamais sorti.

C'est le Temps où, dans Sa grande Miséricorde, le Seigneur vous amène à réaliser ce que vous appelez *une disgrâce.*

Oui, les malheurs frappent les familles. Le pain va manquer, il manque déjà en certains endroits. L'eau devient rare et se retire de certains lieux. L'air est irrespirable à cause de la pollution et le deviendra plus encore. Les catastrophes naturelles se multiplieront, touchant la terre, les mers et l'air. Les hommes deviendront encore plus fous, tuant les hommes, leurs frères, et les animaux. La nourriture se fera très rare par certains endroits et *la famine* s'installera un peu partout.

Sécheresse sur sécheresse marqueront les années à venir, appauvrissant les sols incapables de donner vie aux semences, grillées ou pourries sous les eaux. Lorsque l'hiver déversera eau, grêle et neige en quantité insupportable, retirez-vous des montagnes. Vous ne serez pas épargnés par les rochers déstabilisés et les coulées de boue qui dévaleront les pentes jusqu'à inonder les plaines habitables.

L'homme de la montagne devra vivre avec ses bêtes
pour se réchauffer.

Oui, tout sera distribué avec parcimonie afin de partager les biens que vous donnera encore votre terre. Ne cachez pas vos maigres récoltes, vous n'en profiterez *que si vous partagez.* Ne dissimulez pas, aux yeux de vos frères, aucun bien que Dieu vous donne : tout doit être partagé.

Je donnerai *encore plus* à celui qui a la Charité en son cœur.
Et Je *retirerai tout* à celui qui n'a pas cette Charité.
C'est le Temps de l'épreuve *et Dieu veille.*

A ce prix, vous serez sauvés. Offrez tout à Dieu : "Louange à Toi, Seigneur JÉSUS !" C'est la déstabilisation en tout. Tous les hommes souffriront, et surtout en ce qu'ils affectionnent le plus. Les pouvoirs s'évanouiront ; comme l'argent, car les coffres se videront pour venir en aide à toutes les catastrophes naturelles et aux populations qui crient et se révoltent devant la misère, sans nourriture, sans soins, sans toîts pour s'abriter.

La mort, la famine et les maladies séviront de partout.

Votre planète est à votre image, insouciante et rebelle : la sécheresse persistera. Les vents deviendront si violents que plusieurs navires chavireront en mer et que certains avions ne pourront se risquer à prendre leur vol. Attention sur les routes. Soyez vigilants en forêt, les arbres sont branlants.

En un instant, les températures *varieront de plusieurs degrés,* aussi bien en chaleur qu'en froid, changeant ainsi tous les climats et modifiant les saisons, causant ainsi des cyclones là où il n'y en a jamais eu.

Vous serez amenés à modifier vos coutumes, comme planter au moment des récoltes et récolter au moment des semailles.

Alors, autour de vous, vous entendrez les scientifiques parler : *"Tout cela a été prévu, tout cela devait arriver."* Oui, mais avec moins de violence et en préparant les hommes à pourvoir contre cette fatalité. Car le monde est en mutation, mais cela devait se faire au cours des siècles à venir et tout se précipite à présent.

Oui, Je désire raccourcir ce temps et vous faire entrer dans Mon Temps éternel où le temps n'a plus de mesure. Je suis le Dieu Vivant, l'Éternel. Je vous aime. Je veux vous sauver. Soyez fidèles. Ne reniez pas Celui qui est la Vie, oui la Vie éternelle. Même au milieu de la tempête, Ma Barque ne peut chavirer. Venez à Moi. Même dans une terre brûlée, je ferai pousser vos récoltes et Je les multiplierai pour tous Mes enfants.

Est-ce qu'un père peut donner un serpent à manger à son fils
alors qu'il lui demande un poisson ?

Pourquoi M'avez-vous retiré de vos vies,

puisque Je suis la Vie. Oui, la Vie éternelle.

N'ayez pas peur. Appelez-Moi. Je suis là !

Oui, viens Seigneur JÉSUS,

nous T'attendons. Amen.

†

† †

Les Croix d'Amour apparaîtront sur les Tabernacles

****

25 Août 2003 - St Louis Roi de France

" JNSR " : " Seigneur, manque-t-il un Mystère dans ce que Vous m'avez déjà donné d'écrire ? S'il Vous plaît, parlez-Moi, Doux JÉSUS. "

JÉSUS : Rentre en Mon Divin Cœur et lis ce qu'il y est écrit.

****

" JNSR " : Comme une enfant émerveillée peut découvrir des trésors inimaginables, j'entre en ce Cœur délicieux. Le fond est parsemé d'or lumineux et le pourtour est doux comme un velours où l'on a envie de se coucher pour saisir toute sa douceur. Lorsqu'on est dans ce Cœur, on éprouve de la joie à un degré si fort que la gorge se serre comme si l'on étouffait d'émotion et les larmes de joie ruissellent sur les joues. C'est tellement doux et apaisant que l'on ne peut réaliser que cela va s'arrêter et qu'il faudra, à ce moment, se retirer de cette douceur.

" Lis ! " *me dit JÉSUS. Je persiste à regarder ce qui m'entoure et que je vois avec les yeux de mon âme. Je vois, dans une extrême joie, ce qui s'appelle l'**Amour du Dieu Vivant** qui Se donne à toux ceux qui L'acceptent avec sincérité et moi, je Le désire ardemment.*

" Lis ! " *me dit encore JÉSUS. Je vois des lettres d'or sur les parois vivantes et toutes remplies d'une Grâce Vivante qui donne le vertige et qui entraîne de plus en plus profondément. Le parfum que l'on respire est doux comme une caresse. Ces lettres, qui sont comme en relief, disent ceci :*

JÉSUS : A toi Ma Gloire Éternelle pour avoir accepté de M'offrir ton cœur et ton esprit d'enfant qui ne peuvent évoluer dans aucune violence car Je les protège pour en faire Mon Repos.

****

Tu vois, tout ce qui t'entoure peut contenir le Monde entier. Et Je suis dans ce Monde et ce Monde est en Moi. Parce que Je suis Dieu. Et que Je désire tous Mes enfants. Et pour que pas un ne se perde, Je désire hâter le Temps ; ce Temps où la violence est une bête aux mille tentacules qui attire à elle-même les plus innocents en leur faisant croire que le plaisir de cette violence n'est comparable à aucun jeu, à aucune joie, à aucune expérience connue jusqu'à présent. Mon enfant, sache que le mal est partout, même dans Mon Église qui est loin d'être parfaite et qui, par la voix de Mes Prêtres, s'élève contre son Époux et son Roi, Moi, le Seigneur JÉSUS-Christ qui lui ai donné Ma Vie.

Pas un instant Mes yeux ne se séparent d'elle et Je vois sa dégradation de jour en jour. Mon *identité* s'efface dans ses égarements. Elle descend jusqu'à se comparer à l'Église primitive, sans se souvenir que d'elle sont nés Mes plus grands Saints.

Je ne citerai en ce jour que Mon fils **Saint Louis**, Roi de France, qui ne dédaignait pas de mettre son genou en terre en prononçant Mon Nom très Saint. A la Fille Aînée de Mon Église, J'ai dit qu'elle sera châtiée jusqu'à ce qu'elle Me revienne, **repentante.** Aujourd'hui, elle ne comprend toujours pas, qu'en Me reniant, elle se châtie toute seule. **Pauvre France** !

Ma Sainte Eucharistie est profanée. Ne savez-vous pas que votre Dieu est Vivant et Vrai en chacune de ses parcelles ? Lorsque Mon Corps, Mon Sang, Mon Âme et Ma Divinité sont touchées par des mains profanes, **vous Me blessez** ! Je vous le dis et que chacun s'en souvienne : *Dieu Se donne et personne ne doit Me prendre.*

Prêtres, ne faites pas disparaître la grandeur et la vérité de Mon Divin Sacrement. L'Église se meurt. Seuls les Prêtres de Ma Sainte Église ont reçu le Divin Sacrement de l'Ordre et, à chaque Sainte Messe, ils deviennent un **autre Moi-même**. Aucune main, autre que la leur, ne peut faire ce geste béni : par leur main, c'est **Moi qui Me donne**. Mes enfants fidèles, à genoux, Me reçoivent en leur cœur, par leur bouche qui ne cesse de Me louer. Là est la véritable Adoration.

On adore le Dieu Vivant à genoux.

Dans la très Sainte Eucharistie, Je viens vous visiter, Je suis là.

Je T'adore mon Dieux, mon JÉSUS d'Amour,
à genoux, mon cœur enflammé
du désir de Te recevoir et de T'accueillir.
Je fais de mon cœur un nid d'Amour.
J'invite mon Bien-Aimé dans la demeure
de mon pauvre cœur indigne
de Ton Amour Miséricordieux.
Ton Saint Nom est en moi. Je T'aime pour toujours.
A Toi, Seigneur JÉSUS, mon âme qui T'espère.
A toi, mon Dieu, ma vie qui T'attend.
Sans cesse je bénirai Ton Nom très Saint.
Louange à Toi, Seigneur JÉSUS, pour les siècles des siècles. Amen.

Mon enfant, Je M'annoncerai par Ma Croix de Lumière. Tous Me verront en elle, le **Jour** que Mon Père S'est choisi pour la faire apparaître dans le ciel. Elle annonce Mon Retour en Gloire. Ce Jour sera également le **Jour** de la Grande Purification par la Croix Glorieuse de JÉSUS-Christ, votre Sauveur, votre Rédempteur.

Lorsque la Croix apparaîtra au ciel, trembleront toutes les puissances ennemies jusqu'à faire **trembler** les assises de la Terre qui doit également se purifier.

Ô Mon Église, tu Me verras la première et tu te frapperas la poitrine.
Tes fautes te seront étalées, tes yeux pleureront,
car ta fidélité te reviendra à ce moment où tu Me diras :
" Ô Seigneur, pardonne Ta misérable fille ! ""
Et le Seigneur te relèvera toute tremblante et te dira :
" Va, ton Sauveur est avec toi et te pardonne, car Il t'aime.
Tu reprendras ta place d'Épouse,
car l'Époux est revenu pour te parer de Sa Sainte Grâce
pour les siècles des siècles. Amen." †

Déjà, *certains Tabernacles projetteront Ma Croix Glorieuse,* Signe de Mon Retour en Gloire, avec Mon Cœur rayonnant d'Amour. L'Hostie appelle la Croix d'Amour du Christ Ressuscité d'entre les morts. Dieu, le Vivant, revient visiter Son Peuple. Alléluïa !

Jérusalem ! Jérusalem ! Jérusalem !
Voici venir ton Roi !

Mon enfant, Je suis avec toi pour te dire : Mon *dernier Secret* est dans ces lignes écrites ce jour. Relis bien et tu le comprendras. Dieu ne peut encore Se retirer de ce livre sans te dire les paroles de la fin. Je t'avertirai. N'aie aucune crainte. Je suis là.

Votre JÉSUS d'Amour.

Amen.

JNSR : Au moment où JÉSUS me dit : " Je suis là " *un éclair violent est entré jusque sur la table où j'écris.*

†
† †

L'Église doit donner sa vraie place à MARIE

******

29 Août 2003 - Martyre de St Jean Baptiste

JÉSUS : Écoute, Ma fille, la Sagesse de Dieu.
****

Commence par écouter la Parole du Fils de l'Homme. Le Verbe de Dieu S'est fait Chair afin que tout homme se reconnaisse en Lui. Lorsque tu as reçu le **Secret de MARIE**, ton émotion fut grande ; aucune question ne Me fut posée. Je n'en attends pas moins de toi. Sagesse, 3,

> 1 Les âmes des justes sont dans la main de Dieu et nul tourment ne les atteindra.
>
> 5... Dieu en effet les a mis à l'épreuve et Il les a trouvés dignes de Lui. 6 Comme l'or au creuset, Il les a éprouvés. Comme un parfait holocauste Il les a agréés. 7 Au temps de leur visite, ils resplendiront.

Je désire te parler de Ma très Sainte Mère. Lorsque Mon Église prendra connaissance du Message du 23 Juin, elle sera mise à l'épreuve. Reconnaîtra-t-elle la **divinité** de Ma très Sainte Mère ? Considéra-t-elle, en la Sainte Mère du Fils de Dieu, la **Fille de Dieu**, ***conçue de l'Esprit Saint*** dans le sein de Sainte Anne, Ma grand-mère bien-aimée, ou rejettera-t-elle la partie essentielle du Dogme de l'Immaculée Conception ?

Ma Sainte Mère l'a bien annoncé à Sainte Bernadette, pour le monde entier : " **Je suis l'Immaculée Conception**." Si vos yeux se sont recouverts d'écailles, si votre esprit est resté étroit jusqu'à ce jour, c'est pour que s'accomplisse le Temps de la Grande Épreuve Mondiale *qui ne prendra fin* **que si l'Église** Me donne satisfaction.

Il est arrivé le Temps de la Grande Purification : Je commencerai par Mon Église qui est aujourd'hui défigurée. Je la désire comme son Divin Maître. Je lui donnerai Ma Sainteté, la rendant pure, belle sans tache, sans ride. Mon Épouse doit ressembler à son Époux. Pour cela, elle doit être charitable et me rester fidèle, obéissante. Si elle écoute Ma Parole, si elle se soumet à Ma **demande**, Je lui promets Mon secours et J'interviendrai contre tous ses ennemis. Ma Promesse s'étendra d'âge en âge, et d'elle sortiront les nouveaux saints qui attendent **sa parfaite Sainteté** en son Dieu Créateur, Rédempteur et Sanctificateur.

Je demande à Mon Église de reconnaître la **Divinité** de Ma très Sainte Mère, la Bienheureuse Vierge MARIE. Je désire qu'Elle soit glorifiée juste à côté de Son Divin Crucifié d'Amour, Son Fils Bien-Aimé ; Elle qui, à Sa demande au pied de Ma Sainte Croix, reçut de la part de Son Père et Notre Père les **stigmates** invisibles de toutes les Plaies qui recouvraient Mon Divin Corps lors de Ma Sainte Passion et de Mon Saint Crucifiement.

Elle est véritablement votre Corédemptrice acceptant avec Amour pour le Père et tous Ses enfants de la Terre, les marques douloureuses et invisibles des Plaies très Saintes du Divin Crucifié en Sa Chair Immaculée.

Le Père L'a choisie dans Son Humilité. Aujourd'hui, Notre Père veut glorifier au Ciel, comme sur la Terre, Sa Fille Adorable qui a caché en Son Cœur de Fille d'Épouse et de Mère, ce **secret** depuis plus de 2000 ans. *" Et MARIE gardait tout cela en Son Cœur."*

Par Elle, avec Elle et en Elle, tout doit s'accomplir pour rétablir l'Ordre Divin sur cette Terre qui fut Sienne, comme elle fut Mienne. Si Je suis Roi de tout l'Univers visible et invisible, Elle en est également Reine. Comme le Père M'a glorifié, Je glorifie Ma très Sainte Mère par Le Père Tout-Puissant d'où Me vient Mon Autorité.

Je remets aujourd'hui, à Celle qui devient la Mère de cette *Humanité déchirée,* le Pouvoir Royal de la très Sainte Trinité, afin que l'Église renaisse, que tous ses membres acceptent d'être réunis par MARIE, en MARIE et avec MARIE.

Par la désobéissance de la première femme, Ève, toute l'Humanité souffre et n'a jamais cessé de souffrir depuis la **Faute Originelle**. Si Je désire aujourd'hui que se fasse jour ce Mystère caché depuis plus de 2000 ans, la très Sainte Immaculée Conception de MARIE, Ma très Sainte Mère, c'est que Dieu, Notre Père, a choisi de faire passer **toute** cette Humanité déchirée par la plus Parfaite et Humble Créature de l'Éternel, Pure, Humble et sans tache parce qu'elle est **divine**.

Toute l'Humanité doit passer par MARIE, simplement en acceptant, comme Elle-même, de s'offrir à Notre Père et d'unir chaque cœur au Cœur Douloureux et Immaculé de Notre Mère, Pleine de Grâce.

Le Seigneur veut faire des Merveilles avec Son Peuple. Toute la Terre est invitée : chaque enfant appartient au Père de toute Bonté. Le Choix de Dieu S'est posé sur MARIE, Fille obéissante du Père, Mère adorable du Fils, Épouse du Saint Esprit qui a fait de MARIE Sa Demeure Royale ; l'Esprit qui, en S'unissant à MARIE, S'unit une fois pour toutes au Divin Désir du Père de faire, de chacune de Ses Créatures, **un enfant de Lumière** en passant par MARIE.

> " Enfantés par MARIE, vous recevez l'Esprit Saint et vous serez comme les Anges. "

MARIE vous dit : " Je suis la Servante du Seigneur qui laisse agir,
************** par Moi, l'Esprit Saint pour la Gloire du Très-Haut.

Que chaque enfant puisse dire, avec leur Mère du Ciel :

" Mon âme exalte le Seigneur et mon esprit tressaille de joie en Dieu mon Sauveur, parce qu'Il a jeté les yeux sur l'abaissement de Sa Servante et de Ses enfants. Oui, désormais, toutes les générations, par MARIE se diront bienheureuses. Car le Tout-Puissant continue à faire de grandes choses. Saint est Son Nom ! Désormais Sa Miséricorde couvre le Monde entier et s'étend d'âge en âge sur ceux qui Le craignent. "

JÉSUS :
****

L'Humanité est devenue la proie de Satan qui, par son orgueil démesuré, la conduit à sa perte pour triompher de Dieu. Cette Humanité se trouve dans **le désert** face au Tentateur qui lui promet toutes les richesses de ce monde à condition qu'elle se prosterne à ses pieds pour l'adorer et renier Dieu. La voici prête à lui obéir, reniant sa véritable identité. Séduite par le maître du Mal, elle a été jusqu'à refuser sa vraie Nourriture, le Corps et le Sang de son Sauveur. Moi, son Seigneur JÉSUS-Christ, Je veux la sauver de son **inanition**.

Pour cela, elle devra choisir, et c'est le moment :
ou Dieu, ou Satan.

C'est dans ce **désert** que va se passer le **dernier** acte qui oppose le Bien au Mal :

l'Obéissance à la Désobéissance,
l'Humilité à l'Orgueil,
la Vierge Sainte au Dragon maudit.

La Femme veut sauver *l'Enfant* de Dieu dont Elle est la Mère : l'Humanité va La reconnaître. La **défaite** de Satan sera cuisante. MARIE posera son talon sur la tête du Perfide : ainsi, ce qu'il croyait être faiblesse devient Force. L'Humilité vaincra l'Orgueil. C'est le **Triomphe** de MARIE, Mère de l'Église : *Elle sauvera jusqu'au dernier de ses membres.*

Au Ciel, l'Église Éternelle a reconnu sa Reine. Dans Son Adorable Assomption, MARIE reçoit Sa Couronne de Gloire Éternelle la reconnaissant comme la Fille du Père, la Mère du Fils et l'Épouse de l'Esprit Saint. L'Église de la Terre doit ressembler à l'Église Éternelle de Dieu et prendre MARIE comme modèle, car Ma très Sainte Mère est véritablement *de la Nature-même du Père et du Fils.*

Le Fils de Dieu est passé par Elle pour ressembler aux enfants de la Terre et les réunir en Dieu. L'Église, qui réunit tous les Membres du Christ, doit passer par MARIE, comme le Christ, pour renaître sainte, pure, sans tache et sans ride.

Ainsi, en reconnaissant MARIE comme *l'Immaculée Conception conçue du Saint Esprit et née de Sainte Anne,* avec la Puissance du Saint Esprit qui habite MARIE, la Sainte Église de Dieu avec tous ses membres et même ceux qui sont encore absents, seront là pour ce Nouvel Enfantement par MARIE, Notre Mère Bénie.

Votre Pape connaît ce Mystère : TOTUS TUUS. MARIE, Tu es Toute à Tous. Nous voulons tous être à Toi pour revenir, guéris, à Lui Notre Sauveur et vivre dans Sa Lumière de Gloire Éternelle.

Sans l'Église, point de Salut.

Ainsi, Moi JÉSUS-Christ, Je lui demande de donner à Ma très Sainte Mère, la Bienheureuse Vierge MARIE, la place qui Lui revient dans Son Église. Ainsi s'accomplira le Dessein de Dieu :

Sauver le Monde des griffes de Satan.

Tout dépend de Mon Église, *pour son propre Salut et celui de l'Humanité toute entière.*

Église, reconnais en MARIE la vraie Fille du Père,
née de l'Esprit Saint,
et tu seras sauvée et, par toi, tous les enfants du Père
qui sont en attente de cette nouvelle naissance **divine.**

St Luc, 11, 52 : Malheur à vous, les légistes, parce que vous avez enlevé la clé de la Science ! Vous-mêmes n'êtes pas entrés et ceux qui voulaient entrer, vous les en avez empêchés.

JÉSUS et MARIE.

Amen.

†

† †

Supplique pour Mon Église

****

1er Septembre 2003

JÉSUS :
****

Mon enfant, ce que Je vais te dicter est une supplique. Je te demande d'aller porter au Saint-Père, votre Pape, ce que Je t'ai déjà donné, accompagné de ce dernier écrit.

Il est urgent de faire connaître à Mon Église
la Divinité de Ma Sainte Mère,
pour que s'accomplisse la dernière phase du Plan de Dieu.
C'est le **Salut du Monde** qui va se trouver
dans les mains de Mon Église.
Elle doit reconnaître, en Ma Sainte Mère
Sa Naissance **divine**.

Lorsque la Bienheureuse Vierge MARIE annonce à Sainte Bernadette « Je suis l'Immaculée Conception », Elle est également **dans JE SUIS depuis toute éternité**. Je vous le dis : le Monde *ne trouvera pas la Paix tant que l'Église ne reconnaît pas en MARIE très Sainte Sa divine Conception.*

Aujourd'hui, **le Temps est entre les mains de Mon Église** pour rétablir la Vérité de Dieu : *elle a la responsabilité de Mon Peuple.* N'entravez pas le Plan de Dieu.

MARIE est la Porte du Ciel.
MARIE est la Mère de l'Église.

Dans Sa Bonté infinie, Notre Père a choisi MARIE pour faire passer Son Fils Unique dans le monde des hommes. Aujourd'hui, Notre Père a choisi MARIE pour faire passer toute cette Humanité déchirée, tous les hommes dans cette Terre Nouvelle avec des Cieux Nouveaux : par MARIE qui est la Fille, l'Épouse, la Mère du Dieu Unique et Vrai.

MARIE est la **Porte** du Ciel, mais Elle a aussi la **clé** de cette Porte. La Clé est **en** Elle : MARIE est **conçue** de l'Esprit Saint qui a fait Sa Demeure en Elle. Si Dieu, l'Éternel, a choisi MARIE pour que Ses enfants **renaissent** dans leur Pureté **Originelle**, tels qu'ils étaient avant d'entreprendre le dur Pèlerinage de la Terre, c'est qu'Elle peut ramener jusqu'à Sa **dernière** Brebis à Dieu par Sa Pureté, Son Obéissance et Son Humilité.

Le Règne de Dieu est tout **proche**, mais Mon Père veut que cette Humanité retrouve tous les **talents** qu'elle reçut du Ciel. Une seule Créature ne les a jamais perdus et les a fait fructifier, aussi nombreux que les étoiles du ciel : elle Se nomme MARIE.

Pour que s'accomplisse le Plan de Dieu, la **première** qui doit **renaître** par MARIE, **c'est Mon Église** qui doit passer par Ma Sainte Mère. Pour cela, elle doit reconnaître intégralement Son Immaculée Conception dans Sa Divinité.

Les membres de Mon Église attendent la Purification finale qui s'accomplira **le jour-même** où l'Église reconnaîtra ce Dogme dans toute son intégrité : *MARIE est l'Immaculée Conception, conçue du Saint Esprit.* Les hommes et la Terre sont dans l'attente de la confirmation de ce Dogme intégral par la Sainte Église de JÉSUS-Christ, pour renaître à nouveau sur cette Terre Nouvelle avec des Cieux Nouveaux.

La Terre et le Ciel doivent s'unir dans une Prière ardente
pour que vienne vite le Règne de Dieu sur la Terre comme au Ciel
et que cessent toutes ces calamités, tous ces bouleversements
sur la Terre de Dieu et des hommes.
Priez ensemble pour la Sainte Église de Dieu,
pour son Chef spirituel sur la Terre, le Pape.

Relève ce que vous dit de Moi Saint Jean, c'est pour Mon Église.

St Jean, 12, « **46** Moi Lumière, Je suis venu dans le monde,
pour que quiconque croit en Moi
ne demeure pas dans les ténèbres.
47 Si quelqu'un entend Mes paroles et ne les garde pas, Je ne le juge pas,
car Je ne suis pas venu pour juger le monde,
mais pour sauver le monde.
48 Qui rejette et n'accueille pas Mes Paroles,
a son juge : la Parole que J'ai fait entendre,
c'est elle qui le jugera au dernier jour ;
49 car ce n'est pas de Moi-même que J'ai parlé,
mais le Père qui M'a envoyé M'a Lui-même
commandé ce que J'avais à dire et à faire
connaître ; **50** et Je sais que Son commandement est
Vie Éternelle. Ainsi donc ce que Je dis,
ainsi que le Père Me l'a dit, Je le dis. »

JÉSUS-Christ

Amen.

†

† †

La Sainte Patience
Dieu vous unit à Lui par la Vierge MARIE

****

Samedi 13 Septembre 2003
St Jean Chrysostome

"JNSR" : "Que dois-je faire à présent, Seigneur ? Ne me laisse pas sans Ton secours. Je T'implore, je veux T'obéir. Parle-moi, Seigneur."

JÉSUS :
****

Le silence est réparateur car il laisse le temps à la réflexion. Rien ne se fait sur un coup de tête. La Patience vient en aide à qui sait attendre, elle fait partie de la Sagesse.

Obéis et conforme-toi à ce que tu reçois. N'essaie pas de courir car le moment vient où tout doit s'accomplir et chaque chose est dans son temps. *Rien ne peut entraver la marche de Dieu,* car Je sais quand il faut commencer et quand doit se finir ce que Je commence. Nul ne peut entraver Mon Plan. Il est écrit en chacun, mais jamais découvert par vous-même, seulement quand Je le désire parce que rien ne se fait sans Dieu. Malheureux celui qui croit venir à Moi sans que Je l'appelle. Malheureux celui qui croit M'échapper parce qu'il en a décidé ainsi.

Rien ne peut se faire sans Dieu. Je dispose de vos vies comme Je dispose de votre mort et de votre résurrection. Pourquoi cherchez-vous ailleurs ce que vous avez déjà en vous ? Je suis en vous. Tu Me demandes ces choses qui sont précieuses pour votre futur. Je te donne l'occasion de répondre en te découvrant, petit à petit, ce qui est écrit en toi. Car Dieu a déjà pris le soin d'écrire Sa Vie avec la vôtre en chaque être créé par Lui. Et ce que tu vas écrire est un voile que Je soulève, et ce voile est en toi. C'est une Grâce donnée à votre création dès le Sein du Père. Votre âme est imprégnée de ce Mystère. C'est Ma Marque. C'est cette Naissance spirituelle de votre âme que vous devez reconnaître en vous comme l'Image de votre Dieu et Père.

Mon enfant, nul ne peut discuter sur votre origine en méprisant Mon ineffable Don, car Je viens bientôt vous appeler à regagner cette spiritualité en passant par votre Sainte Mère qui a, en Elle, l'Esprit Sanctificateur. Un enfant vit du lait de sa mère ; un enfant de Dieu ne peut vivre *sans le Lait spirituel de MARIE.*

Aujourd'hui, Je veux vous apprendre que nul ne peut venir au Père sans passer par le Fils et, qu'en ce Temps, vous devez renaître par la Grâce : nul ne peut aller au Fils sans passer par la Mère de la Grâce divine.

Ainsi, la Porte du Ciel s'ouvre en grand pour tous les petits enfants. ceux qui ont le cœur pur, ceux qui font la Volonté du Tout-Puissant, ceux qui ont accepté d'être Charité, ceux qui demandent à la Maman du Ciel de les aider à devenir meilleurs.

Ton livre est un miroir qui laisse voir le Ciel. J'ai parlé. Les pages sont vécues et vivront parce que *quelqu'un va le finir en le complétant par la réponse que J'attends.*

Ne te désespère pas car Dieu ne te le permet pas. Le désespoir, c'est le poison du Menteur. L'Espérance est dans ton cœur, garde-la, cultive-la et attends. Je t'ai dit : la Patience vient en aide à qui sait attendre.

Telle est la Sagesse qui vient à toi ce soir.

JÉSUS-Christ.

†

† †

Je parle à Mon Église

****

16 Septembre 2003

JÉSUS :
****

Mon enfant, il ne t'appartient pas de répondre à ma place[1]. Je parle à Mon Église.

MARIE est l'Œuvre de Dieu. Elle appartient corps et âme à Son Seigneur. Elle est en Dieu.

Répondez-Moi : d'où viennent vos âmes ? Où doivent retourner vos âmes ?

Les hommes ne M'ont pas écouté ; *Je voulais faire participer tous Mes frères à Ma Divinité.* Ils ont imité Adam et continuent à le suivre dans sa désobéissance. Ils n'ont jamais voulu imiter JÉSUS, vrai Dieu et vrai Homme.

Il n'y a aucune ténèbre en Moi, aucun péché d'ombre dans Ma Parole qui est Vie, oui, Vie Éternelle.

Tu diras simplement ces paroles, telles que Je te les dicte :`

J'ai fait participer Ma Sainte Mère à Ma Divinité. Et MARIE M'a suivi ; avec Moi, Elle participe en tout, partageant la Grâce Divine de Son Divin Fils. Nos deux saints-Cœurs sont unis.

Comme Ma Mère a participé à Ma Souffrance d'Amour, dans Ma Passion et dans Mon Crucifiement, Elle est la Mater Dolorosa.

Je lui ai également fait partager la Joie de Ma Sainte Résurrection, et Ma Divinité à Son Assomption où Elle fut couronnée en tant que Reine de l'Univers. Elle reçut la Couronne de Gloire de la Très Sainte Trinité par les mains de Son Divin Fils. Amen

†

† †

(1) : Ce Message vient en réponse à la demande de personnes ayant été surprises, voire choquées, par l'expression divinité de MARIE. Ces personnes m'ont écrit ou téléphoné et j'ai invité JNSR à prier le Seigneur de les éclairer.

N'ayez plus de doute

****

28 Septembre 2003

JÉSUS :
****
Pourquoi ces mauvais sentiments dans vos cœurs ? Qu'est-il donc plus facile de dire (Matt 9, 4) : “ Tes péchés sont remis ” ou “ Lève-toi et marche ” ?

Dans le doute, qui habite aujourd'hui vos esprits, Je peux vous citer les paroles de Ge 2, 7 : “ Yahvé Dieu modela l'homme avec la glaise du sol, Il insuffla dans ses narines une haleine de vie et l'homme devint un être vivant. ” Et J'ajoute pour chacun de vous : “ à la ressemblance de Dieu. ”

Ce Souffle de Dieu, cette haleine de Vie, n'est autre que l'Esprit Saint qui donna la chair et l'esprit au premier homme. Pour Dieu, rien n'est impossible.

Afin que le premier contact avec les hommes fût agréable à Son Divin Fils, Mon Père, dont la Bonté est infinie, recouvrit de Douceur et de Pureté le sein d'Anne, femme stérile jusqu'alors. Par Son Souffle Saint, Il déposa la Vie de Celle qui devint MARIE, Ma Mère, la toute-Pure, l'Immaculée Conception, la même qui fut appelée, la Vierge Pure qui, par Son Fiat à la visite de l'Ange Gabriel, reçut le Souffle de Vie de Dieu qui déposa dans Son sein vierge le Fils de Dieu qui prit Chair en la Vierge MARIE, et qui Se fit homme pour mourir crucifié pour vous.

Il ressuscita le troisième jour, conformément aux Écritures et Il monta au Ciel, assis à la Droite du Père.

Je reviens bientôt dans la Gloire. Amen †

JÉSUS-Christ

†

† †

N'ayez plus de doute

****

Le même jour

JÉSUS :
****
Désirez-vous Me suivre ? Essayez de vous élever vers Moi. Détachez-vous des richesses de ce monde, venez à la Lumière qui est Vie, celle qui dissipe les ombres et donne la Sérénité, l'Intelligence de Dieu. Là se trouve la Connaissance de Dieu, cette Manne qui nourrit les esprits et qui aide la chair de l'homme jusqu'à se renouveler et la rendre spirituelle.

Recevez cette rosée quotidienne qui émane de l'Esprit de Dieu. Mon Appel retentit en vos cœurs. Je vous donne l'Espérance. Ne résistez plus.

Je prépare cette Terre Nouvelle qui sera à l'image des Cieux Nouveaux pour être avec eux en parfaite Union : les Vivants du Ciel avec les vivants de la Terre, tous en Dieu. Dieu en tous et en chacun.

Pourquoi Me cherchez-vous si loin ? Pourquoi penser que Je M'intéresse aux uns plus qu'aux autres ? Mon Amour est inconditionnel, Il s'étend à l'infini et n'a pas de frontière. Je suis là, Je suis en chacun de vous. Je vis en vous si vous Me faites une place en vos cœurs.

La VIE du Fils de Dieu devint l'Héritage de tous les enfants du Père lorsque le Fils de l'Homme mourut sur Sa sainte Croix d'Amour.

Sur Ma sainte Croix, J'offre Ma Vie à Mon Père qui en disposa pour sauver de la mort éternelle tous Ses enfants de la Terre.

Seul un Membre de la Famille Divine, par Sa Mort, pouvait à nouveau donner droit à l'Héritage du Père, le Royaume Éternel de Dieu, Trésor perdu à cause de la disgrâce causée par la **Faute Originelle** d'Adam premier Légataire des Biens de Dieu sur la Terre.

J'ai sauvé tous Mes frères, les hommes, de la mort éternelle. Je vous ai ouvert le Royaume de Dieu avec la Rançon demandée au Fils de Dieu : Ma mort sur Ma sainte Croix d'Amour.

Que vous reste-t-il à faire pour recevoir la Sainte Grâce de Dieu ? Repentez-vous et faites Pénitence. Le Royaume de Dieu est tout proche, soyez bons et charitables, aimez Dieu par dessus tout et votre prochain comme Je l'aime.

Recevez Mon Amour.

JÉSUS-Christ

†

† †

Pour Mon fils Jean

****

Rome[1], le 10 Octobre 2003

"JNSR" : "Mon doux JÉSUS, pourquoi nous laisses-Tu dans une attente pareille ? ""

JÉSUS : Mon enfant, Je vais vous donner le jour le plus favorable pour que Mon Message ne tombe pas dans l'oubli. Cette *Supplique* est un effet de Ma Bonté pour le monde entier qui est déjà en décomposition ; cette décadence se constate à tous les niveaux, que ce soit dans une simple assemblée comme dans un grand rassemblement. L'homme de ce monde a retiré le Divin en toute chose et tout s'écroule petit à petit. Une seule chose peut ramener la Force qui doit vaincre ce Mal et vous donner la Terre Nouvelle et les Cieux Nouveaux, *c'est l'Humilité.*

L'Humilité va détruire l'orgueil
et son prince maudit qui est Satan lui-même.

Une seule Créature du Père de toute Bonté fut choisie pour combattre le Maudit. Elle est parée de la sainte Humilité. Comme je fus appelé à vaincre la Mort sur la Croix, Moi, le Fils de Dieu, Ma Très Sainte Mère, la Bienheureuse Vierge MARIE, a été choisie depuis toute Éternité pour écraser la tête de celui par qui vient tout le mal.

Pour cela, Notre Père L'a parée de Sa Grâce Divine en La concevant sans péché. Elle a été conçue du Saint Esprit et a pris Chair dans le sein de Sainte Anne, purifiée et sanctifiée pour recevoir la toute-Pure qui enfantera le Fils de Dieu. Le jour où l'Église accomplira cette Mission Divine sera le *Huitième Jour,* celui de l'Oméga où l'Église reconnaîtra la Conception Immaculée *et Divine* de Ma Très Sainte Mère.

Par cette reconnaissance, l'Église renaîtra plus belle que jamais, sans ride et sans tache. Et la Mère de Dieu pourra remettre à Son Créateur tous Ses enfants *sanctifiés.* L'Homme Nouveau renaîtra le Huitième Jour :

> *" Père, entre Tes mains je remets mon esprit "* dira l'homme, *" afin qu'il renaisse dans le Tien par MARIE, Notre Mère Bénie qui vient d'enfanter cette génération nouvelle des saints de la Terre."*

---

1 : Accueillie à Rome par "Jean", un haut Dignitaire de l'Église, JNSR attend, depuis le début de la semaine, une audience privée pour remettre au Saint-Père la demande de Notre Seigneur à Son Église. (Voir p. 228)

C'est par une Mère Divine, et seulement par MARIE que l'homme de la Terre pourra rejoindre son Père du Ciel, tout comme le Fils de Dieu a pu rejoindre l'homme de la Terre en passant par MARIE Divine."

La Main de Dieu reçoit de la main de MARIE tous Ses enfants rachetés par la Sainte Croix de Son Divin Fils, dans cette nouvelle naissance en passant par MARIE, fille de Dieu, Épouse de l'Esprit Saint et Mère de votre Seigneur JÉSUS Christ.

La Présentation de ce Monde Nouveau, Nouvelle Terre et Nouveaux Cieux, avec tous les enfants ayant reçu l'Esprit Saint, se fera dans le plus grand Temple de ce Monde : *votre Terre purifiée et bénie par la Très Sainte Trinité avec MARIE, la Bénie de Dieu.*

Lorsque l'Église de Dieu ouvrira ses portes, J'ouvrirai en grand Mon Divin Sacré Cœur *Il n'y aura alors plus de Mort, car Je suis la Vie Éternelle.* †

Amen. †

MARIE : C'est à toi, Jean, Mon fils bien-aimé, que
*********** Je remets cet écrit. Reçois de ta Très Sainte Mère la plus grande de Ses Bénédictions. Tu es avec Moi depuis toujours. Je te garde dans Mon Cœur Immaculé, tu as Ma Vie en toi. Suis toujours le Chemin de Mon Divin Fils.

MARIE, ta Maman Bénie.

†

† †

Retour de Rome

****

12 Octobre 2003

"JNSR" : Seigneur, mon Doux JÉSUS, je Te demande Pardon ; je n'ai pas pu rencontrer le Saint-Père à Rome, en raison de la fragilité de son état de santé qui s'aggravait soudainement. Bien peu d'audiences lui ont été permises et de ce fait, le Pape ne pouvait nous recevoir."

JÉSUS :

****

Mon enfant, à cause de l'importance du Message que tu portais avec toi, mon Ennemi n'a cessé de s'interposer entre Jean, le fils de Mon Église, que Ma Sainte Mère a choisi pour t'accompagner, et Mon PIERRE qui devait vous recevoir.

Le mur de la séparation grandissait chaque jour et devenait infranchissable. Ma Sainte Mère t'a fait comprendre que le jour que Nous avions choisi pour faire consigner ce Message par l'Autorité du Vatican, était bien le samedi 11 octobre 2003. Soyez tranquilles, il est actuellement *en sécurité.* Mes saints Anges veillent jour et nuit, ils sont les garants de Ma Supplique *jusqu'à ce qu'elle soit satisfaite par Mon Église.*

Ce jour du samedi 11 octobre 2003 rappelait, par son chiffre 11, la date du jour de la Fête de Notre Dame de Lourdes, 11 février ; et par le mois choisi, octobre, la Fête de Notre Dame du Saint Rosaire. Du 11 février au 11 octobre, **huit** mois se sont écoulés : ce chiffre 8 représente *le Huitième Jour* où l'Église révèlera au monde entier *la Divine Conception Immaculée de la Mère du Fils de Dieu.*

Ce même Jour, c'est par MARIE que l'Esprit Saint fera renaître l'Église dans sa parfaite et lumineuse Sainteté, entraînant à sa suite cette multitude d'enfants que JÉSUS a remis à Sa Très Sainte Mère au pied de Sa Croix d'Amour.

Tous les enfants du Père sont des "Jean" qui attendent cette merveilleuse *Transfiguration.* Vous devez commencer à prendre MARIE dans la demeure de votre cœur, comme l'Apôtre bien-aimé Jean L'a reçue dans sa demeure.

Avant ce jour du 11 octobre 2003, vous avez reçu l'Esprit de Dieu qui vous a conduit dans les 7 églises de Rome :

1. La Sainte Croix
2. Sainte Marie Majeure
3. St Jean de Latran
4. St Paul

5. St Pierre
6. Ste Marie de la Révélation des Trois Fontaines
7. Le Sanctuaire de la Madone du Divin Amour où tu as vécu l'Adoration à genoux et en larmes.

Dieu a besoin de toutes vos offrandes d'Amour. Ceux qui t'accompagnaient dans ta Mission ont reçu, tout comme toi, la Bénédiction de la Très Sainte Trinité ainsi que celle de MARIE Très Sainte.

Le fils de Ma Sainte Église, choisi par Ma Très Sainte Mère pour t'accompagner, est lui-même une Autorité ecclésiastique portant le prénom d'un de Mes Apôtres bien-aimés.

C'est après la visite de la dernière de ces 7 églises de Rome, *la Madone du Divin Amour,* que Je t'ai révélé comment vous pouviez déjouer la surveillance de Satan et lui faire échec. Tu as parlé avec Ma Sainte Parole en ta bouche et le fils de Mon Église, choisi par MARIE, a compris que l'essentiel que Dieu demandait, c'était de remettre à l'Autorité du Vatican ce Message d'une importance *capitale.*

La main, qui a reçu Ma Supplique, devenait par la Sainte Grâce du Très-Haut, *la main* de l'Autorité indiscutable du plus haut Membre du Clergé après votre Pape. Il ne pouvait en être autrement.

Mon Père dont la Puissance s'étend d'âge en âge, dans Sa Bonté Infinie, a placé Ses saints Anges qui veillent jour et nuit sur la supplique confiée à Mon Église jusqu'au jour où elle la retirera de l'ombre pour qu'elle devienne *la Promesse* que Dieu a faite à l'Humanité.

Ce jour où l'Église reconnaîtra *la Divine* Conception Immaculée de MARIE, le monde jouira de *la Paix de Dieu,* l'Église renaîtra dans sa parfaite et lumineuse *Sainteté* : elle sera comme son Divin Maître JÉSUS Christ. Le Créateur recevra des mains de MARIE tous Ses enfants *rechristianisés,* renaissant dans la Lumière du Saint Esprit.

Si *l'Arbre Vert* de la Croix de Son Divin Fils Crucifié a ouvert aux âmes *repenties* la Porte de la Vie Éternelle, par l'Église qui reconnaît la *Divinité* de MARIE, Dieu donnera à *l'Arbre Mort* la possibilité de renaître à la Vie en Dieu : ce seront les membres malades, atrophiés, inertes, qui viendront se joindre à l'Église *qui les guérira* par une grande Purification. Car l'Église, c'est la Tête du Christ, c'est la Gloire de Dieu trois fois Saint, c'est l'Amour de la Mère qui sera toujours l'Avocate qui défendra même le plus cruel de Ses enfants, parce que Seul l'Amour de Dieu peut tout guérir et que MARIE est la plus Douce des Mamans. Elle est *MARIE, Mère du Divin Amour.*

Amen. †

L'Œuvre de Dieu, *Témoins de la Croix*, s'achève là

****

14 Octobre 2003 - St Calixte, Pape

"JNSR" : " Mon Dieu, mon JÉSUS d'Amour, je veux écrire ce soir tout ce que Tu me dicteras, dans la Joie de l'Espérance de Ton Retour en Gloire."

JÉSUS :
****
Mon enfant, voici que se termine le livre des Actes des apôtres, 4, dans sa 3ème et **dernière** partie. Comme Je te l'avais promis, ce livre renferme :

le Secret de MARIE, Ma Très Sainte Mère.

A présent, c'est Mon Église qui est en possession de ce Trésor.
Lorsqu'elle le révèlera au Monde,
tout s'accomplira à l'instant-même.

Ce Mystère est la clé de la compréhension totale de l'Évangile à travers le Monde. C'est l'Équilibre de Dieu donné à toute Sa Création qui ne cesse de chanceler depuis la Faute d'Adam.

Ne cherchez pas encore la date de Mon Retour en Gloire, car elle se trouve également dans le Secret de MARIE. L'horloge du Temps s'arrêtera avant, comme dans un sommeil.

Si le grand Mystère de MARIE vous a été révélé par la bouche de Mon enfant JNSR le 23 Juin 2003, vous avez *en vous,* en chacun de vous, la date de Mon Retour en Gloire ; vous la découvrirez plus tard, par Mon Esprit Saint qui soufflera sur le voile qui vous la cache, lors de *l'Annonciation* du Mystère de la Conception Divine de MARIE, donnée au monde entier par Mon Église. La Création du Père entrera à l'instant-même dans *sa re-création.* Tout sera renouvelé à la seconde dans une stabilité harmonieuse et parfaite.

La Terre, berceau de l'Humanité, refleurira, *Nouvel Eden,* avec Dieu. Et voici que Je viens. *Amen, viens Seigneur JÉSUS !*

Je descends dans mon Jardin-Terre, avec tous Mes Élus, Mes Saints du Ciel qui auront recouvré *une nouvelle Chair,* comme la Mienne. C'est la nouvelle Incarnation des Saints des Nouveaux Cieux, c'est *la première Résurrection.*

Vous serez réveillés par l'Esprit Saint qui, alors, soulèvera le voile de vos yeux. Vous Me verrez descendre des Cieux, accompagné de Ma Très Sainte Mère, entouré de tous Mes Saints. Vous serez émerveillés de voir Celle qui, pour Elle, par Elle et avec Elle, tout s'est accompli pour la Gloire du Très-Haut :

votre Père des Cieux qui a préparé de tous Temps le Triomphe de MARIE qui, avec Ma Sainte Église, vient de vaincre le Maudit par la Sainte Croix du Premier-Né.

Alors Je présenterai Ma Divine Maman à cette multitude d'enfants qui sont, avec Moi, les co-héritiers de l'immense Héritage du Père :

Voici Votre Mère,
qui vient de vous enfanter dans la Sainte Grâce
de l'Esprit Saint qui vit en Elle.

Voici que devant MARIE l'Humanité, Création du Père, renaît plus belle que jamais dans sa Nouvelle Terre. Alors, c'est

la Présentation de MARIE

à cette génération Nouvelle, *transfigurée par la Grâce divine,* qui Lui dit :

"Tu es toute Belle, MARIE, aucune tache ne T'a souillée.
Tu es la Gloire de la Jérusalem Céleste.
Tu es l'Immaculée dans Sa Divine Conception.
Tu es en Dieu comme Dieu est en Toi."

Ce soir, la Très sainte Trinité vous bénit
au Nom du Père, du Fils et du Saint Esprit,
en présence de la Bienheureuse Vierge MARIE.

† † †

Note : Saint CALIXTE 1er, Pape et Martyr, († en 222)

C'est sous son règne que l'on commença à bâtir des temples chrétiens, qui furent détruits dans les persécutions suivantes. Il fit creuser le cimetière souterrain de la voie Appienne, qui porte encore aujourd'hui son nom et qui renferme tant de précieux souvenirs, entre autres le tombeau de sainte Cécile, la crypte de plusieurs Papes, des peintures qui attestent la conformité de la foi primitive de l'Église avec sa foi actuelle.

De nombreuses conversions s'opérèrent sous le pontificat de saint Calixte. La persécution ayant éclaté, il se réfugia, avec dix de ses prêtres, dans la maison de Pontien. La maison fut bientôt cernée par des soldats qui reçurent la défense de n'y laisser rentrer aucune espèce de vivres. Pendant quatre jours, le Pape Calixte fut privé de toute nourriture ; mais le jeûne et la prière lui donnaient des forces nouvelles. Une nuit, le prêtre martyr Calépode, auquel Calixte avait fait donner une sépulture honorable, apparut au Pontife et lui dit : "Père, prenez courage, l'heure de la récompense approche : votre couronne sera proportionnée à vos souffrances." Finalement, le Pape Calixte, une grosse pierre au cou, fut jeté de la fenêtre d'une maison dans un puits.

Remerciements

****

15 Octobre 2003
Ste Thérèse d'Avila

JÉSUS :
****

Toute l'Œuvre de "Témoins de la Croix" en dix volumes **est dédiée** :

— à Ma Très Sainte Mère pour Sa Divine Conception Immaculée.

— à Ma Sainte Église, principalement à Mon saint-Vicaire le Pape Jean Paul II.

— à tous Mes Consacrés, fils et filles de Ma Sainte Église.

— Je remercie et Je bénis l'Autorité ecclésiastique qui a aidé Mon enfant, JNSR, à faire parvenir Mon Œuvre "Témoins de la Croix" au Vatican.

— Je remercie et Je bénis Mon fils qui s'est dévoué avec une grande fidélité à l'édification complète de Mon Œuvre "Témoins de la Croix" avec Ma Messagère JNSR. Ma Bénédiction couvre, avec Mes enfants qui ont rempli leur engagement jusqu'à la fin, toute leur famille.

— Ma Bénédiction s'étend à Mes Prêtres fidèles qui témoignent sincèrement dans toute Mon Œuvre.

— A toi, Mon fils privilégié, Mon Prêtre fidèle sur qui repose l'authenticité de Ma Parole écrite en ces lignes par JNSR, Mon enfant, cette Œuvre de Dieu est le poids de ta confiance en la Très Sainte Trinité qui t'a choisi pour être le premier Témoin, Je te bénis dans ton apostolat fructueux.

— Je bénis tous Mes Ouvriers de la Croix œuvrant dans tous les pays à l'édification des milliers de Croix *qui sanctifient Ma Terre,* rapprochant tous les frères de diverses confessions : Croix de Lumière qui appellent Celui qui est la Lumière du Monde dans un cri d'Amour "*Viens, Seigneur JÉSUS !*" Ma Bénédiction à leurs familles, et à tous ceux qui les ont aidés *spirituellement* et *matériellement.*

— Je bénis tous ceux qui propageront partout Mon Œuvre "Témoins de la Croix."

— Je bénis tous les Traducteurs en toutes langues.

— Je bénis ceux qui se chargeront de faire partout connaître Mon Œuvre.

— Je bénis les Lecteurs et ceux qui en parlent.

— Je bénis ceux qui ont planté une Croix d'Amour, signe du Retour en Gloire de JÉSUS de Nazareth.

— Je bénis tous les Martyrs de la Croix et de la Parole de Dieu qui se diffuse aux quatre coins du monde.

— Je bénis et Je bénirai sans cesse Mon Œuvre des Derniers Temps, "Témoins de la Croix" en ses dix volumes.

— Je bénis ceux qui ne cesseront pas *de le reproduire* jusqu'à Mon Retour en Gloire.

— Je bénis les Ouvriers de la diffusion. Je bénis ceux de la vente. Je bénis ceux de la reproduction.

— Je bénis les mains qui l'accueilleront.

— Je bénis les mains qui la rejetteront.

— Je bénis les yeux qui la liront et les oreilles qui l'entendront.

— Je bénis ceux qui ne veulent pas l'accepter, car ils resteront toujours Mes enfants de la Croix, car c'est par Ma Sainte Croix d'Amour que Je vous ai tous sauvés.

Voici le titre de Mon dixième livre (l'œuvre est complète) :

" Et voici que le voile se déchire
par le Souffle Puissant de l'Esprit Saint
et qu'apparaît, comme un soleil flamboyant,
le Secret de MARIE."

Amen.

†

Mon enfant, ne pleure pas. Je suis toujours avec toi.
Que ton visage fasse transparaître Ma Joie
partout où tu parleras de Moi.
Ton JÉSUS d'Amour.

†
† †

Sois bénie, Mon enfant, pour ton Obéissance

****

Samedi 25 Octobre 2003

JÉSUS : Mon enfant, Je ne désire pas que tu finisses ce livre sans ma note personnelle. Je suis Celui qui te parle, qui t'a parlé tout le long de ce livre et de toute Mon Œuvre TÉMOINS DE LA CROIX. Je suis Dieu, ton JÉSUS d'Amour.

****

Il est *urgent* que le Monde comprenne que ce que Je t'ai annoncé *doit s'accomplir au plus vite* pour sauver votre monde en grand danger. Ma Sainte Mère *est Divine.* La preuve *scientifique* est «gardée». Je désire à présent que le monde connaisse cette sainte Vérité, autant pour honorer Ma Très Sainte Mère dans Sa Sainte Immaculée Conception Divine, que Ma Sainte grand-mère, Anne, honorée déjà à Sainte Anne d'Auray en Bretagne, au titre de la Mère de MARIE.

Je t'avais dit que bientôt les oreilles vont tinter à Ste Anne d'Auray. *(p. 55)* Je ne te parlais pas de St Nicolazic, déjà Saint au Ciel, mais de Ma Sainte grand-mère qui a eu son enfant unique *conçue du Saint Esprit,* Ma Sainte Mère, née de Sainte Anne, conçue du Saint Esprit.

Pourquoi ceux qui ont *la preuve matérielle* de cette information, la cachent-ils encore ?

MARIE est l'Immaculée Conception,
née de Ma Sainte grand-mère Anne
et conçue du Saint Esprit
Ô MARIE, conçue sans péché,
priez pour nous qui avons recours à Vous.

Priez, Mes enfants, pour que la Vérité de Dieu se fasse jour *avant qu'il n'y ait plus de jours,* sur la Terre, pour proclamer le Dogme intégral de *la Divine Conception Immaculée de MARIE.*

JÉSUS, Dieu d'Amour et de Vérité,
vient de parler pour le Monde entier.

Mon enfant, n'aie crainte : Sainte Bernadette a souffert pour la première partie de ce Dogme. Tu souffriras, mais Je serai avec toi, car Je viens *sauver le Monde : ceux qui M'appellent.*

Et voici que Je viens.
Amen, viens Seigneur JÉSUS !

Par Ta Sainte Passion et par Ta Sainte Croix,
de tout mal délivre-nous, Seigneur.
Amen. †

Sois bénie, Mon enfant,
pour ton Obéissance.

JÉSUS et MARIE.

†
† † †
†
†
†
†

Notes

A props du Grenier de Sainte Anne et de Yves Nicolazic.

Je suis pleinement d'accord avec ce qui est dit du Sanctuaire et du Pélerinage, « *citadelle imprenable* » grâce à Sainte Anne elle-même et aussi à la vitalité de la pastorale des prêtres, pour en faire le grand centre spirituel le plus grand et fécond actuellement en Bretagne.

On y rassemble continuellement beaucoup de groupes : enfants, jeunes, familles, anciens. Il y a de belles liturgies, le Chapelet quotidien, la Messe du matin précédée des Laudes avec les fidèles. Tous les jours il y a des visiteurs et beaucoup plus les samedi et dimanche ; et, évidemment, il y a un courant encore plus fort pendant l'été et les deux mois de vacances.

Ce qui oblige les chapelains à demander du renfort pour la permanence quotidienne d'un prêtre en aube dans la Basilique, pour accueillir ceux qui désirent rencontrer un prêtre pour la Confession et le conseil. Il est souvent à proximité d'un confessionnal vitré et insonorisé, un petit parloir accessible à tous. Une équipe de vieux prêtres, en retraite ici, y participe ; par expérience, je peux vous dire que c'est un ministère important.

Il faut vous dire aussi que le Voyant et Messager de Sainte Anne, Yves Nicolazic, est enterré dans la Basilique, à l'entrée où se trouve un petit autel ; on y prie beaucoup aussi. Et le diocèse a pris l'initiative d'une prière, dite tous les jours, pour sa Béatification. Près de sa tombe on voit déjà un nombre conséquent d'ex-voto.

Je n'ai donc pas été étonné de trouver son nom au bas de la page 54 ; et heureux qu'il soit déjà *St Yves Nicolazic* au Ciel.

La Croix-médaille de St Benoit

Historique de Saint Benoît, Abbé.

Il est né à Nolria, vers l'an 480 et retourné au Père à Monte Cassino, en 547 environ. Le patriarche du cénobitisme occidental, né d'une famille aisée, fut envoyé faire ses études à Rome, d'où il s'enfuit bientôt pour se retirer dans une communauté de clercs à Affile, écœuré par le laxisme prédominant de l'époque.

Durant trois ans, il vécut en ermite dans une grotte à Subiaco, le diocèse dont il est le patron. En raison de son séjour dans cet antre, qu'aujourd'hui l'on appelle Santo Speco, Saint Benoît est évoqué comme le patron des spéléologues et des savants. On dit que pendant cette période Benoît fut tourmenté par l'image d'une dame visiteuse qui suscitait en lui un grand désir charnel. Il réussit à y résister et à ne pas compromettre son équilibre spirituel grâce à l'autoflagellation ; il se jeta tout nu dans les ronciers où il se roula jusqu'au moment où le désir s'évanouit. C'est à cause de cet épisode qu'on l'invoque contre les tentations et les infestations diaboliques.

Quand il fut envoyé diriger le monastère de San Cosimato di Vicovaro, les moines essayèrent de l'empoisonner à cause de son rigorisme. C'est pour cette raison que sa protection est évoquée contre les empoisonnements et le poison.

Au cours des années suivantes, il fonda de nombreux monastères, dont le plus célèbre est celui de Monte Cassino, et s'occupa personnellement de la formation des religieux. Son œuvre majeure, **la Règle**, demeure encore de nos jours le texte de référence de la vie monastique.

Monte Cassino, Norcia et Pomezia , tout comme l'Europe, l'ont désigné pour leur patron. Les grandes œuvres que les Bénédictins réalisèrent sous la direction du Saint, et par la suite indépendamment, ont amené plusieurs familles, communautés ou groupements chrétiens à reconnaître Benoît pour leur protecteur.

Les célèbres guérisons miraculeuses, qui firent de Monte Cassino un lieu de pèlerinage, expliquent la raison pour laquelle le Saint est invoqué pour soulager les souffrances des agonisants, contre la gravelle, les inflammations et les maladies contagieuses.

Dans la révélation «Témoins de la Croix», JÉSUS parle souvent à JNSR de la médaille de St Benoît. Ainsi, dans le Volume 4 et le Message du 7 Juillet 1996 intitulé «l'Antichrist» (p. 114) : «portez le scapulaire de Notre-Dame du Mont Carmel et la Croix bénite de Saint Benoît.»

Dans le Livret 2, p. 120, JÉSUS dit : « JÉSUS vous demande de porter sur vous la Croix bénite de Saint Benoît et la Prière de l'exorcisme ; ceci vous a déjà été dit ; récitez matin et soir cette Prière avec Foi.»

Pour obéir à JÉSUS il est intéressant de connaître la signification des inscriptions qui sont gravées sur la Croix de Saint Benoît ainsi que sur sa médaille qui comporte également la Croix. Voici les explications données sur la plaquette accompagnant la Croix de Saint Benoît :

«La médaille de St Benoît a des origines très anciennes. Il est certain que l'idée en fut suggérée par l'usage efficace que le Patriarche fit du signe de la Croix contre les assauts du démon racontés par St Grégoire.

Le dessin de cette médaille fut établi par le Pape Benoît XIV. D'un côté, elle porte l'image de St Benoît tenant une Croix à la main, et de l'autre côté une Croix plus grande avec des initiales latines. C'est parce que la Croix qui y apparaît constitue un élément essentiel qu'on appelle cet objet la Médaille-Crucifix de St Benoît.

Sur le revers, on y voit l'image de St Benoît qui tient une Croix dans la main droite et la Règle monastique dans la main gauche ; à sa droite, une coupe d'où s'échappe une vipère (en souvenir du vin empoisonné auquel il réchappa miraculeusement) ; à gauche, un corbeau emportant le pain empoisonné. En bas, on lit les mots : "EX S.M. CASINO MDCCCLXXX" (Du Sacré Mont Cassin, 1880).

Sur les côtés : "CRUX SANCTI PATRIS BENEDICTI" (Croix du St Père Benoît). Entourant l'image : "EIUS IN OBITU NOSTRO PRAESENTIA MUNIAMUR" (Qu'il nous défende par sa présence à l'heure de la mort). Sur la face de la médaille, une Croix avec des inscriptions dans les espaces entre les bras :

C.S.P.B. : CRUX SANCTI PATRIS BENEDICTI : Croix du St Père Benoît.

C.S.S.M.L. : CRUX SACRA SIT MIHI LUX : Que la Croix Sacrée soit ma Lumière.

N.D.S.M.D. :NON DRACO SIT MIHI DUX :
Que le Dragon ne soit pas mon maître.

V.R.S. : VADE RETRO SATANA :
En arrière, Satan !

N.S.M.V. : NON SUADE MIHI VANA :
Ne me persuades pas de tes vanités.

S.M.Q.L. : SUNT MALA QUAE LIBAS :
Ce que tu me présentes est mauvais.

I.V.B. : IPSE VENATA BIBAS :
Bois toi-même ton propre venin.

La Bénédiction de la Croix-médaille de Saint Benoît est particulière demandant un exorcisme tiré du livre de Don FUSCO («Pour se défendre du Malin», Editions de l'Archistratège).

« Je vous exorcise, médailles, par Dieu le Père † Tout-Puissant, qui a fait le ciel et la terre, la mer et tout ce qui est en eux. Que toute la force de l'adversité, toute l'armée du diable, toute incursion de Satan soient extirpées et chassées de ces médailles, afin qu'elles deviennent, pour tous ceux qui en useront, un gage de salut pour l'âme et pour le corps ; au Nom du Père † Tout-Puissant, et de Jésus-Christ,† son Fils, Notre Seigneur, et de l'Esprit Saint † Consolateur, dans la charité de ce même Jésus-Christ notre Seigneur qui viendra juger les vivants et les morts et le siècle par le feu. Amen. »

PRIONS

« Dieu Notre Père Tout-Puissant, source de tout bien, nous Vous supplions instamment par l'intercession de notre Père Saint Benoît : répandez Votre Bénédiction † sur ces médailles, afin que tous ceux qui les porteront et s'appliqueront aux bonnes oeuvres, méritent d'obtenir la santé de l'âme et du corps, la grâce de la sanctification et les indulgences qui nous ont été concédées; qu'ils puissent, avec le secours de votre miséricorde, échapper aux embûches et aux tromperies du diable, et se présenter un jour, saints et sans tache, devant votre Face. Par Jésus le Christ, notre Seigneur et Votre Fils, qui vit et règne avec Vous et le Saint-Esprit, pour les siècles des siècles. Amen. »

Postface

Les Prêtres,
Témoins de la Croix par excellence, témoignent

les laïcs aussi

TÉMOIGNAGE

En attendant le Jugement de l'Église sur la valeur des révélations privées de JNSR, il est permis à chacun d'exprimer son opinion personnelle. J'apporte volontiers la modeste contribution du prêtre catholique que je suis et qui entend, de toutes façons, rester fidèle aux décisions du Magistère.

Je crois que les écrits de J.N.S.R., dans l'Oeuvre TÉMOINS DE LA CROIX, sont une prophétie véritable, inspirée par le Seigneur JESUS, la Sainte Vierge MARIE et de nombreux saints.

Voici les deux principales raisons de mon adhésion :

La lecture de ces écrits a toujours suscité ou réveillé en moi un profond sentiment de respect pour le Seigneur lui-même, le désir d'entrer dans l'adoration de Son Nom très Saint, et une joyeuse espérance au milieu des difficultés inextricables du monde ténébreux que nous connaissons actuellement.

Et puis, par ailleurs depuis de longs mois, le Saint Esprit, par la méditation du mystère de MARIE, a préparé mon cœur et mon intelligence à accueillir « Le Secret de MARIE » comme une évidence. MARIE est Mère et nous enfante à la vie divine trinitaire, vie dont Elle est surabondamment comblée.

Béni soit le Nom de JESUS, éternellement !

le 18 octobre 2003
abbé Louis Cazier

Le Secret de Marie est-il inconcevable ?

Béni sois-tu, Seigneur, et loué sur terre comme au Ciel, pour la révélation du «Secret de Marie», celui de l'Immaculée Conception de Marie dans le sein de Sainte Anne sans l'aide de Joachim, par l'action féconde de l'Esprit Saint.

Béni sois-tu, Seigneur, pour cette merveille qui révèle davantage la prédilection divine pour la Mère du Fils du Très-Haut !

N'est-ce pas un signe que Dieu veut faire connaître et aimer de plus en plus la mission de la Femme prophétisée dans les premières pages de la Bible, comme celle qui doit écraser la tête du Serpent infernal ?

N'est-ce pas le signe, annoncé dans l'Apocalypse, de la Femme apparue dans le ciel, enveloppée de soleil comme à Fatima ? (12, 1)

N'est-ce pas un signe, ajouté à d'autres signes, que nous ne devons pas avoir peur, ni être angoissés face à l'avenir, à cause des purifications inévitables pour ce monde pécheur ? Notre Dame du Rosaire de Fatima nous a dit : « Mon Cœur Immaculé triomphera !»

Le Règne de Jésus dans les cœurs, par le Règne de Marie, n'est-il pas en route ?

Par ta Croix glorieuse de l'Amour,
Jésus, que ton Règne arrive !...

le 22 Octobre 2003
Un Prêtre de Marie

Mon témoignage

Depuis de nombreuses années, progressivement, j'ai découvert et approfondi les Messages que Marie nous a délivrés à Medjugorje, au Mouvement Sacerdotal Marial ; puis, avec Dozulé et JNSR, j'ai pu vérifier, point par point, la véracité de tous ces Messages au travers des informations médiatiques et dans l'accélération de la désagrégation de notre société. C'est une grâce très grande d'être ainsi éveillé dans ce monde de grisaille.

J'ai eu la joie de bénir, ce mois-ci, une Croix d'Amour. C'est peut-être la première, car je n'ai pas connaissance d'autre élévation de Croix dans notre diocèse. J'en rends grâce au Seigneur et à Notre Dame, en ce moment décisif pour l'Église et le monde.

Que la Paix du Seigneur soit toujours avec nous !

le 23 Octobre 2003
P. Henri

† † †

A propos des écrits «Témoins de la Croix - le Secret de Marie », je voudrais donner mon témoignage de prêtre catholique. Je pense que ces écrits donnent une analyse réaliste et objective de notre monde actuel massivement détourné de Dieu et à propos duquel le Pape Jean Paul II a pu dire : *« l'homme moderne est confronté à une* méta-tentation, *celle de se faire l'égal de Dieu, par la puissance de la technique et de la science »* Le texte montre bien cette révolte radicale de l'homme : l'orgueil démesuré qui est à la racine, et les conséquences désastreuses sur les âmes et la planète.

Mais aussi, le Seigneur nous y propose, avec une tendresse singulière, les voies de la conversion et de la miséricorde : Humilité dans l'Amour de Dieu, Pardon, Charité, Espérance et Tendresse pour les plus petits, les souffrants.

Enfin ces «messages» rejoignent plusieurs autres déjà donnés précédemment et reconnus par l'Église.

le 29 octobre 2003
Père Jean-Régis FROPO,
chanoine régulier de Saint Augustin

Mon Témoignage de Prêtre en faveur de JNSR et des Croix d'Amour.

J'ai lu que certains, avec *d'excellentes intentions* pour que l'Église puisse reconnaître le Témoignage de Madeleine et de l'Abbé L'Horset, voudraient écarter JNSR et les Croix d'Amour ; et je comprends cette démarche. Il faut que l'Église fasse, sans plus de retard, ce qu'elle aurait dû faire il y a vingt cinq ans : une enquête sérieuse, honnête, portant sur les **faits**, les **Apparitions**, les **Paroles** de JÉSUS, le **témoignage** des personnes présentes à ces faits.

On a pris beaucoup de retard.. Il y a urgence, et il est normal de faire d'abord la vérité concernant le Témoignage de Madeleine. Combien de conversions perdues par ce **refus** de l'Église ! Que l'on commence par écouter Madeleine, la **première** Messagère, et JÉSUS Lui-même. A-t-on le droit d'éconduire JÉSUS, *le SEIGNEUR* ? L'Évêque est le SERVITEUR de JÉSUS. . .

Le 14 mars 2003, JÉSUS parle à JNSR :

> «L'Église, qui en avait la charge, a refusé de la faire élever (cette Croix), la jugeant trop haute, beaucoup plus grande *que Mon propre Sacrifice,* déjà oublié par certains. *Elle a refusé Ma demande et la porte est restée ouverte pour le Mal.*
>
> Devant ce refus incontestable de Mon Église, J'ai voulu racheter encore une fois la désobéissance de l'homme : c'était grave, l'Église devait réparer. J'ai demandé à Ma *deuxième* Messagère de rassembler en Mon Nom Mes Ouvriers de la Croix et de leur transmettre le Message des milliers de Croix dans le monde, dicté le 16 Juillet 1996 en la Fête de Notre Dame du Mont Carmel. *JNSR fut choisie* par Notre Père des Cieux.» *Elle a accepté !* «Ce n'est que dans la Souffrance que Dieu parle ; son cœur est près du Mien. L'Obéissance est le *podium* où Je place Mes Messagers et Ma Sainte Croix est leur *trophée.* Elle ne pouvait pas vous mentir, *J'étais là !*»

Je m'en tiens à cette conviction qui est un Hommage à JÉSUS et à sa Messagère, Fernande Navarro.

Nous pouvons donc croire à tous les Messages, dans tous ses livres.

le 25 octobre 2003
abbé Georges Lauzin

Au Cœur de la Croix, le Secret de Marie

Si le Seigneur Jésus nous appelle à témoigner de Lui, Il nous appelle certainement à témoigner de Sa Croix.

Tous les Saints, par leurs paroles et par leur vie, en ont fait l'expérience, de Ste Marie-Madeleine à Thérèse de Lisieux en passant par le Padre Pio ou Mère Téresa. Car, au cœur de la Sainteté, brille la Croix du Christ. Et c'est cet Amour qui renouvelle l'Église et le Monde. C'est cet Amour, au Cœur de la Croix, qui fait advenir la Terre Nouvelle et les Cieux Nouveaux. Et nous savons bien aujourd'hui, en particulier par notre Pape Jean Paul II qui en témoigne puissamment, que Marie est au cœur de tous ceux qui veulent témoigner de Jésus : Elle est le secret intime de toutes ces vies données. Car Marie conduit à Jésus. Elle conduit à témoigner de la Croix de Jésus.

Heureux sommes-nous aujourd'hui, car la Puissance de Dieu nous dévoile, au cœur de ce renouvellement de l'Église et du Monde entier, le Secret intime de Marie.

> *« A Celui qui peut, par sa puissance qui agit en nous, faire au-delà, infiniment au-delà de ce que nous pouvons demander et imaginer, à Lui la gloire dans l'Église et en Jésus-Christ, pour toutes les générations aux siècles des siècles. Amen.»* (Ephésiens, 3, 20-21)

Ne rejetons pas ce que le Seigneur nous dévoile par JNSR.

Toussaint 2003, Abbé André Fillaudeau

† † †

Notre Seigneur bénit Ses prêtres qu'Il appelle à bénir les Croix d'Amour. Ceux qui rejettent ces Croix me font mal, mais bien plus mal au Seigneur Lui-même qui vient les sauver de la mort éternelle. Jusqu'au dernier jour, le Christ leur tendra la main : sauront-ils la saisir assez tôt ? Nous prions de tout cœur pour eux.

J'ai toujours bien senti, en lisant les messages reçus par JNSR, qu'ils venaient d'En-Haut. Et je le dis, car j'en suis sûr !

Père Léopold

Quelle merveilleuse Providence !

Quelle grâce d'avoir rencontré ces *Messages* d'En-Haut par l'intermédiaire de JNSR, dans le désenchantement du quotidien de ce monde qui vit sans Dieu. Certes il nous faut attendre dans la paix, la sérénité et la prière, la *décision* de l'Église qui importe avant tout.

J'ai pu lire les 10 volumes «Témoins de la Croix» dans une joie permanente et dans la paix de l'âme. Et au jour le jour où, face à ce monde et tous ses types de violence, se manifeste la Tendresse de Dieu : *« Il est Amour et ne Se découvre pas par l'étude, le raisonnement, ne se goûte pas à partir d'une sagesse humaine. Qui a pu dire : l'Amour n'a pas de mots pour s'exprimer, c'est l'illumination intérieure ? »*

Ce Dieu qui est toujours là, bien Vivant et la nécessaire venue de l'Esprit Saint qui s'exprime, oh combien ! par les prophètes qui n'ont jamais manqué et encore moins aujourd'hui ! *Rien n'est impossible à Dieu* et on ne peut *raisonner* quand il s'agit de choses divines ; mais on peut être émerveillé quand nous est révélé ce que la raison ne peut atteindre et c'est le cas du Secret de Marie.

Quelle insigne grâce nous est faite en nous dévoilant ce mystère ! On peut dire que *rien n'est impossible à Dieu.* Et j'y trouve ce qui ressemble à une évidence surnaturelle ; en tous cas, comme le remarque le Père spirituel, dans ce Message *rien ne paraît contraire à la Foi.* Quelle plus grande espérance pouvait-elle nous être donnée ?

Attendons dans une profonde prière que l'Église se prononce sans trop tarder. Alors quel OUI pourrons-nous clamer !

Père André, op
Missionnaire

† † †

Loué soit Jésus-Christ !

A propos des dernières pages de ce livre, mon témoignage est, pour ma part, celui d'action de grâce, d'émerveillement et d'un gand cri de soulagement du fait que, en dépit de tant d'obstacles, le Père Céleste poursuit toujours Son Oeuvre d'Amour et de Miséricorde en réalisant inlassablement Son plan de Salut de l'Humanité, en nous dévoilant tour à tour *les pièces manquantes* : le Secret de Marie et en demandant à l'Église leur insertion dans le tableau de notre Rédemption.

Ayant lu ces pages bénies, en y réfléchissant, je me pose une question : *comment est-il possible d'y résister, de s'y opposer, d'y chercher des failles et obstructions pour mettre en doute les Messages divins ?*

Car, tout compte fait : tout ce qui y est dit, demandé et fermement réclamé à accomplir, de près ou de loin fait partie intégrante et inséparable des Appels du Ciel depuis des siècles pour la conversion des cœurs, tant qu'il nous reste encore ce peu de temps pour nous brancher, sincèrement et nécessairement, dans le circuit béni de la Volonté Miséricordieuse de Dieu.

Ainsi, face à cet interminable barrage de *difficultés et de refus,* l'un plus artificiel et mensonger que l'autre, et tous d'origine démoniaque, je voudrais, en communion avec tous les Habitants du Ciel, du Purgatoire et de l'Église militante, lancer cet humble et ferme appel à focaliser toutes nos supplications au Père Eternel pour qu'Il brise ces *montagnes de faux arguments, d'oppositions et de difficultés,* qui n'ont qu'un but : affaiblir et empoisonner la Foi Révélée par Dieu et éloigner les âmes de Lui.

D'autant plus que toutes ces *difficultés* artificielles ne sont qu'une expression évidente d'un mauvais usage de liberté et de responsabilité, ainsi qu'un manque flagrant d'Amour vrai de Dieu, jusqu'à l'intérieur de l'Église du Christ, ce qui va tout droit à l'encontre de la Volonté de Dieu et tourne, en fin de compte, en blasphème évident. Et qui doit le voir plus clairement que les Pasteurs ?

Du fait que *rien n'est impossible à Dieu,* et grâce à notre mobilisation résolue de prière pour la victoire de l'Amour et de la Vérité, nous disposons ainsi d'une arme quasi absolue face à toutes les sournoises et vilaines tentatives de l'Enfer qui se sert sans cesse de notre inertie, de notre apathie et de notre anorexie spirituelle pathologique pour ce qui est du surnaturel et du divin. Ainsi, l'ennemi de Dieu et de l'Humanité ne cesse de contrecarrer, retarder, étouffer, obscurcir la Foi des fidèles à cause de leur paresse, surdité, torpeur, orgueil, et ignorance spirituelle...

Dans ce contexte, nous sommes certains de gagner ce combat auquel le Ciel nous encourage sans cesse et nous y accompagne.

Car, ce qui est à compléter nécessairement, c'est bien l'effort constant de notre bonne volonté entièrement consacrée à donner à Dieu notre *Fiat,* notre *Oui,* résolu et perpétuel pour la réalisation de Son plan Divin pour notre Salut.

le 15 novembre 2003
Père Joseph

† † †

Témoignage d'un Prêtre marial

C'est avec une grande espérance que j'ai lu le dernier livre des messages donnés par Jésus et Marie à JNSR :

« Et voici que le voile se déchire
Par le Souffle Puissant de l'Esprit Saint
et qu'apparaît, comme un soleil flamboyant,
le Secret de Marie.»

Le 14 Oct. (p. 239), Jésus nous dit :

« Vous serez réveillés par l'Esprit Saint qui, alors, soulèvera le voile de vos yeux. Vous Me verrez descendre des Cieux, accompagné de Ma Très Sainte Mère, entouré de tous Mes Saints. Vous serez émerveillés de voir Celle qui, pour Elle, par Elle et avec Elle, tout s'est accompli pour la Gloire du Très-Haut.» (cf Actes 1, 11 et 14)

Quel est le Secret de Marie ? Son Immaculée Conception dans le sein de sa mère, Sainte Anne. La Vierge n'est pas Dieu, comme l'a écrit St Thomas d'Aquin : *« Elle est aux confins de la Divinité.»*

Le peintre Enguerrand Quarton nous en donne une splendide image dans sa *Piéta* de Villeneuve-lès-Avignon : *« En réponse à la rupture de l'Eden, Dieu couronne Marie. Au sol, Jérusalem. Au centre, la Croix. Tout converge vers son visage, celui de la beauté de Marie, Celle qui a réconcilié le Ciel et la Terre.»*

Notre bien-aimé Pape Jean Paul II a voué tout son Pontificat à la Vierge Marie : *« Tout à Toi Marie »* A son sujet, p. 212, il nous est dit : *« le Soutien de Mon Église vous sera enlevé.»* Comment cela se fera-t-il ? Cela fait partie du Secret.

En l'an 2000, le monde entier a vu le Pape Jean Paul II poser son *billet de repentance* au Mur des Lamentations à Jérusalem. Et Jésus nous dit :

«Mon Pays d'Israël devient une plaie vivante ...» (p. 36) *«ils vont voir le Père en Moi.»* ... *« le Fils de Dieu apparaîtra, sorti de la Nuée »* (p. 37) ... *« Comprenez-vous qu'il n'y a aucun motif de faire la guerre ?»* (p. 100)

C'est ce que notre bien-aimé Pape ne cesse de nous dire et redire. Comme Évêque, sans être encore très connu, il fut des plus influents parmi les Pères du Concile Vatican II. *« N'ayez pas peur ! »* n'a-t-il cessé de répéter à l'Église et au monde depuis le 16 Octobre 1978 jusqu'à ce jour. Il vient d'un pays qui, de tout temps, honore la Très Sainte Vierge Marie.

Il veut que l'Église respire avec ses deux poumons : l'Occident et l'Orient. Il est présentement sur la Croix. Avec lui, nous disons à chaque Messe : « *Gloire à Toi qui étais mort, Gloire à Toi qui es vivant, Notre Seigneur et Notre Dieu. Viens, Seigneur Jésus !* »

Puissions-nous, en France, ne pas retarder, mais au contraire accueillir le Signe du Fils de l'Homme (Matt 16, 64), la Croix Glorieuse, et voir Jésus dans la plénitude de Sa Divinité avec la Vierge Marie Sa Mère advenir bientôt pour nous sauver tous.

« *Regnum Galliæ,*
Regnum Mariæ »

21 novembre 2003, en la Fête de la
Présentation de Marie au Temple

†
† †

Témoigange de M. Jacques Aguesse

Notre Croix d'Amour a été érigée le 30 août 1997 et bénie le 15 septembre de la même année, en la fête de Notre-Dame des Sept Douleurs. La personne qui a fait élever cette Croix témoigne à nouveau.

Dans le Var, toute la journée du 30 juillet 2003, la zone de La Motte était en feu. L'incendie dévorait, d'après les médias, des milliers d'hectares. Calas, Bagnols-en-Forêt étaient menacés, des campings dévastés, des voitures, des caravanes en cendres, dès habitations détruites. Des centaines de pompiers dont certains venus d'Italie et de plusieurs régions de France, épuisés, avaient passé 48 heures sans dormir.

Le 30 juillet au soir la météo annonçait, pour tout le Var, un fort mistral pour la nuit et les 48 heures à venir. La télévision précisait : «*Ce soir les environs de Toulon sont menacés.*» Nos voisins, à la hâte désherbaient et arrosaient, par précaution, autour de leur maison. Nous-mêmes avions fermé nos volets avant de nous coucher.

Le 31 juillet au matin, au réveil, heureuse nouvelle, heureuse surprise : tout est calme, aucun vent, beau temps ensoleillé. Le mistral annoncé n'est pas venu. Nous écoutons la radio qui confirme, en même temps qu'elle informe qu'un violent orage imprévu s'est abattu dans la région de La Motte, orage qui a éteint le feu.

A midi et le soir, à la télévision, une personne témoigne : «*C'est pas possible. Il n'a pas plu depuis le mois de mars ici. On nous annonce du mistral et c'est un orage qui arrive, avec de l'eau et de la grêle. C'est un miracle.*» D'autres témoignages sont donnés le soir à la radio : «*C'est un miracle.*» En effet, d'après les médias, cet orage violent a surpris tout le monde, arrosant exactement l'étendue du feu durant une demi-heure, éteignant l'incendie, si bien que les trois-quarts des pompiers ont pu regagner leur caserne dès le lendemain.

Oui, mon Dieu, tu es vraiment Maître des éléments, Maître du vent et de la pluie et nous te rendons grâce pour ta puissante protection. La radio, la télévision l'ont reconnu : c'est un miracle.

Notre Croix de Toulon, cette fois encore, nous a protégés !

† † †

MERCI

MERCI à Notre Père du Ciel qui, par Son Fils Bien-Aimé et par Sa Très Sainte Mère, après m'avoir fait connaître le Mouvement Sacerdotal Marial, m'avoir conviée à Medjugorje et à Dozulé, entretient à présent mon Espérance par les Messages pleins d'Amour reçus par JNSR.

Anne, le 23 Octobre 2003

Les Croix d'Amour

dans le monde entier

EUROPE

ESPAGNE
Castellon de la Plana

A la mi-juin, François et Lina se rendent à Valencia, en Espagne, où ils rencontrent José-Maria, ouvrier de la Croix espagnol. Celui-ci les conduit à une centaine de kilomètres plus au Nord, à Castellón de la Plana. A l'écart de la ville, se trouve un grand monastère reconstruit sur la montagne, au 18e siècle, après que de fortes inondations aient détruit le précédent, implanté plus bas dans une «cuvette». Dans ce panorama magnifique, une Croix d'Amour est érigée le 25 juin 2002.

La pose de cette Croix s'est avérée difficile. De nombreux problèmes techniques ont surgi, au dernier moment. Cette Croix est bénie le 16 juillet 2002 pour la fête de Notre-Dame du Mont-Carmel, six ans, jour pour jour, après le tout premier message du 16 juillet 1996 où le Seigneur demandait que des milliers de Croix de 7,38 m soient érigées dans le monde entier. Ce même jour, le Seigneur demande à J.N.S.R. que la dernière Croix d'Amour soit érigée à Naju en Corée du Sud.

Dans la province de Valencia, de nombreuses Croix d'Amour ont ainsi vu le jour à proximité d'églises ou de monastères, ou au sein de couvents.

ITALIE
Près de Sankt-Martin

Deux Croix d'Amour sont érigées le 23 avril 2002, fête de Saint-Georges, en Italie du Nord, dans la région du Haut-Adige. Ces Croix sont posées, dans le Tyrol du sud, sur les deux versants d'une montagne, séparés par une vallée, à une vingtaine de kilomètres l'une de l'autre. Les ouvriers de la Croix élèvent la première à côté d'une habitation située à 500 m d'un lieu de pèlerinage dédié à la Très Sainte Vierge «Mère du Bon Conseil». L'histoire de ce lieu de pèlerinage mérite d'être contée.

En 1739, un jeune étranger, tout de blanc vêtu (un ange selon la croyance populaire), remit, en contrepartie de la somme de douze «kreutzer», une magnifique image de la Très Sainte Vierge Marie à Matthias, propriétaire d'une ferme de la région, en lui disant qu'il ne voudra plus s'en séparer. En effet, Matthias fut rempli d'un amour profond et d'une vénération tendre pour cette image et il eut le charisme remarquable de guérir les malades.

En 1750, il construisit une chapelle, qui fut agrandie par la suite. Puis une nouvelle église fut construite en 1848 en réponse à des signes manifestes du Ciel.

Dans le tabernacle de cette église se trouve un authentique morceau de la Croix du Christ, en provenance de Rome, don d'un malade guéri. Souvent, là où se trouve l'église et où Matthias a vu disparaître, sous ses yeux, le jeune étranger vêtu de blanc, on a aperçu une lumière brillante faisant penser à un personnage céleste blanc. À plusieurs reprises, en particulier lors de la construction de l'église, des chutes de pierres se sont miraculeusement arrêtées. Le Pèlerinage à la Mère du Bon Conseil est resté florissant, même de nos jours, de nombreux écoliers et étudiants venant se confier à la Très Sainte Vierge avant leurs examens.

A midi juste, au moment de l'Angélus, alors que les travaux d'implantation de la Croix viennent de s'achever sous un beau soleil mais sans le moindre souffle d'air, le vent se lève, d'un seul coup, avec force. Cela est tellement frappant, que les personnes présentes notent immédiatement l'heure et pensent au souffle du Saint-Esprit. Une photographie de la Croix, prise un moment après, montre une grande lumière qui masque complètement la Croix. Pour les plus sceptiques, cela ne pourra être qu'un simple reflet du soleil sur l'objectif... En tout cas, le Seigneur a permis qu'il en soit ainsi pour que certains y voient un signe qui parle à leur cœur...

Dans son message du 12 juillet 1997, le Seigneur ne déclare-t-Il pas à J.N.S.R. :

«Mon enfant, tu as bien entendu Ma demande principale. Je désire qu'en chaque lieu de pèlerinage, reconnu ou non par l'Eglise, lieux d'apparitions de Ma Sainte Mère, lieux bénis par Sa Sainte présence, soit élevée Ma Croix d'Amour de 7,38 m vous rappelant à tous Ma Sainte Mort. Ces Croix deviendront des phares au milieu des ténèbres du Monde. Elles feront apparaître la Lumière du Ressuscité».

La deuxième Croix est érigée, quelques heures après, dans une propriété appartenant à un couple, à la demande de la femme, alors que le mari n'est pas consentant. Ce dernier aurait dû être absent au moment de la pose de la Croix mais un malheureux contretemps le fait demeurer sur place. Aussi, c'est sous les vociférations du mari que les travaux commencent mais, au fur et mesure que ceux-ci avancent, voilà que cet homme se calme progressivement et il se retire vers la fin des travaux. Tout cela, à la surprise générale et surtout à celle de sa femme qui le connaît bien, comme si l'influence bénéfique de la Croix, qui grandissait sous ses yeux, avait eu raison de sa révolte.

Le matin du 25 avril, le Prêtre – à qui l'on demande de venir bénir les deux Croix – pose beaucoup de questions en voyant la première des Croix. Il semble plutôt réticent après les réponses données. Il faut noter que la personne qui lui répond ne fait pas allusion à la protection matérielle que la Croix peut apporter en cas de catastrophes naturelles.

Or, immédiatement après la bénédiction de la Croix, l'attitude du Prêtre change.

Il semble voir différemment la Croix et, au grand étonnement des personnes présentes, déclare spontanément : *«Cette Croix, c'est quelque chose d'exceptionnel, d'extraordinaire. Cette Croix va apporter à cette maison et aux alentours une grande protection et faire beaucoup de bien»*. Dans l'après-midi du même jour, le Prêtre bénit la deuxième Croix et déclare à la dame qui l'a fait poser : *«Ces Croix me procurent une énorme joie intérieure»*. Depuis ce jour, le Prêtre désire en savoir plus sur les Croix d'Amour et on va lui offrir le tome 4 de «Témoins de la Croix», en allemand, paru tout récemment aux Editions du Parvis.

ROUMANIE

En Roumanie, l'Eglise catholique est composée de romain-catholiques (on retrouve le mot romain) de rite latin et de gréco-catholiques de rite oriental. Ces derniers, issus de l'Eglise orthodoxe, ont rejoint, au cours des derniers siècles et des décennies passés, les rangs de l'église catholique. Les prêtres gréco-catholiques sont particulièrement fidèles au Saint-Père. Ils peuvent être mariés et célèbrent la messe, indifféremment, selon les deux rites. Pendant la période où les communistes ont été au pouvoir, toutes les églises ont été confisquées et les chrétiens ont eu beaucoup à souffrir, spécialement les gréco-catholiques.

Timisoara - Septembre 1998 et mai 1999

En septembre 1998, pour leur première visite en Roumanie, les ouvriers de la Croix se rendent dans les villes de Iasi, Satu Mare et Timisoara où ils rencontrent différents représentants des Eglises orthodoxe et gréco-catholique. Ils obtiennent, de la part de ceux-ci, l'engagement d'élever des Croix de 7,38 m dans plusieurs de leurs paroisses, grâce aux dons que leur remettent les ouvriers de la Croix.

C'est ainsi que le Père Ioan, de l'Eglise orthodoxe de Timisoara, annonce que le 2 mai 1999, pour marquer l'événement que représente la venue du Saint-Père dans leur pays, une Croix de 7,38 m vient d'être érigée, à côté d'une Croix orthodoxe, devant un foyer de religieuses catholiques.

C'est une Croix d'Unité dont la cérémonie de bénédiction est célébrée, conjointement, par un prêtre orthodoxe et un prêtre catholique, en présence des religieuses et des fidèles des deux églises qui «fraternisent» devant la Croix. Comme l'indique le Père Ioan : *«C'est un signe d'œcuménisme, renforcé par la visite de Sa Sainteté le Pape Jean-Paul II, en Roumanie, qui porte des fruits dans nos âmes»*.

Le 14 septembre 1999, une nouvelle cérémonie de commémoration est célébrée au pied de la Croix *«pour le bien-être des Saintes Eglises de Dieu et pour la réunion de tous»*.

Bucarest – Septembre 2000

Le 14 septembre 2000, fête de la Croix Glorieuse, Gérard arrive à Bruxelles où l'attend une journaliste roumaine, Marie-Liliane, qui y demeure. Cette personne se déplace le plus souvent dans un fauteuil roulant car elle est assez handicapée. Cela ne l'empêche pas de se rendre fréquemment dans son pays d'origine où elle désire y voir ériger des Croix d'Amour.

Le samedi 16 septembre, Gérard et Marie-Liliane prennent l'avion pour Bucarest. A leur arrivée à l'aéroport, ils retrouvent un ancien chauffeur de taxi, Coca, ami de la journaliste, qui va les piloter à travers la ville et ses environs.

Le dimanche suivant, ils ont rendez-vous chez un riche promoteur immobilier athée, et son épouse orthodoxe, habitant au Nord de Bucarest, dans un village appelé Corbeanca. Ce promoteur possède un immense domaine qui porte le nom de «Paradisul verde» (Paradis vert) sur lequel il projette de construire 1000 maisons résidentielles. Déjà une vingtaine d'entre elles sont réalisées et occupées. Le promoteur, en voyant les photographies des Croix, en particulier la Croix d'Amour d'Ibadan au Nigéria, est subjugué et décide de faire ériger une Croix à l'entrée du domaine résidentiel.

Le lendemain, toujours grâce aux connaissances de Marie-Liliane, Gérard se rend, avec elle, dans la ville de Popesti Leordeni, au sud de Bucarest, à l'Institut Sainte-Marie qui jouxte le couvent Sainte-Agnès regroupant 200 religieuses. La Mère Supérieure de cette congrégation romaine-catholique «Santa Maria» – dont la fondatrice de l'ordre est une Anglaise, Mary Ward qui a vécu au XVIIe siècle – accueille avec beaucoup d'enthousiasme le projet d'implantation d'une Croix d'Amour dans son couvent. Elle y voit une immense bénédiction pour sa communauté, Bucarest et la Roumanie. L'Archevêque de Bucarest, rapidement consulté, donne son accord à ce projet.

Le mardi 19, Gérard, Marie-Liliane et Coca se rendent à Corbeanca pour faire bénir le terrain et les fondations de la future Croix. Le promoteur immobilier a pris, en charge, une grande partie des frais de fabrication des Croix ainsi que leur transport.

Le vendredi matin 22 septembre, un camion dépose la première Croix, à Popesti, dans la cour du couvent Sainte-Agnès. Il continue ensuite en direction de Corbeanca pour y déposer la deuxième Croix.

Quelques heures après, la Croix de Corbeanca est érigée, comme prévu, à l'entrée du domaine «Paridisul verde» sur une colline qui, remplie de cailloux et d'herbes folles, a été défrichée et aménagée en un temps record : pose de dalles rondes sur 100 m, d'arbres et de massifs de fleurs... Pour être encore mieux aperçue aux alentours, ainsi que des avions décollant de l'aéroport voisin, la Croix est disposée sur un socle de 2 m de haut sur lequel a été apposée, sur une des faces, la prière de Dozulé et, sur une autre face, un extrait du message reçu le 26 août 1996 par J.N.S.R. : *«Chaque endroit où la Croix de 7,38 m sera construite, et où sera dite la Prière quotidienne de Dozulé, ce lieu sera protégé de tout cataclysme»*.

A Popesti, le mardi 26 septembre, une immense grue met en place gratuitement la Croix, dans le centre du parc du couvent, à côté d'une statue de Notre-Dame de Lourdes, devant la grande chapelle. Cette Croix est posée sur un socle d'un mètre de hauteur dont les 30 derniers centimètres représentent une Croix orthodoxe en relief (donc les bras égaux)... La Croix d'Amour semble ainsi émerger de la Croix orthodoxe.

Durant les sept jours qui s'écoulent entre la pose de la Croix de Corbeanca et sa bénédiction, l'électricité est installée : une tranchée de 400 m est creusée et un câble électrique est tiré pour permettre à la Croix d'être éclairée. Et cela, grâce au promoteur immobilier qui a mis à notre disposition des ouvriers de son chantier.

Après avoir prévenu le Président de la République roumaine, les autorités gouvernementales et les médias, le vendredi 29 septembre, en la fête des Saints Archanges Michel, Gabriel et Raphaël, les deux Croix vont être bénies.

Le promoteur immobilier désire que la Croix de Corbeanca soit bénie simultanément par un prêtre orthodoxe et par un prêtre catholique. La cérémonie de bénédiction est prévue à 11 h du matin et ce n'est qu'à 10 h seulement qu'un très jeune prêtre catholique de la paroisse française du Sacré-Cœur, à Bucarest, peut être joint et accepte immédiatement de bénir la Croix.

Le Père Cyprien orthodoxe et le Père Christian catholique, après avoir fait connaissance, dans un émouvant et magnifique mouvement d'unité, célèbrent l'office de la bénédiction de la Croix devant une centaine de personnes. Le «Notre Père» y est récité en Français.

A la fin de la cérémonie et avant que le promoteur immobilier et sa femme invitent, une partie de l'assistance, à un buffet froid servi sur des tables apprêtées non loin de la Croix, ce dernier – qui se dit athée – déclare : *«Je suis ému et très heureux en ce jour où, grâce à la bénédiction de Dieu et du Saint-Esprit, on a fait établir cette Sainte Croix de Notre Seigneur Jésus-Christ... Mon épouse et moi-même avons la joie et la dignité d'avoir la Sainte Croix sur notre territoire, dans notre pays... Dieu nous aime toujours. Le monde est prêt à entendre que c'est une manifestation religieuse, que c'est une manifestation populaire qui apporte la joie des âmes et la paix»*.

Dans l'après-midi, Gérard, Marie-Liliane et Coca traversent Bucarest du Nord au Sud pour se rendre de Corbeanca à Popesti afin d'assister à la bénédiction de la deuxième Croix, au couvent Saint-Agnès où s'affairent la Mère Supérieure et son adjointe qui fleurissent abondamment le pied de la Croix. Après la messe de 18 h, les religieuses et les fidèles présents suivent les deux prêtres qui vont rejoindre les personnes attendant à côté de la Croix. La grande majorité des religieuses est présente pour vivre ce moment très important de la vie de la communauté, même les religieuses en fauteuil roulant ont tenu à être là, il ne manque que celles travaillant à l'extérieur. Il faut souligner la présence, à cette cérémonie, de plusieurs personnalités du monde politique, économique et ministériel de Bucarest à qui les sœurs serviront un repas d'amitié après la bénédiction de la Croix.

La Mère Supérieure du Couvent Sainte-Agnès a bien voulu dire à Gérard ces quelques mots à propos de la Croix d'Amour : «*...Ce rêve devient réalité, la Lumière du Christ illumine le bâtiment de notre couvent et la grotte de Notre-Dame. Nous avons cette joie d'avoir maintenant cette Croix parmi nous. Nous sommes aussi très contents que cette Croix soit aussi ici, dans notre patrie, en Roumanie, parce que notre pays aussi a bien besoin que Notre Seigneur nous aide. Je suis convaincue que toutes les personnes qui vont venir ici prier vont obtenir, du Seigneur, Sa Joie et Sa Paix. Nous allons toujours prier avec reconnaissance pour toutes les personnes qui ont collaboré, qui ont fait que nous ayons ici cette Croix. Nous allons continuer à prier pour qu'elles puissent faire encore beaucoup de Croix qui apportent à l'humanité la Joie et la Paix. Que le Seigneur vous bénisse tous !*».

Odorhei – Juillet 2001

Sœur **Anca**, qui traduit en Roumain les livres de J.N.S.R., et appartient à la Communauté gréco-catholique «Sainte Marie Immaculée» de Bucarest, désirait que trois Croix soient élevées : la première pour leur communauté mère de Bucarest, la seconde pour leur maison d'Odorhei et la troisième à Blaj (deux heures de route d'Odorhei) où se trouve une de leur ancienne école que l'Etat ne leur a pas restituée.

Le 5 juillet 2001, Gérard est accueilli à Bucarest par Marie-Liliane qu'il avait prévenue de son arrivée quelques jours auparavant, et par Caline, le gendre de Sœur Anca qui a été mariée et a eu une fille avant d'entrer dans les Ordres.

Ce troisième voyage de Gérard en Roumanie est placé sous le signe de l'Unité et des enfants.

Marie-Liliane, à son tour, fait part à Gérard de son projet de faire ériger deux Croix d'Amour. La première est prévue dans la communauté religieuse orthodoxe «Christiana» de Bucarest et pour cela Gérard et Marie-Liliane rencontrent la Mère Supérieure (la Starète) et l'Evêque auxiliaire de la Métropolie où se trouve le Patriarche Théoscit, un des trois grands Patriarches de l'Eglise orthodoxe de l'Europe de l'Est après celui de Moscou et de Constantinople.

Ils prennent également contact, par téléphone, avec le Père Tanase de Valea Plopului, village situé à une bonne centaine de kilomètres au Nord de Bucarest, pour discuter des modalités d'implantation de la deuxième Croix.

Le 11 juillet, en attendant que le choix de l'emplacement de la Croix de la communauté «Sainte Marie Immaculée» de Bucarest soit définitivement arrêté, Gérard et Sœur Anca décident de partir à Odorhei dans la vieille voiture de Caline qui ne peut dépasser les 50 km/h.

La congrégation «Sainte Marie Immaculée» possède une maison pour les enfants en difficulté «St-Joseph» à Odorhei, ville située à 300 km au Nord de Bucarest, qui accueille une soixantaine d'orphelins dont s'occupent six religieuses de la communauté, assistées de plusieurs jeunes éducateurs. Lorsque Gérard, Sœur Anca et Caline arrivent sur place, c'est l'heure du repas de la mi-journée. La Mère Supérieure Emilia demande alors aux enfants d'entonner un chant de bienvenue.

Quelques temps avant leur départ de Bucarest, Sœur Anca a pris contact, par téléphone, avec des entreprises d'Odorhei pouvant fournir le fer et l'électricité pour deux Croix : Odorhei et Blaj. Le patron de l'entreprise contactée pour le fer se montre particulièrement coopératif et fait débiter, par ses ouvriers dont ce n'est pas le travail, les barres de fer aux dimensions des Croix et les fait trouer pour pouvoir placer les réglettes électriques. Il accorde aussi de nombreuses facilités pour le transport des Croix aussi bien à Odorhei qu'à Blaj.

Les enfants et les religieuses participent activement à toute la préparation des Croix : peinture, menuiserie, et même électricité. Gérard se retrouve avec un aide-électricien inattendu : une fillette de sept ans, qui ne parle pas un mot de Français, mais qui correspond par gestes avec Gérard et a vite fait de comprendre et lui passer, au fur et à mesure, les outils dont il a besoin. Un séminariste, Dimitru, ayant terminé ses études et se trouvant à Odorhei pour aider la communauté, prête son concours à Gérard pour certains travaux. Les militaires chargés de la surveillance du secteur, eux aussi, participent à l'effort général. Ils aident à creuser les fondations de la Croix et à la mettre en position.

Des religieuses de la communauté romaine-catholique «Santa Maria», du couvent Sainte-Agnès à Bucarest où a été posée la première Croix d'Amour et qui viennent faire une retraite dans la communauté greco-catholique d'Odorhei, sont très surprises de découvrir qu'une autre Croix va s'élever également à cet endroit. Deux messes sont dites chaque jour à la chapelle d'Odorhei, celle du matin est célébrée selon le rite oriental et celle du soir selon le rite latin. Le soir qui précède l'élévation de la Croix, les enfants et les religieuses se retrouvent pour chanter le Magnificat, à côté de la Croix, couchée au sol et éclairée.

La Croix est érigée le lendemain, 23 juillet pour la fête de Sainte-Brigitte, à l'entrée principale de la communauté, et près de l'école, avec une participation quasi-générale : militaires, éducateurs, religieuses et enfants. Les uns s'activant, les autres regardant. A la fin des opérations, les enfants entonnent à nouveau le Magnificat.

Au moment d'éclairer à nouveau la Croix, on s'aperçoit que trois néons ne fonctionnent plus. Cela est certainement dû à la grande secousse qu'a reçue la Croix au moment où elle a été dressée dans sa réservation en béton. Sœur Anca fait alors appel aux services d'un camion-nacelle. C'est un véhicule presque impossible à trouver dans la région. Et pourtant, le voilà à l'œuvre et le propriétaire du camion ne veut même pas être payé ! Merci mon Dieu !

Le soir de ce jour mémorable, tous les enfants se rassemblent au pied de la Croix, jubilant de joie et chantant des cantiques.

Blaj – Juillet 2001

Gérard rencontre l'Archevêque gréco-catholique de Blaj qui est le Primat de l'Eglise gréco-catholique en Roumanie et le Président de la conférence épiscopale catholique qui rassemble les romain et gréco-catholiques. Celui-ci est immédiatement conquis par le projet de la Croix d'Amour traduit par Sœur Anca. Il aurait bien voulu faire installer la Croix, chez lui à la Métropolie mais les terrains ne lui appartiennent pas.

A Blaj, la communauté «Sainte Marie Immaculée» possédait une église et une grande école qui ont été confisquées par le régime communiste. Depuis, seule l'église a été restituée, avec un petit bout de terrain. C'est là que l'Archevêque gréco-catholique de Blaj décide de faire élever la Croix. *C'est dans cette église qu'ont été réunis les tombeaux des sept Evêques gréco-catholiques martyrisés sous le régime communiste.*

Le 26 juillllet 2001, Gérard et Dimitru, avec l'estafette de la communauté chargée du matériel nécessaire pour l'implantation de la Croix, quittent Odorhei pour se rendre à Blaj. A la demande de l'Archevêque, le Père Georges, de la communauté assomptionniste s'occupant de l'église et qui parle le Français, accueille Gérard et Dimitru.

Le lieu précis pour ériger la Croix est choisi. Celle-ci sera mise, bien en évidence, au début du chemin d'accès à l'église, près de la route et d'une importante voie ferrée.

Le Père Georges ramène de son village, situé à 30 km de Blaj, un de ses amis soudeur, car il est très difficile d'en trouver sur place. Cet ami offre son travail de soudure, il ne veut pas être rémunéré. La Croix est érigée le 3 août 2001, premier vendredi du mois.

Cette Croix est venue remplacer une Croix déjà existante sur une colline proche mais à laquelle le régime communiste a apporté une modification importante, la dénaturant complètement. En effet, le montant supérieur de cette Croix a été sculpté de manière à représenter un poète connu qui semble donc reposer sur une socle en forme de «T», monument qui n'a plus rien à voir avec la Croix initiale. Gérard quitte Blaj le 5 août pour se rendre à Timisoara.

Timisoara – Août 2001

Sœur Anca traduit, en Roumain, non seulement les livres de J.N.S.R., mais également «Stella Maris» et «L'Echo de Medjugorge». Parmi ses correspondants, à Timisorara, se trouve un prêtre gréco-catholique parlant le Français, le Père Ioan, dont elle donne les coordonnées à Gérard, pensant qu'il acceptera sans difficulté l'implantation d'une Croix dans sa paroisse.

Le Père Ioan, prêtre gréco-catholique marié et père de quatre enfants, est le curé de la paroisse «Sanandrei» dans un petit village à une dizaine de kilomètres de Timisoara. C'est un prêtre très marial qui a une grande dévotion pour Notre-Dame de la Paix de Medjugorge. Il y organise souvent des pèlerinages. Le Père Ioan est responsable également de la construction d'une église gréco-catholique dans la ville de Timisoara. Lorsque Gérard lui parle de la Croix d'Amour, le Père Ioan l'accepte sans hésitation et souhaite la voir s'élever, dès que possible, à côté de la nouvelle église en construction. Son Evêque, consulté très rapidement par téléphone, lui donne son accord. Il prend également quelques renseignements auprès de l'Archevêque de Blaj qui vient de faire ériger une Croix d'Amour et qui l'encourage dans ce projet.

La nouvelle église en construction porte le nom de «Sfânta Maria Regina Pacii shii e Unitate» (Sainte Marie Reine de la Paix et de l'Unité). Elle est située à 300 m d'une place où se trouve un monument dans lequel on a intégré une magnifique statue de la Vierge. C'est sur cette place que se sont déroulées, en 1989, les premières manifestations insurrectionnelles contre le régime en place. Réprimées dans le sang, elles ont abouti à la chute du communisme en Roumanie.

Malgré un emploi du temps particulièrement chargé, le Père Ioan aide Gérard dans toutes les démarches pour faire ériger la Croix et participe à la recherche du fer et des réglettes électriques. Lors des travaux de fondation de la Croix effectués par les ouvriers du chantier de construction de l'église, le Père Ioan, présent, égrène son chapelet.

Le 13 août 2001, à la fin des travaux, le Protopop, auxiliaire de l'Evêque gréco-catholique, vient accueillir celui-ci à son arrivée de Lugoj, où se trouve son siège épiscopal, à une soixantaine de kilomètres de Timisoara. A la vue de la Croix dressée et éclairée, l'Evêque est enthousiasmé et déclare à Gérard qu'il verrait bien une Croix identique devant la Cathédrale de Lugoj.

Gérard demande au Père Ioan s'il serait possible de rencontrer le responsable de l'Eglise romaine-catholique pour l'informer de ce qui vient d'être réalisé et lui expliquer ce que sont les Croix d'Amour. Sans rendez-vous, le Père Ioan et Gérard se rendent à l'évêché et sont reçus immédiatement par l'Evêque romain-catholique qui se montre très intéressé après avoir lu le projet des Croix en Roumain et regardé quelques photos, le Père Ioan servant d'interprète. Il est prêt à accueillir une Croix d'Amour dans sa communauté à Timisoara.

Le Père Ioan et Gérard rendent ensuite visite au Métropolite orthodoxe, qui veut bien les recevoir sans attendre, pour lui exposer le projet des Croix en lui indiquant que l'une d'entre elles vient d'être érigée à côté d'une nouvelle église greco-catholique.

A cette nouvelle son visage s'éclaire et il leur confie qu'après la chute du communisme en Roumanie, il a demandé pardon publiquement pour l'implication de l'Eglise orthodoxe avec le régime en place. C'est l'un des seuls Métropolites roumains à avoir agi ainsi. Il a permis à beaucoup de prêtres greco-catholiques de recouvrer leurs églises. La construction de cette nouvelle église et l'implantation de la Croix d'Amour viennent le réconforter dans son vécu personnel durant les années sombres du communisme et deviennent pour lui un symbole de réconciliation et d'unité.

Le Métropolite demande à Gérard d'ériger, dès que possible, une Croix d'Amour devant la Cathédrale orthodoxe de Timisoara. Le 12 septembre, la Croix de l'église greco-catholique de Timisoara sera bénie.

Valea Plopului

Gérard prend ensuite le train pour parcourir les 700 km qui séparent Timisoara de Bucarest où il arrive le 15 août. Pendant la fabrication de 3 Croix à Bucarest, Gérard se rend à Valea Plopului pour rencontrer le Père Tanasé, prêtre orthodoxe marié à qui a l'on doit la construction de plusieurs églises et, sur des collines, l'implantation de nombreuses petites Croix en bois pour la lutte pour la vie et contre l'avortement.

Le Père Tanasé est responsable de 208 orphelins ou enfants abandonnés répartis dans plusieurs maisons du village de Valea Plopului (Vallée du Peuplier) dont il est le prêtre.

C'est Marie-Liliane, la première, qui prend contact avec le Père Tanasé pour lui présenter le projet des Croix d'Amour. C'est elle, d'ailleurs, qui offre cette Croix au Père et au village. Mais c'est Sœur Anca qui accompagne Gérard à Valea Plopului pour qu'il rencontre le Père et puisse lui montrer les plans de construction de la Croix.

Le 24 août 2001 un grand camion, prêté par le promoteur immobilier de Corbeanca, après avoir déposé deux des trois Croix fabriquées à Bucarest, aux couvents gréco-catholique «Sainte Marie Immaculée» et orthodoxe «Christiana», parcourt la centaine de kilomètres qui sépare Bucarest de Valea Plopului, pour livrer la troisième et dernière Croix.

Lors de la pose de la Croix, les habitants du village se montrent très coopératifs. Les adultes mènent à bien les travaux au milieu des jeux des enfants. La Croix est érigée, dans l'après-midi du 25 août, en la fête de Saint Louis. La construction d'un socle de 1 m de hauteur est prévue au pied de la Croix avec une plate-forme carrée de 2 m sur 2 et des marches pour y accéder.

La bénédiction de la Croix a lieu quelques jours plus tard avec l'accord de l'Evêque.

Bucarest – Fin août 2001

Le 27 août 2001, fête de Sainte Monique, la Croix du couvent gréco-catholique «Sainte Marie Immaculée» à Bucarest est amenée en quatre morceaux. Cette croix, très allégée, a été fabriquée en tôle pliée. Elle est érigée près du mur du bâtiment abritant la chapelle de la congrégation qui donne sur la rue. Dans cette chapelle, le Saint-Sacrement est exposé jour et nuit et les Sœurs se relaient sans interruption pour y prier

Lorsque la Croix est éclairée, une personne, habitant dans un grand immeuble face à celle-ci, se plaint de la lumière qui la gêne. Les religieuses fort ennuyées par cette nouvelle, hésitent à laisser l'éclairage de la Croix. Après une nuit de prière, demandant particulièrement que la Croix apporte la Paix, elles décident qu'il est important que la Croix reste éclairée.

Le lendemain matin, fête de Saint Augustin, à la fin de la messe gréco-catholique célébrée dans la chapelle de la communauté, la Croix est bénie par le Père Paul, après la récitation d'un exorcisme. A cette occasion une table est installée au pied de la Croix avec une statue de la Vierge «Marie Reine de l'Unité» appartenant à la communauté. Plusieurs personnes, habitant les immeubles alentour, suivent de leur fenêtre avec curiosité la cérémonie de bénédiction. Parmi, ces personnes, une d'elles semble regarder avec beaucoup d'attention ; il s'agit de celle s'étant plainte, la veille, de l'éclairage de la Croix : *la colère a laissé place à un vif intérêt...* Cette Croix est, aussi, bien visible des tramways qui passent à proximité.

Bucarest – Fin août 2001

La Croix du couvent orthodoxe «Christiana» à Bucarest est érigée à la fin du mois d'août 2001. C'est une religieuse qui aide Gérard à y installer l'éclairage. N'ayant pas à leur disposition de grue, c'est à la force du poignet et à l'aide de cordes qu'il faut mettre la Croix dans sa réserve de béton. Les hommes étant peu nombreux, des religieuses participent à la manœuvre.

Autour de la Croix, le terrain est aménagé, un petit chemin d'accès est réalisé et des massifs de fleurs sont plantés.

Cette Croix est située sur le terrain du couvent non loin d'une voie ferrée très fréquentée, et bien visible de deux aéroports internationaux. Elle a été bénie le 9 septembre par l'Evêque orthodoxe de Bucarest.

Timisoara – Début septembre 2001

Après quelques jours passés en France, le 11 septembre 2001, Gérard est de retour en Roumanie, près de la frontière hongroise, à Timisoara. Il entre en contact immédiatement avec le Métropolite orthodoxe pour la pose de la Croix à la Cathédrale métropolitaine.

La bénédiction de la Croix de l'église gréco-catholique en construction «Sfanta Maria Regina Pacii...» est fixée le matin du 12 septembre, l'Evêque de Lugoj, devant bénir la Croix, ne pouvant être libre le 14.

Les communautés romaine-catholique et orthodoxe sont invitées à cette bénédiction. Six prêtres assistent l'Evêque lors de cette cérémonie sous les yeux d'une tourterelle venue se poser au sommet de la Croix.

L'Evêque commence par asperger d'eau bénite la Croix et la centaine de fidèles présents. Ensuite, l'Evêque enduit de Saint-Chrême les quatre côtés du pied de la Croix. Il enchaîne avec une présentation de celle-ci à laquelle il invite Gérard à prendre part. Pour terminer, Monseigneur, puis les prêtres, viennent embrasser la Croix, imités par chaque fidèle qui va ensuite recevoir la bénédiction de l'Evêque et poser un baiser sur le petit crucifix qu'il tient en main.

Le 13, Gérard a une entrevue avec le Métropolite orthodoxe qui lui dit : *«Je suis très content de vous rencontrer frère Gérard pour mettre les choses au point afin de faire élever une Croix en face de la cathédrale orthodoxe de Timisoara. Nous tous, nous vous remercions pour ce que vous faites pour nous, pour les citoyens de Timisoara et surtout pour les frères croyants de cette ville».*

Le conseiller économique de la Métropolie, le Père Aurel, et le prêtre gréco-catholique, assurant la traduction, accompagnent Gérard sur la place se trouvant face à la cathédrale où se dresse un monument en forme de Croix brisée auprès duquel le Métropolite désire que la Croix d'Amour soit placée. Seul inconvénient de taille à ce projet, cet emplacement fait partie du domaine public et cela ne facilite pas les démarches... Finalement, il est décidé que la Croix sera érigée près d'un autre monument, dédié aux enfants tombés pendant les émeutes qui ont mis fin au régime communiste. Ce monument, non loin du premier, a été réalisé sur le terrain de la Métropolie.

Blaj – Septembre 2001

Le matin du 14 septembre, fête de la Croix Glorieuse, Gérard retourne à Blaj pour la bénédiction de la Croix. qui doit être réalisée par l'Archevêque greco-catholique.

A 10 h, une messe solennelle, ou *divine liturgie,* a lieu à la Cathédrale de Blaj. C'est la seule cathédrale a avoir été rendue aux gréco-catholiques par l'Eglise orthodoxe. C'est l'Archevêque qui célèbre la messe avec, entre autres prêtres, le Père Georges, curé de la paroisse où a été érigée la Croix. Après celle-ci, célébrants, fidèles et religieuses, soit près de 300 personnes, se rendent en procession, avec étendards, jusqu'au lieu d'implantation de la Croix à 2 km de là.

La cérémonie de bénédiction de la Croix commence par des prières et des lectures du Livre Saint, puis l'Archevêque asperge la Croix d'eau bénite avant d'en marquer d'un signe de Croix, les quatre faces, avec le Saint-Chrême. Après quelques explications pour présenter la Croix, il embrasse celle-ci, suivi par tous les prêtres et les fidèles présents qui recevront ensuite, un par un, la bénédiction de l'Archevêque. Une enfant handicapée dans un fauteuil roulant participe, du début jusquà la fin, à cette cérémonie. Un accompagnateur l'amène au pied de la Croix pour la baiser. La procession reprendra enfin le chemin du retour vers la cathédrale.

A 14 h, Gérard et ses amis d'Odorhei, venus assister à la bénédiction de la Croix de Blaj, repartent à Odorhei pour la bénédiction de la Croix de l'orphelinat.

Odorhei – Septembre 2001

Ce même 14 septembre dans l'après-midi, Gérard découvre à son arrivée que le nombre d'orphelins est passé de 70 à 110, peut-être à cause de la proximité de la rentrée scolaire. Pour le pied de la Croix, a été réalisé un socle pyramidal carrelé sur lequel a été posée une statue de Notre-Dame de Fatima. Un petit jardin a été aménagé tout autour.

La cérémonie de bénédiction de la Croix est précédée, à 18 h, par une messe célébrée selon le rite oriental. A la fin de celle-ci, le prêtre explique *«Pourquoi la Croix ?»* aux enfants, religieuses et à la cinquantaine d'adultes présents. Tout le monde se rend ensuite en procession, une petite bougie à la main, jusqu'à la Croix. Après la bénédiction de celle-ci, chacun vient embrasser la Croix. Cela donne lieu à des scènes touchantes surtout chez les enfants : au pied de la Croix, certains trop petits et gênés par le socle n'arrivent pas à embrasser celle-ci, essaient à plusieurs reprises jusqu'à ce que des plus grands les hissent dans leurs bras ; les uns laissent une fleur, d'autres leur bougie… et le prêtre les bénit ensuite un par un. En procession, ils retournent tous à la chapelle où, en ce jour de fête, le Saint-Sacrement est exposé ; la cérémonie se termine par des cantiques.

Après le repas du soir, ils se retrouvent, tout heureux, au pied de la Croix pour prendre des photos en compagnie des religieuses : de quoi agrémenter leur sommeil de beaux rêves et les préparer à une bonne rentrée scolaire le lendemain.

Pour se rendre au lycée qui jouxte l'orphelinat, tous les enfants, qu'ils fassent partie de l'orphelinat ou des familles alentour, sont accueillis par la Croix d'Amour au pied de laquelle ils sont obligés de passer. Voilà des journées qui ne peuvent pas mieux débuter !

Timisoara – Fin septembre 2001

Forts de l'expérience de la première Croix de Timisoara, cette deuxième Croix est fabriquée, non dans un atelier, mais dans l'entreprise même qui vend le fer, à des prix défiant toute concurrence. De même que, pour un prix modique, une double rangée de néons est placée sur la Croix. Le transport de la Croix jusqu'à son lieu d'implantation et son déchargement sont gracieusement offerts. La fabrication de la Croix débute le 24 septembre pour s'achever le 29, en la fête des Saints Archanges.

La Croix est érigée le 1er octobre pour la fête de Sainte Thérèse de l'Enfant-Jésus et elle est bénie par le Métropolite le 2, en la fête des Saints Anges. Lors de la cérémonie de bénédiction, celui-ci affiche un visage radieux pour ce moment tant attendu ! Le Métropolite donne, aux personnes présentes, des explications sur la Croix et sur ce qu'elle représente pour la ville, pour la communauté orthodoxe et pour l'unité.

Cette Croix est installée, devant la Cathédrale métropolitaine, près d'un monument dédié aux enfants tombés pendant les émeutes qui ont précédé la chute du régime communiste. Elle fait face à une grande place qui, elle-même se trouve devant une autre immense place qui débouche sur le Théâtre régional, d'où elle est bien visible lorsqu'elle est illuminée la nuit. En fait, la Croix est située à l'endroit le plus important du trafic urbain et commercial de Timisoara, au cœur de la ville.

Oradea

Au mois de mai 2002, Gérard se rend dans la ville roumaine d'Oradea située près de la frontière avec la Hongrie pour ériger deux Croix d'Amour. La première est installée, au centre-ville, le 21 mai en la fête de Sainte Hélène, sur la façade de l'église romaine-catholique «Sfânta Maria» (Sainte Marie) à droite de l'entrée, la gauche de la façade devant être occupée par le «M» de Marie. La bénédiction de la Croix est donnée le 31 mai, fête patronale de l'église et jour de la Visitation, par l'Evêque auxiliaire romain-catholique d'Oradea.

Deux jours après, la deuxième Croix d'Amour est élevée près de l'église gréco-catholique «Sfânta Treime» (Sainte Trinité) en construction, à la périphérie de la ville, dans une zone très fréquentée, au terminus des lignes de tramways et de bus.

Le 1er juin, la Croix est bénie par l'Evêque gréco-catholique, en présence de représentants d'autres confessions et du Maire de la ville.

Gérard est de retour à Oradea vers la fin de l'année 2002 pour ériger deux autres Croix d'Amour. Le 8 octobre, les travaux de pose de la Croix commencent dans l'enceinte de la Cathédrale orthodoxe en construction, sur la plus grande place de la ville où passent toutes les lignes de tramways. La Croix est érigée sur un socle de 2 m de haut, le 14 octobre, fête de Sainte Paraschiva très honorée en Roumanie. L'Evêque orthodoxe radieux bénit la Croix le samedi 30 novembre, fête de Saint André, en présence de plusieurs prêtres romain-catholiques et du Maire de la ville.

Entre-temps, le 16 novembre 2002, Gérard a rencontré un Pasteur pour planifier la pose d'une Croix d'Amour dans l'enceinte de l'Université Réformée d'Oradea, non loin d'un temple, d'une synagogue et d'une église orthodoxe. Les travaux débutent le 16 décembre dans la cour de l'Université afin que tout soit prêt pour le 20. Ce jour-là, comme chaque année, les étudiants, les membres du corps enseignant et autres se rassemblent, à l'approche de Noël, pour une cérémonie religieuse qui, en 2002, prend un caractère très particulier avec la Croix qui vient d'être élevée et que l'on accueille officiellement à cette occasion. Gérard, bien entendu, est invité à ce grand rassemblement au cours duquel il rencontre l'Evêque de l'Eglise Réformée d'Oradea qui n'est autre que l'ancien Pasteur de Timisoara, responsable des premières manifestations ayant entraîné la révolution et la chute du régime communiste roumain. C'est aussi pour célébrer l'anniversaire de cet événement qu'annuellement la cérémonie se déroule à cette date.

C'est ainsi qu'à Oradea, les quatre confessions religieuses les plus représentées ont érigé une Croix d'Amour.

BULGARIE
Sofia

Un dimanche soir de septembre 2001, Gérard qui se trouve à Oradea chez des amis, décide de contacter un Prêtre Français, le Père Daniel, de la communauté assomptionniste de Plovdiv, en Bulgarie, dont le Père Georges de Blaj lui a donné les coordonnées. Le Père Daniel l'informe qu'il doit justement amener, le mardi suivant, une religieuse à Sofia et qu'il peut aller y chercher Gérard à la gare. Sans perdre une minute, Gérard prend le train et après plusieurs péripéties, arrive à temps le mardi matin, pour retrouver le Père Daniel. Celui-ci lui fait rencontrer immédiatement l'Archevêque gréco-catholique de Sofia à qui il présente le projet des Croix d'Amour. L'Archevêque donne son accord pour la pose d'une Croix dans la communauté catholique de Sofia.

Le 5 avril 2002, Gérard de retour, à Sofia, rencontre à nouveau l'Archevêque qui lui confirme que la Croix d'Amour est à ériger dans l'enceinte de la communauté des Eucharistines dont le monastère s'appelle «Jean XXIII» et l'église en construction «Jean-Paul II». Elle abrite également une petite clinique. A proximité, de grands bâtiments désaffectés dominent cette communauté. A l'époque du communisme, ceux-ci servaient de lieux de formation des terroristes. Ali Agça, qui a attenté à la vie du Saint-Père, y aurait été formé. La Croix doit se trouver en face de ces bâtiments, bien visible de l'entrée du monastère et de la clinique.

La construction de cette Croix coïncide avec les préparatifs pour la venue du Pape Jean-Paul II en Bulgarie. Pour marquer cet événement, un magnifique socle, en forme de calice, est prévu pour la Croix. L'Archevêque, pour mener à bien la construction de celle-ci, délègue l'ingénieur chargé de s'occuper des bâtiments devant recevoir le Pape lors de sa visite du 23 au 26 mai 2002.

Les travaux de mise en place de la Croix sont très perturbés par les conditions météorologiques déplorables. La fabrication du socle de la Croix prend du temps également. Ce socle, aux couleurs du Vatican, est composé de quatre parties distinctes, quatre plaques de métal en forme de demi-calice jaune, au dos desquelles vient se superposer le M blanc de Marie. Les 7,38 m de la Croix commencent au sommet de ce socle de 3 m de hauteur. De retards en incidents, la Croix d'Amour est finalement érigée le 23 avril, fête de Saint Georges, très vénéré en Europe de l'Est.

Le 27 mai, sept Archevêques et Evêques de rites byzantin (gréco-catholique) et latin (romain-catholique), dont l'Archevêque de Sofia, bénissent la Croix.

KOSOVO
Letnica et Yanievo

En novembre 2002, profitant de sa présence en Macédoine pour l'érection de la Croix d'Amour à la cathédrale romaine-catholique de Skopje, Gérard se rend au Kosovo où deux Croix doivent être érigées à Letnica, au sanctuaire marial, et à Yanievo. Ces deux villes - qui se trouvent à une heure de route environ l'une de l'autre - sont deux foyers catholiques au milieu d'un monde musulman. Sur une colline avoisinant Yanievo, dominant toute la région, se dresse le Q.G. des forces de l'O.N.U. au Kosovo.

Le 16 novembre au matin, au sanctuaire marial de Letnica, les fondations sont préparées et la fabrication de la Croix débute. Dans l'après-midi de ce même jour, Gérard se rend à Yanievo pour démarrer, également, les fondations et la confection de la Croix.

Après que la Croix de la cathédrale de Skopje ait été érigée le lundi

18 novembre, Gérard retourne, le 19, au Kosovo pour les finitions des fondations et des Croix de Letnica et Yanievo. Quelques contretemps et problèmes techniques, de part et d'autre, font que Gérard et ses amis terminent la fabrication de la Croix de Yanievo à une heure avancée de la nuit.

Le 21 novembre, en la fête de la Présentation de la Sainte Vierge Marie, la Croix d'Amour est érigée au sanctuaire marial de Letnica. Le lendemain, alors que l'on termine le socle de la Croix, celle de Yanievo est érigée à son tour, avec l'aide de tous les bénévoles de la paroisse, jusqu'aux enfants qui amènent leur petite ou grosse pierre pour combler le socle de la Croix réalisé en quatre niveaux.

Le matin du 24 novembre, fête du Christ-Roi, la Croix de Letnica est bénie par le Recteur du sanctuaire, en présence de Don Matco, vicaire de la cathédrale de Skopje, arrivé en compagnie de plusieurs personnes, en costumes traditionnels pour la plupart originaires du Kosovo, réfugiés en Macédoine, ayant encore des membres de leur famille à Letnica. Après la messe, les fidèles se rendent en procession jusqu'à la Croix pour assister à sa bénédiction qui débute à midi, au moment de l'Angélus, alors que les cloches de l'église sonnent à toute volée.

Dans l'après-midi, Gérard repart, en Macédoine, à Skopje, accompagné de Don Mateo, pour assister à la bénédiction de la Croix de la cathédrale romaine-catholique, à laquelle prend part l'Evêque de Skopje - *miraculeusement remis, pour la circonstance, de gros problèmes de santé* - et son Evêque auxiliaire, sous les yeux d'une nombreuse foule de fidèles.

Gérard - qui séjournait en Macédoine pour l'implantation d'une deuxième Croix d'Amour au milieu de cinq monastères orthodoxes, à Kumanovo près de Skopje - revient à Yanievo le 6 décembre, fête de Saint-Nicolas, jour choisi pour la bénédiction de la Croix d'Amour.

Le Père Isidore, responsable du Centre Salésien de Pristina, capitale du Kosovo, concélèbre la messe avec un autre prêtre avant la bénédiction de la Croix. Une procession avec des bougies est prévue, à la sortie de l'église, pour se rendre jusqu'au pied de la Croix. De nombreuses personnes, dont un très grand nombre de jeunes, participent à cette procession. Douze d'entre eux, en aube blanche, leur bougie à la main, prennent place sur les quatre niveaux du socle de la Croix. La très belle cérémonie de bénédiction, composée de chants et de temps de parole, se déroule durant une heure, au milieu de la ferveur et de la bonne humeur générale. Pour terminer, un petit buffet est servi afin de permettre à toute la communauté de se retrouver et de remercier tous les bénévoles.

Une messe solennelle est célébrée le lendemain en l'honneur de Saint-Nicolas.

Après la messe, les fidèles amènent, en procession, une statue du

Saint jusqu'au pied de la Croix d'Amour, passant au milieu des voitures de la KAFOR postées aux alentours en mission de surveillance.

Un **miracle** a eu lieu le jour de la bénédiction de cette Croix, le Père Nicolas, curé de la paroisse cathédrale romaine-catholique de Skopje en Macédoine, présent à la cérémonie, *a été guéri de ses importants problèmes de vue : il n'a plus besoin de porter de lunettes !* Merci Seigneur !

AMÉRIQUE du NORD
CANADA
Saint-Ferdinand

A la fin des années 70, notre famille déménageait de la ville à la campagne dans le but de s'occuper d'une ferme d'élevage de petit gibier sauvage. Mais Dieu avait d'autres vues et bientôt un incendie vint détruire l'entreprise familiale en pleine expansion, ne laissant subsister que l'habitation et notre famille.

Par la suite, nous nous sommes orientés dans le chant en fondant le groupe vocal familial «**Les Messagères de Notre-Dame**» qui est devenu notre gagne-pain et notre principal outil d'évangélisation à travers nos deux volets : «chant populaire» et «chant religieux».

En 1998, le papa **Rosaire**, à travers la lecture de certains écrits concernant les Croix d'Amour et les messages reçus par J.N.S.R., se sent interpellé à ériger une telle Croix sur le domaine familial. La luminosité de la Croix, le profond symbolisme du bleu représentant la Vierge Marie dans l'ombre de son Fils, la réplique (à l'échelle) de la Croix Glorieuse de Dozulé, les grâces rattachées à la Croix d'Amour : tout autant de points qui ont vite fait de rallier la famille entière au projet.

Nous pensions utiliser le bois comme matériau mais, encore là, la Providence s'est manifestée en plaçant sur notre route de généreux bienfaiteurs qui ont permis que ce soit plutôt une magnifique croix de fer et Plexiglas, illuminée de l'intérieur, qui soit placée à la vue de tous comme «témoin silencieux» de JESUS LUMIERE DU MONDE.

Comme pour symboliser la primauté de la Vie sur la mort, la Résurrection après la mise au tombeau, c'est finalement sur les ruines de notre projet de vie, mort dans les flammes, que fut amoncelée une grande butte de terre rocheuse au sommet de laquelle les membres de la famille ont creusé à la main, à coups de pelle et de pioche, les fondations destinées à recevoir l'immense et lourde croix lumineuse de 7,38 m. Dans le ciment du socle, nous avons inséré les médailles de St-Michel Archange, de St-Benoît et la Médaille Miraculeuse.

Nous avons également aménagé une petite source jaillissant du pied de la Croix (symbole des grâces qui nous viennent du Christ), et se déversant en cascades dans un petit étang sur lequel règne la statue de la Vierge Marie (Médiatrice de toutes Grâces) et dans l'eau duquel évoluent de petits poissons (symbole de l'humanité). Puisque notre domaine est situé à la croisée de deux chemins, la Croix d'Amour est très visible et est rapidement devenue, pour la population locale, un point de repère et, à l'occasion, un lieu de prière.

C'est notre curé, l'Abbé Magella, qui a béni la Croix après une Messe célébrée en plein air, en présence d'une vingtaine de paroissiens. Quelques jours plus tard, en la fête de Notre-Dame du Saint-Rosaire (7 octobre 1998), la Croix fut illuminée pour la première fois. Au passage de l'An 2000, nous avons invité toute la région à un chapelet et à une Messe de Minuit célébrée à l'extérieur devant la Croix, par une température de **–12°** et sous une fine neige qui ajoutait, sinon à la chaleur, du moins à la poésie de l'événement ! Deux gros feux de camp réchauffaient les participants emmitouflés venus en automobiles, en motoneiges ou en VTT. Malgré le froid, nous avons chanté, prié et fraternisé ensemble ; cette fois, 200 personnes de tous âges étaient présentes.

Puis, quelques jours après les terribles événements du 11 septembre 2001 (attentat terroriste aux Etats-Unis), une vigile de prières, suivie d'une Messe, s'est tenue au même endroit, réunissant environ 200 personnes venues prier pour la paix. A cette occasion, Monsieur le Curé nous a rappelé l'importance de prier également pour le salut des «kamikazes» qui, pour des causes qu'ils estiment justes, se servent de moyens mauvais. Puis, le Maire de notre municipalité s'est adressé aux assistants en ces termes édifiants :

«(...) *C'est bien que nous soyons tous réunis au pied d'une Croix pour cette soirée de prières car, depuis quelques semaines, l'humanité porte une grosse croix. Quand des milliers de gens meurent à cause de la haine et de la violence, c'est la race humaine qui recule d'un pas. C'est pour cela que nos prières de ce soir serviront à demander la grâce de mieux respecter la vie. (...) Il y a un proverbe qui dit que «si chacun nettoie le devant de sa maison, toute la ville sera propre» (...) C'est ainsi que chacun de nos gestes d'amitié finiront bien par améliorer le monde. Prions donc pour ceux qui souffrent, souhaitons la sagesse à ceux qui mènent les peuples et surtout répandons autour de nous la paix, la tolérance (bien comprise) et l'amour (...) Cette nuit, autour d'une Croix sur une colline perdue des Appalaches, nous sommes des gens de bonne volonté réunis pour prier et essayer d'illuminer et d'embellir le monde. C'est cela être des artisans de paix. Soyons fiers de notre geste (...)*».

Depuis l'érection de la Croix d'Amour chez nous, de nombreuses grâces de pacification et de rapprochement se sont manifestées, et sans doute bien d'autres dont les bénéficiaires conservent le secret... Par exemple : un camionneur salue quotidiennement la Croix en klaxonnant lorsqu'il la croise. Une dame stationne son véhicule sur le bord du chemin à la hauteur de la Croix, à chacun de ses passages, afin de réciter un Ave Maria.

Un ouvrier du village est venu donner bénévolement plusieurs jours de travail pour nous aider à défricher un champ dont la végétation masquait la vue de la Croix. Un marchand de la ville voisine a fourni gratuitement le café pour réchauffer les participants après une Messe. Un jeune homme, dont le permis de conduire était révoqué à la suite d'une grave accident d'automobile, s'est aventuré (de nuit, par peur des agents de la police !) à venir en moto prier à la Croix pour remercier Dieu de lui avoir quand même laissé la vie... Même les animaux sauvages aiment fréquenter la Croix ; on y aperçoit à l'occasion des cerfs, des moufettes, des ratons laveurs ou des renards, le soir à la «brunante».

C'est également au pied de la Croix d'Amour que les Messagères de Notre-Dame ont reçu l'inspiration pour composer le chant «**Ô CROIX D'AMOUR**», chant qui fut enregistré et envoyé à J.N.S.R. et au sujet duquel la Providence Divine lui disait : *«La Reine du Saint Rosaire te porte ce Cadeau du Ciel. Dieu a béni le chant de Sa Croix d'Amour (...)»*. Et Marie : *«En te faisant ce Présent, Je désirais honorer mon Divin Fils (...). Ce chant s'étendra comme les Croix d'Amour, chaque pays le chantera en sa langue : la Terre vibrera de cette mélodie (...) pour unir toutes les races, toutes les confessions dans le même et unique Amour, le parfum et le chant de la Croix»*. («Humanité déchirée», 9 novembre 2001).

Déjà ce chant est traduit en anglais et en portugais ; d'autres traductions sont en route ou se feront un jour, puisque notre Mère du Ciel l'a affirmé à J.N.S.R.

Dans le sillage de la Croix d'Amour est née également **l'association «LES AMIS DE LA CROIX D'AMOUR»** qui a reçu l'approbation de J.N.S.R. et qui a pour visées :

1. L'approfondissement de notre Foi Catholique et de la spiritualité reliée aux Messages reçus par J.N.S.R.

2. Le regroupement des sympathisants de la Croix d'Amour dans un but d'entraide et de support mutuel.

Ce travail s'effectue actuellement par la publication du bulletin de liaison «**EN ROUTE**», la diffusion de cassettes audio et vidéo des messages reçus par J.N.S.R. et par l'organisation de rassemblements autour des Croix d'Amour. L'association vit entièrement de la Providence et de l'aide de bénévoles. Le bureau-chef des «Amis de la Croix d'Amour» se trouve au Québec, et les membres de l'association sont présents en 12 pays. Une branche anglophone est en formation.

Nous considérons la Croix d'Amour comme un véritable cadeau du Ciel : un cadeau n'est jamais mérité, c'est un don gratuit et nous en sommes d'autant reconnaissants.

C'est pourquoi nous avons érigé sur notre domaine, pour notre méditation et celle des passants, une immense pancarte où est inscrite cette phrase :

«Que par les Cœurs Unis de Jésus et de Marie triomphent la Paix et l'Amour dans tous les cœurs.

C'est notre souhait le plus cher...

Rosaire (père), Claudette (mère), Sylvie, Josée, Diane, Johane, Marie-Claude, Hélène

St-Ferdinand, Québec (CANADA)

Adresse de l'association :

LES AMIS DE LA CROIX D'AMOUR

C.P. 833 THETFORD MINES – Qc CANADA G6G 5V3

Tél. 00.1.418.428.9309 – Fax : 000.1.418.428.3006

AMÉRIQUE CENTRALE
COSTA RICA
San José

Au mois de mars, François repart, cette fois-ci pour l'Amérique latine, guidé par les renseignements procurés par José-Maria de Valencia (Espagne) qui, grâce à Internet, entre en contact avec de nombreux laïcs et représentants de l'Eglise Catholique de divers pays. Il prépare ainsi le terrain pour François. Lorsque les ouvriers de la Croix partent poser des Croix d'Amour, José-Maria demande aux différentes communautés religieuses de son pays, qui ont accueilli une Croix Glorieuse en leur sein, de bien vouloir prier pour la mission en cours. Il fait dire également un trentain de messes.

Le 8 mars 2002, François, accompagné de sa femme Lina et de son frère Jésus-Juste, atterrissent au Costa-Rica, pays situé au centre géographique des deux Amériques. Ils se rendent à San José, chez Ana-María, une âme privilégiée bénéficiant de locutions intérieures. Chez elle se trouve une Croix d'Amour qu'une amie du Portugal lui avait envoyé, par bateau, au mois de mars 1998. La Croix était arrivée en bon état mais, depuis tout ce temps, leurs efforts ont été vains pour l'ériger.

François et ses compagnons remettent d'abord la Croix en état car elle a souffert d'un long séjour couché. Un ami d'Ana-María ayant demandé à un de ses employés, d'une force peu commune, de venir aider le petit groupe, le poteau de la Croix de près de 500 kg, est porté à bout de bras jusqu'à l'endroit du petit jardin d'Ana-María où il est dressé dans sa réserve de béton. Un échafaudage est ensuite monté pour permettre de placer le croisillon de la Croix. La personne venue livrer l'échafaudage, destiné à mettre en place le croisillon, offre son aide dans cette dernière et délicate phase du montage de la Croix.

La veille, Ana-María avait entendu cette phrase dans son cœur : «Ici ce sera une piscine de grâces».

Pensant à la grotte de Lourdes et au bassin de Dozulé, après la pose de la Croix, elle décide de creuser, avec ses mains, au pied de la Croix demandant aux personnes présentes de prier intensément. A sa grande surprise, ce n'est pas de l'eau qui a jailli du sol mais, pour la première fois, de l'huile a coulé de ses doigts.

Trois autres Croix ont été fabriquées. C'est le mari d'Ana-María qui doit se charger de leur trouver un emplacement définitif près des églises avoisinantes.

CUBA
Vignales et Holguin

Après avoir quitté le Costa Rica, François et ses compagnons se rendent à Vignales, près de Pinar del Rio, ville située à l'Ouest de l'île de Cuba, dans une région hautement touristique, truffée de champs de tabac.

Il n'est pas facile pour les ouvriers de la Croix de trouver le fer et les outils nécessaires à la fabrication des deux Croix demandées par deux prêtres cubains, très fervents, n'ayant pas peur d'affronter la réaction des hommes politiques de leur pays. Le pays est tellement pauvre qu'il n'a pas été possible de trouver les barres de fer désirées ; ce sont de fins tubes métalliques, soudés les uns aux autres qui ont permis de confectionner l'ossature de ces Croix. Un petit fil lumineux est venu compléter le travail.

Le 15 mars 2002, la première de ces deux Croix de 7,38 m est placée sur la façade de l'église de Vignales. Cette église donne sur la grande place où ont lieu tous les grands défilés politiques et militaires du Parti !

Le soir même, François, Jésus-Juste et Lina louent une voiture. C'est Jésus-Juste qui prendra courageusement le volant pour parcourir, durant la nuit et une partie de la matinée du lendemain, les 1200 km qui séparent Vignales d'Holguin, ville située à la pointe Est de l'île de Cuba. Ils ont tout juste le temps de livrer la Croix, prête à monter, au Père de la grande église d'Holguin avant de prendre, à Santiago de Cuba, leur avion pour Haïti.

On peut considérer comme miraculeux la pose de ces deux Croix d'Amour. En effet, même la Croix qui est érigée habituellement - lorsque Jean-Paul II se rend dans un pays et qu'il bénit à ce moment-là - n'a pu être posée lors de la visite du Pape à Cuba en janvier 1998, les autorités politiques s'y étant opposées.

HAÏTI
Port-au-Prince

Lorsque François, Jésus-Juste et Lina arrivent à Haïti, ils découvrent un pays très pauvre aux conditions de vie précaires mais où les catholiques sont fervents. Les églises ne désemplissent pas et les messes s'y succèdent constamment. Au moment de fabriquer leur première Croix, François et ses compagnons se trouvent confrontés au problème de l'éclairage de celle-ci car les néons qu'on leur propose ne sont pas étanches. C'est alors qu'on leur recommande de voir le très compétent Ismac, chef de service dans une société de construction.

Cette rencontre va être providentielle pour les ouvriers de la Croix car Ismac est non seulement très qualifié dans son métier et les conseille judicieusement, mais c'est aussi un homme très influent dans son pays. Responsable d'une communauté laïque de plus de 5000 âmes à la périphérie de Port-au-Prince dans une région montagneuse, en tant qu'ancien séminariste et homme de foi marié, il est en contact permanent avec les Evêques pour régler les éventuels problèmes qui surgissent entre les laïcs de sa communauté et l'Eglise.

Lors de leur première entrevue, Ismac parle à François, Jésus-Juste et Lina de l'étonnant chemin de Croix qu'il réalise avec l'aide de ses amis. Les stations de ce chemin de Croix sont disposées, sur plus de deux kilomètres, le long de la «route» qui mène jusqu'au sommet de la montagne où se trouve la petite chapelle du sanctuaire marial qui surplombe Port-au-Prince. La Sainte Vierge déclare, par l'intermédiaire d'une âme privilégiée du pays, suivie par l'Archevêque d'Haïti, que ce sanctuaire sera *«le plus grand centre de conversion du monde»*.

La 14ème station de ce chemin de Croix est presque terminée : une magnifique statue du Christ, grandeur nature, en cours de finition, va être déposée dans un sépulcre en pierre, ayant la forme d'un tunnel, auquel on accède en descendant quelques marches. Cela doit correspondre à une démarche spirituelle, après leur passage dans le «Saint-Sépulcre», les pèlerins débouchent à proximité de la chapelle où ils vont prier. Ismac sentait qu'il manquait encore quelque chose à ce chemin de Croix, et voilà que François et ses compagnons lui apportent la «15ème station» : la Croix Glorieuse, Croix de la Résurrection !

En moins de 48 h, la Croix d'Amour est fabriquée et acheminée sur un 4x4 jusqu'au sommet de la montagne, sérieusement ballottée, ainsi que les occupants du véhicule, par les cahots du chemin. La Croix est érigée sur la façade de la petite chapelle en cours d'agrandissement.

Juste après la pose de la Croix, le premier pèlerin étranger à venir visiter le sanctuaire et faire le chemin de Croix est un Français !

Onze autres Croix sont ensuite fabriquées pour les prêtres des paroisses environnantes.

La plupart sont stockées à l'Archevêché de Port-au-Prince. Ces Croix de 7,38 m réalisées en trois parties, en aluminium, sont faciles à transporter et à monter. Chaque prêtre venant rendre visite à l'Evêque repart avec la Croix d'Amour prévue pour sa paroisse. Un prêtre est même reparti avec cinq Croix. Inutile de vous dire qu'ils en redemandent encore !

La Croix du sanctuaire marial de Port-au-Prince, ainsi que la statue du Christ de la 14ème station du chemin de Croix, sont bénies par l'Archevêque, le Vendredi-Saint 29 mars 2002, en présence d'une foule immense. Ismac téléphone à François pour l'informer de cette bénédiction et lui dire que plus de 5.000 personnes se trouvaient rassemblées, ce jour-là, autour de la Croix. La vallée et les montages environnantes étaient noires de monde. Ce fût une cérémonie d'une piété magnifique.

La Croix d'Amour a vraiment été accueillie à bras ouverts par les Haïtiens !

Tout s'est déroulé comme Dieu le voulait car, initialement, les hommes en avaient décidé autrement. C'est un prêtre haïtien de Washington qui devait venir accueillir François et ses compagnons à Port-au-Prince à une date ultérieure qu'il avait indiquée à Jésus-Juste par courrier électronique. Cette Croix devait être érigée pour fêter l'anniversaire de l'indépendance du pays et de la pose, par Christophe Colomb, de la première Croix sur le sol haïtien. Mais voilà, la Providence Divine, en avait décidé autrement. Jésus-Juste n'a pas vu ce courrier, pourtant bien reçu avant son départ mais, découvert à son retour... et Dieu a placé sur la route des ouvriers de la Croix, à Haïti, Ismac et son étonnant chemin de Croix !

PANAMA

Colón – Santa Maria de Belén – Santa Fe de Veraguas

Le 15 août 2002, fête de l'Assomption, François et Lina arrivent au Panama. Ils sont hébergés, à **Colón**, dans la communauté du Père Théophile. Dans ce Foyer de Charité des Cœurs de Jésus et de Marie - où se trouve un orphelinat qui abrite une trentaine d'enfants et où tout respire l'amour et la propreté - la Sainte Vierge Marie est apparue, en 1992 et 1993, sous le vocable de «Notre-Dame de la Prière».

Le Père Théophile est une ancienne connaissance de François. En effet, le 1er novembre 1997, le Père Théophile bénissait la première Croix d'Amour érigée à Garabandal, aux Pins, sur le lieu des apparitions et, à cette occasion, donnait une bénédiction spéciale à François en tant qu'ouvrier de la Croix.

Le 16, François et Lina rencontrent Madame le Maire de la ville de Colón qui, avec grande joie, leur donne son accord pour que trois Croix soient élevées à Colón. Cette ville portuaire, enclavée dans le Canal de

Bénédiction de la Croix d'Amour à l'église gréco-catholique de Timisoara (Roumanie)

Croix d'Amour à la Cathédrale orthodoxe à Timisoara (Roumanie)

Croix d'"Amour à l'église romaine-catholique Sainte Marie de Oradea (Roumanie)

L'Archevêque gréco-catholique devant la Croix d'Amour de la Communauté des Sœurs Eucharistines à Sofia (Bulgarie)

Bénédiction de la Croix d'Amour à l'église romaine-catholique à Yanievo (Kosovo)

Famille Rosaire RAYMOND au pied de la Croix d'Amour à Saint-Ferdinand (Canada)

Croix d'Amour sur la façade de l'église de Vignales (Cuba)

Croix d'Amour à Shanghai (Chine)

Bénédiction
de la Croix d'Amour
de l'église
romaine-catholique
à Skopje (Macédoine)

Bénédiction
de la Croix d'Amour
au milieu
de cinq monastères
orthodoxes
à Kumanovo
(Macédoine)

Croix d'Amour à l'orphelinat de Odorhei (Roumanie)

Bénédiction de la Croix d'Amour à Valea Plopului (Roumanie)

Famille du Rosaire - Messagères de Notre-Dame
à Saint-Ferdinand (Canada)

Les frères Carmes montent la Croix d'Amour jusqu'à son lieu d'implantation
dans la commune de Naju (Corée du Sud)

François offre au Saint-Père, au nom de tous les ouvriers de la Croix, le 26 février 2002, toutes les Croix d'Amour (Vatican - Rome)

François reçoit la bénédiction du Saint-Père Jean-Paul II.

Panama, doit son nom à Christophe Colomb qui s'y arrêta pensant trouver un passage pour atteindre les «Indes».

A cet endroit, l'isthme de Panama qui relie l'Amérique du Nord à l'Amérique du Sud, ne mesure qu'une cinquantaine de kilomètres de large mais, avant le creusement du canal, en 1881, sur l'initiative de Ferdinand de Lesseps dont les travaux furent achevés seulement en 1903 par les Américains, aucune traversée n'était possible et deux caravelles espagnoles en firent la triste expérience et sombrèrent après avoir heurté des rochers. En hommage aux nombreux marins espagnols qui y laissèrent la vie, Christophe Colomb fit ériger une Croix près de cet endroit. L'Evêque de Colón, favorable au projet d'élévation des Croix d'Amour, attend impatiemment le retour des ouvriers de la Croix, afin qu'ils posent une nouvelle Croix en souvenir de cet événement.

Le matin du 21 août, en présence de Madame le Maire, avec l'aide des employés municipaux qui ont largement participé aux travaux de mise en place, la première de ces trois Croix d'Amour du Panama est érigée face à la mer, sur une grande avenue longeant la côte, à quelques mètres derrière une immense statue du Christ Rédempteur. Les bras de la Croix, orientés bien entendu Est-Ouest, sont harmonieusement parallèles à ceux de la statue du Christ. A l'autre bout de cette avenue, se dresse une statue de l'Empereur Napoléon III qui était destinée initialement à la ville mexicaine de Vera Cruz.

Pour les amateurs de «signes», on peut dire que cette première Croix d'Amour (de la Rédemption) de Colón est placée entre le Christ Rédempteur les bras en croix et une statue qui a un «lien» avec la «Vraie Croix» (Vera Cruz). La Croix d'Amour est bien visible des nombreux bateaux qui empruntent à longueur de journée le Canal de Panama reliant l'Atlantique au Pacifique.

Ce même 21 août dans l'après-midi, toujours en présence de Madame le Maire, une deuxième Croix d'Amour est élevée au centre-ville. La troisième est érigée à l'entrée de la ville. Une quatrième doit être implantée, par les bons soins du diacre Johnny, dans sa paroisse.

Quelques mois après, le 24 décembre 2002, François et Lina reviennent à Colón et sont hébergés chez Johnny avec qui ils passent les fêtes de Noël. Ils sont de retour pour fabriquer et faire ériger, à 100 km de là, à **Santa Maria de Belén**, la Croix en l'honneur des marins espagnols de Christophe Colomb dont les deux caravelles ont sombré au large des côtes panaméennes.

Dans la foulée, une deuxième Croix est confectionnée pour être élevée près de l'église de **Santa Fe de Veraguas**, situé à 300 km de Colón, où, 20 ans auparavant, un prêtre a été martyrisé pour avoir voulu s'opposer à un certain monopole financier. Lorsque François et Lina quittent le Panama, six autres Croix sont en chantier pour être érigées par des équipes locales.

NICARAGUA
Managua

Le 22 août 2002, fête de Marie-Reine, François et Lina sont accueillis à Managua, capitale du Nicaragua, par une Sœur de Marie Auxiliatrice et par une famille, faisant partie d'un groupe de prières, qui va les héberger. Dans ce pays, l'eau est rationnée. A Managua, l'eau courante n'est disponible qu'une demi-heure par jour.

La religieuse qui les a accueillis à l'aéroport leur fait rencontrer l'Evêque de Managua qui se montre enthousiaste pour le projet des Croix d'Amour. Il demande que la première Croix soit érigée dans le jardin du dispensaire de Caritas.

La seconde est élevée dans le couvent de Marie Auxiliatrice. Ce couvent abrite une école de 800 enfants.

La troisième est érigée, par les soins de la municipalité communiste, près d'une statue de Saint-Antoine de Padoue, à côté d'un monument rendant hommage aux très nombreux morts du dernier et terrible tremblement de terre ayant secoué Managua et ses environs. Dans ce quartier de la ville, qui n'a pas été reconstruit et que l'on conserve en l'état en souvenir de ce triste événement, la statue de Saint Antoine est restée intacte mais la Cathédrale, qui se trouve à proximité, menace de s'effondrer et n'est plus utilisée.

SALVADOR
San-Domingo – San Sébastian – Cojutépèque

Le 27 août 2002, le Père Prospère, accompagné de la famille d'Eduardo qui doit les héberger, attend François et Lina à l'aéroport de la capitale San Salvador afin de les conduire jusqu'à l'ancien village indien de Cojutépèque, détruit à 95 % par le dernier tremblement de terre de janvier 2001. Ce village est en pleine reconstruction ; François et Lina trouvent refuge dans la maison d'Eduardo, une des rares à être restée debout après le séisme.

Les Salvadoriens accueillent avec joie la Croix d'Amour : Croix protectrice et salvatrice. Le 30 août, fête de Sainte Rose de Lima, la première Croix d'Amour du Salvador est érigée au Sanctuaire de Notre-Dame de Guadalupe à **San-Domingo**. Elle est bénie, avec beaucoup d'émotion, par le Père Prospère qui y a célébré, il y a quelques années, sa toute première messe. Le Père Prospère bénit également la deuxième Croix élevée au village de **San-Sebastian** dans l'enceinte du collège tenu par les Sœurs de Nazareth. La cérémonie y est particulièrement animée : la Croix est fêtée au son des guitares qui accompagnent les chants. La troisième Croix voit le jour au sanctuaire, en partie endommagé par le récent séisme, de Notre-Dame de Fatima à **Cojutépèque**.

HONDURAS
Tegucigalpa – La Ceiba

Le 2 septembre 2002, François et Lina retrouvent, à Tegucigalpa, capitale du Honduras, le Père Julio qui a déjà fait fabriquer une Croix de 7,38 m en béton armé, prête à être décoffrée et érigée au Sanctuaire de Maria Flores.

Le Père Julio, qui est d'origine chinoise, en bon apôtre de la Croix Glorieuse, a su la faire rayonner du Sud au Nord. C'est pourquoi, le 3 septembre, François et Lina se rendent à La Ceiba, au nord du pays, chez un couple, Nicolas et Rose ; Rose est responsable de la Croix Rouge du Honduras. Ce couple veut faire ériger trois Croix d'Amour dans leur ville.

Nicolas et François se trouvent devant une église du centre-ville qui, chose peu commune, possède un magnifique chemin de Croix, sous forme de tableaux, englobant la quinzième station de la Résurrection représentant le Christ Ressuscité au pied de la Croix. Nicolas présente à François une «bonne chrétienne» qui vient de garer près d'eux son 4x4. François confie à cette dame leur désir de voir élever la Croix d'Amour devant l'église afin de fêter l'anniversaire de la construction de la première église de La Ceiba (ville qui ne compte que 125 ans d'existence). Pour l'instant le prêtre réserve sa décision car il préférerait voir la Croix érigée ailleurs. Cette femme leur déclare qu'elle va prier «pour que la volonté de Dieu se fasse». Après son départ, Nicolas confie à François l'histoire peu ordinaire de cette personne. Communiste convaincue, elle a épousé un communiste Est Allemand «pur et dur», chef de clinique à La Ceiba. En étudiant les Evangiles afin de pouvoir mieux les combattre, elle s'est convertie. Alors que l'ouragan Mitch sème terreur et dégâts sur son passage et s'approche dangereusement de La Ceiba, une âme privilégiée de Tegucigalpa lui téléphone, lui demandant de confectionner une grande Croix en bois et de la planter sur le rivage. Cette femme, aidée de son époux, pose la Croix sur la plage devant leur clinique. La ville est miraculeusement protégée et certaines personnes, dans le ciel tourmenté, aperçoivent *le Christ calmant les éléments déchaînés.*

Voilà que le lendemain, grâce certainement aux prières de la personne rencontrée la veille et à l'entrevue du prêtre avec une paroissienne influente, celui-ci leur fait part, de manière inespérée, de sa décision définitive : la Croix sera érigée devant l'Eglise !...

Le 7 septembre, premier samedi du mois, la Croix est donc érigée devant l'Eglise de Notre-Dame de Suyapa, patronne du Honduras. Notre-Dame de Suyapa est vénérée depuis de nombreuses années dans le pays, alors qu'un paysan, fatigué par son travail et s'étant allongé sur le sol, sa tête ayant heurté un objet enfoui dans la terre, aurait trouvé une statue de la Sainte Vierge à qui l'on a attribué, par la suite, de nombreux miracles.

Les deux autres Croix d'Amour, en cours de fabrication, vont être élevées à La Ceiba par les bons soins de Nicolas et Rose.

Le 7 septembre 2002, jour où la première Croix d'Amour était érigée à La Ceiba, Antoine, le mari de J.N.S.R., quittait cette terre de douleurs, à la suite d'une longue et éprouvante maladie, pour rejoindre la patrie céleste.

AMÉRIQUE du SUD
PÉROU
Lima – Callao – Huaycán – Pachacamac

Le 29 avril, François et Lina s'envolent à nouveau pour l'Amérique du Sud. Ils arrivent providentiellement au Pérou peu avant la fête de la Croix Glorieuse qui est célébrée, dans ce pays, le 3 mai. Cette année cette fête tombe le premier vendredi du mois, consacré au Sacré-Cœur de Jésus. Les Péruviens ont une grande vénération pour le Christ Crucifié qu'ils appellent «Notre Seigneur des Miracles» et aiment à dire : «Au Pérou, nous sommes pauvres mais riches dans le cœur !».

Ils se rendent dans la capitale, à Lima, au Foyer de Charité (Marthe Robin) de «Santa Rosa» où ils sont attendus. Sur la montagne qui domine le Foyer un panneau porte ces mots : *«Aimez-vous les uns les autres»*. En l'absence du Père Roger, prêtre montfortain, responsable du foyer, c'est Sœur Judith, laïque consacrée, qui les accueille.

Après concertation avec cette Sœur qui a pris contact avec différents prêtres, ils décident de réaliser cinq Croix. Dès le lendemain, ils se mettent en quête du matériel nécessaire et en commencent la fabrication. Le 1er mai, les Croix sont soudées, poncées et peintes. Quatre ouvriers péruviens aident nos amis.

Le 2 mai, après l'installation de l'éclairage sur les Croix, la première d'entre elles est érigée, à 12 h, au Foyer de Charité, près de l'église, à la place de la Croix du Calvaire, entre deux autres Croix existantes. Cette Croix d'Amour est bénie le 4 mai, premier samedi du mois consacré à la Sainte Vierge Marie.

Dans l'après-midi du 2 mai, la deuxième Croix est élevée dans le port de Callao, près de l'aéroport, dans la paroisse «Marie Mère de Dieu» dont le Père Serafín est le curé. Le Père Serafin est Français ; il est originaire de Bretagne. La Croix est érigée à l'entrée du quartier San Juan Macias, en plein centre d'un espace vert, devant un parterre de fleurs jaunes en forme de cœur, entre deux panneaux portant l'inscription «Bienvenue» qui, initialement, n'avaient pas été posés pour la Croix.

La troisième Croix est élevée le 3 mai, fête de la Croix Glorieuse, à

11 h, sur une colline dominant de 800 m le village de Huaycán, situé à 3 km de Lima. Ce village très pauvre est composé de cabanes. La terre y est aride. Le Père Johny, montfortain, est responsable de cette paroisse où les conditions de vie sont extrêmement difficiles. C'est un saint prêtre qui ne se plaint jamais, *pourtant il n'a même pas assez d'argent afin d'acheter les hosties pour la messe.*

Aussi, c'est avec beaucoup d'émerveillement et de reconnaissance qu'il accueille, dans son petit village, cette Croix d'Amour lumineuse. Lorsque la Sœur du Foyer de Lima le contacte pour lui demander s'il est d'accord pour recevoir la Croix, il n'en croit pas ses oreilles. Il se rappelle alors des confidences d'un de ses paroissiens, Sergio, ancien détenu, qui porte, tatoué en grand sur sa poitrine, la Sainte Face du Christ. Celui-ci lui a raconté qu'un jour, dans sa cellule, il a eu la vision d'une grande Croix lumineuse, à Huaycán, qu'il était en train de poser. Cette déclaration avait laissé le Père Jonhy plutôt incrédule : s'il s'était agit d'une petite Croix, peut-être, mais une grande, lumineuse de surcroît, cela lui semblait peu vraisemblable. Aussi, c'est avec beaucoup de joie et d'empressement que le Père Johny va chercher Sergio pour venir aider les ouvriers de la Croix à l'ériger. Inutile de vous décrire le bonheur de Sergio à l'annonce de cette nouvelle et sa reconnaissance envers Dieu. Le Père Johny participe aussi activement aux travaux d'implantation de la Croix. C'est lui qui, à 5 h du matin, monte les lourds sacs de ciment jusqu'au sommet de la montagne et, en compagnie de Sergio, creuse les fondations de la Croix. La bénédiction de celle-ci aura lieu immédiatement après sa pose.

Le 3 mai toujours, à 17 h, la quatrième Croix est érigée à Pachacamac, dans l'enceinte de la future communauté «Les Apôtres de Marie Reine de la Paix», au sommet d'une montagne, dans un sanctuaire dédié au Père Eternel. Ce sanctuaire a été construit récemment après le passage du Père Jozo de Medjugorje. Un immense portrait de Notre-Dame de la Paix de Medjugorge y a été installé ; il se voit à plus de 20 km. Un fil électrique est tiré sur les 800 m qui séparent le village de Pachacamac du sanctuaire et les fondations ont été creusées. Tout est prêt pour recevoir la Croix, lorsque 48 h après, les ouvriers arrivent pour la mettre en place. Cette Croix fait face à une immense statue du Christ Miséricordieux et surplombe la vallée.

La cérémonie de bénédiction de la Croix est donnée au pied de la montagne, avant la pose de celle-ci, par l'Evêque Salésien du diocèse de Lurin qui ne peut grimper jusqu'au lieu où la Croix doit être érigée. Cette bénédiction se déroule en présence de nombreuses personnes dont le Maire de Pachacamac. L'Evêque fait remarquer à cette occasion qu'il faut bien faire la différence entre la Croix du Christ que l'homme a représentée jusqu'à présent à sa convenance et, pour la première fois depuis près de 2000 ans, la Croix Glorieuse, dont Dieu Lui-même a donné les dimensions, les couleurs et l'orientation.

La Croix Glorieuse guérit comme la vraie Croix du Christ qui - lorsqu'elle a été découverte par Ste Hélène - a guéri un malade ce qui a permis de la reconnaître au milieu des deux autres Croix du Golgotha.

La cinquième et dernière des Croix fabriquées au Foyer de Charité, doit être acheminée par avion et élevée dans le département de Huancayo, à 300 km de Lima.

On a appris à François et Lina que près de Cuzco - ville des Andes, ancienne capitale des Incas où se trouvent de nombreux monuments historiques dont des temples où de nombreux sacrifices humains ont eu lieu -, il existe un sanctuaire, à 5000 m d'altitude, où les indiens convertis, en signe de pénitence, font un chemin de Croix en portant sur leur dos un bloc de glace !

BOLIVIE
Cochabamba – Arani – Santa Cruz

Le 6 mai, François et Lina quittent le Pérou et s'envolent vers la Bolivie. A leur arrivée dans la ville de Cochabamba, ils sont accueillis dans une famille qui a déjà reçu le Père Slavko Barbaric de Medjugorje et le Père Laurentin.

Le 7, ils achètent les matériaux nécessaires pour la fabrication de quatre Croix d'Amour qui débutera le lendemain.

Le 8 mai, François et Lina se rendent au pied de la statue de Jésus de la Concorde. On y accède par le téléphérique ou par une multitude de marches. Cette statue du Christ est la plus grande au monde ; elle mesure 44 m de hauteur et se trouve à 2500 m d'altitude, dominant la ville de Cochabamba. On peut rentrer à l'intérieur de la statue et admirer le panorama alentours par les hublots qui ont été placés à cet effet. Le lendemain, ils visitent le sanctuaire de Marie Auxiliatrice, une des quatre paroisses du Jubilé de l'an 2000.

Les 10 et 11 mai ont lieu les dernières finitions des Croix : peinture et éclairage.

Le 11 mai à 17 h, la première Croix d'Amour de Bolivie est érigée à côté de l'Eglise «Notre-Dame de Guadaloupe» (première patronne d'Amérique Latine). A 19 h, la deuxième Croix est placée dans l'enceinte de la paroisse de Notre-Dame Auxiliatrice. Toutes deux sont bénies le lendemain dimanche.

Le 13 mai à 13 h, pour la fête de Notre-Dame de Fatima, la troisième Croix est élevée au sanctuaire marial d'Urkupiña, à Cochabamba également. Au pied de la Croix coule une petite cascade.

Les grues, qui servent à l'érection de ces quatre premières Croix de Bolivie, sont aimablement prêtées. Lors de la réalisation du Jésus de la Concorde, elles ont servi à mettre en place la tête du Christ au sommet de la statue. Le 15 mai, la propriétaire de ces grues est présente, avec son employée de maison, pour la bénédiction de la Croix du sanctuaire d'Urkupiña. Au moment précis où le prêtre bénit la Croix, *l'employée de maison fond en larmes et réclame avec force, en s'adressant à la Mère Supérieure se trouvant à côté du prêtre, qu'elle lui jette de l'eau bénite parce qu'elle veut devenir catholique !* Miracle de conversion qui sidère littéralement sa patronne à qui, au moment de son embauche, elle s'était gardée de signaler son appartenance à la communauté protestante...

A quelques kilomètres de Cochabamba, en pleine campagne bolivienne, ce même jour, à 18 h, la quatrième Croix est érigée, dans le village d'Arani, près d'un sanctuaire marial. A 2500 m, le travail des ouvriers de la Croix a été rendu très difficile par les conditions atmosphériques régnant à cette altitude : gêne respiratoire, crampes, douleurs diverses... A 19 h, pour l'Angélus, le Père Alcidès bénit la Croix alors que toutes les personnes présentes - dont le maire du village - prient en se tenant par la main. Au moment de cette bénédiction très émouvante, le vent violent, qui soufflait jusque-là, tombe brusquement.

Le 16 mai, François et Lina s'envolent pour Santa Cruz, ville située à plusieurs centaines de kilomètres à l'Est de Cochabamba. Ils sont accueillis par Pimpa, fervente croyante très dynamique, qui a fait installer, à ses frais, aux quatre coins de la ville de Santa Cruz, des panneaux appelant les familles à prier le rosaire.

Pimpa a déjà fait fabriquer 8 Croix que François vérifie et sur lesquelles il installe l'éclairage. Quatre Croix sont érigées près des quatre panneaux invitant à la prière. Deux sont posées par les soins des ouvriers de la Croix le 17 mai. La première à 14 h ; la seconde à 18 h, non loin d'un sanctuaire marial, sous un vent violent et un ciel très menaçant annonçant une énorme tourmente. Bravant les éléments déchaînés et l'obscurité, la Croix est élevée à bout de bras, sans l'aide d'une grue, faisant fuir au loin la tempête...

Les deux autres Croix destinées à la ville de Santa Cruz sont érigées, les jours suivants, par les Boliviens eux-mêmes, sous la direction de Pimpa, François et Lina devant être impérativement, le 18 mai, au Venezuela.

Peu de temps après, les 4 Croix restantes sont convoyées par train sur les 800 km qui séparent Santa Cruz de San José. En cours de route, ces Croix sont élevées dans quatre anciennes missions Jésuites et bénies, au fur et à mesure de leur pose, par le prêtre qui accompagne Pimpa lors de ce déplacement.

Au 15e siècle, lors de l'expansion portugaise, les missions Jésuites ont été le théâtre de saccages. Les Indiens ont réussi à sauver de la destruction plusieurs milliers de partitions de musique en les cachant dans la forêt amazonienne. Récemment découverts, le Musée de la Culture de Santa Cruz a filmé ces précieux documents et met ces vidéos à la disposition de nombreux musiciens – dont certains venant de France – afin de leur permettre d'accéder à ce véritable trésor culturel et d'en interpréter des morceaux.

Début juin, grâce à Pimpa, quatre nouvelles Croix sont posées. Au total, en moins d'un mois, ce sont 16 Croix d'Amour qui ont fleuri sur la terre bolivienne.

VENEZUELA
Caracas – Carrizal – Caracaya

François et Lina atterrissent à Caracas le 19 mai à 1 h du matin. Après quelques heures de sommeil, ils prennent contact avec les personnes au courant de leur futur emploi du temps : trois Croix sont déjà prévues dans les environs de Caracas et trois autres Croix par ailleurs.

Les 20 et 21 mai, François, accompagné de Lina, achète le matériel nécessaire et fabrique les Croix.

Le 23 mai, une première Croix est déposée au Couvent des Ames Consacrées, dans la ville de Carrizal, située à 10 km de Caracas. Elle sera érigée ultérieurement. François et ses amis en profitent pour poser le fil lumineux qui éclairera la Croix. Lors de ce travail, 45 communiantes sont présentes pour recevoir le sacrement de Confirmation dans la chapelle du couvent.

Le 24 mai, les deux premières Croix d'Amour du Venezuela sont érigées près des chapelles de deux villages se trouvant dans la forêt amazonienne, séparés l'un de l'autre par plusieurs kilomètres. Ces villages dépendent de la commune d'Hatillo, à la périphérie de Caracas. François et Lina, trois jours auparavant ont pu voir le Maire d'Hatillo qui leur a donné son accord pour l'érection de ces Croix. D'ailleurs, lors de la bénédiction de la première des deux Croix, des responsables de la Mairie d'Hatillo sont présents. Les jeunes du village qui ont participé à la pose de la deuxième Croix, se trouvent à nouveau réunis pour la bénédiction de celle-ci. Lors de cette cérémonie très émouvante, tout le monde se tient par la main en priant.

La troisième Croix fabriquée par François est élevée, non loin d'Hatillo, dans l'enceinte d'une congrégation religieuse qui s'occupe d'un orphelinat. François étant occupé à ce moment-là, ce sont les Vénézuéliens qui se chargent de ce travail.

Le 25 mai, François et Lina retournent au Couvent des Ames Consacrées de Carrizal pour y ériger la Croix. Durant les travaux de mise en place de celle-ci, une messe est célébrée dans la chapelle du couvent. A 15 h, la Croix est bénie.

Le lendemain, François et Lina se rendent, à 30 km de Caracas, au grand sanctuaire de Betania. Le 27 mai, François et ses amis vénézuéliens ont beaucoup de difficultés à placer la Croix dans sa réserve de béton. L'emplacement choisi n'est pas très propice à ce genre d'exercice et ils ne peuvent avoir recours à une grue. La Croix manque de peu de tomber. Finalement ils réussissent enfin à mettre la Croix en place.

La pose d'une sixième Croix est programmée, par les Vénézuéliens, dans la région de Maracaïbo. La ville de Maracaïbo est la deuxième grande ville du Venezuela, après Caracas la capitale. Ce grand port pétrolier est le plus important centre économique du pays.

Le 28 mai, alors que François et Lina attendent, à l'aéroport de Caracas, l'avion qui doit les ramener en France, ils ont la surprise de voir arriver l'Evêque de Caracas en personne. Celui-ci les emmène à l'écart du bruit et de la foule, dans un salon privé où il s'entretient un moment avec eux. Après avoir discuté de la pose des Croix d'Amour dans le monde en feuilletant l'album de photographies de François, Monseigneur leur fait part de ses soucis à la suite de la création d'un nouveau diocèse, celui de Caracaya, qui entraîne, pour son évêché déjà bien éprouvé financièrement, de nombreux problèmes matériels.

Près de trois mois après, François et sa femme Lina reviennent à Panama. Leur avion atterrit à Caracas où les attendent l'Evêque de Caracaya et Georges, ouvrier de la Croix vénézuélien, déjà rencontrés lors de leur précédent voyage au mois de mai.

Les quatre jours passés sur place sont consacrés à la recherche du matériel pour la fabrication de cinq Croix d'Amour et le transcodage d'une vidéocassette, en Espagnol - réalisée par José-Maria de Valencia (Espagne) et François - afin de permettre sa lecture et sa diffusion au Vénézuela.

François et Lina ont rendez-vous, le 14 août, avec l'Evêque de Caracaya. Celui-ci désire leur montrer l'endroit où il souhaite voir ériger une des Croix. Cela ne se fera pas immédiatement car François et Lina doivent se rendre d'abord au Panama, au Nicaragua, au Salvador et au Honduras (voir témoignages précédents).

Le 12 septembre, pour la troisième fois, François et Lina sont de retour à Caracas, accueillis par Georges et hébergés chez Yayita, directrice d'une chaîne télévisée catholique «TV Famille».

Le 14 septembre, fête de la Croix Glorieuse, de nombreux paysans, venant des montagnes de l'arrière-pays, rejoignent François et Lina à Caracaya à la messe célébrée par l'Evêque. Celui-ci leur avoue qu'il est le premier converti à la Croix Glorieuse. Il a été très ému de voir 25 personnes, des plus jeunes aux plus vieux, travailler avec tant d'ardeur pour creuser les fondations de la Croix dans les rochers et l'ériger. Le responsable narco-trafiquant de la région a pris une part très active à ces travaux avant d'aller se confesser à Monseigneur. *La grâce de la Croix aurait-elle agi une fois encore ? Oui !*

En fin d'après midi, ce 14 septembre, François et Lina, pour répondre à son invitation, se rendent chez le Cardinal de Caracas qui leur fait part de son désir de voir ériger des Croix Glorieuses à tous les coins de rues de Caracas !

Les quatre autres Croix fabriquées au mois d'août sont laissées aux bons soins de l'Evêque de Caracaya et seront érigées par Georges et une équipe d'ouvriers formés sur place.

AFRIQUE
BURKINA (Février 2001)
Ouahigouya

Pour assister, le 18 février 2001, à la bénédiction de la Croix d'Ouahigouya au Burkina, Gérard doit prendre le vol Bruxelles-Ouagadougou, capitale du Burkina. La Providence Divine en ayant décidé autrement, après seulement quelques mètres sur la piste d'envol, l'avion, où se trouve Gérard, est obligé de retourner au garage en raison d'une panne de moteur. Le vol suivant étant complet, Gérard doit prendre un vol Bruxelles-Abidjan, capitale de la Côte d'Ivoire, puis un autre Abidjan-Ouagadougou.

Ce passage imprévu à Abidjan lui permet de rencontrer à nouveau l'ancien Archevêque du lieu, de retour de Rome où le Pape Jean-Paul II vient de le promouvoir Cardinal. Son Eminence lui fait part de son désir d'ériger une Croix d'Amour à la grande cathédrale Saint-Paul d'Abidjan.

Gérard se rend ensuite au sanctuaire marial «Notre-Dame de Toutes Grâces» où se trouvent les Pères Marianistes qui ont accueilli la première Croix d'Amour de Côte d'Ivoire. Là, de manière imprévue, il rencontre le Père Roger, Centrafricain, qui s'étonne qu'il n'y ait pas de Croix d'Amour dans son pays. Après quelques instants d'entretien téléphonique avec l'Archevêque de Bangui - capitale de la République Centrafricaine -, le Père Roger met celui-ci en communication avec Gérard. L'Archevêque invite alors Gérard, si son programme le permet, à se rendre dans son pays en lui disant qu'il l'attend : les portes de la République Centrafricaine s'ouvrent de manière inattendue !

Dans le vol Abidjan-Ouagadougou, Gérard rencontre le Nonce Apostolique qui se rend à Ouahigouya pour la bénédiction de la Croix d'Amour. Arrivé à Ouagadougou, Gérard ne sait pas comment se rendre à Ouahigouya pour la bénédiction, jusqu'à ce qu'il rencontre l'Evêque du lieu, de passage à Ouagadougou, qui lui propose de l'amener dans son diocèse.

Le 18 février, le Nonce Apostolique d'Abidjan – dont la juridiction s'étend à plusieurs pays, y compris le Burkina –, ainsi que plusieurs Evêques et Archevêques du Burkina et l'Archevêque de Mopti au Mali se retrouvent, avec de très nombreux fidèles, au sanctuaire marial d'Ouahigouya pour la bénédiction du site, du sanctuaire et de la Croix d'Amour.

Celle-ci est bénie, tout particulièrement, par le Nonce Apostolique et par l'Archevêque de Ouagadougou.

Cette cérémonie de bénédiction permet à Gérard de faire de nombreuses rencontres providentielles. Des Evêques et Archevêques du Burkina lui disent : «Nous aurons bientôt l'occasion de nous revoir pour une Croix dans notre diocèse». L'Archevêque de Ouagadougou lui déclare : «Il faudrait, dès que vous pouvez, joindre l'Evêque de Dédougou qui désire, depuis très longtemps, une Croix dans son diocèse».

Enfin, Gérard rencontre l'Evêque de Mopti au Mali venu assister aux bénédictions avec une partie de la communauté malienne. Celui-ci lui dit : *«Lorsqu'il y a eu la bénédiction de la première Croix, dans mon pays, au Mali, à Kita, au sanctuaire marial, avec toute la conférence épiscopale, je n'étais pas là puisque j'étais à Rome où le Pape venait de me nommer Evêque. A mon retour, après quelques semaines, j'ai reçu la cassette-vidéo «L'Afrique témoigne». Je l'ai regardé une première fois et j'ai été très touché. Je me suis demandé pourquoi il n'y aurait pas une Croix dans mon diocèse à Mopti. J'ai montré la cassette à mes prêtres ; nous étions tout à fait d'accord. Mais, je me demandais toujours comment cela pourrait se faire».* Gérard voyant que l'Evêque n'ose pas le lui demander, c'est lui qui lui propose : «Si vous êtes d'accord, Monseigneur, je remonte avec vous dans votre diocèse à Mopti et nous pourrions ériger une Croix, si vous le souhaitez, à l'endroit que vous désirez».

Monseigneur lui répond : *«Je suis tout à fait d'accord, si votre programme le permet. Je ne veux pas être trop gourmand, mais je vois très bien, si cela est possible, deux Croix dans mon diocèse : une à Mopti et une autre au sanctuaire marial».*

MALI
Mopti

Le 18 février au soir, après la cérémonie de bénédiction du sanctuaire marial et de la Croix d'Amour d'Ouahigouya au Burkina, l'Evêque de Mopti amène Gérard, au Mali, avec lui.

Le diocèse de Mopti, à forte majorité musulmane, est situé à l'opposé de celui de Kayes dont dépend Kita. Monseigneur l'Evêque, après en avoir parlé à ses prêtres et à plusieurs laïcs, choisit le lieu où doit s'élever la Croix. Il s'agit d'un endroit où toutes les cérémonies religieuses importantes se déroulent, un lieu de rassemblement pour tout le diocèse, et où lui-même a été ordonné prêtre.

L'équipe de soudeurs travaillant à la Croix est composée uniquement de Musulmans qui se montrent curieux de savoir pour quelles raisons cette Croix est réalisée.

Ils acceptent volontiers d'être photographiés, à côté de la Croix, avec en main la photographie de la Croix d'Ibadan au Nigéria.

Lors des travaux d'élévation de la Croix, l'Evêque demande à deux laïcs engagés de venir aider Gérard et les autres ouvriers. L'un des deux, Christian, dit à Gérard : «Je ne m'attendais pas, en arrivant au Centre Saint-Jean-Bosco (centre pastoral du diocèse), que Monseigneur me demande cela. J'avais dit à ma femme : Je reviens rapidement». Christian est rentré chez lui plus tard que prévu mais très heureux d'avoir pu participer à une telle tâche, encore ébloui par le souvenir de la Croix, avec son socle de 1 m, érigée et éclairée, ce 25 février 2001.

Christian accompagne ensuite Gérard à Tombouctou. Une Croix, avec l'accord de l'Evêque de Mopti et des membres de la communauté catholique de cette ville, renommée pour être un haut lieu de l'Islam, ne peut être érigée, le curé français, ne venant que deux fois par an à Tombouctou, s'y oppose.

La deuxième Croix d'Amour du diocèse de Mopti-Sévaré va être érigée au sanctuaire marial diocésain de Kama, situé à 80 km de Mopti, en plein pays Dogon. Le sol y est tellement dur qu'il aurait fallu creuser le trou de fondation de la Croix à la dynamite. Finalement, une faille naturelle dans la roche va servir à y implanter la Croix.

La bénédiction de la Croix aura lieu au cours du pèlerinage marial diocésain.

RÉPUBLIQUE CENTRAFRICAINE
Bangui

Le 18 mars 2001, Gérard arrive à Bangui, la capitale centrafricaine, où il est accueilli par le Curé de la Cathédrale. Le lendemain, 19 mars, en la fête de Saint Joseph, Gérard est reçu par l'Archevêque de Bangui et l'Evêque auxiliaire.

L'Archevêché est situé dans l'enceinte de la paroisse Saint-Paul, un peu en retrait de la capitale, au bord du fleuve Oubangui qui sépare la République Centrafricaine de la République Démocratique du Congo (ex. Zaïre). C'est à cet endroit que sont arrivés les tout premiers missionnaires.

Ce jour là, après avoir passé en revue plusieurs possibilités, l'Archevêque décide, en accord avec son entourage, que la première Croix d'Amour sera érigée, à la paroisse Saint-Paul, non loin de l'Archevêché qui est bien visible d'une grande partie de Bangui.

La recherche du fer, pour fabriquer la Croix, s'avère très difficile. Par miracle, trois morceaux de ferraille identiques, en pas très bon état, peuvent être trouvés. Elle est réalisée par les ouvriers de l'atelier diocésain Saint-Paul. L'éclairage pose aussi des problèmes : pour la première fois, depuis que Gérard se rend en Afrique, il n'est pas possible de trouver des réglettes électriques de même longueur. Des réglettes de 1,20 m sont disposées sur les bras de la Croix alors que celles reposant sur les parties verticales sont de 1,60 m.

La Croix est érigée, à la force des bras, le 26 mars, pour la fête de l'Annonciation. Sur son socle, fabriqué avec des pierres locales, est apposé une plaque en forme de parchemin avec l'indication «Annonciation 2001 – 26 mars». Juste après l'élévation de la Croix, le chef de chantier et sa femme sont les premiers à venir se recueillir au pied de la Croix.

La bénédiction de la Croix d'Amour a été programmée pour Pâques 2001.

Quelques semaines après l'implantation de la Croix, alors qu'un coup d'état avait lieu dans ce pays, des combats se sont déroulés à proximité de la paroisse Saint-Paul. Aux dires des journalistes, de très nombreuses personnes sont venues se réfugier dans les murs de la paroisse… sous le rayonnement protecteur de la Croix d'Amour.

BÉNIN
Porto-Novo

En quittant le Mali pour se rendre en République Centrafricaine, Gérard doit prendre l'avion à Cotonou, au Bénin. Il pense alors qu'il pourrait rencontrer l'Evêque de Porto-Novo, («capitale» économique du Bénin), désireux de voir élever deux Croix d'Amour dans son diocèse. Mais d'abord, il veut revoir le Père de la paroisse cathédrale Notre-Dame de Miséricorde où se trouve érigée la deuxième Croix d'Amour de Cotonou. Celui-ci lui a donné rendez-vous après une cérémonie prévue, les funérailles d'une personnalité béninoise.

Tout en cheminant vers la cathédrale, Gérard se demande comment il va parcourir la trentaine de kilomètres séparant Cotonou de Porto-Novo. Quelle n'est pas sa surprise de constater que parmi les Evêques qui concélèbrent lors de la messe de funérailles, à Notre-Dame de Miséricorde, se trouve l'Evêque de Porto-Novo.

Celui-ci l'amène dans son diocèse et, le 11 mars, lui fait visiter les deux endroits où il souhaite voir ériger les Croix : le sanctuaire marial de Porto-Novo «Notre-Dame des Lagunes» qui, comme son nom l'indique, se trouve au bord de la lagune et la Cathédrale «Marie Immaculée». La bénédiction des Croix pourrait se faire durant la semaine sainte.

Un mois après, Gérard est de retour à Porto Novo pour l'installation de ces deux Croix.

La Croix d'Amour de «Notre-Dame des Lagunes» est érigée sur un pilier de 3 m de haut pour être au même niveau que la statue de la Sainte Vierge, installée à ses côtés, sur un socle de même hauteur.

Celle de la Cathédrale est mise en place sur un socle en forme de ciboire. Cela pose de grandes difficultés techniques et il faut avoir recours à une grue pour bien positionner les Croix sur leur socle.

La grue prévue, à cet effet, fait faux bond. Au dernier moment, Monseigneur a l'idée de faire appel à une société qui s'occupe de l'eau et de l'électricité au Bénin, sur Cotonou. Le patron de cette société veut bien prêter son camion et sa grue pour ce travail.

Les deux Croix sont posées dans la matinée du 10 avril 2001. Dans les deux cas, c'est un ouvrier qui, de manière très périlleuse, accroché au bras de la grue, détache la corde reliant les Croix à cette dernière.

A cause du contretemps dû au changement de grue, les réglettes électriques ne sont installées qu'ensuite, dans l'après-midi, après avoir fait venir, de toute urgence, les échafaudages ayant servi, en septembre 1999, pour les Croix d'Amour de Cotonou.

Tout est réalisé en un temps record sous une chaleur étouffante et moite de plus de 40 °! L'Evêque de Porto-Novo venu visiter à plusieurs reprises les chantiers est quand même surpris de la rapidité avec laquelle les travaux ont été menés à bien.

Des personnes désœuvrées, de passage, - aussi bien chrétiennes que musulmanes - ont participé activement à l'implantation de ces Croix et ce, pour la plupart, bénévolement. La Croix d'Amour du sanctuaire marial est bien visible de la seule route d'accès à Porto-Novo qui passe sur le pont enjambant la lagune. Quant à celle de la cathédrale, elle est à proximité du carrefour le plus important de la ville.

La croix de Notre-Dame des Lagunes est bénie le Vendredi Saint 13 avril. L'Evêque a convoqué tout Porto-Novo pour cette bénédiction. Pendant un grand moment, il explique ce que représente la Croix d'Amour, les couleurs, les dimensions. Ensuite, les fidèles présents chantent, de manière improvisée, de nombreux cantiques aussi bien sur la mort du Christ que sur Sa Résurrection.

A la veillée pascale, l'Evêque invite Gérard à le suivre à l'Eglise Saint-François-Xavier où doivent avoir lieu plusieurs baptêmes. Arrivé devant l'Eglise, Gérard aperçoit, avec surpise, une magnifique Croix lumineuse de 7,38 m installée sur la façade de celle-ci. Cette troisième Croix d'Amour de Porto-Novo a été réalisée, sans que Gérard le sache, dans le courant de la semaine sainte. Bel hommage à la Sainte-Trinité !

Le Dimanche de Pâques, Monseigneur l'Evêque bénit la Croix de la Cathédrale «Marie Immaculée».

Lokossa

L'Evêque de Porto-Novo prend contact, également, avec l'Evêque du diocèse voisin de Lokossa, un des rares diocèses du Bénin où aucune Croix d'Amour n'a encore été élevée.

L'Evêque de Lokossa reçoit Gérard avec grand plaisir et lui dit qu'il aurait aimé avoir cinq Croix dans son diocèse... Une seule étant possible pour l'instant, il la voit très bien installée en pleine nature, au bord d'un lac, au milieu d'une région imprégnée de fétichisme, dans un endroit où la première communauté chrétienne s'était implantée. Une petite chapelle, assez fréquentée, s'y dresse sur une colline qui domine le lac. Il veut simplement que la petite Croix existante soit remplacée par la Croix d'Amour. Une communauté de religieuses doit s'installer, au pied de la colline – et donc de la Croix d'Amour – quelques jours après, à la fin des travaux d'aménagement des bâtiments qu'elles doivent occuper. Elles vont récupérer la petite Croix pour leur chapelle ; le nom de cette communauté : «Les Servantes de la Lumière du Christ».

Gérard apprend ensuite, par un prêtre, que le prédécesseur de l'Evêque actuel, avant de décéder, avait entendu parler des Croix d'Amour et avait choisi ce même emplacement pour une éventuelle Croix Glorieuse. L'Evêque actuel n'est pas du tout au courant de ce fait.

Il a été convenu avec les paroissiens de cette chapelle que lorsque les cloches sonneraient, ils viendraient donner un «coup de main» pour l'installation de la Croix. En fait, c'est une foule immense qui arrive sur les lieux ce Jeudi Saint 12 avril 2001. Avec tant de bras, il est facile de disposer la Croix à l'emplacement prévu. Seule ombre au tableau, une réglette électrique s'est cassée lors de ces manipulations. Un des vicaires se rend immédiatement à Cotonou où le marchand lui échange la réglette sans difficulté. C'est le curé de la paroisse, aidé de deux religieuses, qui amène l'échelle pour mettre la nouvelle réglette en place, juste avant la cérémonie de bénédiction de la Croix.

L'Evêque déclare lors de la cérémonie : «*Je suis particulièrement heureux de pouvoir implanter cette Croix lumineuse, un Jeudi Saint au soir, sur cette colline. Cela me rappelle l'événement de Géthsémani où Jésus a amené ses disciples au Mont des Oliviers pour aller prier.*

Nous avons implanté la Croix et la foule des fidèles est en adoration devant le Saint Sacrement. Ils vont prier jusqu'à l'aube en pensant à ce que Jésus a vécu le soir du Jeudi Saint... C'est un double signe, l'implantation de la Croix lumineuse est lumière pour les chrétiens, lumière pour éclairer notre route. Mais l'implantation de la Croix, aussi, dans cet enveloppement païen, est un autre signe. Je prie pour que beaucoup regardent la Croix comme la lumière de leur vie.

Je suis heureux et je remercie Gérard qui est venu de la France pour apporter sa contribution généreuse pour l'implantation de cette Croix et je remercie tous les amis qui l'ont aidé aussi. C'est la première Croix lumineuse dans le diocèse de Lokossa dont je suis l'Evêque depuis le 4 novembre 2000. J'espère que d'autres Croix suivront encore. Merci, merci, encore merci à toutes les âmes de bonne volonté, à toutes les personnes généreuses qui nous ont permis d'implanter cette Croix.»

BURKINA (Mars 2001)
Dédougou

Après son départ du Mali, Gérard doit prendre l'avion à Ouagadougou, au Burkina, pour se rendre ensuite au Bénin où l'attend l'Evêque de Porto-Novo. Il profite de son passage au Burkina, le 3 mars, pour aller voir, à Dédougou – ville située à 260 km de Ouagadougou – l'Evêque désireux de voir élever une Croix dans son diocèse. Cette brève rencontre permet de décider du lieu et de la date d'élévation de la Croix.

Un mois après Gérard est de retour au Burkina. En effet, le dimanche de Pâques 15 avril, Gérard est parti, à la hâte, à la fin de la cérémonie de bénédiction de la Croix de la Cathédrale de Porto-Novo au Bénin afin d'arriver, suffisamment tôt, à Dédougou, pour réaliser la Croix d'Amour, programmée par l'Evêque pour le dimanche de la Divine Miséricorde 22 avril 2001. Ce jour-là, 350 confirmations sont prévues et Monseigneur désire beaucoup la présence de la Croix pour cet événement.

Le 18 avril, Gérard - terrassé par la chaleur sèche et le surmenage des jours précédents - doit être hospitalisé et mis sous perfusion pendant plusieurs heures. Le chef de chantier et les ouvriers, qui ont commencé la fabrication de la Croix viennent, à tour de rôle, réconforter Gérard à l'hôpital. Cela leur donne une motivation supplémentaire pour travailler, avec plus d'ardeur, à la réalisation de la Croix d'Amour. Le 19 avril, en fin d'après-midi, Gérard quitte l'hôpital. Après une nuit à l'Evêché avec une nouvelle perfusion, il se remet à la tâche avec courage le lendemain.

Le 20 avril, la Croix est amenée à la Cathédrale de Dédougou, à l'endroit où l'Evêque souhaite que la Croix soit implantée, bien visible de toute la communauté catholique et de la ville.

Beaucoup de personnes participent à l'éclairage et à l'élévation de la Croix, pendant que d'autres, à proximité, les aident par leurs prières.

Un socle de 1 m de hauteur, avec des pierres taillées rouges, est réalisé pour la Croix. Le samedi soir, veille de la bénédiction, ce socle est terminé à la lumière des lampes tempêtes et des phares de voitures, à cause des coupures de courant de délestage prévues, quartier par quartier, par la compagnie d'électricité de la ville.

Le lendemain matin, les cérémonies commencent très tôt.

La bénédiction de la Croix, à 7 h 45 par l'Evêque, entouré des prêtres et de très nombreux fidèles, est suivie de la messe et des 350 confirmations de jeunes et d'adultes.

De Dédougou, Gérard téléphone à des amis, en France, qui prennent, en son absence, les messages qui lui sont destinés. Ceux-ci l'informent alors de prendre contact, très rapidement, avec le Père Michel de Dakar au Sénégal. Ce dernier lui demande d'appeler, dès que possible, l'Archevêque de Dakar, que Gérard a eu l'occasion de rencontrer lors d'un de ses précédents voyages.

L'Archevêque lui fait part alors de son désir de voir ériger une Croix au Sanctuaire Marial international de Popinguine, tenu par des Petits Gris, et dans son village natal de Faliouh. Son Excellence aimerait, si c'est possible, que la Croix de Popinguine soit érigée avant le grand pèlerinage, précédé de la marche des jeunes, qui rassemble tout le pays pour Pentecôte. Gérard lui répond : «Excellence, il ne me reste plus qu'une semaine disponible. Je ne sais pas pourquoi, je dois prendre l'avion de retour pour la France, à Dakar. Est-ce que ce serait possible que j'intervienne la deuxième semaine de mai ?» L'Archevêque lui dit alors : «Pas de problème, je vous attends.»

SÉNÉGAL
Popinguine

Début mai, Gérard arrive à Dakar et va voir le Père Michel, Piariste d'origine espagnole, rencontré en Guinée à Conakry. Il a ensuite une entrevue avec l'Archevêque de Dakar ; ils conviennent de se retrouver à Popinguine où l'Archevêque doit se rendre pour une réunion du Conseil Presbytéral.

Lors de son entrevue avec l'Archevêque de Dakar, celui-ci lui confie : «Je suis Archevêque de Dakar depuis quelques mois seulement. De 1974 à juin 2000, j'ai été Evêque d'un diocèse de province, plus au centre du Sénégal. C'est début juin de l'an 2000, que j'ai reçu l'annonce de ma nomination, par le Saint Père, à l'Archidiocèse de Dakar…

L'idée m'est venue d'implanter une Croix au Sanctuaire Marial de Popinguine où nous nous rendons tous les lundis de Pentecôte mais également où nous nous rendons en cours d'année. Or, ce pèlerinage du lundi de Pentecôte est précédé d'une marche des jeunes.

Pour la Croix de Faliouh, je tiens à signaler que c'est mon village natal. Nous venons de restaurer l'église et l'ouvrir à nouveau au culte après qu'un grand ouragan ait renversé la toiture. La population était attristée de voir l'église endommagée si gravement par les éléments naturels. Mais, pas plus tard qu'il y a trois jours, un jeune me disait : «Quand l'événement est arrivé, nous nous demandions qu'est-ce que nous avions fait au Bon Dieu pour qu'Il laisse démolir son église mais, au contraire, aujourd'hui, quand nous voyons comment l'église a été si bien restaurée, nous sommes plutôt heureux de voir que Dieu avait permis cette catastrophe pour nous amener à reconstruire l'église de façon beaucoup plus convenable.»

Le matin du 3 mai, Gérard, avec un prêtre des œuvres diocésaines qui l'accompagne, parcourt les 70 km qui relient Dakar à Popinguine.

L'Archevêque conseille à Gérard de voir avec le Père Gilbert, le meilleur lieu d'implantation pour la Croix d'Amour. Le Père Gilbert, Curé de la paroisse, où est situé le sanctuaire marial de Popinguine dont il est le Recteur, est un prêtre de la Communauté Saint-Jean (Petit Gris).

Finalement, il est décidé que la Croix Glorieuse sera érigée à la place d'une autre Croix qui sera installée à côté de la grotte mariale. La Croix d'Amour se retrouvera dans une allée magnifiquement fleurie qui monte à l'autel et sera bien visible, ainsi, de toute l'assemblée.

Le 9 mai, le Père Gilbert participe activement à tous les travaux nécessaires à l'érection de la Croix : déchargement des trois morceaux de Croix, en provenance de Dakar, à leur arrivée au sanctuaire, creusement des fondations et mise en place de la Croix dans sa réserve de béton. De nombreux musulmans participent à tous ces travaux. Des religieuses de l'Immaculée Conception, accompagnées de novices, assistent à tout cela en priant. Les hommes présents n'étant pas en nombre suffisant pour tirer sur les cordes afin d'élever la Croix, ce sont les novices qui viennent, spontanément, leur prêter main forte.

Cette Croix est bénie le lundi de Pentecôte, 4 juin 2001, lors du pèlerinage national.

Faliouh

Le curé de Faliouh, qui se trouve le 3 mai à Popinguine pour assister au Conseil Presbytéral, amène dans l'après-midi Gérard visiter sa paroisse St-François-Xavier. Ils se rendent d'abord dans la ville de Joal, située à 130 km de Dakar. Et de là, il faut prendre soit une pirogue pour faire la traversée jusqu'à l'île où s'étale la ville de Faliouh, soit emprunter le pont de 500 m qui les relie l'une à l'autre. Faliouh, ville de quelques 8000 habitants, a la particularité d'être composée à 90 % de chrétiens alors que le Sénégal est majoritairement musulman.

La décision est prise de mettre la Croix d'Amour sur la façade du clocher reconstruit de l'Eglise sur lequel se trouve encore l'échafaudage ayant permis de peindre le «M» de Marie surmonté d'un cœur, lui-même, surmonté de la petite Croix du clocher.

Le matin du 10 mai, Gérard se retrouve à Joal pour réceptionner la Croix de Faliouh, en provenance de Dakar où elle a été fabriquée, comme celle de Popinguine, par des artisans musulmans ayant réalisé un travail très soigné. A sa grande surprise, c'est en pirogue, à marée haute, que les deux morceaux de Croix et le matériel nécessaire à leur mise en place, sont acheminés jusqu'à Faliouh.

Cette Croix est réalisée, de façon spéciale, en tôle galvanisée pliée afin qu'elle ne pèse pas trop sur le clocher. Tout doit être réalisé, ainsi que la pose de la Croix, en une journée car Gérard doit repartir impérativement le lendemain 11 mai.

Avec une synchronisation parfaite, quasiment miraculeuse, tous les ouvriers travaillent d'arrache-pied. Ils ne veulent même pas s'arrêter pour déjeuner. Aussi, la Croix, arrivée à 11 h en pièces détachées, est terminée d'être montée à 18 h !

A signaler, le formidable travail d'acrobate effectué par la personne travaillant à l'intérieur du clocher pour en percer le mur, en équilibre à 30 m au-dessus du sol.

Ces travaux sont suivis par une bonne partie de la population et de nombreux enfants mais un service d'ordre rigoureux veille à ce que les spectateurs ne s'approchent pas trop près du clocher afin d'éviter tout accident éventuel.

Cette Croix visible, particulièrement de nuit, par tous ceux qui empruntent le pont qui mène à Faliouh, a été éclairée, la première fois, ce 10 mai 2001 à 18 h 50 très précisément.

ASIE

CHINE

Pékin - Lesham - Shanghaï

Au mois de novembre 2000, Raymond, Pierre-Yves et Serge s'envolent en direction de la Chine. Ils se rendent d'abord à Pékin, à l'Eglise de l'Annonciation, et rencontrent le Père François à qui ils présentent l'œuvre des Croix d'Amour. Celui-ci leur promet qu'une Croix d'Amour sera érigée devant une église à Pékin.

Après avoir parcouru les 2200 km qui les séparent de la ville de Lesham, dans la province du Sichuan, où ils arrivent le 17 novembre, ils sont accueillis par l'Evêque, âgé de 82 ans, accompagné d'un jeune prêtre. Là aussi, décision est prise de faire élever une Croix devant une église avant la fin du Jubilé.

Enfin, le 20 novembre, ils terminent leur périple, 2500 km plus loin, par le diocèse de Shanghai qui compte 109 églises ! Ils rendent visite à l'Evêque et son Vicaire Général. Ce dernier a fait ses études en France et accepte bien volontiers de faire ériger une Croix glorieuse, le plus rapidement possible, avec les dons que lui sont remis.

COREE du SUD

Naju

Julia Kim est une âme privilégiée à qui la Sainte Vierge Marie donne des messages depuis de nombreuses années. Elle est favorisée d'apparitions de Notre-Seigneur Jésus-Christ et surtout de sa Sainte Mère et souffre régulièrement de douleurs violentes au ventre, qui la font se recroqueviller, en réparation des avortements qui sont commis.

Elle souffre aussi les douleurs de la Passion. Lors de certaines de ses communions, des miracles eucharistiques ont eu lieu. Ainsi, le 24 novembre 1994, Son Excellence Jean (Autorité ecclésiastique de l'Eglise Catholique) qui déposait l'hostie sur la langue de Julia a pu constater que cette hostie, après avoir fondu, s'est transformée en morceau de chair sanguinolente pour prendre ensuite la forme d'un petit cœur de bébé aux contours bien définis. *Le miracle a pu être photographié.*

Le 11 juin 2002, à 5 h du matin, pour répondre à l'appel de la Vierge, Julia accompagnée d'une autre personne monte sur la Montagne de la Vierge, où se trouve un chemin de Croix, et va prier à la 12e station, à l'endroit où, le 22 septembre 1995, a eu lieu un autre miracle eucharistique : *Jésus lui apparaît alors et lui montre Son Sacré-Cœur transpercé duquel tombent des morceaux de Chair et des gouttes de Sang sur les cailloux du chemin.* Peu après, Julia, entourée d'autres personnes venues la rejoindre, constate que sur certaines pierres, le sang épais se soulève comme un cœur qui continue à battre au rythme de la respiration !

Un mois après, dans Son message du 16 juillet 2002, le Seigneur déclare à J.N.S.R. : *«Ceci se passe à Naju en Corée. Vois Ma fille, briller Ma Croix en haut de ce chemin où J'ai commencé à laisser couler à nouveau Mon Sang Précieux et à ouvrir Mon Cœur... Oui, Je vous attends à Ma dernière Croix d'Amour... Mon enfant tu viendras et tu planteras Ma dernière Croix d'Amour sur ce mont, à NAJU...».*

Le terrain montagneux, où se trouve le chemin de Croix sur lequel Notre-Seigneur Jésus-Christ a laissé éclater Son Sacré Coeur et répandu Son Précieux Sang, est privé et appartient à Julia Kim et son mari ; il est situé à environ deux kilomètres de leur maison de Naju.

François pense que la date anniversaire du miracle eucharistique du 24 novembre 1994 peut convenir pour la pose de la Croix d'Amour sur le chemin de Croix de Naju.

Des contacts préalables ont été établis par José-Maria, ouvrier espagnol de la Croix, avec le Père Raymond Spies, directeur spirituel de Julia pour lui présenter l'œuvre des Croix d'Amour et les messages de J.N.S.R. De son côté, sans en informer François, Son Excellence Jean est intervenu pour annoncer à Julia l'arrivée imminente de l'ouvrier de la Croix.

Les conditions sont donc favorables lorsque François se présente à Naju le 21 novembre. Pendant qu'il fabrique la Croix d'Amour, aidé d'un membre de l'association qui entoure Julia, celle-ci attend que le Seigneur veuille bien lui répondre sur le bien-fondé d'une telle entreprise. Le Seigneur ne s'étant pas manifesté, Julia et son entourage ne prennent aucune décision pour sa pose. Cependant, avant de partir, François, aidé de plusieurs personnes, monte à dos d'homme la lourde

Croix d'Amour, parcourant les 14 stations du chemin de Croix de Naju où le Seigneur a laissé coulé Son Sang Précieux, pour déposer celle-ci à la 15ème station, au sommet de la montagne.

Depuis plusieurs semaines déjà, pour aider François dans cette entreprise difficile, José-Maria a sollicité le concours de tous les couvents et carmels d'Espagne qui ont reçu la Croix d'Amour. Les Sœurs prient intensément et des messes sont célébrées en grand nombre - il y en aura quarante au total - pour que la Volonté du Seigneur s'accomplisse.

Fin janvier 2003, François part au Mexique chez un ami de Julia Kim, espérant, avec son aide, obtenir enfin l'accord de Julia pour la pose de la Croix à Naju. Hélas ! Ils reçoivent, par fax de Corée, une réponse négative de la part de celle-ci et de son entourage. La raison principale invoquée pour ce refus est qu'il vaut mieux ne pas mélanger les deux œuvres, la situation de Julia étant déjà suffisamment délicate vis-à-vis des ministres de l'Eglise de son pays.

François, fort attristé par cette réponse, rentre alors en France, non sans avoir posé trois Croix d'Amour à Mexico City et Monterrey et démarrer un chantier de 17 Croix, passant le relais à Juan, un ingénieur. Celui-ci, qui a parlé des Croix d'Amour à certains de ses amis, se trouve sollicité de toutes parts et posera, en l'espace de trois à quatre semaines, près de 80 Croix d'Amour ! Un record dans la vitesse d'exécution grâce à une solide organisation ! Avant la fin du mois de février, le flot de demandes incessantes se tarira aussi soudainement qu'il a commencé...

Pour François et José-Maria la pose de cette Croix à Naju semble urgente et pendant cette période d'expectative, J.N.S.R. ne reçoit aucun message qui puisse les éclairer. Ils ne connaissent pas la Corée et ne voient pas comment arranger la chose.

Finalement, José-Maria se rappelle que lors de l'élévation de la Croix d'Amour aux portes du Carmel de Castellón de la Plana, près de Valencia – Croix bénie le 16 juillet 2002, jour où J.N.S.R. reçoit le message sur la dernière Croix ! – un jeune prêtre coréen les avait aidés, François et lui, à poser la Croix. (Voir «Espagne» témoignage précédent). José-Maria va donc voir ce dernier et lui expose ses préoccupations. Le jeune prêtre lui apprend qu'un Carmel, dans la commune de Naju, à une quinzaine de kilomètres de la ville, va ouvrir ses portes dans le courant de ce mois de février.

José-Maria s'adresse alors au Supérieur du Carmel de Castellón de la Plana pour lui demander s'il veut bien entrer en contact avec ce Carmel près de Naju. A sa grande surprise, il s'entend répondre que le Père Bonaficio, Supérieur du Carmel de Naju est un de ses amis et qu'il se charge bien volontiers de lui parler de ce projet de Croix d'Amour. Le Père Bonaficio a séjourné un an au Carmel de Castellon : que le monde est petit !

L'importance de Notre-Dame du Mont Carmel dans l'œuvre des Croix d'Amour n'a pas échappé aux deux Supérieurs et le Père Bonifacio donne son accord de principe à la pose de la Croix. Il obtient ensuite celui des membres de sa communauté de Naju.

De son côté, Son Excellence Jean, qui était déjà intervenu une première fois auprès de Julia, ressent lui aussi l'urgence de la pose de cette Croix. Il offre donc, en la fête de Notre-Dame de Lourdes, une messe pour que la Croix de Naju voit enfin le jour.

Avant de repartir pour la Corée, François ressent, à plusieurs reprises, un curieux phénomène dans son cœur ; celui-ci, sans lui faire mal, lui donne la sensation de fondre, de se liquéfier. Avant d'apprendre cela, José-Maria, dont le cœur éprouve la même sensation, était sur le point de consulter un cardiologue !

François reprend donc l'avion à destination de la Corée du Sud, via Taiwan où il élève, au passage, deux Croix d'Amour, dont une bénie par l'Evêque qui a ordonné, quelques années auparavant, lorsqu'il était en France, des prêtres de la Communauté Saint-Jean.

Entre-temps, José-Maria a reçu un appel téléphonique d'une de ses compatriotes qui lui apprend que son mari, âgé de 90 ans, hospitalisé, est sur le point de mourir ; les médecins de l'hôpital ne lui donnent que très peu de jours à vivre. José-Maria lui parle de la Croix qui va bientôt être érigée à Naju, si Dieu le veut, et propose à cette dame de bien vouloir demander à son mari d'offrir son agonie pour que la pose de cette Croix ait bien lieu et se passe dans les meilleures conditions possibles.

Arrivé au Carmel de Naju, François, très fatigué, se repose et laisse le Père Bonifacio prendre en main les travaux de fabrication de la Croix. Avant de souder le bras droit de la Croix, des intentions de prières, dans une volumineuse enveloppe, sont glissées à l'intérieur de celui-ci. Une fois la Croix prête, François, aidé de jeunes frères Carmes transporte la Croix sur la montagne à proximité du Carmel, à quelques centaines de mètres du grand séminaire. François et les jeunes Carmes érigent celle-ci pour le samedi 22 février 2003, fête de la Chaire de Saint-Pierre. Après l'installation, à son côté, d'une belle statue de la Sainte Vierge Marie, la Croix sera bénie, par le Père Bonifacio, le 28 mars, jour anniversaire de l'apparition de la Croix Glorieuse à Madeleine, à Dozulé.

François, lors de la pose de la Croix du Carmel, a une pensée pour la Croix restée couchée à la 15ème station du chemin de Croix près de chez Julia. Plus tard à son retour en France, il apprendra que ce même 21 février, le Père Spies faisait transporter cette Croix dans une paroisse de Séoul où il a œuvré pendant 17 années, en particulier auprès des malades et des lépreux. Cette Croix y sera élevée le 22 mai, en la fête de Sainte Rita. La Croix d'Amour, destinée au chemin de Croix de Naju sera donc demeurée deux mois là où le Seigneur la veut : «en haut du chemin» où le Précieux Sang de Jésus a coulé, et ce, jusqu'au jour où François pose la Croix au Carmel près de Naju.

José-Maria apprend que l'homme de 90 ans, qui a accepté d'offrir son agonie pour la Croix de Naju, est sorti de l'hôpital, son état de santé s'étant très nettement amélioré.

Avant son départ pour la Corée du Sud, pensant que François va poser la dernière Croix d'Amour, des amis à lui, aidés efficacement par Son Excellence Jean, entreprennent des démarches auprès du Vatican pour que François et les ouvriers de la Croix soient reçus par le Saint-Père.

A son retour en France, le 25 février, veille de l'audience pontificale, François apprend de manière officieuse, qu'il devrait être reçu par le Saint-Père mais José-Maria, qui est déjà à Rome, s'est renseigné : leur réception par le Pape n'est toujours pas confirmée officiellement. François prend quand même le train de nuit pour Rome dans lequel il va rencontrer le groupe d'amis qui doit l'accompagner. Ce n'est qu'à quelques heures de la rencontre, le matin du 26, en arrivant à la Porte de Bronze à l'entrée du Vatican, qu'ils reçoivent leur carton d'invitation. Leur patience et leur confiance ont été récompensées. Il faut dire qu'à plusieurs reprises, durant les mois et les années précédentes, François et Serge ont essayé en vain de voir le Pape.

Ce mercredi 26 février, lors de l'assemblée pontificale la méditation porte sur le Psaume 150, clôturant la série des Psaumes de David. Ce texte est une véritable louange au Seigneur : «Louez Dieu dans son sanctuaire... Que tout ce qui respire loue le Seigneur !». Ensuite, comme d'habitude, Jean-Paul II reçoit par petits groupes les personnes présentes. Lorsque vient leur tour, François, José-Maria et leurs amis s'approchent du Saint-Père. François fait quelques pas en avant avec José-Maria et ils s'agenouillent devant le Pape. François offre au Saint-Père les Croix d'Amour en lui déclarant : *«Votre Sainteté je vous remets les 7380 Croix au nom de tous les ouvriers de la Croix»*, (7380 Croix est bien sûr un nombre estimé possible et symbolique car il évoque les 738 mètres de hauteur du Golgotha et de la Croix Glorieuse demandée par Notre-Seigneur à Dozulé). Le Pape lui pose alors la main sur la tête et le bénit ainsi que José-Maria qui se tient à son côté.

Après son entrevue avec le Saint-Père, on remet à François une grande enveloppe blanche contenant deux magnifiques photographies.

Sur l'une, le Pape lui met la main sur l'épaule, sur l'autre, on voit le groupe d'amis présents lorsque Jean-Paul II lui pose la main sur la tête. Quelques heures après, ce même jour, l'Observatore Romano, journal d'information du Vatican, fait paraître un article qui relate cette entrevue.

Peu après, on constate que l'état de santé du Saint-Père s'est nettement amélioré, grâce à un nouveau traitement médical, mais aussi, pense François, parce que Jean-Paul II a été très heureux de recevoir et bénir l'offrande de toutes ces Croix d'Amour et qu'il en a reçu une grâce particulière.

En décembre 2002, François et un groupe d'amis se trouvaient non loin de Rome dans la communauté de Mère Eugénia, en attendant d'assister à l'audience générale du Saint-Père le mercredi suivant. Une âme privilégiée les accompagnait. Elle est connue de Son Excellence Jean qui lit avec beaucoup d'intérêt ce que le Seigneur lui donne. Ce jour-là, cette personne reçoit un message pour François : *«Lorsque tu recevras dans tes mains une grande enveloppe blanche, la mission des Croix sera terminée pour toi. Le Seigneur te demande de te mettre sur le côté, Il est content et te remercie (...)».*

François ayant reçu sa «grande enveloppe blanche», contenant les photographies où il se trouve avec le Saint-Père, comprend alors qu'il doit s'arrêter d'ériger des Croix d'Amour. De son côté, José-Maria ressent très fortement dans son cœur qu'il doit, lui aussi, s'arrêter. Bien sûr, ce sont des décisions personnelles qui n'engagent pas les autres ouvriers de la Croix. Pour François et José-Maria, en agissant ainsi, ils obéissent au Seigneur. Le Seigneur demande dans Son message du 02.01.03 à J.N.S.R. : *«Ma dernière Croix posée, retirez-vous vite chez vous. Enfants de Ma Croix d'Amour, votre Dieu vous bénit et bénit votre travail qui est Mon Œuvre. (...) Et maintenant, parlez de Moi. Aidez les malheureux»*. Dans un autre message du 20.01.03 , le Seigneur déclare : *«L'aumône ouvre toutes les portes lorsqu'elle est donnée avec Amour et sans espérer le moindre intérêt en retour. Tout le bien que vous aurez fait sur la Terre vous sera rendu au centuple au Ciel de Dieu où le matériel n'existe pas. La vraie monnaie des Saints du Ciel et des Saints de la Terre s'appelle Charité».*

A l'heure actuelle, François a repris ses activités humanitaires et s'occupe des pauvres et des malheureux au travers de la Société Saint-Vincent-de-Paul - Louise de Marillac.

Note du secrétaire bénévole de «Témoins de la Croix» :

Depuis le début de la mission des Croix d'Amour par milliers dans le monde entier, soit depuis 7 années, je n'avais de rapports que par téléphine, courrier ou Fax avec François. Je l'ai rencontré le 15 Nov. 2003 à la conférence de Mr Jacques Kayser lors de l'assemblée régionale à Toulouse de l'association Résiac Bon Secours. Avec François j'ai eu des divergences d'opinion au sujet de la *dernière* Croix d'Amour à élever *sur le mont,* à Naju. Dans son compte-rendu ci-dessus à Marie-Thérèse Sanchez *(que je remercie pour le très magnifique travail qu'elle réalise dans des conditions difficiles)* François précise que ses *«décisions personnelles n'engagent pas les autres ouvriers de la Croix.».*

Ceux-ci persévèrent, notamment en France, où les Croix d'Amour ont continué à être élevées, malgré la contestation des ennemis de la Croix.

Je suis resté en dette avec Gérard pour les dernières missions qu'il a effectuées et je n'ai plus assez d'offrandes pour la dernière Croix de Naju, si on parvient à l'élever un jour.

Par ailleurs,

en préparant une citation de JÉSUS à maman Carmela de Milan, à placer sous la reproduction de l'Image de Notre Dame de Lourdes, en 2ème page de couverture *(« la Fête de l'Immaculée Conception est la plus grande pour la Terre et pour le Ciel »)*, j'ai relu ce que dit JÉSUS à maman Carmela, le 2 Déc. 1968 :

« C'est ainsi que J'ai pris demeure dans le sein de Ma Vierge Mère qui demeura telle qu'Elle était auparavant, pendant qu'Elle Me portait et après M'avoir mis au jour, car ce qui s'accomplit en Elle arriva par l'opération de Dieu Lui-même.

De même que le soleil éclaire le **cristal** *et que ses rayons le traversent sans le briser, ainsi en fut-il de Ma Mère, enveloppée des rayons du Soleil Divin : ils ne lui otèrent rien ; bien plus, ils Lui donnèrent la plus grande splendeur qu'aucune créature n'ait jamais possédée.»* (Ed Fidélitas, BP 149, 74101 Annemasse Cedex)

Or ce mot **cristal** et cette image de la lumière le traversant, à propos de MARIE toujours Vierge avant et après la Nativité de Notre Seigneur, ont été précisément employés par la Sainte Vierge dictant à Marie d'Agréda dans les années 1650, et à don Gobbi en 1988 (voir plus loin, p. 319). Trois fois donc, à trois âmes-privilégiées différentes en l'espace de plus de 3 siècles. En MARIE, comme en JÉSUS, il y a donc une volonté bien établie de nous faire admettre *MARIE, toujours Vierge.*

Une autre précision, qui vient de m'être téléphonée par une Religieuse ce matin 8 Décembre en la Fête de l'Immaculée Conception, c'est que les apparitions de Manduria ont lieu le **23** de chaque mois et que la Prière de Consécration dictée par MARIE dit :

« Ô Cœur Immaculé, Mère de mon Seigneur, Source d'Huile sainte de l'Onction pérenne, je Te supplie moi, grand pécheur, de me montrer Ton **Secret** *et de me consacrer à Toi, aujourd'hui.»*

Sœur M.-L. a noté la coincidence du Message du **23** Juin 2003 *(« Je viens vous dévoiler le* **Secret** *de Marie »)* avec le quantième du mois (**23**) des apparitions de Manduria et le mot **secret** de la Prière de Consécration.

Cette double coincidence est à noter car, ainsi que je l'écris p. 315 : Dieu ne laisse jamais rien au hasard qui n'est qu'un concept mathématique et qui n'existe nulle part dans la Création.

A.F.

Memento

Témoignage du secrétaire de la révélation privée
«**Témoins de la Croix - Actes des apôtres** »
reçue par JNSR en 10 volumes

C'est en 1990 que JNSR m'a envoyé copie des premiers Messages qu'elle recevait de JÉSUS, de MARIE, et des Saints et Anges du Ciel de Dieu. Après les avoir diffusés vers mes correspondants, un ordre du Seigneur a prescrit de les réunir en un livre pour être publiés. Le premier, «Témoins de la Croix - Messages de Vie » a été édité en **1993** et les autres ont suivi au fil des années, jusqu'au dixième que vous lisez ici.

« *Témoins de la Croix*» et «*JNSR*»

Quelques lignes pour les lecteurs qui liront ce livre sans avoir eu connaissance des ouvrages précédents, *et ils seront nombreux car ce livre fera date dans l'histoire de l'édition mystique*. En 1990, quand j'ai commencé à diffuser les premiers messages, il m'a fallu donner un titre à ceux-ci et j'ai choisi « *Messages de Vie* » ; il m'a fallu donner un nom à la Messagère qui ne voulait pas être connue, étant catéchiste dans sa paroisse. Comme elle me disait souvent *Je ne suis rien,* j'ai choisi spontanément ces 4 initiales : JNSR. Et à la fin du premier livre, St Jean, l'apôtre de l'Amour, vient dicter à JNSR que le titre du livre devra être *Témoins de la Croix.* J'ai gardé en sous-titre *Messages de Vie,* non parce que je l'avais choisi, mais parce que, au moment où je préparais la 1ère page de couverture pour l'éditeur, le 2ème volume de *Témoins de la Croix* était déjà commencé.

Et c'est dans ce 2ème volume, le 28 Janv. 94, que Notre Seigneur nous apprend que mon choix *spontané* avait été *inspiré* :

> « *Le livre ne sera pas le seul qui paraîtra, car tu seras connue et aimée sans te montrer. Seulement ton nom, que J'ai choisi, sera employé : Dieu a guidé celui qui t'a donné ces initiales ; car Je choisis chaque chose pour vous qui M'écoutez.*»

Par la suite, JÉSUS nous dira que ces initiales, JNSR, sont aussi les Siennes : **J**ésus **N**otre **S**eigneur **R**evient et **J**ésus de **N**azareth **S**eigneur et **R**oi, comme Il le dit ici, p. 19, 56 et 84.

les droits d'auteur

Dès le début, le Seigneur ordonne que tous les droits d'auteur soient abandonnés au profit d'œuvres caritatives et missionnaires, ce qui a été rigoureusement observé. Ainsi, c'est plus de **41.000** Euros, les droits d'auteur des éditions françaises, qui ont profité aux missions et aux congrégations religieuses en Europe, au Viet-Nam et à Madagascar, par l'intermédiaire de «**Résiac Bon Secours** » fondée en 1982. Cette association a envoyé le 6 Nov. 2003 son **608**ème camion de **38** tonnes dans les Pays de l'Est, essentiellement en Pologne, a expédié **18** conteneurs de **30** m³ à Madagascar, a fourni **8** groupes électrogènes au Liban. Elle a également expédié des milliers de colis de médicaments en Afrique et au Viet Nam, Slovaquie, Pologne, etc... ; et elle a secouru de nombreux Prêtres par l'envoi d'honoraires de Messes et cela dans le monde entier.

les Croix d'Amour

A partir du 16 Juillet 1996, en la Fête de Notre Dame du Mont Carmel, le Seigneur lance la mission des milliers de Croix d'Amour dans le monde entier « *pour protéger les régions où s'élèvera une Croix d'Amour et tous ceux qui la contempleront avec Amour.* »

Plusieurs mois avant, des lecteurs de Nouvelle Calédonie avaient été inspirés d'élever une Croix de 738 cm à Nouméa, et le Bon Dieu Se manifesta de deux façons : d'abord, alors qu'un cyclone ravageait le Nord du territoire, une personne (qui avait une grande dévotion pour les âmes du Purgatoire) photographia la violente tempête ; la photo, développée quelques jours plus tard, montre des silhouettes blanches, les bras en croix, en ascension dans le ciel. Ensuite, alors que l'on craignait de gros dégâts dans le Sud à Nouméa, quand le cyclone arriva sur la ville, il s'était transformé en une dépression tropicale sans gravité. Tous, là-bas, ont eu la certitude que la Croix, élevée quelques jours avant, les avait protégés.

En France, les deux premières Croix d'Amour ont été élevées par Serge Blancher près de Clermont-Ferrand et par les frères Ibanez près d'Avignon. Ce furent les deux premières équipes des Ouvriers de la Croix qui parcoururent les 5 continents pour élever des Croix d'Amour partout. *Combien ?* Dieu Seul en connaît le nombre exact ; mais certainement plusieurs milliers, toutes bénies par des Prêtres. Des Croix accueillies avec ferveur à l'étranger par des Évêques qui les avaient demandées. Des Croix élevées en France, sans doute plus d'un millier, *contre la réprobation* (larvée ou ouverte) de la plupart des responsables diocésains concernés.

Réprobation, pourquoi ?

Parce que les Croix d'Amour, de 738 cm de hauteur, sont au centième de la Croix Glorieuse de 738 m (l'altitude du Golgotha à Jérusalem) demandée par le Christ à l'Église (via Madeleine à Dozulé) en contrepartie du **Salut** de **toute** l'Humanité. L'Évêque du lieu, 7 ans après la fin des apparitions, publie le 8 Décembre 1985 une ordonnance qui, sans jamais évoquer une erreur théologique quelconque, ni mettre en cause l'honnêteté et l'équilibre psychologique de Madeleine (autorisée à poursuivre sa mission de catéchiste dans sa paroisse de Dozulé), est un **refus** de l'offre du Seigneur à Son Église. Une majorité du clergé français **a voulu** comprendre ce refus comme étant une **condamnation** des apparitions de Dozulé.

Nul, dans le clergé, n'a osé dire (et encore moins écrire) que ces apparitions auraient été fausses, car il aurait fallu exposer les attendus, <u>inexistants</u>, d'une telle assertion. Mais, bien avant le Concile Vatican 2, une consigne non écrite était respectée, particulièrement en Europe, ct c'était de ne reconnaître vraie **aucune** nouvelle apparition. Ainsi, en 1984, la dernière apparition reconnue vraie par l'Église en 1949, est celle de la Vierge en 1933 à Beauraing et Banneux.

Par un mystère sulfureux d'iniquité (relire St Paul), une association a été constituée, dès le début des années 1980, sous le nom des «Amis de la Croix Glorieuse de Dozulé ». En 1995, le rapport de la *commission d'enquête parlementaire sur les sectes,* comportant nombre de francs-maçons, a classifié SECTE cette association qui, à cette époque-là, avait totalement disparu sans laisser aucune trace, sauf dans le rapport de cette commission d'enquête. Une trace, avec le mot **Dozulé**, et tous les adversaires du Christ, dans les quotidiens et la presse périodique, ont affublé de la calomnie *sectaire* tout ce qui avait trait à Dozulé. Et parmi notre clergé français, nombreux ont été ceux qui ont gobé cet amalgame véreux, et l'ont répandu en parfaite méconnaissance de cause, apportant ainsi de l'eau au moulin des associations ou comités qui se sont portés partie civile contre la Croix du Christ.

Comme Serge Blancher et Jésus-Juste Ibanez, de nombreuses personnes ayant élevé une Croix d'Amour sur leur propriété, ont dû se défendre devant les tribunaux français ; des tribulations, des soucis et des frais d'avocats, mais aucun tribunal n'a donné gain de cause à leurs adversaires. Et une personne, ayant élevé une Croix d'Amour, s'est vue privée de sa fonction de catéchiste par le curé de sa paroisse : un verdict sans possibilité d'appel.

Pourquoi des Croix d'Amour par milliers ?

Dans ce livre, pages 84 à 87, Notre Seigneur répond à cette question. Vous avez lu ces pages. JÉSUS le dit, p. 86 ; « *Ces Croix d'Amour se multiplient pour réaliser ce que devait faire, en un instant, la Grande Croix Glorieuse demandée par Notre Père des Cieux. Mais le monde a déjà un pied dans le gouffre.* » Si l'Église avait accepté d'élever à Dozulé la grande Croix Glorieuse de 738 m (l'altitude du Mt du Calvaire à Jérusalem), JÉSUS avait promis : « *J'attirerai tout à Moi* », c'est-à-dire *toute l'Humanité à Son Amour,* et la Paix serait revenue dans le monde.

JNSR durant 3 ans à Ste Anne d'Auray

D'abord, parce que JÉSUS voulait tirer du Purgatoire cet Évêque qui avait refusé la Croix Glorieuse demandée à l'Église par le Christ à Dozulé, et qui avait donc **refusé** le Salut offert à l'Humanité entière.

Et, pour y parvenir sans que Satan crie à *l'injustice de Dieu,* il était **nécessaire** qu'un sacrifice soit offert à Dieu pour cette âme. Et, à la demande du Seigneur, sans qu'elle en connaisse la raison, JNSR vend son appartement de la banlieue de Grenoble, pour venir en Bretagne, et « par hasard » (Dieu ne laisse jamais rien au hasard qui n'est qu'un concept mathématique et qui n'existe nulle part dans la Création), JNSR s'installe à Ste Anne d'Auray, où est la Basilique dédiée à la Sainte grand-mère de JÉSUS (ce sont les mots du Seigneur).

Relisez, page 41 : « *Je t'ai choisie pour accomplir cette Mission qui concerne aussi l'Église.»* Concerne ceux qui, dans l'Église, ont mission de reconnaître vraie une apparition de JÉSUS ou de MARIE : les Évêques concernés. Et, page 42 : «*La Réparation en Dieu* ». Cette Réparation, c'est *le Fiat* de JNSR à l'invite du Seigneur. Et c'est un rappel à toute l'Église, fidèles y compris, de l'**infini** de la Miséricorde Divine. Ce refus de l'Évêque en charge de Dozulé a causé au Seigneur « *une souffrance indescriptible* », mais le Seigneur EST Amour et Pardon (p. 83 et 84). JÉSUS dit : « *le Prêtre M'appartient par Création, par Rédemption, par Vocation et par reconquête* » (dixit à don Ottavio, le 29.07.1975); et aussi : «*Les Prêtres Me sont chers comme la prunelle de Mes yeux. Qui les méprise, Me méprise, ne l'oubliez jamais.*»

le Purgatoire

Bien sûr, puisque ce Dignitaire de l'Église se trouvait au Purgatoire, c'est qu'il avait eu, avant de mourir, des remords de son refus. Et son sauvetage illustre une des Paroles de JÉSUS à Dozulé : « *Dites aux mourants repentants que, plus grande est la faute, plus grande est Ma Miséricorde.*» Ici, en actes, JÉSUS confirme et signe. Signe aussi ce livre et tous les précédents, à l'intention des pauvres Prêtres qui veulent faire *l'impasse* sur leur péché en disant, et en voulant se persuader, que Dieu est *trop Bon* pour envoyer quiconque en Enfer ! Ceci, à l'intention de tous ceux qui risquent de commettre l'erreur de se croire au-delà de tout Pardon. Comme Judas l'a fait.

grand Avertissement et Repentir mondial

Dieu va susciter celui-ci en nous envoyant celui-là. Relisez p. 37, 50 et 159. C'est la Grâce de la lucidité qui va nous être faite pour sauver le plus grand nombre possible de l'Enfer : chacun verra son âme comme Dieu la voit, souvent grouillante des péchés accumulés qui, tels des vers, dévorent l'homme de l'intérieur comme le fait le cancer. Prions tous pour ceux que Satan tient attachés trop serré et qui voudront se persuader d'avoir été victimes d'une hallucination collective, alors que leur vision intérieure aura été bien réelle : une sorte *d'échographie* spirituelle. Sans notre *généreuse* Prière, ils seront perdus alors que, pour être sauvé, il suffit d'un éclair de vrai Repentir et de 2 mots, *Pardon, Seigneur*, .

le grand Miracle

JÉSUS nous en a parlé tout au long des 9 livres précédents et Il le répète ici :

> « *Ma Croix Glorieuse, annoncée par Madeleine au monde entier, elle qui L'a vue, peut encore en témoigner. J'ai dit : " Vous la verrez, comme elle-même L'a vue", brillante, illuminant l'esprit de chaque humain, s'élevant entre ciel et terre. Vous la verrez dans tous les pays, ses bras ouverts de l'Est à l'Ouest.*» (p. 50)
>
> «... *la Croix, que Je vous présenterai dans le ciel, sera encore*

plus grande que celle qu'a vue Madeleine car elle se verra dans toutes les parties du monde. A genoux, vous allez crier votre repentir. Vous ne l'aviez pas demandé alors qu'il en était encore temps. Là, vous le crierez pendant que la terre vacille. Mais Dieu épargnera les Siens. (p. 159)

Ce grand Miracle aura pour but de persuader TOUS les hommes, quelle que soit leur religion ou leur athéisme, que Dieu EXISTE, que la seule vraie Religion est celle du Christ, et que le grand Avertissement était une réalité et non une *hallucination collective.* Après le grand Miracle, nul ne pourra prétendre ne pas savoir. Et pourtant, des aveugles obstinés à ne pas voir et comprendre, il y en aura et je pense que ce sont eux qui sont visés par ces lignes de l'Apocalypse (22, 11-12) :

« *Que le pécheur pèche encore, et que l'homme souillé se souille encore ; que l'homme de bien vive encore dans le bien et que le saint se sanctifie encore. Voici que Mon retour est proche et J'apporte avec Moi le salaire que Je vais payer à chacun, en proportion de son travail.* »

Ces pécheurs sont ceux que Satan aura attachés trop serré et pour lesquels nul n'a prié en sacrifiant tel ou tel élément de son confort.

Satan a réussi à se rendre «inexistant»

On est sauvé de l'Enfer par le transit au Purgatoire, car c'est déjà la Promesse du Paradis. *Et cela, nous le savons tous, depuis le catéchisme,* mais beaucoup d'entre nous, Prêtres et laïcs, *veulent* l'oublier. Et cela, comment l'oublier, alors que nous avons tant de mal à oublier une offense subie ? A cause de celui par qui nous vient tout le Mal, Satan qui, en plus d'être invisible, a réussi à se rendre « ***inexistant*** » !

A tel point que le Prêtre, très généralement, ne met plus en garde contre le démon dans une homélie. Mais quand, en particulier, vous venez lui parler d'une révélation privée, alors ce même Prêtre vous avertit : « *Attention, le démon peut se déguiser en Ange de Lumière !* » De qui ce Prêtre est-il alors l'allié objectif ? JÉSUS dit : « *celui qui n'est pas avec Moi, est contre Moi* » On ne peut être avec le Christ si l'on *compose* avec le péché ; n'est-ce pas ce que l'on fait en donnant ou en recevant la Communion sans confession quand elle est nécessaire ? Cela, on le voit chaque dimanche.

le Secret de Marie

La seconde raison du séjour de JNSR à Ste Anne d'Auray, c'est que JÉSUS avait annoncé, à la fin du précédent livre «Humanité déchirée...», qu'Il révèlerait **le Secret de Marie**, lequel était en connexion directe avec l'Esprit Saint et, nous l'apprenons ici, avec Sainte Anne, la mère de MARIE.

Le Secret de Marie, c'est, dit JÉSUS, qu'Elle a été **conçue** en Ste Anne par l'Esprit Saint, comme Lui-même l'a été en Marie.

Et, pour cela,

le Christ offre le Salut de l'Humanité...

...à Son Église, à condition que celle-ci complète le dogme de l'Immaculée Conception de MARIE par ces 4 mots : ***conçue du Saint Esprit***.

Après la première offre à l'Église du Salut de toute l'Humanité, il y a 30 ans à Dozulé, c'est **la seconde fois** que JÉSUS, par JNSR, offre ce Salut conditionnel à Son Église. Certains méfiants objecteront que ce Salut universel ne serait pas mentionné dans la Bible. Or il l'est, par exemple, en Isaïe (**2** 1-5, **11** 1-12, **25** 9, **35** 5-10) ; en Matt (**24** 32) ; en St Paul (Tite **2** 14, Héb **9** 28), sans parler de l'Apocalypse.

Votre Pape connaît ce Mystère

« Votre Pape connaît ce Mystère » «Tout dépend de Mon Église, pour son propre Salut et celui de l'Humanité toute entière.»... « le Monde ne trouvera pas la Paix tant que l'Église ne reconnaît pas en MARIE très Sainte Sa divine Conception » (dans ce livre, p. 227 et 228)

JNSR s'est rendue à Rome pour obéir au Seigneur qui lui a demandé d'apporter *Sa Supplique* au St Père. Elle n'a pu le rencontrer et tous les documents ont été confiés à un haut Dignitaire qui a promis de les remettre personnellement au Pape. On attend sa décision en priant.

A propos de la *divinité* de MARIE, qui a surpris nombre de Prêtres, avant même que JÉSUS ne révèle le Secret de MARIE, **le Père Éternel**, p. 146, nous avait déjà annoncé la Promesse actuelle de JÉSUS, Promesse qui a ses racines dans le Sacrifice de la Croix :

« Mon Fils est le Divin Sacré Cœur, le Fils de l'Homme. Il est Ma propre Nature, descendu vers les hommes pour partager Sa Divinité avec Ses frères.» et JÉSUS reprend, p. 232 :

«Je voulais faire participer tous Mes frères à Ma Divinité.» ... « J'ai fait participer Ma Sainte Mère à Ma Divinité.»

Ici, JÉSUS expose d'abord ce qu'a été la Création humaine en Adam, puis ensuite, ce que Dieu a réalisé dans l'Immaculée Conception de MARIE. Les théologiens et les Prêtres sont attentifs à rédiger des textes bien structurés et référencés aux saintes Écritures et, ici, pour admettre et témoigner, ils sont obligés de relier entre elles des énonciations importantes éparses et d'en faire la synthèse.

Certains déclarent *ne pas d'intéresser aux prophéties.* Alors, à quoi sert toute leur science accumulée s'ils *n'examinent pas tout pour retenir ce qui est bon,* ainsi que leur prescrit St Paul ? Parmi les Prêtres et les laïcs, certains m'ont dit : *« mais alors, la divinité de MARIE revient à dire que MARIE serait Dieu ? »* Bien sûr que non, car la Très Sainte Trinité est Dieu, Éternel et **Increé**, alors que MARIE est une **Créature** de Dieu.

Que reste-t-il des objections de doute quand JÉSUS dicte à Marie Valtorta (T.1, p. 65) à propos de Joachim et d'Anne :

« A cause de leur Sainteté, ils ont mérité d'être les premiers gardiens de l'Aimée de Dieu. Ce n'est que quand un Soleil vint les éclairer, au déclin de leur vie, qu'ils eurent la pleine vision de la Grâce que Dieu leur avait faite. A cause de leur Sainteté, Anne n'éprouva pas les souffrances de l'enfantement mais donna extatiquement le jour, après l'avoir portée, à la Sans Faute.»

Marie toujours Vierge

A propos de la Virginité de MARIE, l'Église nous enseigne que la Mère de JÉSUS est *toujours Vierge* : Vierge avant et après la Nativité. Cela, on l'admet par obéissance en faisant *l'apartheid,* la séparation entre le savoir sacré et le savoir profane. Tous nous avons été nourris au *lait républicain* de l'instruction laïque et obligatoire. Et aussi les Prêtres, même s'ils ont fait leurs études dans des établissements religieux, tous subventionnés par l'État, donc assujettis aux programmes de l'Éducation nationale. De ce fait, admettre qu'une femme puisse porter un enfant conçu par Dieu, et donner le jour à cet enfant en demeurant Vierge, *était* humainement inconcevable. *Était,* car depuis la brebis *Dolly,* nous savons qu'un être vivant peut être créé, *clonné.*

Et MARIE ne peut être *toujours Vierge* que si Dieu, après avoir conçu JÉSUS en Elle, a Lui-même fait naître Son Fils en Lui faisant traverser le placenta, l'abdomen et les vêtements de MARIE. C'est ce que nous donne à comprendre la Bienheureuse Marie d'Agréda

> *« le Fils du Père Eternel et le sien, naquit d'elle, radieux de beauté et de pureté, la laissant dans son **intégrité virginale** toujours plus consacrée et divinisée, car Il ne fit que passer sans altération matérielle à travers les parois du tabernacle immaculé, comme les rayons du soleil pénètrent une glace de **cristal** sans l'ébrécher »* et, dit-elle, même le placenta se résorba en Elle, *« car il ne convenait pas que cette membrane qui avait si intimement adhéré au très-saint Corps pût se corrompre hors du sein virginal.»* (L 4ème, Ch. X, §. 478 et 479).

MARIE reçut Son Fils *« des mains des saints Archanges Michel et Gabriel »* (§. 481).

Et Marie d'Agréda admet déjà la divinité de MARIE : *« Le saint époux Joseph, attentif à la majesté de sa **divine** épouse...»* (§. 472). Cette naissance miraculeuse, MARIE nous en parle, dictant à don Gobbi le 24 Déc. 1988 :

> *« Comme un rayon de lumière traverse un **cristal** sans l'effleurer, ainsi Mon Divin Enfant a traversé le voile de mon sein virginal sans effleurer la Merveille de Ma parfaite Virginité. C'est de cette façon admirable que s'est réalisée la Naissance de Mon Fils. C'est le plus grand prodige réalisé à la plénitude des Temps.»*

MARIE est *toujours Vierge* grâce au privilège de Son Immaculée Conception et nous allons en connaître le mystère en étudiant le Dogme qui l'expose et les avis des Pères de l'Église.

l'Immaculée Conception de Marie

JÉSUS demande à Son Église de compléter la définition de ce dogme par 4 mots : ***conçue de l'Esprit Saint***. Voyons d'abord le dogme de l'Immaculée Conception, tel qu'il a été promulgué le 8 Décembre 1854 par le Pape Pie IX dans la Bulle pontificale *Ineffabilis Deus.*

Là, *aux Art. 52 et 53,* il est rappelé que les Pères de l'Église avaient unanimement déclaré : *" avant que la Vierge, Mère de Dieu, ne fut conçue par Anne,*[1] *avant que la grâce n'eût réalisé son fruit, il fallait que fût conçue* ***la première-née*** *qui devait concevoir* [1] *le* ***premier-né*** *de toute créature."* Ils ont attesté *" que la chair de la Vierge issue d'Adam n'avait pas contracté les souillures d'Adam, et que pour cette raison la Vierge Bienheureuse était un Tabernacle créé par Dieu Lui-même, formé par le Saint Esprit." " Comme le Fils Unique a dans le Ciel un Père, que les Séraphins proclament trois fois Saint, il convenait absolument qu'Il y eût sur la Terre une Mère en qui l'éclat de Sa Sainteté n'eût jamais été flétri."*

Pour la rédaction de ce texte, il a dû y avoir une discussion serrée.

le Dogme de l'Immaculée Conception :

" Nous déclarons, Nous prononçons et définissons que la doctrine qui enseigne que la Bienheureuse Vierge MARIE, dans le premier instant de sa Conception, a été, par une grâce et un privilège spécial du Dieu tout-puissant, en vue des mérites de JÉSUS-Christ, Sauveur du genre humain, préservée et exempte de toute tache du ***péché originel****, est révélée de Dieu, et par conséquent qu'elle doit être crue fermement et constamment par tous les fidèles."*

En examinant le résultat des recherches et des méditations des Théologiens, on s'aperçoit qu'ils sont tous bloqués entre deux axiomes-murailles : 1. Tous les hommes ont péché en Adam, comme le dit St Paul. et 2. Tous les hommes sont rachetés par le Christ.

Donc MARIE a été préservée des conséquences du Péché Originel *dans le premier instant de sa Conception,* mais Elle aurait eu *«besoin d'être rachetée»* par le Christ. MARIE n'a pas été rachetée au sens commun du terme, puisqu'Elle n'a jamais péché. Le Dogme nous le dit : ***préservée*** *dans le premier instant de la conception.* Préservée comment ?

Le Père Marcel m'a envoyé des photocopies du Manuel de Mariologie dogmatique du Père Armand Plessis, Montfortain, dont il avait suivi les cours dans un lointain passé. Là, j'ai eu connaissance de la thèse de l'Évêque russe Augustin qui, dans sa *Théologie fondamentale,* 4ème

---

1 «conçue **par** Anne» : de JÉSUS, le Credo des Apôtres dit : «a été conçu **du** Saint Esprit, est **né de** la Vierge MARIE ». Une mère porte son enfant dans son sein, puis elle le met au monde ; elle ne le conçoit pas. Ce mauvais choix d'un mot n'est qu'apparent. Pour MARIE, comme pour Sa mère, cela sous-entend surtout qu'il n'y a pas eu de géniteur humain.

édition (Moscou, 1898, p. 257), traduit "conception immaculée" par "conception *sine semine*" (sans semence masculine). Cette thèse fut condamnée par d'autres Théologiens. Ils devaient être du même avis que ceux qui étaient opposés aux Théologiens qui, à la suite de Pierre Lombard, *" ont établi une connexion comme physique et matérielle entre la conception se produisant suivant la voie ordinaire et la souillure du péché."* Du **Péché Originel**.

« Eugêne Vintras, un ouvrier de Tilly-sur-Seulles du diocèse de Bayeux, disait recevoir des Messages de St Michel Archange, entre le 6 Août 1839 et le 10 Juin 1840. Vintras publia en 1841 un *Opuscule sur les communications annonçant l'Œuvre de la Miséricorde,* qui fut condamné le 8 Novembre 1841 par Mgr Robin, Évêque de Bayeux et ce, parce qu'il faisait état d'une *conception virginale* de MARIE en Sainte Anne, *" erreur déjà réprouvée au 4ème siècle"* dit le texte, *" et il y ajoutait deux autres erreurs non moins graves en affirmant la préexistence de la Vierge, " la Sagesse créée" et en la soustrayant complètement à la loi de l'universelle rédemption des fils d'Adam par Jésus-Christ."*

la Nouvelle Ève !

Tout ce texte condamné, JÉSUS le confirme à Maria Valtorta et le précise à JNSR. D'où il ressort que parfois, les Théologiens se fixent eux-mêmes des barrières infranchissables comme *la loi de l'universelle rédemption des fils d'Adam par Jésus-Christ,* et ne reconnaissent pas comme étant du *possible* de Dieu, ce qui leur semble *impossible ;* à savoir que MARIE puisse avoir été *préexistante* dans la Pensée divine et qu'Elle soit *la Sagesse créée* comme JÉSUS est la Sagesse Incréée.

" Je pense, donc je suis," dit le philosophe. Dieu EST. Quand Dieu PENSE *« que la lumière soit ! » ... « et la lumière fut.»* Fut, selon notre concept du temps. Quand Dieu pense MARIE, MARIE *EST,* dans l'Éternel Présent de Dieu, cette Éternité qui n'a ni commencement, ni fin.

Pendant le Concile Vatican II, le Cardinal Béa avait développé devant les Pères conciliaires la thèse identifiant MARIE à la Sagesse dont parle le roi Salomon dans le Livre des Proverbes (**8**, 22/31). Et JNSR, qui ignorait tout cela, avait été frappée d'avoir eu ce texte distribué et médité durant la veillée de Prière préparant à la Fête de l'Immaculée Conception, le 8 Décembre 2001 à la Basilique de Ste Anne d'Auray. C'est pour cela qu'elle m'a demandé de placer ce texte en première page de ce livre.

JÉSUS nous parle de Sa Mère

Dictant à Maria Valtorta (T.1, p.35/36), JÉSUS nous parle de MARIE :

"J'ai un ardent désir de te porter avec Moi dans l'azur paradisiaque de la contemplation de la Virginité de MARIE" "Parler de la Conception de MARIE, la Sans-tache, cela signifie plonger dans l'azur, dans la lumière, dans l'Amour. Viens et lis Ses gloires dans le livre de l'Ancêtre." (*)

[(*) : JÉSUS est « Fils de David », dans sa lignée, ainsi qu'annoncé par les prophètes ; le roi Salomon, l'Ancêtre, est le fils du roi David].

Et JÉSUS cite le texte biblique **original** qu'il est intéressant de comparer à la Bible dans sa traduction française de l'hébreux :

> *"Dieu M'a possédée dès le commencement de Ses Oeuvres, dès le commencement,* ***avant la création****.*
>
> *Il M'a établie à l'origine des êtres, avant que fût créée la Terre. Lorsque les abîmes n'existaient pas encore, Il M'avait déjà* ***conçue****. Les sources d'eau vive ne coulaient pas encore, et les montagnes ne s'étaient pas dressées avec leurs masses imposantes, et les collines n'étaient pas exposées au soleil, que J'étais* ***engendrée*** [1]*. Dieu n'avait pas encore fait la Terre, les fleuves et l'axe du monde, et Moi J'étais.»*
>
> *« Quand Il préparait le ciel, J'étais présente ; quand, par l'effet d'une loi immuable, Il enferma l'abîme sous la voûte des cieux ; quand dans les hauteurs Il assura la stabilité de la voûte céleste et Il fit les sources d'eau vive ; quand Il fixait à la mer ses limites et imposait des lois à ses masses d'eau ; quand Il ordonnait aux eaux de ne pas franchir ces limites ; quand Il jetait les fondements de la Terre, J'étais là avec Lui pour organiser toutes les choses. Dans une joie sans fin, Je jouais au milieu de l'univers...."*
>
> *«Vous avez appliqué ces Paroles à la Sagesse, mais elles parlent d'Elle, la Mère toute Belle, toute Sainte, la Vierge Mère de la Sagesse que Je suis personnellement, Moi qui te parle. J'ai voulu que tu écrives le premier vers de cet hymne en tête du livre* [2] *qui parle d'Elle pour qu'on reconnaisse et que l'on sache qu'Elle est la Consolation et la Joie de Dieu, la raison de la constante, parfaite, intime Joie de ce Dieu Un et Trine qui vous gouverne et vous aime et à qui l'homme a donné tant de motifs de tristesse, la raison pour laquelle Il a perpétué la race humaine alors qu'à la première épreuve elle méritait* ***la destruction****, la raison du Pardon que vous avez obtenu.*
>
> *"Avoir MARIE pour en être aimé. Oh ! cela valait bien la peine de créer l'homme, de décréter qu'il serait pardonné, pour avoir la Vierge Belle, la Vierge Sainte, la Vierge Immaculée, la Vierge possédée par l'Amour, la Fille Bien-Aimée, la Mère toute Pure, l'Épouse Aimante" (...) "Pour être Chair J'avais besoin d'une Mère. Pour être Dieu, J'avais besoin d'un Père qui fût Dieu. Voilà pourquoi Dieu* ***créa*** *l'Épouse et lui dit : "Viens avec Moi. A Mes côtés, vois tout ce que Je fais pour Notre Fils"*

---

1 L'esprit est engendré, alors que l'âme est créée ; ici, l'esprit de MARIE.)

2 au début du 1er volume de l'œuvre dictée à Maria Valtorta. : *« Dieu me posséda au commencement de Ses Oeuvres. »* (Salomon, Proverbes, 8, 22). Il s'agit bien de MARIE, car la Sagesse, Dieu la possède de toute éternité, et pas seulement *au commencement de Ses Oeuvres.*

"Regarde et réjouis-toi, éternelle Vierge, Enfant éternelle, et que ton sourire emplisse ce Ciel et donne aux Anges la note initiale, et qu'il enseigne au Paradis l'harmonie céleste. Je te regarde et Je te vois telle que tu ***seras,*** *ô Femme immaculée qui, maintenant, n'es qu'****Esprit****, Esprit en qui Je Me complais. Je te regarde et donne l'azur de ton regard à la mer et au firmament, la couleur de tes cheveux au grain saint, ta blancheur au lys et ton rose à la rose semblable à ton épiderme soyeux, les perles sont tes dents minuscules.*

Cet extrait est pris p. 39 et il y a encore 4 pages de JÉSUS sur Sa Maman dont Il ne se lasse jamais de parler : l'Amour qui parle de Son Amour ! Qui **se** refusera d'admettre que Dieu, Sagesse et Science infinies, ait voulu la Perfection pour Celle qui ***est,*** dans la Pensée divine, et qui ***sera***, dans le temps de la Terre, la Mère Vierge du Verbe Incarné ?

Pourquoi des Théologiens (pas tous, nous l'avons vu) ont-ils de la difficulté à admettre ce que JÉSUS expose ici admirablement ? Parce que, depuis des siècles, les Évêques (donc aussi leurs Prêtres) ont toujours été très «prudents», voire allergiques à un enseignement du Christ qui leur tombe du Ciel sur la tête. Ainsi, pour Marie d'Agréda, quatre Papes successifs sont intervenus par des *Brefs* contre des interdits d'Évêques à son sujet. En 1959, un an après la mort de Pie XII qui avait bien compris Maria Valtorta, ses livres ont été mis à l'Index des ouvrages interdits. Et à présent sa Cause en Béatification est introduite à Rome.

Alors, restons dans la Bible.

Dans la 1ère Épître de St Paul aux Thessaloniciens, Ch. 5, v. 19-22 :

« N'éteignez pas l'Esprit, ne dépréciez pas les dons de *<u>prophétie</u>* *; mais vérifiez tout : ce qui est bon,* *<u>retenez-le</u>* *; mais gardez-vous de toute espèce de Mal. »"*

Le Symbole de Nicée précise : « *L'Esprit Saint ... a parlé par les prophètes.* » Quand St Paul prescrit : « *N'éteignez pas l'Esprit, ne dépréciez pas les dons de <u>prophétie</u>* », c'est de l'Esprit Saint qu'il s'agit, et des prophéties de l'avenir . « *Examinez <u>tout</u>* » : soyons certains que l'Église examine **tout**, mais avec quel profit pour les fidèles ?

Foi catholique et foi humaine

En sa qualité de Successeur des Apôtres c'est l'Évêque du diocèse, où se produit un **fait** miraculeux, qui est investi de la *Grâce dogmatique*, ainsi que du *Pouvoir canonique*, de le reconnaître **vrai**. Par exemple, les premières guérisons de Lourdes, après l'émergence de la source miraculeuse. Ce sont de tels **faits** indubitables qui viennent en appui de la canonisation d'un saint, comme de la reconnaissance par l'Église d'une apparition de MARIE. A Lourdes, seulement 4 mots de MARIE : «*Je suis l'Immaculée Conception* » ont été admis au rang de Foi *catholique,* c'est-à-dire *obligatoire,* depuis la promulgation de ce Dogme.

Mais toutes les apparitions et tous les faits reconnus *vrais* par l'Église, sont du domaine de *la foi humaine,* c'est-à-dire *facultative.*

Et cela depuis Mgr Lambertini, élu Pape en 1740 sous le nom de Benoît XIV, qui précise que *« l'on peut s'en détourner à condition que ce soit pour de bonnes raisons, avec modestie et sans intention de mépris.»*

Quelles bonnes raisons, modestie et révérence, pourraient-elles être invoquées par le Clerc ou le laïc en appui de son refus de croire *vrai* ce que l'Église a reconnu **vrai** ? Comme il ne peut y en avoir, ce sont les Paroles de JÉSUS ou de MARIE, simultanées des apparitions, qui sont marginalisées dans ce que l'Église range sous le statut de *révélations privées,* par opposition à **la Révélation publique**, *« close avec la sainte Bible »* nous dit St Jean de la Croix (1542-1591), contemporain de Ste Thérèse d'Avila (1515-1582), 150 ans avant Benoît XIV.

St Thomas d'Aquin (1225-1274)

Docteur de l'Église depuis 1567, dans sa « *Somme Théologique* » (2a, 2ae, Questions 171 à 174) St Thomas d'Aquin a été très clair :

La prophétie est nécessaire au gouvernement du peuple. (...)

La prophétie est ordonnée à la connaissance des vérités divines. Or St Grégoire dit que « la connaissance de Dieu a augmenté avec la suite des temps ». (...)

*Comme il est écrit au Livre des Proverbes (29, 18) : « **Quand il n'y aura plus de visions, le peuple sera sans direction** » ; c'est la raison pour laquelle, en chaque temps, les hommes ont été instruits par Dieu de ce qu'ils devaient faire, selon ce qu'il était utile au Salut des élus.*

Paul VI et une reconnaissance de facto

C'est ce Pape, par la suppression de *l'Index* du Vatican en 1966, qui rend au laïc **la liberté** de publier sur les apparitions et messages, de se rendre sur les lieux d'apparitions non encore reconnus par l'Église. Et c'est Paul VI qui élève, en 1970 à la dignité de *Docteur de l'Église universelle,* Ste Thérèse d'Avila et Ste Catherine de Sienne, pour la haute spiritualité de leurs écrits, *tous dictés par le Ciel...*

le Cardinal Joseph Ratzinger,

... Préfet de la Congrégation pour la Doctrine de la Foi, nous a donné un texte important à ce sujet (Commentaire Théologique du Message de Fatima, DC du 16 Juillet 2000) :

*« Il faut distinguer la Révélation publique et les révélations privées ; entre ces deux réalités, il y a une différence, non seulement de **degré mais de nature** : la Révélation publique vaut pour tous les temps et elle a trouvé son accomplissement dans la vie, la mort et la résurrection de Jésus-Christ. Mais, même si la Révélation est achevée, elle n'est pas encore totalement explicitée... (Catéchisme de l'Église Catholique, n° 66). Dans ce contexte, il devient possible de comprendre le concept de « révélation privée », qui se réfère à toutes les*

visions, révélations qui ont eu lieu après la conclusion du Nouveau Testament : au fil des siècles, il y a eu des révélations dites « privées » dont certaines ont été reconnues par l'autorité de l'Église.[1] *Leur rôle n'est pas de compléter la Révélation définitive du Christ, mais* ***d'aider à en vivre plus pleinement*** *à une certaine époque de l'Histoire (n° 67)... De tels messages peuvent être une aide valable pour comprendre et mieux vivre l'Évangile* ***à l'heure actuelle*** *: c'est pourquoi elle ne doit pas être négligée. Elle est une aide qui est offerte, mais dont il n'est nullement obligatoire de faire usage...»*

Bien sûr, un vrai Prêtre n'est *pas obligé* d'en *faire usage, pour lui-même*, car Dieu le guide. Mais devant la triste réalité de l'échec flagrant de l'enseignement religieux, échec dans la décroissance continue des vocations et de la pratique religieuse (10% de baptisés en France, 50% en Russie), la quasi totalité des Prêtres en charge de paroissiens auraient eu grand besoin *de cette aide valable à l'heure actuelle.*

(**1**) Ci-dessus, il est fait mention de *révélations dites « privées » dont certaines ont été reconnues par l'autorité de l'Église* : et non *par l'Église ;* cela se réduit à leur publication avec l'Imprimatur d'un Évêque, un accord d'imprimer toujours *non-négatif,* précisant que la révélation privée ne contient rien qui soit en contradiction avec l'Évangile et le Magistère, et se soumettant par avance au jugement souverain de l'Église... qui ne s'est jamais prononcée *précisément* en la matière. Cela évolue, mais lentement.

Restons dans l'Évangile et le Magistère de l'Église : le Fils Unique de Dieu, JÉSUS, S'est incarné en la Très Sainte Vierge MARIE pour racheter tous les péchés des hommes, passés, présents et à venir ; et Il a institué le Baptême chrétien pour laver l'âme du **Péché Originel** qui est mentionné dans l'énoncé du Dogme de l'Immaculée Conception. Qu'en est-il de ce Péché Originel, celui-là même qui nous a tous **mordus**, même si le bébé ou le jeune enfant que nous avons **été**, en a été lavé par le Baptême. Lavé, mais ensuite ?

la Création adamique

J'ai voulu savoir ce qu'en avaient écrit les Théologiens. Je suis allé à l'institut Catholique consulter le *Dictionnaire de la Bible* du Père Vigouroux (éd. Paris, 1908). J'en suis reparti avec la photocopie d'une dizaine de pages sur "Adam" et sur "le péché originel". Des pages admirables de la Vérité révélée et des conclusions des Pères de l'Église :

> "... tous les Pères enseignent qu'Adam portait en lui-même, outre l'Image de Dieu imprimée dans son âme et dans ses facultés naturelles, une autre Image, bien supérieure à celle-là et consistant dans la **sainteté** produite par l'infusion de la Grâce divine. La formation de cette seconde image fut comme une seconde création."
>
> "Cette ressemblance *surnaturelle* avec Dieu pouvait être effacée et détruite par le péché, parce qu'elle était absolument gratuite et

indépendante de la nature dont elle ne faisait aucunement partie ; tandis que l'image *naturelle* de Dieu ne diffère pas de la nature même de l'homme, et par conséquent est indestructible dans la vie présente comme dans la vie future."

Comprenons que la ressemblance *surnaturelle* de Dieu, c'est la **Sainteté** infusée par la Grâce divine en Adam ; et que la ressemblance *naturelle* de Dieu est l'âme immortelle créée par Dieu pour Adam.

Pour Adam, comme pour chacun de nous, avec ses attributs d'intelligence, de mémoire, et de libre-arbitre. Je note, et je l'apprends :

" Adam et Ève avaient en outre reçu de Dieu des **dons** qui, sans appartenir à l'ordre de la Grâce, étaient néanmoins tout à fait gratuits et qu'on appelle pour cela ***préternaturels.*** On en compte communément quatre : *l'intégrité,* ou absence de la concupiscence ; une *science éminente,* qui n'était le fruit ni de l'étude ni de l'expérience ; *l'immortalité* du corps ; et *l'exemption* de la douleur."

Depuis la **Faute Originelle**, chaque homme vient au monde privé de ces dons préternaturels. Cette perte est *la conséquence* de la Faute qui est *un état,* un héritage de la nature humaine reçue d'Adam. Ce n'est pas, bien sûr, un péché personnel du nouveau-né qui vient au monde innocent. Le Baptême chrétien efface la Faute en donnant au Baptisé la Force potentielle (qui sera *confirmée* après la Profession de Foi, avec les Sept Dons de l'Esprit Saint) pour l'aider malgré la perte des dons préternaturels ; pour surmonter la tendance à la triple concupiscence *des sens, de l'ambition et de l'orgueil ;* pour enrichir sa faculté d'apprendre et pour donner un sens constructif à la mort terrestre inéluctable et à la douleur endurée. Outre cela, pour l'adulte qui se présente instruit au Baptême, le Sacrement efface tous ses péchés personnels antérieurs.

La Faute Originelle nous a laissé, *en héritage* originel, l'inéluctabilité de la mort corporelle, la perte de la Sainteté initiale reçue par Adam, et la fragilité qui résulte de cette perte.

En quoi a consisté la Faute Originelle ?

Dans le Dictionnaire de la Bible, col. 13 :

" Je suis né dans l'iniquité et ma mère m'a conçu dans le péché." (Ps. 51, 7) *" C'est par une femme que le péché a commencé, c'est à cause d'elle que nous mourrons tous."* (Si 25, 24)

avec le commentaire : "

***La doctrine du péché**, sans être formulée d'une façon tout à fait explicite, donne seule à ces paroles **tout leur sens**." ... " Le texte accuse avec raison Ève d'avoir commencé la première à pécher et d'être la première cause de la mort de tous. Mais Adam, et non pas Ève, était le chef de toute l'Humanité, et par lui ont été transmis le péché et ses conséquences."*

Dans **le Catéchisme de l'Église catholique** (p. 89, § 396 et 397), forcément moins étendu, le péché originel a été l'épreuve de la liberté :

" Dieu a créé l'homme à son image et l'a constitué dans son amitié. Créature spirituelle, l'homme ne peut vivre cette amitié que sur le mode de la libre soumission à Dieu. C'est ce qu'exprime la défense faite à l'homme de manger de l'arbre de la connaissance du bien et du mal *" car du jour où tu en mangeras, tu mourras."* (Gn 2, 17). *" L'arbre de la connaissance du bien et du mal,"* (Gn 2, 17) évoque symboliquement la limite infranchissable que l'homme, en tant que créature, doit librement reconnaître et respecter avec confiance. L'homme dépend du Créateur ; il est soumis aux lois de la création et aux normes morales qui règlent l'usage de la liberté." ... " L'homme, tenté par le diable, a laissé mourir en son cœur la confiance envers son Créateur et, en abusant de sa liberté, a *désobéi* au commandement de Dieu. C'est en cela qu'a consisté le premier péché de l'homme."

En résumé : Dieu est Amour. Dieu a créé l'homme à Son Image et à Sa ressemblance, par Amour et pour en recevoir de l'Amour. En retour de l'Amour reçu avec la Grâce divine de Sainteté et tous les dons préternaturels, l'Amour rendu par l'homme n'a de réalité entière que dans la liberté humaine qui s'en souvient et rend Grâces à son Créateur.

Par Marie d'Agreda, on apprend que Satan, dès la création d'Adam et d'Ève, en appelle à la Justice de Dieu et je cite de mémoire :

> *« Tu les a dotés de tous les dons et Tu les a placés dans le paradis terrestre, alors que Tu m'as condamné irrémédiablement ; quels mérites auront-ils de Te demeurer fidèles si Tu ne me permets pas de les tenter ? »* Et Dieu permit.

la Création humaine, Domaine réservé de Dieu

Je laisse la parole à JÉSUS dans Maria Valtorta, (vol. 1) :

"Dieu, le Père Créateur, avait créé l'homme et la femme avec ***une loi d'Amour si parfaite*** *que vous ne pouvez plus, en aucune façon, en comprendre la perfection. Et vous vous égarez en pensant comment aurait pu être l'espèce humaine si l'homme ne l'eût pas soumise aux directives de Satan.",* (p. 40) Et, p. 103 :

"Dieu avait dit à l'homme et à la femme : "Vous connaissez toutes les Lois et Mystères de la Création. Mais n'usurpez pas Mon Droit d'être le Créateur de l'homme. Pour propager la race humaine, il suffira de Mon Amour qui circulera en vous et, sans luxure, par le seul mouvement de la Charité, Il suscitera les nouveaux Adams de la race humaine. Je vous donne tout, Je ne Me réserve que ce Mystère de la formation de l'homme."

C'est donc très clair : Adam et Ève avaient été mis en possession de tous les secrets de la Création (la Science infuse). Mais il leur est demandé de faire Confiance à Dieu qui assurera leur descendance : *"Mon Amour qui circulera en vous"*, comme Il a circulé en MARIE brûlant d'Amour à l'aube de l'Incarnation. Ce Mystère de la Création humaine est du "Domaine réservé" de Dieu, parce que Seul le Pur-Amour peut concevoir saintement, sans luxure, un nouveau-né.

Après avoir dit que *"l'arbre au fruit défendu"* ou *"l'arbre de la connaissance"* était une image symbolique, JESUS dicte à Maria Valtorta (T.1, p.111) :

"Symbolique aussi le fruit offert et mangé. C'était le fruit d'une expérience qu'ils avaient voulu faire par instigation satanique, contre le Commandement de Dieu. Je n'avais pas interdit l'Amour aux hommes ; Je voulais uniquement qu'il fût sans malice. Comme Je les aimais d'un Amour essentiellement saint, ils devaient s'aimer d'une affection sainte qu'aucune luxure ne vienne souiller."

Cette "expérience par instigation satanique", c'est **l'accouplement sexuel** copié sur l'animalité pour procréer, contre le Commandement de Dieu. Et MARIE, la Nouvelle Ève, l'expose très clairement à Maria Valtorta (T.1, p.105) :

"L'Esprit de Dieu M'avait instruite de la Douleur du Père devant la corruption d'Ève qui avait voulu s'avilir et, de Créature de Grâce, descendre au niveau des créatures inférieures" [les bêtes] *" La Maternité, exempte de tout ce qui maintenant l'avilit, avait aussi été accordée à Ève par le Père Créateur. Douce et Pure Maternité sans pesanteur des sens !*

J'en ai eu l'expérience. De combien s'est appauvrie Ève en renonçant à cette Richesse ! Plus que de l'Immortalité." ..."Mais la Maternité, sans violation d'aucune sorte, est venue à Moi Seule, ***Ève Nouvelle****, afin que Je puisse dire au Monde de quelle douceur aurait été le sort de la femme appelée à devenir mère sans souffrance dans sa chair. Et le désir de cette Maternité Pure pouvait exister et existait de fait dans la Vierge qui était toute à Dieu, car cette Maternité est la Gloire de la femme.*

"Si vous pensez, ensuite, en quel honneur était tenue la femme devenue mère chez les Israélites, vous pouvez encore mieux apprécier le sacrifice que J'avais consenti en acceptant, par Mon voeu, cette privation. Maintenant, à Sa servante, l'Éternelle Bonté faisait ce Don sans M'enlever la Candeur dont J'avais été revêtue pour être une fleur sur Son trône. Et Moi, J'en ai éprouvé une suave jubilation d'avoir la double Joie d'être mère d'un homme et d'être la Mère de Dieu. "Joie d'être Celle par laquelle la Paix ressoudait ensemble le Ciel et la Terre" (...) "Joie d'avoir donné la Joie à Dieu : Joie de Croyante pour son Dieu rendu heureux." (...)

« la Candeur dont J'avais été revêtue pour être une fleur sur Son trône »,c'est l'Immaculée Conception de MARIE et qui, au regard des précisions de JÉSUS et de MARIE ci-avant, ne peut se comprendre et

s'admettre que par la conception Divine de MARIE en Sainte Anne. Écoutons encore les précisions de MARIE dictant à Maria Valtorta :

"Le ***commencement*** *de la Faute se trouva dans la* ***désobéissance.*** *"Ne mangez pas et ne touchez pas à cet arbre" avait dit Dieu.*

L'homme et la femme, les rois de la Création, qui pouvaient toucher à tout, manger de tout, excepté de cet arbre parce que Dieu voulait que seuls les Anges leur fussent supérieurs, eux ne tinrent pas compte de Sa défense.

"L'arbre : le moyen pour mettre à l'épreuve l'Obéissance de Ses fils. Qu'est-ce que l'Obéissance aux Commandements de Dieu ? C'est le Bien, car Dieu ne commande que le Bien. Qu'est-ce que la désobéissance ? C'est le Mal, car elle met dans l'Âme les sentiments de rébellion, terrain propice au travail de Satan.

" Ève s'approcha de l'arbre qu'elle aurait dû fuir pour en recevoir le Bien ; mais dont le voisinage, au contraire, lui en a donné le Mal. Elle y va, entraînée par la curiosité puérile de voir ce qu'il avait de spécial, et par l'imprudence qui lui fait juger inutile le Commandement de Dieu. Car elle est forte et pure, la reine de l'Éden où tout lui est soumis, où rien ne pourra lui faire du mal. Sa présomption sera sa ruine, la présomption qui est déjà le levain de l'orgueil. Auprès de la plante, elle trouve le Séducteur " (...) " Et la séduction se poursuivit parce que Ève n'eut pas la volonté de la repousser, mais plutôt de la suivre et de connaître ce qui n'appartenait pas à l'homme.

Voilà que l'arbre défendu devient, pour la race, réellement mortel, parce qu'à ses branches pend le fruit de l'amer savoir qui vient de Satan. Et la femme devient femelle et, avec le levain de connaissance satanique au coeur, elle va corrompre Adam.

La chair ainsi avilie, les moeurs corrompues, l'Esprit dégradé, ils connurent la douleur et la mort : de l'esprit privé de la Grâce et de la chair privée de l'immortalité. Et la blessure d'Ève engendra la souffrance qui ne disparaîtra, jusqu'à la mort du dernier couple sur la Terre.

"J'ai parcouru à rebours le chemin des deux Pécheurs : J'ai ***obéi.*** *En toutes circonstances, J'ai* ***obéi****. Dieu M'a demandé d'être vierge, J'ai* ***obéi****. Après avoir aimé la virginité qui Me faisait pure comme la première des femmes avant qu'elle ne connût Satan, Dieu Me commanda d'être épouse. J'ai* ***obéi****, relevant le mariage*[1] *à ce degré de pureté où il était dans la Pensée de Dieu quand Il avait créé les deux premiers Parents.*

"Convaincue d'être destinée à la solitude dans le mariage et au mépris du prochain pour ma stérilité sainte, alors Dieu Me commanda d'être Mère. J'ai ***obéi****. J'ai cru que cela serait possible et que cette Parole venait de Dieu, parce qu'en l'écoutant J'étais inondée de Paix. " (...)*

(1) *J'ai obéi, relevant le mariage... :* c'est toujours vrai, le mariage est l'union de deux âmes destinées à s'aimer et se soutenir mutuellement ; avant de devenir, pour la perpétuation nécessaire de l'espèce humaine, l'union de deux corps. Le Sacrement sanctifie le mariage. Le premier Miracle de la vie publique de JÉSUS est intervenu aux Noces de Cana.

Pourquoi le Mal est-il sur la Terre ?

Juste avant cette dictée de MARIE, JÉSUS répond à cette objection (Maria Valtorta, T.1, p.103) :

*« Et pourquoi ? Parce que le Mal est une force qui est née d'elle-même, spontanée comme certains maux qui s'attaquent aux corps les plus sains. LUCIFER était un Ange, le plus beau des Anges. esprit parfait, inférieur à Dieu seulement. Et pourtant dans son être de lumière naquit une vapeur d'orgueil qu'il ne dissipa pas, mais au contraire il la condensa en la couvant. De cette incubation est né le Mal. Il existait avant que l'homme existât. Dieu avait précipité hors du Paradis le Maudit qui avait couvé le Mal qui avait souillé le Paradis. Mais il est resté l'éternel incubateur du Mal et, ne pouvant plus souiller le Paradis, **il a souillé la Terre**.» (...)*

*« Satan a voulu enlever à l'homme la virginité de l'intelligence, et avec sa langue de serpent, a flatté et caressé les membres et les yeux d'Ève en produisant des réflexes et **une excitation** que les premiers Parents ne connaissaient pas, parce que la malice ne les avait pas empoisonnés. Ève vit. Et en voyant, elle voulut essayer. C'était l'éveil de la chair. Oh ! si elle avait appelé Dieu »*

« Mais Ève ne va pas au Père. Elle se dirige vers le Serpent. Cette sensation lui est douce » « Et "elle comprit." Désormais la malice était descendue en ses entrailles avec sa morsure. Elle vit avec des yeux nouveaux et entendit avec des oreilles nouvelles les moeurs et les voix des brutes (*). Et elle les désira d'un désir fou. Elle commença seule le péché. L'acheva avec son compagnon. Voilà pourquoi sur la femme pèse une condamnation plus grande.» [* : les bêtes]

JÉSUS dicte pour nous à Maria Valtorta (p.109) :

« La parole de Ma Mère devrait dissiper toute hésitation, même dans la pensée de ceux qui s'embrouillent le plus dans les formules. Et il y en a tant ! Ils veulent raisonner en matière de choses divines avec leurs mesures humaines, et prétendraient que Dieu-même dût raisonner ainsi.» (...)

Le Témoignage de MARIE :

MARIE dicte à Maria Valtorta (T. 10, p.293) :

C'est pour témoigner de Sa première Pensée Créatrice en ce qui concerne l'homme, destiné par Lui, Créateur, à vivre en passant sans mourir du Paradis terrestre au céleste, dans le Royaume éternel, que Dieu M'a voulue, Moi, Immaculée, au Ciel en Corps et en Âme sitôt finie Ma vie terrestre. Moi, Je suis le Témoignage de ce que Dieu avait pensé pour l'homme : une vie innocente et ignorant les fautes, un tranquille passage de cette vie à la Vie éternelle, comme quelqu'un qui franchit le seuil d'une maison pour entrer dans un palais, l'homme avec son être complet, fait d'un corps matériel et d'un âme spirituelle, serait passé de la Terre au Ciel, en augmentant la perfection de son moi *que lui a donnée Dieu, de la perfection complète à la fois de la chair et de l'esprit qui était, dans la Pensée divine, destinée à toute créature qui serait restée fidèle à Dieu et à la Grâce.*

Cette perfection, l'homme l'aurait atteinte dans la pleine lumière qui existe aux Cieux et les remplit, venant de Dieu, Soleil Éternel qui les illumine. Devant les Patriarches, les Prophètes et les Saints, devant les Anges et les Martyrs, Dieu M'a mise, montée en corps et en âme à la Gloire des Cieux, et Il a dit :

« Voici l'œuvre parfaite du Créateur. Voici ce que J'ai créé à Ma plus véritable Image et Ressemblance entre tous les fils de l'homme, fruit d'un chef d'œuvre de création divine, merveille de l'Univers qui voit renfermé en un seul être le divin dans son esprit éternel, comme Dieu et comme Lui spirituel, intelligent, libre et saint, et la créature matérielle dans la plus sainte et la plus innocente des chairs devant laquelle tout autre vivant, dans les trois règnes de la Création, doit s'incliner. (...) c'est Celle qui ramène les temps aux premiers jours et donne à Mes yeux divins la joie de contempler une Ève telle que Je l'ai créée, et maintenant devenue encore plus belle et plus sainte parce qu'Elle est la Mère de Mon Verbe et la Martyre du plus grand Pardon.» (...)

Qui peut encore objecter contre la conception Divine de MARIE en Sainte Anne ? Dieu le Père, pour la Mère de Son Fils, Dieu le Fils et Verbe pour Tabernacle vivant, Dieu Esprit d'Amour pour Son Épouse virginale, donc la Trinité Sainte a voulu cette Divine Conception pour ne pas tacher de la plus infime impureté Celle qui allait porter en son sein inviolé le Sauveur du monde. Et ceci, après avoir purifié Anne :

" Pour que le sein d'Anne puisse porter cette sainte enfant, Dieu Lui-même le purifia ; et le sein d'Anne *fut lavé de la Faute Originelle."* (ici, p. 184)

Après chaque naissance par accouplement sexuel dans la procréation humaine, cette Faute d'Origine, mais impersonnelle de chacun, est lavée par le Baptême.

Mais les conséquences demeurent :

Sainte Anne est morte et elle a dû attendre la Victoire de JÉSUS sur la Mort pour monter au Ciel. C'est là qu'elle a accueilli sa glorieuse Fille à Son Assomption **en corps et en âme**, seconde Personne après JÉSUS à y accéder ainsi. C'est le dogme promulgué par Pie XII en 1950.

l'Assomption de MARIE

MARIE n'a pas connu la mort humaine, mais la bienheureuse **Dormition**. Elle n'a pas connu la nuit du tombeau, mais S'est réveillée en Assomption vers la Lumière sans ombre du Ciel de Dieu. MARIE n'a pas connu le **vieillissement**, l'usure du temps, *" car, quand Elle eut atteint l'âge parfait de 30 ans, elle cessa de vieillir,"* nous apprend Marie d'Agreda et aussi Maria Valtorta qui La voit au cours de la première année de la vie publique du Christ, et qui dit d'Elle : *l'éternelle jeune femme.* MARIE a alors 46, 47 ans. Au terme de Sa vie terrestre, Elle n'avait pas un cheveu blanc sur Sa tête blonde. MARIE, comme JÉSUS, n'a pas connu la **maladie**, ni pendant les 6 jours de voyage à dos d'âne vers Bethléem au cœur de l'hiver, pendant la dernière semaine de sa grossesse, ni pendant la fuite en Égypte. MARIE, Nouvelle Ève, a bénéficié de la Sainteté, l'intégrité, l'immortalité corporelle, la Science infuse, l'immunisation à la douleur et cela, parce qu'Elle a été conçue par Dieu en Ste Anne. Ce qui lui a permis de monter au Ciel en âme et en corps, ce *Corps Glorieux* (St Paul *dixit*) qui permet à JÉSUS et MARIE de Se montrer à telle ou tel qu'Ils choisissent.

Voilà ce que nous a fait perdre la Faute Originelle depuis qu'Ève enseigna la sexualité à Adam qui ne sut pas lui résister.

la Vérité divine dans la Sainte Bible

La Vérité divine est toute entière dans la sainte Bible pour celui qui examine sans idée préconçue avec un esprit simple. **Nul ne conteste** que c'est par leur accouplement **sexuel**, copié sur l'animalité (qui n'a pas d'éternité) qu'Adam et Ève ont **procréé** Caïn, leur premier fils qui devint le premier fratricide. En Genèse 3, sont écrits la tentation, le péché et ses *conséquences,* dont Dieu nous avait prévenus :

3 *"... Dieu a dit : Vous n'en mangerez pas ... sous peine de mort."*

16 *"Ta convoitise te poussera vers ton mari et lui dominera sur toi." ... "Je multiplierai les peines de tes grossesses, dans la douleur tu enfanteras des fils."*

Aucune femelle animale ne crie de douleur en mettant bas sa progéniture. La femme, oui. Et cela, parce que son mari a **dominé** sur elle, dans l'accouplement sexuel. Cette nécessité de procréation est bénie par Dieu dans le Sacrement du mariage jusqu'à-ce que soit atteint *le nombre des élus au Paradis.* Nous l'apprenons de Catherine Emmerich (les mystères de l'ancienne Alliance) : *« Dans l'éternelle Pensée divine, la Création humaine, est destinée à occuper au Paradis, nombre pour nombre, les places laissées vacantes par les Anges déchus.»*

Dans Sa Création humaine en Adam, Dieu n'avait prévu que la Vie.

On en trouve la preuve en Gn 5 qui précise la longévité des Patriarches et même de Moïse longtemps après (il avait 120 ans au seuil de la Terre Promise).

Et l'on s'aperçoit que *l'évolution des espèces*, qui est le cheval de bataille de ceux qui luttent contre la Vérité biblique, a été en fait pour l'espèce humaine, une *involution* (une régression). En additionnant les âges des dix premiers Patriarches jusqu'à Noé, on trouve une durée de vie moyenne de 844 ans ; et une durée moyenne de vie de 324 ans pour les dix Patriarches suivants, jusqu'à Abraham.

Dieu avait prévu d'être Lui-même le Géniteur des enfants d'Ève, puis de tous les enfants de la femme, comme IL l'a été de MARIE en Sainte Anne et de JÉSUS en MARIE. On en trouve la preuve en Gn 5 qui donne l'âge des premiers Patriarches à la conception de leur premier-né mâle : 130 ans pour Adam quand il engendre Seth (du latin *ingenerare, faire naître dans*) *en* Ève.

En étudiant l'âge des Patriarches à la conception de leur premier-né mâle, on s'aperçoit qu'il est très élevé pour les 10 premiers : 144 ans en moyenne ; puis il diminue très notablement après le Déluge : 49 ans en moyenne pour les dix suivants et une trentaine d'années pour 7 d'entre eux. Par cela, l'on comprend que la procréation par accouplement sexuel ne surmontait la stérilité du couple qu'après de longues années de tentatives infructueuses ; et dans le couple, plus probablement la stérilité féminine : on en trouve un indice avec Sarah, épouse d'Abraham. La réalité du **Péché Originel** était précisément connue par le Peuple Élu : la Loi de Moïse impose **la circoncision** à tous les enfants mâles, pour les marquer dans leur chair, **et là**, pour que personne ne l'oublie.

Et que nul n'appelle, à l'aide de son refus de la longévité des Patriarches, l'imbécillité selon laquelle les *années* de la Bible seraient des *mois lunaires,* car alors Péleg, le 14ème Patriarche, aurait engendré à l'âge de 30 «mois», c'est-à-dire 2 ans et demi ! (Gn 11, 18)

On comprend que, ayant prévu d'être le Père de tous les enfants de la femme et, s'étant réservé ce *" Mystère de la formation de l'homme ",* Dieu avait placé un verrou à la fécondité d'Ève, un verrou que Lui seul pouvait ouvrir. Mais, ayant **intégré** l'éventualité du Péché Originel, le Père Créateur avait prévu que ce verrou pourrait être usé par le temps, et le temps aidant, qu'il disparaîtrait, devenant une transformation acquérant un caractère héréditaire : ce que les biologistes nomment une *mutation*.

Si Dieu avait prévu la procréation humaine, telle qu'elle l'a été depuis Adam et Ève, Ses avertissements n'auraient aucune raison d'être. La Faute Originelle, abîmant la Parfaite création divine en Adam, a retenti également sur les deux autres ordres de la vie, animale et végétale. *" Et la terre produisit des épines."* Et, sans doute aussi, des animaux devinrent féroces à l'homme ; des microbes, puis des virus apparurent, qui sont peut-être la conséquence de la méchanceté humaine *forniquant* avec Satan... Dieu EST Vie, mais Dieu est Justice et c'est par les fruits empoisonnés de leurs péchés que les hommes **se** punissent.

C'est une première et douloureuse Purification car Dieu, par la souffrance, tire toujours le Bien du Mal que fait Satan.

l'INCESTE à l'origine de l'Humanité

Le **Péché Originel** a eu une autre conséquence : c'est que nous sommes **tous** les descendants du premier **inceste** de Seth avec une de ses sœurs. Puis de beaucoup d'autres, ensuite.

On m'a objecté que Dieu dit à Adam et Ève : *« Soyez féconds, multipliez, emplissez la terre... »* (Gn **1**, 28). C'est, me semble-t-il, avant la Faute Originelle dont le récit commence au Ch **3** de la Genèse. Je l'interprète : « Soyez féconds, *dans et avec la Grâce divine* ». Car la Parfaite Sainteté Divine ne pouvait concevoir une Création humaine intégrant *l'inceste dès la première génération* après la création d'Adam et d'Ève. Pour des théologiens, un inceste *nécessaire* et qui aurait été *toléré,* oui, après la Faute. Souvenez-vous qu'ici, p. 184, JÉSUS dit :

« *MARIE est née comme <u>auraient dû naître</u> tous les enfants de la Terre sans la Faute Originelle.* » C'est clair et net. Naître <u>saints</u> et avec les Dons préternaturels tels que déjà dévolus initialement à Adam et Ève, dont *l'immortalité corporelle.*

Celle-ci suggère à certains l'objection d'une démographie exponentielle insupportable. C'est oublier deux facteurs : l'immortalité signifie l'absence de mort pour passer de la Terre au Ciel et cette ascension aurait été contrôlée par Dieu qui, étant le Divin Géniteur de l'homme, aurait également régulé les naissances, donc la démographie.

un bain de boue

Pour refuser d'admettre qu'ils sont dégénérés, et pour continuer à baigner dans « *le Mal qui a pris partout des formes diverses et acceptées par tous, parce que confortables* » (p. 85), certains objecteront que la Promesse d'un Paradis terrestre, ce serait trop beau pour être vrai. Ils sont, comme nous tous à des degrés divers, les victimes de *« Satan qui a voulu enlever à l'homme la virginité de l'intelligence »,* ainsi que dit JÉSUS à Maria Valtorta (ci-avant, p. 330).

Lucidement, car Satan *aveugle* ceux qu'il veut perdre, constatez l'aberration de notre civilisation, telle que l'a faite l'intelligence humaine parasitée, phagocytée par Satan, le maître du Mal, qui a réussi à nous enfermer tous dans une impasse d'où Dieu, Seul, pourra nous libérer.

— Nous gaspillons alors que le tiers de l'Humanité se trouve sous le seuil de la pauvreté ou carrément dans la famine.

— L'insécurité gagne chez nous, et la guerre locale en bien des pays, sans que nul ne puisse rien pour y remédier. Et les attentats !...

— Nous gaspillons des centaines de milliards dans la *conquête spatiale,* autant dans des armements permettant à des populations (incapables de les fabriquer) de s'entre-tuer, autant encore dans l'audiovisuel, la Pub et le sport-spectacle, et cela ne rapporte qu'à une minorité.

— Tous les progrès technologiques et de confort, n'ont qu'une seule conséquence : la pollution partout, irréversible. Par exemple, le réchauffement de la planète. Cette semaine, fin Oct. 2003, la télé nous informe qu'un **iceberg**, grand comme plusieurs départements français, s'est détaché de la banquise arctique. JÉSUS nous a prévenus (p. 40), dictant dans ce livre à JNSR il y a un an et demi, le 7 Avril 2002 :

> « *la chaleur fera fondre même les plus grands icebergs. Et les animaux, non habitués à cela, viendront mourir sur des rives qui leur sont inconnues. Vous les verrez. Leur agonie vous annonce la vôtre...si vous ne changez pas.* »

Leur agonie : nous le voyons déjà avec **les baleines** qui viennent mourir en groupes sur certains rivages.

— Excepté les figures de Sainteté qui ont été des *oasis lumineuses* dans la grisaille des siècles, et les milliers de saintes âmes qui se dévouent dans l'anonymat quotidien pour les autres, tous les peuples sont dirigés par « *des marionnettes qui mènent leurs nations vers le désastre.* » (ici, p. 201) Marionnettes dont le Malin tire les ficelles de leur ambition, de même que Satan est le roi de ce monde soumis à la dictature de fer de l'Argent. Des États sont les *charognards* de l'activité : les faillites se multiplient, comme le nombre des SDF et des chômeurs dont une bonne partie *installée par le système électoral* dans un « *farniente* » qui en satisfait beaucoup puisqu'on est obligé d'importer de l'étranger des ouvriers saisonniers dont certains rejoignent la *mouvance* des sans-papiers.

— Regardez l'Argent qui ***gouverne,*** puisque les politiques ne peuvent rien contre les *délocalisations* du travail vers les pays à bas salaires, ce qui fabrique ici de nouveaux chômeurs à secourir.

— Regardez les défilés grotesques et scandaleux de la *gay pride* des homosexuels. JÉSUS les voit :

> « *...vos panneaux géants qui invitent la jeunesse et les adultes à la pornographie. Il n'y eut jamais un époque aussi sale et aussi dégradante que la vôtre. Sodome et Gomorrhe sont loin d'être citées en exemple devant ce nouveau cataclysme géant qui touche même Mon Église.* » (ici, p. 160).

Et les scandales pédophiles, JÉSUS nous a prévenus : « *Attention aux rapts d'enfants* » (ici, p. 21, le 4 Mars 2002). S'il y en a toujours eu, nul ne contestera qu'ils se sont multipliés depuis. Après l*e massacre des innocents* dans l'avortement légalisé, regardez *l'euthanasie* qui gagne du terrain. *Tu ne tueras pas.*

Et le peuple inconscient des *moutons de Panurge* broute l'herbe sur les bords du chemin qui les conduit au gouffre satanique.

Catéchisme, Communion solennelle et Confirmation, n'ont pas empéché l'adulte, que je suis devenu ensuite, de sombrer dans une *mer de péchés,* en pensée, en paroles, par actions et par omissions, durant plusieurs décennies de tiédeur *confortable,* comme un animal dans son fumier. Un « animal » qui savait parler, souvent avec une ironie blessante, se délectant à propager des calomnies *irratrapables,* un animal qui savait penser, méditer des projets de vengeance et les réaliser parfois. *Mea culpa ! Mea maxima culpa !* Ce n'est ni un Prêtre, ni un Religieux, qui m'a fait prendre conscience du gouffre où je barbotais avec tant d'autres alentour dans la même boue. Ce furent d'abord les écrits de Marie d'Agreda, puis ceux de Maria Valtorta.

J'ai émergé de mon bain de boue pour entrer dans un bain de lumière et de clarté, de Pureté admirable et d'Amour. La boue a séché, tombant en morceaux, en apprenant à connaître et aimer JÉSUS et MARIE, car c'est Eux que je voyais vivre et parler, *me parler !* Ensuite, Ils ont continué à m'instruire grâce aux Messages donnés à JNSR.

Merci, mon Dieu, Tu m'as sauvé une seconde fois !

Aujourd'hui, Dieu n'a donc plus ces prédicateurs qui touchaient au cœur ceux qui les écoutaient ? Ces prédicateurs qui préservaient leur état de Grâce par la Prière et par l'oraison (penser à Dieu en L'aimant) et qui parlaient aux fidèles de Dieu avec les paroles que Dieu leur inspirait. J'ai noté cela avec un Confesseur qui en a été heureux comme un enfant quand je le lui ai dit. Depuis, il a rejoint la Maison du Père, mais avant, il avait témoigné dans les premiers volumes de cette Oeuvre.

Surtout depuis un demi siècle, Dieu parle directement à l'homme par la main des petites âmes privilégiées qu'IL a choisies comme *instruments* pour écrire à nouveau les grandes Vérités négligées, les confortant par des précisions *oubliées ou perdues,* parachevant le magnifique tableau de la Nouvelle Évangélisation du monde par les Croix d'Amour (ici, p. 21 et 116).

Car elles interpellent : les tièdes pour les réveiller, les bons pour qu'ils se rendent encore meilleurs, les ennemis pour qu'ils s'en mordent les doigts un jour et se mettent à genoux quand le malheur les frappera ; et certains gens d'Église, qui *« respectent l'athéisme »* et qui n'aiment pas, mais pas du tout, cette ingérence divine qui ne met en relief leur déroute, celle de l'enseignement religieux, *que pour les sauver, eux aussi, une seconde fois.*

un bain de Lumière

« Le Verbe S'est fait Chair et Il a demeuré parmi nous.»

JÉSUS, Dieu et Homme, venant annoncer à l'Humanité la Bonne Nouvelle du Salut et la Loi Primordiale de l'Amour, JÉSUS venu expier sur Sa Croix d'Amour tous les péchés de l'homme envers la Très Sainte Trinité. Seul le Fils de Dieu pouvait consoler Dieu le Père, et Seul le Fils de l'Homme pouvait racheter, prendre en charge, tous les péchés de l'homme.

Seul JÉSUS, le Miséricordieux, pouvait nous abriter de la Justice divine grâce au *bouclier* de Son Amour pour nous. Exactement comme le frère aîné rachète au créancier la dette de son cadet qui a été inconscient en écoutant un faux ami et qui est menacé de prison. Cela fait, le frère aîné n'attend qu'une seule chose de son cadet : qu'il reconnaisse sa faute et qu'il ne récidive pas en couvrant de honte leurs vieux parents et en rendant inutile le sauvetage opéré par son aîné. " *Merci, frère. Pardon, j'ai succombé à la tentation mais je ne recommencerai jamais plus. Je t'aime et je veux te ressembler.*"

JÉSUS est le Frère aîné de chaque homme en Dieu Père. Dans le domaine spirituel, la seule *monnaie* qui ait cours agréé par la Loi d'Amour, c'est souffrance *offerte* contre souffrance *infligée.* Le rachat des péchés du monde, c'est cela. Et Seul un Dieu peut faire cela. Ici-bas, un frère aîné dans l'instant de la Terre, ne peut sauver son cadet que pour *une* faute. Seul JÉSUS, Dieu et Homme, peut l'avoir fait pour chaque homme *du passé, du présent et de l'avenir.*

Du passé : tous les Justes, atteints par la mort et demeurés en Amitié avec Dieu, attendaient dans *les Limbes* que le Sacrifice du Messie annoncé par les prophètes anciens leur ouvre la Porte du Ciel de Dieu, fermée par **la Faute Originelle** ; tous les pécheurs ayant échappé à l'Enfer, attendaient dans la même Espérance en souffrant leur Purification *au Purgatoire* ; et tous ont su que leur longue attente allait prendre fin : dans le Credo, " *JÉSUS est descendu aux enfers.*" Les enfers, ces «*lieux d'en-bas* ». D'en-bas, par opposition à l'En-Haut du Ciel de Dieu. D'en bas, peut-être aussi par rapport à la surface de la Terre. D'en-bas avec plusieurs niveaux, le niveau des Limbes, l'attente ; le niveau du Purgatoire, souffrant ; JÉSUS leur annonce leur prochaine libération et, au Jeudi de l'Ascension, les Justes et les Rachetés ont suivi JÉSUS Glorieux au Royaume du Père Éternel. Et le niveau de l'Enfer d'où nul ne revient, où JÉSUS montre à Satan Sa Victoire sur la Mort.

Du présent terrestre de JÉSUS : depuis Sa Nativité où les Anges ont dit aux Bergers " *Gloire à Dieu au plus haut des Cieux et Paix sur la Terre aux hommes de bonne volonté* " , en passant par le Baptême de JÉSUS au Jourdain où le Messie a béni toutes les eaux de la Terre, et à Sa Mort sur la Croix où le Sang Divin a baigné la Terre, ce Sang qui nous rappelle **visiblement** la Souffrance du Christ offerte en réparation pour notre Salut, la surabondance de la Grâce Divine a recouvert la Terre, et donc ceux de ses habitants ayant Bonne Volonté. Dès le soir de la Pentecôte d'Amour, Juifs et Gentils se faisaient baptiser en masses par les Apôtres. Ne furent damnés que ceux qui *se* refusèrent obstinément à être sauvés. Comme Judas qui aurait été sauvé si, seulement, il avait crié de tout son cœur : " *Pardon, JÉSUS !* "

La révélation privée de la Vénérable Marie d'Agreda nous apprend dans *La Cité Mystique de Dieu,* que durant toute l'année qui a suivi la

Glorieuse Résurrection du Christ, TOUS les démons étaient restés en conciliabules dans l'Enfer pour préméditer tout ce qu'ils pourraient faire pour entraver le Salut apporté à l'Humanité par le Christ. Cette année-là, ils ne purent rien faire contre la première année de la primitive Église. C'est de là que vient l'expression : *en l'An de Grâce.*

Sur Sa Croix d'Amour, JÉSUS a racheté tous les péchés des hommes *de l'avenir* : comment racheter des péchés non encore commis ? Ce qui semble impossible à l'intelligence humaine est du possible de Dieu qui transcende le temps et l'espace lesquels ne sont que des contraintes humaines, parce que terrestres. A propos de Sa Passion spirituelle au Gethsémani, JÉSUS dicte à Maria Valtorta qui l'a écrit dans *L'Évangile tel qu'il m'a été révélé.*

Je vous ai vus, Je vous ai bénis

"J'ai souffert en pensant que, devant la valeur infinie de Mon Sacrifice, le Sacrifice d'un Dieu, trop peu se seraient sauvés. Tous, Je dis bien ***tous ceux*** *qui, au cours des siècles de la Terre, auraient préféré la mort à la Vie éternelle en rendant vain Mon Sacrifice,* ***tous*** *M'ont été présents. Et c'est avec cette connaissance que Je suis allé à la rencontre de la Mort."* (T.9, p.13).

Et, p. 19, continuant à parler de Son Agonie spirituelle à Géthsémani, JÉSUS dicte :

"Voilà pourquoi l'Ange de Ma Douleur M'a présenté l'Espérance de tous ceux qui ***sont*** *sauvés par Mon Sacrifice, comme un remède à Ma mort. Vos noms ! Chacun a été pour Moi une goutte de remède infusé dans Mes veines pour leur donner tonus et fonctionnement. Chacun a été pour Moi la Vie qui revient, la Lumière qui revient, la Force qui revient." "Dans les tortures inhumaines, pour ne pas crier Ma douleur d'Homme, et pour ne pas désespérer de Dieu et dire qu'Il était trop sévère et injuste envers Sa Victime, Je Me suis répété vos noms,* ***Je VOUS ai vus****. Je VOUS ai bénis* ***depuis lors****. Et quand pour VOUS est venue VOTRE heure d'être sur la Terre, Je Me suis penché du Ciel pour accompagner votre venue, jubilant à la pensée qu'une nouvelle fleur d'Amour était née dans le monde et qu'elle aurait vécu pour Moi."*

Qui n'espèrerait être, ou devenir, cette *fleur d'Amour* dont parle ici JÉSUS ? Pourquoi Notre Seigneur parle-t-Il, au Jardin des Oliviers, de l'espérance de ceux qui *sont* sauvés par Son Sacrifice ?

Nous l'ignorerons jusqu'à la fin et ce doit être notre engagement de chaque jour, mais Dieu, Seul, connaît les noms de ceux qui **se** sauveront grâce au Sacrifice de la Croix. Parce que dans l'éternel Présent de Dieu, et c'est presqu'incompréhensible pour nous, le temps de la Terre n'existe pas : notre passé, notre présent et notre avenir sont sous le Regard de Dieu, Être spirituel règnant sur *l'Univers visible et invisible.* Invisibles parce que spirituels, le Royaume saint de Dieu et celui de l'Ennemi de Dieu et de l'homme. Visibles, notre Terre et le cosmos où les rotations des planètes, des étoiles et des galaxies **créent** le temps depuis l'origine de l'univers. Le temps, 4ème dimension de notre *espace-temps,* nous fait *voir, actuelle,* la fin d'une étoile dans une *super-nova* intervenue des milliers d'années auparavant.

Ne croire que ce que l'on voit n'est valable que si l'intelligence vient en aide à la vision. Dieu a donné à l'homme une parcelle de Sa divine Intelligence pour qu'on s'en serve. Alors, *" cherchez et vous trouverez, frappez et on vous ouvrira",* dit JÉSUS. Mais, pour être sauvé, il faut l'impérative humilité de se reconnaître pécheur et d'avoir été *un Serviteur incapable.* En commençant par se regarder de l'intérieur, sans indulgence et en vérité. *" Connais-toi, toi-même ! "*

Et d'abord, connaître Dieu

Connaître Dieu pour ce qu'Il est. Dieu EST Amour. Amour est la Religion du Christ. Amour est la Maison du Créateur. C'est là qu'IL nous veut, dans une éternité qui, pour nous, commence à notre naissance sur la Terre. Un bonheur éternel dont la gestation est le parcours du combattant de notre vie terrestre, dont le seuil est la mort corporelle.

« Toutes les calamités de la Terre, depuis le commencement du monde jusqu'à la fin des temps, ne sont ***rien*** *en comparaison d'une seule âme qui* ***se*** *damne.»* a dit JÉSUS à maman Carmela de Milan.

Une âme qui se damne, c'est une créature de Dieu en Enfer, malgré la Souffrance infinie du Sacrifice du Christ. Et toutes les calamités de la Terre, passées et à venir, qui ne nous viennent jamais de Dieu mais sont le résultat de nos péchés, ont pour effet de sauver un grand nombre d'âmes par « *l'horreur du genre de mort qui les atteint* », car la souffrance **sauve**. JÉSUS l'a dit à Maria Valtorta (t. 8, p. 141-145) :

> *« La douleur n'est pas un châtiment quand on sait l'accueillir et en user avec justice. La douleur est comme un sacerdoce, Simon. Un Sacerdoce ouvert à tous. Un Sacerdoce qui donne un GRAND Pouvoir sur le Coeur de Dieu. Et un grand mérite. Né avec le péché, il sait apaiser la Justice. En effet Dieu sait faire servir au Bien même ce que la Haine a créé pour donner la douleur. Moi, Je n'ai pas voulu d'autre moyen pour annuler la Faute, car il n'y a pas de moyen plus grand que celui-là.»*

JÉSUS y revient sans cesse , tout au long des 10 livres de « Témoins de la Croix ». Dans celui-ci, le mot souffrance est écrit 110 fois et dès la première page :

> *Dans votre liberté, vous avez choisi Ma Voie et, dans Ma Voie, Ma* ***Souffrance*** *Rédemptrice. Je suis votre Compagnon, vous êtes Mes aimés, ceux avec qui Je bâtirai ce Nouveau Monde, ce Monde qui, à Ma Parole, sortira tout entier, complet, comme une flambée nouvelle qui réchauffera tout et tous sans vous brûler. C'est Mon Buisson Ardent et Je vous dirai, à travers ce Feu de Joie :*

" Venez, les Bénis de Mon Père, le Festin est prêt. Les Noces de l'Agneau avec Son Église Nouvelle ; elle descend de Ma Jérusalem Céleste, elle est là devant vous. "

Tous ceux qui cherchent le *confort de la tiédeur* pour s'écarter de toute souffrance, tous ils la subiront quand *la folie monstrueuse* de cette civilisation que nous avons construite, va déferler toujours davantage sur le monde. Dieu laisse agir l'homme pour le mettre à genoux. La maman, elle aussi, prévient cent fois son enfant de ne pas jouer avec les allumettes et, quand il désobéit une fois de trop, l'enfant se brûle les doigts et enfin il comprend. Ou bien il meurt dans le brasier de sa maison, comme l'homme met le feu et la mort sur Terre par la guerre.

La souffrance des mauvais en sauvera beaucoup, qui se mettront à genoux pour crier : « Pardon, Seigneur », grâce aux bons qui auront compris que la souffrance offerte **sauve**, eux-mêmes et ceux qui ont oublié Dieu. JÉSUS le dit ici, p. 71 :

« Je suis avec vous dans la souffrance. Tu Me demandes si elle est si nécessaire ? Juges-en toi-même : comment un oiseau peut-il voler sans l'élan que Je lui donne ? Comment une âme peut-elle s'envoler vers Dieu sans reconnaître qu'elle Me ressemble ? »

le Prêtre : « Sacerdos alter Christus »

Et nul, sur la Terre, ne ressemble davantage à JÉSUS que le Prêtre :

« Respectez vos Prêtres et vous Me respecterez. Obéissez à Mon Prêtre et vous M'obéirez. N'oubliez jamais que son Ordination l'a sanctifié à jamais, potentiellement. Au Ciel, il est Prêtre, à côté de Mon Père et votre Père.» (ici, p. 125)

Ce Prêtre, *« choisi également par Dieu le Père qui l'a consacré doublement, comme Prêtre et comme Fils de Son Divin Sacerdoce, en union sacrée comme Melchisédec le grand Prêtre qui annonce l'arrivée du Prêtre par excellence : JÉSUS, Roi des rois et Seigneur de tout l'Univers visible et invisible.»* (ici, p. 71)

Et, dans les Messages de JÉSUS à Catalina (Imprimatur de Mgr René Fernandez Apaza, Archevêque de Cochabamba, Bolivie) le 2 Avril 1998 :

Une Messe !... Pensez que le Prêtre, qui M'appelle dans ses mains, exerce un Pouvoir que Je n'ai même pas accordé à Ma Mère !

Ce sont ces mêmes Prêtres qui ont témoigné dans les 9 livres précédents, et qui témoignent dans ce 10ème livre, soit dans la Préface, soit en Postface. Et c'est la caution de Prêtres qui *examinent tout* et *retiennent ce qui est bon,* alors que les autres se taisent.

le doute, mortel pour l'homme

Mais il restera toujours un doute *«pour ceux qui sont aveuglés par leur suffisance »* ainsi que le dit JÉSUS à Marguerite le 14.09.1967.

Et il restera le doute de la **tiédeur** chez tous ceux qui disent et affectent de penser : « *Si Dieu existait, il ne permettrait pas les guerres, la famine, les épidémies, les viols d'enfants, etc...»* D'abord, tous les crimes, individuels ou collectifs ici-bas, sont le fait de l'homme, et non de Dieu. De l'homme qui, même téléguidé par Satan, **sait** la différence entre le bien et le mal, *«car la loi divine est dans son cœur»* (Deut 30, 11-14).

Chaque homme sait bien cette différence quand on lui fait du mal, et il peut user de la liberté de choix que Dieu lui a donnée, avec un Ange Gardien pour chacun. Dieu n'intervient que si l'homme L'implore avec persévérance et en vérité, *la Vérité de son retour à Dieu.* Dieu n'intervient (lisez la Bible) en faveur d'un peuple que si le peuple, en majorité, L'implore avec persévérance et en vérité.

Ensuite, parce que Dieu raisonne en termes d'Amour **éternel** alors que l'homme raisonne en terme de **longévité** humaine. Une vie humaine n'est qu'un **instant** de l'Éternité. Dieu veut nous sauver pour l'Éternité. Comme le père qui contraint son enfant au *carcan* des études pour le mettre à l'abri tout le reste de sa vie, ainsi pense-t-il, humainement.

Que Dieu EXISTE véritablement, même si l'on **veut** refuser tous les miracles relatés dans la sainte Bible, toute la Nature **le crie** : *de la poule ou de l'œuf, lequel a fait l'autre le premier ?* Le ciel étoilé **le crie** : *l'Univers ne s'est pas fait tout seul.* Et n'accordez aucun crédit aux périodiques de vulgarisation scientifique aux mains de *cartels financiers* qui protègent la société de consommation qui les enrichit. Dieu EXISTE ! Et **tous les Savants** du plus haut niveau en sont **certains**. Par exemple, en ne citant que des Prix Nobel du 20ème siècle : Paul Sabatier, Marconi, Max Planck, Einstein, Hans Speiman, Alexis Carrel, Pauli.

Les chercheurs, s'ils n'y trouvent la foi, sont *«impardonnables»* (Sg **13**, 1-8) et *«inexcusables»* (Rm **1**, 20) et le salaire de leur incrédulité, c'est *«des passions avilissantes »* (Rm **1**, 24-27)

Que Satan existe, les crimes fous le disent tous les jours. Ainsi que les attentats aveugles et meurtriers de ceux qui se disent « *les fous de Dieu* », de leur Dieu de l'Islam qu'ils blasphèment ainsi à chaque fois.

la Virginité Primordiale

Qui croit en Moi, « *quiconque a cette Espérance en Christ, se purifie comme Lui-même est Pur.»* (1 Jn 3, 3) Croyez en Ma Divine Parole. Bientôt votre devenir sera dans *la Virginité Primordiale.* A Dieu, rien n'est impossible. Sainte MARIE, Mère de Dieu et Mère des hommes, est là pour vous aider *à renaître,* par l'Esprit Saint qui n'a jamais cessé de L'habiter et d'être en Elle, comme IL le fut lors de Sa **divine** Conception. (p. 190)

Car le Jugement de Dieu, en vous, est la main que Je vous tendrai encore pour vous conduire et vous réintroduire là où Je vous ai extraits : *votre Virginité Primordiale.»* (p. 194)

Dieu veut redonner à toute l'Humanité sa *Virginité Primordiale*, initiale, la même que celle accordée à Adam et Ève avant la Faute Originelle. Qui peut en douter en admettant l'axiome que Dieu est Tout-Puissant et que parfaites sont toutes Ses Oeuvres ? Qui peut supposer que Dieu pourrait mettre fin à Sa Création sans, d'abord, triompher définitivement du sabotage satanique ? Dieu EST. **Incréé**. Tout-Puissant et Tout-Amour. Satan n'est qu'une **créature**, spirituelle, damnée et puissante, mais d'abord une créature.

le Paradis terrestre restauré

MARIE l'avait déjà annoncé, dictant à Don Gobbi, le 3 juillet **1987** :

"JÉSUS instaurera Son Règne Glorieux. Il sera avec vous, et vous connaîtrez les Temps nouveaux, l'Ère nouvelle. Vous verrez enfin une Terre nouvelle et des Cieux nouveaux" (...) "Le Père tressaille d'ardeur pour déverser sur cette pauvre Humanité les torrents de Son Amour infini. Le Père veut modeler de Ses mains une Création nouvelle, où Son empreinte divine sera plus visible, accueillie, acceptée, et où Sa Paternité sera exaltée et glorifiée par tous. (...)

"JÉSUS, qui vous a enseigné la Prière [le Pater] *pour demander l'Avènement sur Terre du Règne de Dieu, verra enfin cette Prière réalisée, parce qu'Il instaurera Son Royaume. Et la Création redeviendra un nouveau **Jardin** où le Christ sera glorifié par tous, où Sa divine Royauté sera accueillie et exaltée. Ce sera un Règne universel de Grâce, de Beauté, d'Harmonie, de Communion, de Sainteté, de Justice et de Paix"*

Dès le **1er** livre de Son Oeuvre, Témoins de la Croix en 10 volumes, le 15 Nov. **1992**, JÉSUS **confirme** ce que Sa Mère avait dit à don Gobbi, et annonce ce qui est l'objet de ce livre :

"Alors, l'homme deviendra ce qu'il n'aurait jamais dû cesser d'être : une Lumière de Dieu, un Enfant de Lumière rempli de Dieu. Et le Monde, alors, se couvrira du Manteau de Lumière du CHRIST en Gloire. Alors, plus rien de mauvais ne pourra subsister car les Ténèbres, et les Esprits des Ténèbres, seront aveuglés à jamais. Les Enfants, spirituels, régneront avec Dieu, Vainqueurs de la Chair, Vainqueurs de la Mort, car le Dernier Ennemi, la MORT, Dieu l'aura détruite à jamais."

Cela signifie qu'au Règne de Dieu SUR la Terre, l'Humanité, sauvée et sanctifiée, bénéficiera de tous les Dons préternaturels dévolus en dotation initiale à Adam et Éve. Pour aller au Ciel à l'Heure choisie par Dieu, la bienheureuse Dormition aura remplacé la mort terrestre. JÉSUS le dit, le 27.02.1993, il y a 10 ans dans le même premier livre :

"Cette Terre sera aussi pure et aussi belle que le Ciel, car elle sera avec le Ciel en parfaite Communion. Les Vivants de la Terre auront vu Dieu et ils aspireront à vivre éternellement avec Lui. Mais la Terre,

devenue Pure et pleine d'Amour, baignera dans l'Amour de Dieu qui restera encore invisible aux Enfants de la Terre." (...)

"Vous traverserez cet espace le jour où Dieu vous appellera, et cela se fera avec une douceur qui égalera l'Assomption de MARIE, Ma Mère Toute-Pure.

"Vous saurez que votre Éternité est là et vous y viendrez heureux. Les Enfants de la Terre accepteront avec Joie leur vie terrestre, car le Dieu d'Amour habitera en vos coeurs et communiquera avec vous. Vous habiterez dans le pays frontalier du Ciel, séparés par le plus léger voile que Dieu a tissé de Ses Mains. A Son Souffle, vous le traverserez instantanément.

"Dieu est en vous, en chacun de vous. La Terre sera le Jardin de Mes Âmes qui auront une chair spiritualisée mais vivante, qui respire." "Le Monde de demain est un Monde où Dieu est en tout. Le Mal aura disparu à jamais. Rien de corrompu ne viendra toucher, ni votre Terre, ni vos coeurs de chair spiritualisée.

"Vous serez si émerveillés que la vie deviendra une nouvelle découverte, puisque le péché aura disparu à jamais ; et que Seul Dieu restera, Père des Âmes de la Terre et des Âmes du Ciel."

Voilà le Règne de Dieu SUR la Terre, la nouvelle Ère, celle du Saint Esprit, de l'Esprit d'Amour du Père et du Fils, qui viendra parachever de façon éclatante la création divine de notre Humanité en Adam. D'abord l'Ère du Père, puis la chute, puis la Rédemption avec l'Ère du Christ, puis le Triomphe de Dieu avec l'Ère de l'Amour. Voilà la Promesse de Dieu pour notre Humanité.

la preuve matérielle de la divine Conception de MARIE

Dans le dernier Message de ce livre, p. 243, JÉSUS en parle :

Pourquoi ceux qui ont la preuve matérielle de cette information, la cachent-ils encore ?

De quelle preuve s'agit-il ? La question du Seigneur s'adresse à l'Église. C'est encore sous le sceau de la discrétion absolue. Et cette preuce viendrait en appui à l'énonciation *Marie, conçue de l'Esprit Saint,* ainsi que ce Message le dit. Prions tous pour aider notre Saint-Père dans sa décision.

Fernand Aleman (*Mauressac,* 31130 Flourens)
qui remercie tous ceux qui l'ont aidé dans la rédaction de ce *memento,* par l'envoi de documents et par leurs conseils ou par leurs objections ; et qui informe le lecteur que l'argumentation ci-dessus (excepté les citations des Pères de l'Église et le Secret de MARIE), est tirée de son livre «Dieu EXISTE».

Le Secret de MARIE

Amen, viens Seigneur Jésus !

ACHEVÉ D'IMPRIMER
POUR LA FÊTE DE LA PRÉSENTATION
DE JÉSUS AU TEMPLE
LE 2 FÉVRIER 2004
PAR LES ÉDITIONS RÉSIAC
F 53150 MONTSÛRS

N° d'imprimeur 820 - N° d'éditeur 776
Dépôt légal Mars 2004